U0683241

中国
股权投资基金
运营新略

★ ★ ★ ★ ★

赵 岗 ◆ 主编

中国发展出版社
CHINA DEVELOPMENT PRESS

图书在版编目（CIP）数据

中国股权投资基金运营新略/赵岗主编. —北京：中国
发展出版社，2014.2

ISBN 978 - 7 - 5177 - 0072 - 2

Ⅰ.①中… Ⅱ.①赵… Ⅲ.①基金—投资—研究—中国
Ⅳ.①F832.51

中国版本图书馆 CIP 数据核字（2013）第 311245 号

书　　　　名：中国股权投资基金运营新略
主　　　编：赵　岗
出 版 发 行：中国发展出版社
　　　　　　　（北京市西城区百万庄大街 16 号 8 层　100037）
标 准 书 号：ISBN 978 - 7 - 5177 - 0072 - 2
经 　销 　者：各地新华书店
印 　刷 　者：北京明恒达印务有限公司
开　　　本：700mm×1000mm　1/16
印　　　张：26.5
字　　　数：420 千字
版　　　次：2014 年 2 月第 1 版
印　　　次：2014 年 2 月第 1 次印刷
定　　　价：50.00 元

联 系 电 话：（010）68990642　68990692
购 书 热 线：（010）68990682　68990686
网 络 订 购：http://zgfzcbs.tmall.com//
网 购 电 话：（010）68990639　88333349
本 社 网 址：http://www.develpress.com.cn
电 子 邮 件：fazhanreader@163.com

版权所有·翻印必究

本社图书若有缺页、倒页，请向发行部调换

本书编撰委员会名单

主　　　编：赵　岗

副　主　编：朱忠明

编撰委员会成员：王枫媚　娄　鑫　周　洲　马　霄

前言

　　股权投资在我国发展20余年来,从无到有。截止2012年底,据清科集团数据,我国股权投资金额累计超过1500亿美元,活跃投资机构从不足10家增加到6290家。然而,在发达国家,股权投资的行业集中度已经较高,前十大品牌投资机构资产管理规模占据了全球股权基金1/3的份额。目前我国机构与之对比还有很大差距,未来发展空间广阔。

　　未来,我国宏观经济发展需要股权投资基金助力。首先,发展股权投资基金有助于发展直接融资,减少市场的流动性过剩和信贷扩张压力,优化机构投资者资产配置,从而提高储蓄向投资转化的效率;其次,发展股权投资基金,特别是国家有选择地批准设立较大规模的股权投资基金或产业投资基金,有利于促进经济结构调整,符合了国家产业政策和区域发展战略的需要;第三,股权投资基金有助于推动成长型高科技企业的发展,提高科技水平,实现企业价值的增值;最后,发展股权投资基金有助于成熟企业实现产业升级,助企业做大做强。

　　目前,我国股权投资在经历了股权分置改革红利和证券一、二级市场天然价差投资获利空间收窄之后,市场将回归维持合理平均收益率水平,股权投资规范化、专业化、精准化时代到来。因此,未来中国股权投资基金定位将更加清晰地体现"服务商"功能,通过专业服务为提供资金的客户和所投资的企业带来价值。因此，高质量的基金产品、以合理的价格投资优秀的企业，严格控制进度，加强投后管理和提升，以及基金内部管理优化将是股权投资机构成功的关键。

本书对股权投资基金的理论和实务进行了系统、全面的阐述，其中前三章参考了朱忠明教授和赵岗先生合著的《中国股权投资基金发展新论》。本书从股权投资基金的基本概念辨析入手，将股权投资基金运营概括为募集、投资、投后管理和退出四个有效流程，并创造性地依托价值链理论和业务流程重组理论，通过全面分析股权投资基金价值链，创新性地提出以退出为核心，对股权投资基金价值链的募、投、管、退进行流程再造的投资理念，是目前我国股权投资界的创新观点。

本书由十章构成。第一章从股权投资基金的基本概念入手，阐述了其主要特征和分类。第二章从国内和国外两个维度描述了股权投资基金的发展现状，分析了股权投资基金在发展过程中值得借鉴的国际经验，以及我国股权投资基金的鲜明特点。第三章论述了股权投资基金对中国经济的影响。第四章为本书的核心，该章依托价值链理论和业务流程重组理论，通过分析股权投资基金的价值链，提出了以退出为核心并对股权投资基金价值链的募、投、管、退进行流程再造的新理念。第五章从股权投资基金的资金来源、资金渠道基础知识介绍开始，按照基金募集流程所涉及的产品设计、募集流程、托管、审计、信息披露、日常运营管理、备案监管等各个环节管理进行分别阐述。第六章以投资流程为主线，分别阐述了投资过程中项目来源、项目筛选、项目立项、项目估值、投资谈判、尽职调查、撰写投资建议书、召开投资决策委员会、投资完成、风险控制等逐个环节的管理实务。第七章从投后管理的宗旨出发，分析了不同类型股权投资机构的投后管理侧重点，着重对投后管理的增值服务进行分类和阐述。第八章介绍了股权投资基金的退出方式分类、退出时机选择，最后对股权投资基金退出方式的未来趋势进行了展望。第九章为本书的案例分析章节，介绍了6个涉及股权投资基金募、投、管、退环节的不同类型的案例，并加以短小精悍的分析评论，给读者还原了股权投资实务操作中的情景。第十章主要梳理了目前我国股权投资基金募、投、管、退过程中所涉及的相关法律法规，分析了基金运营的法律法规现状，最后对我国股权投资基金未来的立法进行了展望。

　　本书由赵岗博士拟定写作提纲、朱忠明教授进行结构指导，并具体领导开展撰写分工讨论会，最后由赵岗博士进行统稿统撰完成。王枫媚协助主编赵岗博士、副主编朱忠明教授进行了初步提纲拟定，并协助主编进行了初步统稿。本书撰写具体章节分工是：王枫媚第五、六章，娄鑫第二、四、九章，周洲第一、三、七、八章，马萧第十章。

　　本书可供全国大专院校的经济类、金融类、投资类、管理类等专业本科生作为教学辅助用书，也可供社会专业培训机构作为培训教材使用，还可以作为社会投资公司、管理咨询公司等公司高管实务工作自学参考。

目录

第一章　股权投资基金概述

　　自 2000 年以来，股权投资基金快速成长，在国际金融市场上的作用及影响力与日俱增，它同石油美元、亚洲各国中央银行以及对冲基金共同成为四股金融界强大的新生力量，同时也成为国际金融人士热议的对象。根据麦肯锡全球研究院（McKinsey Global Institute）的研究（2007 年），四大力量的快速增长远非是·个暂时现象，新兴力量代表了全球资本市场的结构性转变。

　　总部位于华盛顿的行业组织私募股权成长资本委员会（Private Equity Growth Capital Council）曾公布报告称，在全球信贷市场处于紧缩的状况下，2010 年前三季度全球股权投资基金的现金投资总额已经达到了 940 亿美元，创下有史以来的最高水平。总部位于伦敦的市场研究机构 Preqin 有限责任公司称，全球股权投资基金（不包括主权财富基金）在 2011 年底前的资本承担总额已经超过 4000 亿美元。而据国际货币基金组织统计，至 2011 年底，全球主权财富基金所管理的资产规模已超过 4 万亿美元；至 2012 年底，全球主权财富基金的规模增长至 5.2 万亿美元。瑞银集团（UBS）预计，未来 5 年全球主权财富基金规模平均年增长率将可能达到 18%。由此可见，股权投资基金已经成为资本市场上最具影响力的主体之一。

第一节　股权投资基金的概念

　　股权投资基金，是指以非公开方式向特定对象募集设立的对非上市企业进行股权投资并提供增值服务的非证券类投资基金（包括产业投资基金、创业投资基金等）。股权投资基金可以依法采取公司制、合伙制等企业组织形式。欧洲私人股权与创业资本协会（EVCA）将股权投资基金定义为一种由一定数量投资者组成的主要投资于企业股权或与股权相关的证券的集合投资工具或计划，一般以私人企业为投资对象，有时会投资于公众企业，但所投资的股权一般未在证券交易所上市交易或暂时不能在证券交易所交易（如对即将退市企业并购重组）。股权投资基金以投资私人企业股权为主，投资于公众企业是以企业重组和行业整合为目的，而不是为了持有企业股票在二级市场上获利。著名评级机构标准普尔对"私募股权投资基金"的定义是：股权投资基金是包括对非上市公司的股权投资、创业投资、较大规模和中等规模的杠杆收购、夹层债务和夹层股权投资（Mezzanine）等各种另类投资（alternative investment）的统称；此外，股权投资基金还包括对上市公司进行的非公开的协议投资（Private Investment in Public Equity，PIPE）。

一、股权投资基金概念辨析

1. 股权投资基金与创业风险资本（VC）

传统上，欧美国家通常将创业风险资本与私人股权资本分开来定义，如表1-1所示。然而这种区分是狭隘的也是不符合最新发展的，在实践中，很多股权投资基金同时从事着风险投资、收购重组等业务。美国全美投资协会（NVCA）就用股权投资资本对所有的创业风险投资、管理层收购以及夹层投资等进行了定义。将创业风险资本定义为股权投资的一部分，有助于对股权投资基金作出更准确的定义。

表1-1　　　　　　　　　欧美对股权投资基金的不同定义

	股权投资行业（The Private Equity industry）		
美国	风险投资（Venture Capital）		私人股权投资（Private Equity）
欧洲	风险资本（Venture Capital）	发展资本（Expansion Capital）	收购资本（Bay-outs）

2. 私募基金与公募基金

按照基金的募集对象和方式，基金可以分为公募基金及私募基金。

公募基金是受政府主管部门监管的、向不特定投资者公开发行受益凭证的证券投资基金，这些基金在法律的严格监管下，有着信息披露、利润分配、运行限制等一系列行业规范。在目前法律框架内，公募基金是最透明、最规范的基金。

私募基金则是通过非公开方式向特定对象筹集资金，整个基金的设立，资金的募集、赎回等都通过私下协商进行。相对于公募基金，私募基金所受到的监管很少，信息披露程度较低，容易发生不规范行为。

公募基金及私募基金的主要区别如下。

（1）方式不同

公募基金募集资金是通过公开发售的方式进行的，而私募基金则是通过非公开发售的方式募集，这是私募基金与公募基金最主要的区别。

（2）募集的对象不同

公募基金资金募集的对象是社会上不特定的投资者，资金筹集潜力大。而私募基金资金募集的对象是少数特定的投资者，包括机构和个人，资金募集对象范围较小，对投资者投资金额的要求较高。

（3）信息披露要求不同

监管机构对公募基金的信息披露有着非常严格的要求，其投资目标、投资组合等信息都要在指定媒体上定期进行披露。而对私募基金信息披露的要求则很低，所以私募基金的日常管理及投资操作具有较强的保密性。

（4）投资限制不同

公募基金在基金设立时对投资的品种、各品种投资的比例、投资行为与基金类型的匹配上有着相对严格的限制，而私募基金的投资限制则完全由协议约定。

（5）业绩报酬不同

公募基金不提取业绩报酬，只收取管理费。而私募基金则一般采取管理费与基金收益提成相结合的方式，基金收益提成是报酬的主要来源。

公募基金与私募基金有很多不同点。我国对私募基金的监管也一直存在不完善的问题，而这一问题在 2012 年得到初步解决，《中华人民共和国证券投资基金法》修订工作取得阶段性成果，此次修订《基金法》的一个重点，是要为私募作定义，将私募和公募区分开，并制定不同的监管标准。基金监管范围拟拓宽，私募基金、私募股权投资基金、风险投资基金、券商集合理财计划、信托投连险等都将被纳入监管体系。

3. 股权投资基金与私募证券投资基金

股权投资基金与私募证券投资基金是完全不同却经常被大家混淆的两个

概念，两者在资金来源及投资对象等多个方面有着本质的区别。在投资对象方面，股权投资基金的投资对象主要为非上市企业的股权，主要的业务在一级市场；私募证券投资基金的投资对象则为证券市场公开上市的证券，主要的业务在二级市场。资金募集来源方面，股权投资基金的资金募集方式为私募，极少数也可以采取公募方式；私募证券投资基金的资金募集方式则为私募。资金流动性方面，股权投资基金的投资周期较长、资金变现能力较弱、流动性较差，而私募证券投资基金的资金流动性则较强。投资理念方面，股权投资基金更注重企业的成长价值并在大多数时间里伴随企业一同成长，私募证券投资基金则更关注企业的证券价格在市场上的表现。风险收益方面，由于两种基金面临着不同的政策背景、处在不同的资本市场层次、投资于不同的企业发展阶段，两者在风险收益方面有很大的不同。

4. 股权投资基金与产业投资基金

产业投资基金，在国外通常被称为风险投资基金及股权投资基金。在本书中，产业投资基金是在我国股权投资基金发展过程中形成的特有概念。我国《产业投资基金管理办法》对其有如下定义："一种对未上市企业进行股权投资和提供经营管理服务的利益共享、风险共担的集合投资制度，即通过向多数投资者发行基金份额设立基金公司，由基金公司自任基金管理人或另行委托基金管理人管理基金资产，委托基金托管人托管基金资产，从事创业投资、企业重组投资和基础设施投资等实业投资。产业基金实行专业化管理。按投资领域的不同，相应分为创业投资基金、企业重组投资基金、基础设施投资基金等类别。"我国产业投资基金的设立须经国家发展与改革委员会核准，国务院批准，通常为地方政府连同金融机构发起主导。2006年，天津市筹办了国内首只产业投资基金——渤海产业投资基金。产业投资基金的设立，是为了深化投融资体制改革，促进产业升级和经济结构调整，是发展中国家不可或缺的投资主体，一定程度上提高了市场资源配置的有效性。

5. 股权投资基金与对冲基金

私募股权投资基金和对冲基金都属于私募基金，有许多共同点：投资者大多数是一些投资机构和少数富人；私募基金没有向公众披露信息的义务，投资策略和资产组合都比较隐蔽；在操作方式上，两种基金都多采用财务杠杆操作；组织结构比较简单，人员精简；基金管理者一般都要参与投资，薪酬与业绩相关等。

对冲基金的投资对象主要是二级市场上的证券和证券衍生产品，传统的对冲基金主要采用各种交易手段（如卖空、杠杆操作、互换交易、套利交易、衍生品种等）进行对冲、套期来赚取巨额利润。

实际中，随着金融市场的发展，股权投资基金和对冲基金的界限越来越模糊。对冲基金开始逐步进入到股权投资行业中，对冲基金中有一项类似股权投资的项目叫做困境投资，即向处于困境的企业提供股权投资以帮助其渡过难关，待企业恢复后通过获得股本增值而获取收益。金融危机之后，一些股权投资基金（如 KKR 和 Apollo Advisors）和对冲基金（如 Citadel Investment Group）开始涉足投资银行业，开展利润丰厚的债券股票承销业务，历史上银行界最大的收购案——荷兰银行收购案中也出现了对冲基金的身影。

二、股权投资基金的主要特征

股权投资基金作为基金的一种主要形式，是一种集合投资计划，即由众多投资者出资并让渡资金使用权，通过委托代理的方式由专业基金管理机构和人员管理运作资金。由于资金来源于多个投资者，集合投资可以有效地实现风险和成本在投资者间的分摊，同时对于单个投资者来说，降低了专家理财的成本；聚集的巨额资本可以满足现代社会发展对资金的巨额需求，投资于一些资金需求巨大的项目，具有规模经济效应；股权投资基金作为投融资双方间的中介机构，有效降低了资金所有者的投资成本及资金需求者的筹资成本，促进了经济社会更高效率的发展。这些都是个人投资者无法轻易办到的。股权投资基金具有以下主要特征。

1. 高风险高回报

投资者进行投资的目的是在风险承受能力范围内取得理想的投资回报。股权投资基金一方面面临着所投资企业创业失败、业绩下滑、无法达到预期期望收益，所投资金退出方式及时间不确定等投资风险；另一方面，在重组收购交易中多采取高财务杠杆，使股权投资基金面临巨大的财务风险。金融市场上，高风险往往意味着高收益，股权投资基金的投资者在面临高风险的同时，同样面临着超额的投资收益，这也正是股权投资吸引人之处。英国另类投资研究机构 Preqin 曾发表数据称，截至 2010 年 6 月结束的最近一年里，全球股权投资基金投资回报率是 17.6%，这一投资回报率超过了美国和欧洲股市的投资回报。分类数据统计显示，私募股权收购基金以 20.7% 的投资回报率位列第一，其中巨型企业收购基金的回报率甚至达到 23.6%，小型和中型基金的回报率分别是 19.1% 和 17.9%；创业风险投资基金回报率是 8.4%，"基金的基金"回报率为 11.6%；夹层基金回报率则仅为 6%。

2. 积极的投资管理

股权投资基金在投资过程中很多情况下扮演战略投资者的角色。股权投资基金作为一种中长期股权投资，除了投入资金外，一般还参与企业的日常经营管理。

战略投资者是指那些符合国家法律、法规和规定要求，与融资企业具有合作关系或合作意向及潜力，并愿意遵守融资企业的配售要求，与融资人签署战略投资配售协议，与融资企业业务联系紧密且欲长期持有融资企业股权的法人。战略投资者与普通投资者相比，除对目标企业投入资金外，还帮助目标企业完善公司治理结构，甚至向目标企业输入高端技术和先进设备，改善目标企业经营与管理现状。

战略投资者的主要特征有：①与目标业务联系紧密，拥有改善与增进目标企业业务发展的实力。②长期稳定持股。战略投资者持股年限一般都在 5～7 年以上，追求长期投资利益，这是区别于一般法人投资者的主要特征。③持有股权数量大。战略投资者一般持有可以对公司经营管理形成影响的一定比例的股份，以确保其对企业具有足够的控制力。④追求长期的战略利益。战略投资者对于企业的投资侧重于行业或产业链的战略利益，其通常希望通过战略投资实现其行业的战略地位。⑤有动力参与企业治理。战略投资者一般都希望能参与公司的经营管理，通过自身丰富先进的管理经验改善公司的治理结构，以期获得超额收益。

引进私募基金有明显的优势：企业没有任何债券负担，还可以有更灵活的财务面来增加借贷机会。从历史的角度来说，私募基金都是比较稳定的财务基金。引入的私募基金，一般都会为企业带来整合增值机会。

3. 投资期限长、变现能力差

证券投资基金投资期限短，投资者投入到证券投资基金的资金可以随时变现。但股权投资基金的主要投资对象是未上市企业的股权，一般以出售企业股权的方式退出项目，完成整个投资过程，特别是创业风险投资基金，在企业初创期就开始投资，一直伴随着企业发展直到企业成功上市，考虑到项目选择、投资、管理、退出到全部项目清算的周期，创业风险投资基金投资期限比较长，存续期一般为 7～10 年，而 Pre-IPo 基金存续期一般为 3 年左右。股权投资基金的存续期由合伙人在合同中约定，期满后，有限合伙人可以召开会议决定延长一年。中信产业投资基金管理有限公司管理的绵阳科技城产业投资基金绵阳基金存续期为 12 年，其中投资期 6 年，退出期 6 年。中国建设银行已经发起设立的国内首家医疗保健产业基金的存续期为 7～10 年。

投入到股权投资基金的资金变现能力比较差。一方面，股权投资项目运作时间长，投入到基金里的资金无法轻易收回；另一方面，由于股权市场发展的不完善，没有现成的市场供非上市公司的股权出让方与购买方直接达成交易。股权投资基金和有融资需求的企业，必须充分利用包括个人关系、行业协会或中介服务机构在内的多方资源寻找交易机会。

4. 投资者与管理层利益一致性

拨米和米恩斯等经济学家曾指出，委托人与代理人之间由于存在信息不对称以及在激励与责任方面的不一致性，导致代理人有可能背离委托人的利益或委托人的意图而采取机会主义行为，发生道德风险和逆向选择，随之而产生的委托代理成本问题会损害委托代理关系。不同于直接投资，投资者通过投资基金对企业进行投资属于间接投资，存在双重的委托代理关系，即投资者与股权投资基金管理机构之间，以及股权投资基金与被投资企业之间的委托代理关系。

股权投资市场中，由于组织安排和制度设计，使投资者与管理层利益具有一致性，这在一定程度上削弱了委托代理关系问题给投资者带来的损害。

首先是基金管理人共同出资制度，股权投资基金的组织形式一般为有限合伙制。基金的投资者被称为有限合伙人，其投入绝大部分资金，但不参与经营管理，并且只以其投资的金额承担有限责任；而基金管理者被称为普通合伙人（亦称无限合伙人），其全权负责基金的经营管理，只需投入极少的一部分资金，但要承担无限责任。基金管理者在进行决策时要为自己的投资利益及投资风险考虑。

其次是投资业绩报酬机制。一般的证券投资基金收入来源主要是基金管理费用，与基金业绩表现没有最直接联系，所以在投资者和管理层之间存在着委托代理问题，在缺少约束的情况下，管理层有动机为了自身利益而损害投资者利益。投资者与管理层之间会出现利益不一致。股权投资基金则采取管理费加投资收益分成的利润分配方案，基金管理机构的收入主要取决于投资收益。这一分配方案有效地保护了投资者利益。

另一方面，股权投资基金作为投资方与被投资企业的管理层也存在着利益一致性。股权投资基金与企业所有者同为企业股东，有共同的目标及利益，是风险共担、利益共享的关系。基金与被投资企业的管理层有着追求利润的共同目标，这使得企业在获得基金投资资金的同时，通常会得到股权投资基金为企业提供多方面的增值服务。主要包括以下几个方面：一是可以为企业计划财务管理，为企业架构提供战略性管理；二是可以帮助企业建立销售网络，开拓市场；三是能够帮助企业培养高级管理人员，提供专家和信息等方面的专业服务。除了提供必要的服务外，股权投资基金还会与企业管理层签订协议，设立约束条款（非竞争性协议、"金手铐"条款等）以及激励机制（股票期权、奖金等），确保企业健康快速发展，在投资结束时获得巨额的经济利润。

5. 较小的负外部性与较大的正外部性

外部性（externality）指市场参与者的活动会给无辜的第三方造成一定的影响，即有一定的溢出效应，好的影响称为正外部性，不好的影响称为负外部性。股权投资基金具有较小的负外部性：股权投资基金资金募集对象是包括机构和个人的少数特定的投资者，各国对投资股权投资基金最低金额也进行了限定，由于筹资范围小，同时筹资对象有较强的风险承担能力，所以股权投资基金与银行、保险公司等金融机构相比有较小的风险外部性特征，没有风险扩散效应。正因为此，各国监管部门对股权投资基金一般都采取适度监管的政策，监管较松。

股权投资基金具有较大的正外部性：可以提高一国就业，促进资本市场及并购市场的发展，弥补信贷市场等传统融资渠道的不足，带来技术创新与产业结构的升级，提高一国的综合实力。第一，股权投资基金提高了市场资源配置效率。股权投资基金一般投资于其他投资基金不愿意投资的领域，比如风险较高的创业企业、处于财务困境中的企业等。另外，由于股权投资基金使用杠杆收购目标企业，提高了市场资金的使用效率。第二，促进了企业销售收入和就业增长。创业投资基金主要投资于创新型初创企业，这些企业从成长到成熟，会带来大量的就业机会。第三，促进了资本市场发展。股权投资基金有利于促进证券市场、银行信贷市场等长期资本市场的发展，由于股权投资资本主要的退出方式为IPO，培育了大量符合上市要求的企业；股权投资资本的存在拓宽了企业的融资渠道。第四，促进高技术企业发展和产业结构升级。股权投资基金通常投资于成长性好的高科技企业，有利于促进一国科技进步，带来产业结构升级，提高一国的竞争力。

第二节　股权投资基金的分类

随着全球范围内经济、金融及基金业的发展，股权投资基金呈现出多元化发展的态势，不同投资目的、投资对象、投资策略，以及不同投资主体的股权投资基金纷纷涌现。按照主流的分类方法，股权投资基金主要可以分为以下几种类型，见表1-2。

表1-2　　　　　　　　　股权投资基金类型

基金类别	基金类型	投资方向
创业投资基金	种子期（seed capital）基金 成长期（expansion）基金 Pre-IPo基金	新兴产业、高技术产业、中小型、未上市的成长型企业
并购重组基金	MBO基金 LBO基金 重组基金	以收购成熟期企业为主
资金类股权投资基金	基础设施基金 房地产投资基金 融资租赁基金	主要投资于基础设施、收益型房地产等
其他股权投资基金	PIPE 夹层基金 问题债务基金	PIPE：上市公司非公开发行的股权 夹层基金：优先股和次级债等 问题债务基金：不良债权

一、按投资阶段的不同划分

企业的发展生命周期一般可以划分为五个阶段：初创期、成长期、扩张期、成熟期、衰退期。股权投资基金出于不同的目标，在企业发展生命周期的不同阶段对企业进行投资，广义的股权投资基金涵盖了企业发展各个阶段的权益投资，按投资阶段可分为创业投资（venture capital）、发展资本、并购基金（buyout/buyin fund）、Pre-IPo 资本、夹层资本（mezzanine capital）、重组资本（turnaround capital），以及其他如上市后私募投资（Private Investment in Public Equity，PIPE）、不良债权（distressed debt）等。表 1 - 3 描述了企业发展不同阶段各股权投资基金的参与情况。

表 1 - 3　　　　　　　　股权投资基金分类（按企业发展阶段）

企业发展阶段	特点	资金需求	参与股权投资基金
初创期	企业处于"商业计划"的初步实现阶段，主要工作是产品的研发 未来产品及市场处于未知阶段，风险很大	场地、设备等日常经营活动	创业投资基金（风险投资基金、天使基金）
成长期	产品开始规模生产并投向市场 资金需求量大，现金流不稳定，银行贷款困难、融资渠道有限 未来产品及市场的不确定，风险大	扩张生产规模、开拓市场销售渠道	发展资本、增长型基金
扩张期	企业进入正常发展渠道，企业产品走向成熟，销售渠道、市场稳定 面临行业竞争风险	扩张生产规模，完善产品线，扩大市场占有率	增长型基金、并购基金、Pre-IPo 基金
成熟期	企业发展稳定，生产能力充分发挥，企业的组织体系已经稳固 竞争加剧，利润水平降低	收购企业，整合上下游企业，寻找新的利润增长点	并购基金、Pre-IPo 基金、重组资本、上市后私募投资
衰退期	主导产品被新产品替代，市场占有率、技术水平、盈利能力不同程度下降 面临破产及被收购风险	新产品的研发，新行业领域的进入	重组资本

1. 创业资本

创业资本主要包括风险投资基金（venture capital）及天使资本（angel capital），根据美国全美风险投资协会的定义，是指由职业金融家投入新兴的、迅速发展的、有巨大竞争潜力的企业中的一种权益资本。一般投资于企业的初创阶段、产品研发阶段及产业化的早期阶段，为拥有技术却缺乏资金的创业者提供资金及创业支持，承担所投资创业企业的失败风险。一般以股权转让的方式获取利益并取得巨额的投资回报。

风险投资的主要特点如下。

①投资对象为初创期的中小型高新技术企业，由于企业产品不成熟、企业发展前景不明朗，不确定性因素很多，导致投资风险大。

②投资期限长。投资期一般贯穿企业从初创期到成熟期 IPO 上市的整个发展周期，投资资金的回收期一般为 5～8 年不等。

③所投资企业由于刚刚创立，面临很多技术、管理、市场风险及现实问题。投资者向企业投入资本的同时为企业提供增值服务，帮助企业渡过难关，为企业成长提供巨大帮助。为创新性企业的良好发展提供丰富的土壤。

④由于面临的风险大，投资期长，投资对象的潜力大，未来的投资收益率非常高，一般为几倍到几十倍不等。

天使资本，是由富有个人（天使投资者）以自己名义直接投资于创业企业，因而并不是由多数投资者共同出资组建的"集合投资制度"性质的创业投资基金机构。所以，它是一种典型的"非组织化的创业投资资本"。天使投资者往往是那些不单是为了现金回报的退休企业家或高管，他们的目的可能是有意跟踪行业潮流发展，指导下一代的企业家，或者将其当作一个"半兼职"。因此除了资金，天使投资者往往可以提供有价值的管理咨询和重要的社会关系。

天使资本主要有三个来源：曾经的创业者；传统意义上的富翁；大型高科技公司或跨国公司的高级管理者。在部分经济发展良好的国家中，政府也扮演了天使投资人的角色。同风险资本相比，天使投资人投资的资金比较少，往往是风险资本的零头；所投资项目的审查也没那么严格，更多的是投资者个人对行业及企业未来前景的判断。

我国国内著名的天使投资人有：朱敏、马云、邓锋、钱永强、雷军、杨宁、张向宁、周鸿祎、李开复，等等。

2. 发展资本（development capital）或增长型基金（growth capital）

发展资本主要投资于相对成熟的、处于成长期和扩张期的企业，不以控股为目的，分享企业高速成长带来的高额回报。企业此时已经进入正常经营轨道并开始快速发展，发展过程中面临的风险较小，因此发展资本取得的利润回报率相对较小。

3. 并购资本

并购资本指收购资本和兼并资本，其中又以杠杆收购资本最为著名，主要投资对象为扩张期和成熟期的企业。与其他股权投资基金不同，并购资本收购目标企业股权直至控股，取得企业的实际控制权，并以此通过资本自身拥有的各种资源优势对企业实施重组改造，甚至更换管理层，整合行业及企业资源，提升企业价值，最后通过管理层收购（MBO）等股权转让方式实现增值收益。

并购资本对目标企业的收购一般采取杠杆收购（leveraged buyout）的方式，即以被并购企业的资产及未来现金流为担保获得债务资本，以较少的股本投入（一般为一两成）融得数倍的资金，对目标企业进行收购、重组，最终实现巨额收益。

并购资本是股权投资基金最主要的组成部分，一般资产规模很大，比较著名的有黑石、KKR、凯雷等。

4. Pre-IPo 资本

Pre-IPo 资本一般指过桥资本（bridge finance）及夹层资本（mezzanine capital）。Pre-IPo 资本一般在企业规模与盈利水平已经达到可上市水平时进行投资。资本具有投资风险小、投资期限短的优点，并且在企业股票价格较理想的情况，可以获得较高的投资回报。

夹层资本是收益和风险介于企业债务资本和股权资本之间的资本形态，本质是长期无担保的债权类风险资本。一般采取债权的形式，并带有一定的可转换证券或认股权证等权益资本性质，到期可以获得利息收益同时有机会通过资本升值获利。其主要投资于已完成初步股权融资、公开上市前期的企业，通常用于那些接受后续风险资本的公司，或者在杠杆收购时银行的高级贷款不能提供收购所需全部资金的情况下使用。

过桥资本的引入，是为了解决企业上市前短期融资困难，以及改善企业的财务结构状况等。一些实力较强的投资基金或战略型的投资基金，在提供资金的同时会为企业引入公司治理结构、技术、市场客户以及上市服务等资源，为企业成功冲刺上市提供了必要条件，最后通过公开市场股权转让或以利息方式获得理想的超额收益。蒙牛乳业在 IPO 之前引入摩根士丹利、英联投资和鼎晖投资三家股权投资基金，利用他们的资源及经验对企业财务结构等多方面进行改善，使其快速满足上市要求，最终成功在香港股票市场公开上市；新加坡政府投资公司（SGIC）投资于李宁公司，帮助李宁公司改善公司治理结构，实现从家族式管理向规范化管理的过渡，最终帮助李宁公司成功登陆香港交易所。

5. 重组资本

重组资本是一种专门从事特定企业或资产重组和并购的金融资本，同时也是对被并购企业的资产在资源整合中进行改造的投资机构。不同于并购资本，狭义概念上，重组资本是特指投资于面临财务困难、生产经营陷入困境的企业，经重组后整体或分拆出售获得收益的股权投资基金，主要投资于企业的衰退期。

6. 私人股权投资已上市公司股份（PIPE）

PIPE 是私募基金以市场价格的一定折价率购买上市企业股份的投资方式。PIPE 主要分为传统型和结构型两种形式。传统的 PIPE 由发行人以设定价格向 PIPE 投资人发行优先或普通股来扩大资本，而结构性 PIPE 则是发行可转债（转换股份可以是普通股也可以是优先股）。

中小型快速成长的上市企业往往选择 PIPE 而不是二次发行等传统的融资手段进行融资，因为 PIPE 的融资成本和融资效率相比有一定的优势：在PIPE 发行中监管机构的审查更少，而且也不需要昂贵的路演，大大降低融资的成本和时间；受资本市场环境的影响比较小，融资风险更小。

对于不同类型股权投资基金的占比，在国外发达国家的股权投资基金中，风险投资基金的比重呈下降趋势，而收购基金开始成为主流，PIPE 进入快速发展阶段。由于经济金融发展水平及政策环境的不同，我国股权投资基金的发展呈现另外一种态势，即以成长资本、收购资本和 PIPE 为主要类型。从投资数量来讲，成长资本占据绝对优势，见图1.1。

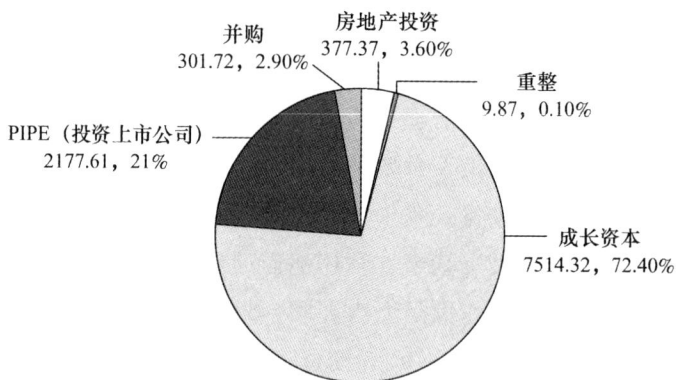

并购
301.72，2.90%

房地产投资
377.37，3.60%

重整
9.87，0.10%

PIPE（投资上市公司）
2177.61，21%

成长资本
7514.32，72.40%

图 1.1　2010 年中国股权投资市场投资策略统计（按投资金额，百万美元）

资料来源：清科研究中心 2011.01。

二、按投资方向的不同划分

一般来说，股权投资基金在募集之初便确立了未来的投资方向，股权投资基金所投资的公司处于哪个行业，是基金设立时考虑的关键。

在我国，为鼓励产业创新升级，促进股权投资基金发展，国家计委制定了《产业投资基金管理办法》，并提出了中国特有的概念——产业投资基金（Industrial Investment Fund）。产业投资基金与股权投资基金并没有实质性的区别，主要是为了从行业、产业的角度对股权投资基金进行区分。

据清科数据库收录基金统计，截至 2012 年末，我国已发起成立产业基金 560 只，其中 376 只基金已有资金到位。从行业分布来看，产业基金的设立与国家极力倡导大力发展的产业相吻合。清洁技术作为传统热门吸金行业，以 97 只产业基金位列第一，主要涉及的子产业基金有环保、新能源、新材料等，但由于近两年清洁技术行业进入瓶颈期，所募基金数较 2010 年以前有所下降。而文化产业自 2009 年受到国家大力推广后，整个市场呈井喷态势，清科数据库共收录文化产业基金 95 只，其中大部分为 2009 年后成立。此外，生物技术/医疗健康产业基金共有 87 只；专业投资矿业及能源的基金共有 68 只（见图 1.2）。

产业投资基金根据被投企业所处行业特点的异动，主要可分为创业投资基金、基础产业投资基金和企业重组基金。随着产业投资基金快速发展，其

（只）

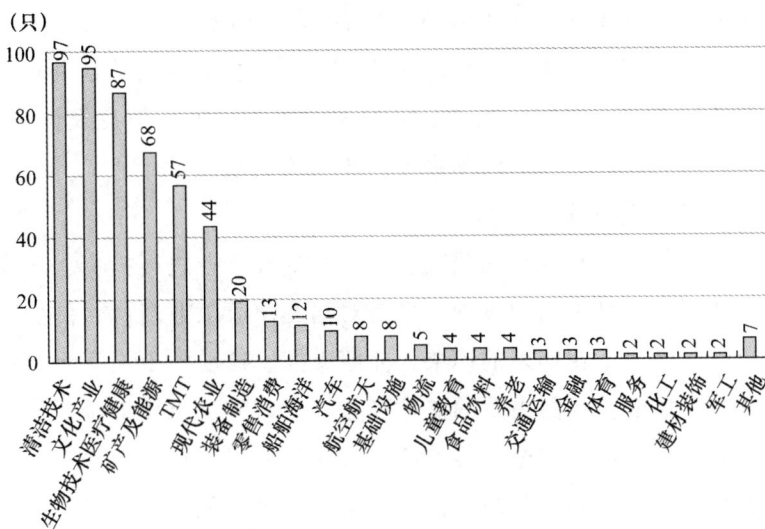

图 1.2　中国已设立行业型产业投资基金涉及行业分布

品类也在不断丰富，在大的投资领域中，又新添了支柱产业投资基金以及特殊概念基金五个类别。

1. 创业投资基金

创业投资基金的投资方向主要集中于新兴产业、高技术产业，这类产业由于起步早、技术的不确定性，具有高风险的特点，但伴随着高风险的同时，该类产业也具备着高收益、高增长潜力的特点。通常来说，这类企业由于其风险以及没有足够资产进行担保，难以获得银行贷款，债权融资困难或者难以满足其融资需求。而股权融资则很大程度上契合了该类企业的特征。

2. 基础产业投资基金

顾名思义，基础产业投资基金的投资方向即关系到我国国计民生的基础类型产业，重点有能源、原材料、运输与邮电通讯等基础设施领域。该类产业早已进入成熟期，产业结构及生产模式都已经固定，其收益和风险相对较低。基础产业的稳定性是最吸引股权投资基金的地方。目前，我国已建立了数目众多的基础产业基金，其中矿产及能源产业基金、现代农业产业基金、装备制造产业基金以及船舶产业基金的数量均位于前列。

3. 企业重组基金

企业重组基金以向特定企业进行资产重组或并购为主要投资方向。由工业和信息化部、国家发展和改革委员会联合 12 部门发布的《关于加快推进重点行业企业兼并重组的指导意见》中提到，要力促九大行业兼并重组，包括汽车、钢铁、水泥、船舶、农业、电解铝、稀土、电子信息及医药行业。因此，这九大行业将是企业重组基金下一步投资的重点。

4. 支柱产业投资基金

支柱产业投资基金对我国国民经济重要的支柱产业进行投资。对支柱产业投资是紧贴国家政策走向的表现，也是对构建国家工业现代化的拥护和支持。支柱产业是整个工业体系的栋梁，能够支撑、拉动整个国家经济和社会的可持续发展。目前，我国主要的支柱产业有建筑业、机械电子、信息产品制造业、石油化工、汽车制造业等，这些行业的发展水平决定着我国工业现代化的发展状况，也是实现我国经济现代化的重要保证。支柱产业同基础产业在行业分布上有交叉的地方。

5. 特殊概念基金

特殊概念基金是指针对某些特定产业或寻求特定的投资机会进行投资的股权基金。特殊概念一般针对社会及市场热点，具有关注度高、收益高、风险不确定等特点。近些年来，文化产业基金、TMT 概念基金发展比较迅速，在特殊概念类基金中具有代表性。

三、按基金运作主体的不同划分

众多的股权投资机构在经过了 20 世纪 90 年代的高速发展时期和 21 世纪初的发展挫折期后，重新迎来了繁荣发展的机会。经过数十年的发展，伴随着全球经济发展的起起伏伏和股权投资领域不断增长的巨额利润空间，股权投资基金的规模不断壮大，投资领域不断扩展，资金来源也越来越广泛，参与机构日趋多样化。股权投资基金按基金运作主体可分为以下几类。

1. 独立的股权投资机构

独立的股权投资机构是指商业性的投资机构，一般没有政府、大金融机构及大型企业的背景支持，独立化运营，通常采取有限合伙制的组织形式，由创始合伙人共同创建。该类机构一般都会经历从初创到走向成熟，最终成长为巨型投资集团的过程。

独立的股权投资机构一直是股权投资领域主要的运作主体，包括了美国凯雷投资集团（The Carlyle Group）、英国 3i 集团（3i Group plc）、KKR 集团等世界上最著名的几家股权投资机构。

凯雷投资集团是一家成立于 1987 年的私人全球性投资机构，在管理层主导并购、策略性少数股权投资、私人股权配售、公司整合、建设以及增长资本的融资中，都是在发起和构建交易上扮演主导地位的股本投资者。自成立以来，凯雷投资集团已参与超过 1035 项投资案，共投资 687 亿美元，其旗下投资的公司总共创造营业额 840 亿美元。至 2010 年 12 月 31 日止，凯雷投资集团管理的资本超过 1067 亿美元，通过旗下 84 只基金投资于三大投资领域——私人股权、实物资产（包括房地产、能源资产和基础设施）及全球战略型金融资产。

3i 集团（3i Group plc，LON：III）是伦敦证券交易所上市公司，FTSE100 强公司，也是国际领先的股权投资公司，有着 60 年的投资历史，管理的资产达到 140 亿美元。每年的投资数额约为 20 亿美元，其中 50% 左右用于管理层收购，从集团企业或私人企业那里买股权；35% 为增长型投资，为成长期的公司提供资金帮助；另外 15% 是风险投资。

独立的股权投资机构占据了世界上最大的投资并购份额，历史上最大的几宗经典投资并购案例也皆出自独立股权投资机构之手。如 KKR 集团在 1988～1989 年以 310 亿美元，杠杆收购了当时美国的巨型烟草和食品公司 RJR. Nabisco，是世界金融史上重大的收购之一。

2. 大型的多元化金融机构下设的投资部门

独立的专业性投资银行、证券公司、大型商业银行等大型多元化金融机构旗下的股权投资部门是活跃在股权投资领域的另一股重要力量。享誉全球的"华尔街三巨头"：高盛（Goldman Sachs）、美林（Merrill Lynch）、摩根史丹利（Morgan Stanley），是其中的重要代表。

不同于商业银行作为货币市场核心的市场定位，投资银行是资本市场的核心中介，主要有一级市场证券承销发行业务、二级市场的自营与经济业务、证券私募等传统投行业务，以及公司并购与资产重组、公司理财、资产证券化、投资咨询、风险资本、直接股权投资等新型投行业务。

公司兼并重组及破产清算是投资银行最重要的业务之一，美国在线收购时代华纳、大通曼哈顿兼并 JP 摩根并购案等人们耳熟能详的经典案例皆出自投资银行之手。近些年来，直接股权投资已经发展成为投资银行最重要的利润来源部门。国际上著名投资银行的主要利润来源中，承销费仅占一小部分比例，大部分的收入来自于股权的投资收益。高盛和美林的非传统投行业务在2005年已占其总收入的70%以上，特别是美林的直投业务比2004年底增长59%。摩根士丹利直接投资部管理着100多亿美元的资金，对经营性企业做长期的投资业务，自20世纪80年代中期至今在全世界范围内已完成了对100多家公司的投资。

2007年9月份，中国证券监督管理委员会批准了中信证券股份有限公司和中国国际金融有限公司开展直接投资业务试点。中信证券出资8.31亿元人民币设立全资子公司——金石投资有限公司，开展直接投资业务试点，业务范围限定为股权投资，以自有资金开展直接投资业务。自此，中国证券公司开始进入开展直接投资业务的新时代。

在中国，大型商业银行的投资银行部门开始成为备受瞩目的力量。自2002年工商银行率先成立投资银行部，成为国内第一家开办投行业务部门的商业银行之后，建行、光大、民生、中信、中行等商业银行也纷纷成立了投资银行部。工行投资银行2008年的收入为80.28亿元，相当于当年国内前20大券商的投行收入的总和。

国外商业银行进行股权投资的现象非常普遍，通常分直接投资和间接投资两种投资方式。直接投资即银行作为有限合伙人直接投资，多为资金雄厚、投资能力强的银行所采用；间接投资则是通过FOF投资，多为投资实力较弱的中小银行所采用。在中国，大型商业银行也开始涉足股权投资领域，一般采取迂回直投及间接参与的方式。由于银行不具备直投资格，现阶段国有商业银行均采取了迂回直投的运作模式，即在海外设立下属直接投资机构，再由该机构在国内设立分支机构，进行股权投资，如工银国际、农银国际等。一些股份制银行采取间接方式，为股权投资机构提供投融资服务等业务，甚至以理财产品的方式参与到股权投资中。据不完全统计，截至2010年上半年，银行系股权投资基金募集资金总额已超1000亿元人民币。

大型的多元化金融机构下设的投资部门具有以下几个优势。

第一，大型的多元化金融机构拥有雄厚的资金实力、丰厚稳定的客户资源以及较高的社会声誉。

第二，大型的多元化金融机构的多元化业务使其在项目运作过程中拥有协同能力。大型金融机构旗下全面的业务部门、完整的业务链可以为企业提供全面的投融资服务，机构对企业直接投资可以深层次地挖掘提升企业价值，进而推动企业上市承销发行业务、融资业务和并购业务等，以及企业经营中的财务决策顾问业务等。

3. 大型企业旗下的投资基金

大型企业旗下的投资基金，可以称为企业风险投资（corporate venture capital）。大公司借助风险投资这种新的投资模式，发挥自身较高的管理水平、多元化的产业链和深入的销售渠道网络等优势，培育业务和利润增长点，迅速促进技术进步，提高企业核心竞争力。国际大型生产企业在生产经营过程中利用多样化的金融手段，有效实现了产融结合，利用产业资本和金融资本在集团内部结合产生的协同效应和范围经济，积极推动了企业的集团化多样化发展，提高了集团企业的竞争能力。许多企业都在推出和重启自己的风险投资基金，以服务集团的发展战略和投资组合。风险资本是公司促进创新的重要工具（沃顿商学院管理学教授 Gary Dushnitsky）。美国风险投资协会的统计数字显示，在企业风险资本投资处于高峰的 2000 年，300 多家大公司共向小型创业公司投入了 160 多亿美元风险资本。

通用资本服务公司（GE Capital Serivce）是其中的佼佼者，其作为通用电气公司的下属金融机构专门负责公司的投融资和资金运作业务，通过兼并收购等手段将历史悠久的通用电气公司打造成涵盖多个行业的巨型产业集团。

思科系统公司（Cisco Systems，Inc.）。Venture Source 提供的数据显示，思科在 2000~2009 年间共收购了 48 家风险投资支持的创业企业，成为过去10 年间收购创业企业最多的公司（IBM 和微软分别位居第 2 位和第 3 位，收购的创业企业分别为 35 家和 30 家）。

2001 年 2 月，思科与日本软银集团合作建立 SAIF（Softbank Asia Infra-structure Fund，赛富基金），共同投资中国市场。在此后，思科已先后投资了包括盛大、中通服、风网、铭万、安博等近 40 家企业。此外，除了赛富基金的投资外，思科还单独投资了 8 家企业。在过去十年中，为取得在中国市场领域内的发展，思科系统公司已经在中国市场区域内投资数十亿美元，并且在中国有独立的团队在负责投资业务，并计划进一步加快其在中国市场区域内的扩张步伐。截至 2011 年 5 月，思科已经对中国多个行业 8 家公司进行了投资，见图 1.3。

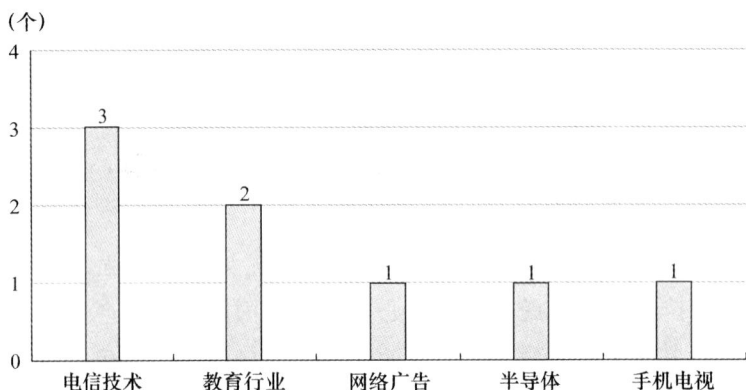

图 1.3　思科在中国投资行业分布（按案例数，个）

数据来源：CVSource www.ChinaVenture.com.cn。

IBM 风险投资集团（IBM Venture Capital Group，VCG）。

传统的风险投资模式一般直接注入资金获得新创建公司的股份，一段时间后把在新创建公司持有的股份转让或 IPO 攫取利润，获得投资回报。由于这种传统的集中于资金投资的企业风险投资模式风险很大，波音、戴尔、应用材料和惠普等公司都因缺乏回报而关闭了他们的风险投资部门。IBM 风险投资集团的运作模式则完全不同于传统的风险投资模式。

IBM 风险投资部副总裁 Claudia Fan Munce 把 IBM 的模式称为"技术创新生态系统"。IBM 公司风险投资（CVC）的运作模式为：VCG 投资资金作为独立风险投资（Independent Venture Capital，LVC）的有限合伙人（LP），而 IVC 给予利润回报，同时把投资项目推荐给 VCG。VCG 通过长达 6 ~ 12 个月的接触进一步了解团队、历史和业内评价，做出投资决策。一旦做出投资决策，VCG 就把项目介绍给业务单位确立合作关系，同时，也会把一些相应的资源与 VC 共享，并通过技术指导、市场引导、渠道等手段支持外部 VC 所投资的创新公司。VCG 通过产品、技术、资金等对创新公司进行投资；如果业务单位认为符合其战略需要，由 VCG 对创新公司进行收购。因此，创新公司的成长一方面为 IBM 带来了新的技术和方案，另一方面也将带动 IBM 现有业务的发展，给 IBM 带来更多的销售和利润。获得风险投资支持的创新公司更容易成为 IBM 的合作伙伴，而一旦形成伙伴关系，就可以进入到 IBM 的协作创新体系，可以利用 IBM 的技术、专家资源来促进创新技术的研发，并获得 IBM 销售渠道的支持。

IBM 的 CVC 模式为其带来了丰硕的成果：IBM 已与超过 120 家顶级风险投资商合作，通过 LP 作为间接资本力量渗透进全球 1000 多家创新公司。这些创新公司带来的商业合作业务已经占据 IBM 总收入的 1/3，而这一比例在中国要更高。IBM 公司通过引入外部风险投资参与的创新公司到合作伙伴项目，与 450 多万名开发人员建立了最大的商务伙伴生态体系。在纳斯达克上市的企业中，有 45% 企业后面有 IBM 投资的影子。与此同时，CVC 模式也大大促进了 IBM 的技术创新能力与速度。据美国专利商标局发布的相关数据，截至 2007 年，IBM 已连续 15 年居美国年获专利数量之冠。它在全球共拥有 5 万项专利，在美国也有 3.5 万项专利，是名副其实的专利大户。

4. 政府所有的国家主权财富基金

主权财富基金（Sovereign Wealth Funds，SWFs），是指一国政府通过特定税收与预算分配、可再生自然资源收入和国际收支盈余等方式积累形成的，由政府控制与支配的，通常以外币形式持有的公共财富基金。传统上，主权财富基金管理方式非常被动保守，对本国与国际金融市场的影响也非常有限。随着近年来主权财富得利于国际油价飙升和国际贸易扩张而急剧增加，其管理成为一个日趋重要的议题。国际上最新的发展趋势是成立主权财富基金，并设立通常独立于央行和财政部的专业投资机构管理这些基金。

主权财富基金的数量和规模增长迅速，已逐渐成为国际金融市场和跨国直接投资的重要力量。全球已有近 30 个国家或地区设立了主权财富基金，其中近半数成立于 2000 年之后。大多数主权财富基金分布于中东、亚洲等地。据国际货币基金组织估计，至 2010 年底，全球主权财富基金所管理的资产规模接近 4 万亿美元

另类资产投资研究企业 Preqin 2011 年 3 月 9 日表示，2011 年初，全球主权财富基金管理资产总额增加 11%，至 3.98 万亿美元，并已开始加大在私募股权、基础设施和房地产领域的投资。

随着主权财富基金数量与规模迅速增加，主权财富的投资管理风格也更

趋主动活跃，其资产分布不再集中于 G7 定息债券类工具，而是着眼于包括股票和其他风险性资产在内的全球性多元化资产组合，甚至扩展到了外国房地产、私人股权投资、商品期货、对冲基金等非传统类投资类别。主权财富基金已成为国际金融市场一个日益活跃且重要的参与者。见表 1 - 4。

表 1 - 4 政府投资工具分类

	官方储备 中央银行	主权基金			国有企业
		养老基金	国内主权基金	主权财富基金	
特点	应对国际收支的不平衡 外部直接融资性资产 流动性好的资产（如 OECD 国家的债券）	为满足政府未来养老金义务的投资工具，以当地货币融资和计价	鼓励境内经济发展的投资工具，以当地货币融资和计价	由国外可交换资产提供融资的投资工具，与官方储备分开管理，通常对风险有较高的承受力	政府有显著控制力的企业，可投资于国外资产
举例	美联储 英格兰银行 SAMA（沙特阿拉伯）	政府养老基金（挪威） 政府投资公司（新加坡）	Khazanah Nasional（马来西亚）	ADIA MUBADELA（阿联酋） 淡马锡（新加坡） Istithmar DIFC（阿联酋） 中投公司（中国） SAMA（沙特阿拉伯）	中国石油（中国） Gazprom（俄罗斯） SABIC（沙特阿拉伯）

资料来源：Robert M. Kimmitt. Public Footprints in Private Markets. Foreign Affairs.

阿联酋阿布扎比投资局（Abu Dhabi Investment Authority, ADIA）是一家全球性投资机构，其将国有资产进行谨慎投资，创造长期价值，维护和保持阿布扎比酋长国当前和未来的繁荣。ADIA 由财政部成立，资金来源主要是阿布扎比的石油收益。阿联酋总统哈利法·本·扎耶德·阿勒纳哈扬任 ADIA 董事会主席。ADIA 管理的投资组合跨行业、跨地区，涉及多种资产等级，包括公开上市的股票、固定收益工具、房地产和私募股权。截至 2010 年 6 月，阿拉伯联合酋长国阿布扎比投资局被美国一家机构列为世界上最大的主权财富基金，由其管理的资产总额达到 6270 亿美元（挪威政府退休基金、沙特阿拉伯萨玛控股公司分别以 4430 亿美元及 4320 亿美元排名第 2、3 名）。

中国投资有限责任公司（简称"中投公司"）成立于 2007 年 9 月 29 日，是依照《中华人民共和国公司法》（以下简称《公司法》）设立的从事外汇资金投资管理业务的国有独资公司。中国财政部通过发行特别国债的方式筹集 15500 亿元人民币，购买了相当于 2000 亿美元的外汇储备作为中投公司的注册资本金。中投公司独立经营，自主决策，基于经济和财务目的，在全球范围内对股权、固定收益以及多种形式的另类资产进行投资。

5. 个人投资者

个人股权投资者又称天使资本，在前文有详细阐述，在此不再叙述。

四、按组织形式的不同划分

股权投资基金按照组织形式的不同，通常可分为三种组织形式：公司制、信托制和有限合伙制。受各国政治、经济、法律制度等各方面的具体影响，不同的国家，其股权投资基金的组织形式各不相同。欧美国家主要采用合伙制；德国、澳大利亚等对公司与合伙实行公平税负的国家则多采取公司制；英国、日本等国家和地区则主要采用信托制。

1. 公司制股权投资基金

公司制股权投资基金是指以《公司法》为基础设立、通过发行基金单位筹集资金并进行权益类产品投资、以公司形式存在的股权投资基金。公司制股权投资基金由发起人设立，主要发起人通常为实体公司、商业银行、保险公司、基金管理公司等。发起人主要负责基金公司的设立及资金募集。

公司制股权投资基金通过股东、董事会、基金管理层之间的双重委托代理机制形成有效的公司治理结构。基金的认购人及持有人作为公司的股东，享有股东所有的权利及义务，同时也是损失的最终承担者。股东大会为基金公司的最高决策机构。董事会是基金公司的常设管理机构，负责基金公司的日常管理，如基金公司的投资决策、管理层的聘用等，一般由发起人及投资者充当董事会成员。发起人可以自己担任管理层进行基金管理工作，也可以从公司外部聘请专业的基金管理公司及基金经理进行基金的投资管理工作。

股东以其出资额为限对公司承担有限责任，公司以其全部资产为限对公司债务承担责任。图 1.4 为公司制股权投资基金组织结构图。

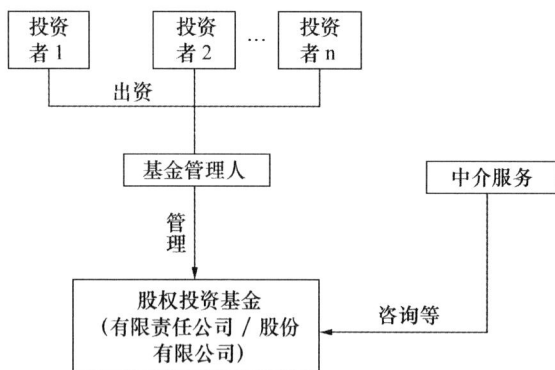

图 1.4 公司制股权投资基金组织结构图

2. 有限合伙制股权投资基金

有限合伙制是股权投资基金最普遍的组织形式。有限合伙制企业由有限合伙人和普通合伙人组成，普通合伙人负责参与基金的日常管理，对合伙制基金的债务承担无限连带责任；有限合伙人不参与基金的管理，以其认缴的出资额为限对合伙制基金的债务承担责任。基金人数为 2 个以上 50 个以下，而且至少应当有一个普通合伙人。有限合伙制基金有限合伙人和普通合伙人的权利义务关系在双方的合伙协议中进行规定。2007 年 6 月 1 日，我国《合伙企业法》正式施行，一批有限合伙制股权投资基金开始成立并发展壮大。

普通合伙人作为基金的经营者，由专业的投资机构及个人担任，一般需要投入募集资本总额 1% 的自有资金，这在一定程度上减轻了委托代理问题对投资者利益的损害，由于对债务承担无限连带责任，控制了一部分投资风险。普通合伙人的收入包括管理费及利润提成两部分。管理费属于固定收入，与普通合伙人的专业化程度及声誉有关，与基金后期的投资业绩无关，一般收取 1.5% ~ 3% 以确保基金的日常运营管理。普通合伙人在此基础上还可以获得总利润 15% ~ 30% 不等的浮动收入，这是有限合伙人的大部分收入构成，提供了一种有效的激励机制。将普通合伙人和有限合伙人的利益进行捆绑，促进基金业绩提升及基金的健康发展。

有限合伙人是基金资本的主要提供者，不参与基金的日常运营管理及投资决策，对普通合伙人起到监督作用。

图 1.5 以绵阳产业基金为例，描述了有限合伙制的组织结构。

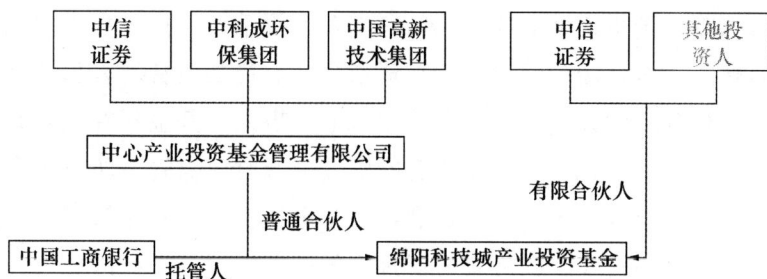

图 1.5 有限合伙制股权投资基金组织结构图

3. 信托制股权投资基金

信托制股权投资基金是以信托法为基础，由发起人根据各方当事人订立的信托契约发起设立，公开发行基金单位进行资金募集的股权投资基金。信托契约是信托制股权投资基金设立和运行的核心，基金参与各方的义务和权利、基金的日常管理运行，都由契约进行有效规定。信托制基金的当事人有基金管理人、基金托管人和基金受益人。

基金受益人是指基金的投资人，收益受益人及损失承担人对基金资产享有一切权益。基金受益人通过在基金单位持有人大会上行使表决权来实现自己的权利。基金单位持有人大会是基金的最高权力机构，一般每年召开 3 次，由基金管理人主持。特殊情况下可以由基金持有份额超过 1/3 的基金受益人要求下召开。持有人大会可以对以下事项做出决议：基金投资计划、收益分配方案、基金章程修改、基金经营期限延长等。大会决议必须获得出席大会的全部基金受益人 2/3 以上赞成票数才能通过。对撤销基金管理人、托管人及终止基金运行等决议，需要国家监管部门进行批准。

基金管理人是指负责基金运行、资产投资管理的常设组织。其主要职责包括：基金的筹建、获得审批、信托产品的发行；信托契约的签订与执行；基金日常经营管理制度的设计与执行；基金股权投资的管理是基金管理人最重要的职责，必须确定基金投资风格、制定详细的投资策略及计划，组织管理优秀的投资人才，实施审慎的投资决策，进行有效的风险控制，最终实现投资收益；详细的信息披露，包括定期的基金财务报告和业绩报告、基金净值及价格；基金增值收益的合理分配，基金赎回的管理。基金管理人一般收取一部分管理费作为收入来源。

基金托管人是指根据法律法规的要求在投资基金运作过程中承担保管基金资产与账簿、执行基金管理人的投资指令、监督基金管理人投资行为、披露信息、进行资金清算与会计核算等职责的当事人。基金托管人是基金持有人权益的代表，基金托管人对投资者的资金进行有效保管，防止了资金被基金管理人挪用，充分保障了投资者利益。基金托管人与基金管理人签订托管协议，规定各自的责任，在托管协议规定的范围内履行自己的职责并收取一定的报酬。我国《证券投资基金法》规定，基金托管人由依法设立并取得基金托管资格的商业银行担任。申请取得基金托管资格，应当具备一定条件，并经国务院证券监督管理机构和国务院银行业监督管理机构核准。图1.6为信托制股权投资基金组织结构图。

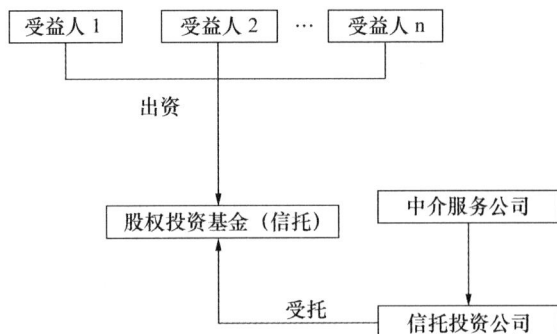

图 1.6　信托制股权投资基金组织结构图

4. 组织形式的比较

表 1-5 对公司制、信托制和有限合伙制的各方面进行了比较。

表 1-5　　　　　　　　　　　不同组织形式的股权投资基金比较

	公司制	信托制	有限合伙制
设立的法律依据	《中华人民共和国公司法》	《中华人民共和国信托法》、《信托公司管理办法》、《集合资金信托计划管理办法》等	《中华人民共和国合伙企业法》
法人资格	有	无	无
发行凭证	股份	基金单位	基金单位

续表

	公司制	信托制	有限合伙制
管理架构	股东大会、董事会、管理层等	受托人为基金管理人，投资者不参与管理	普通合伙人为管理人，有限合伙人不参与管理
运作依据	公司章程	契约	契约
运营方式	具有永久性（如不破产）	依据契约有一定的存续期	依据契约有一定的存续期
激励机制	由股东大会决定，一般为固定薪酬加奖金	取决于信托的运营模式及契约规定	由合同规定，一般为1.5%～3%的管理费+15%～25%投资收益中分成
成本	设立成本较高，管理成本不能得到有效控制	设立成本较低，通过契约确定日常管理费用，成本较容易控制	设立成本较低，通过契约确定日常管理费用，成本较容易控制

有限合伙制的组织制度能够自其创建以来得到快速发展，并占据了美国股权投资基金86%左右的份额，很大一部分要归结于其税收优势，即不存在双重赋税制。现阶段，我国股权投资基金以公司制和合伙制两种组织形式为主，由于我国税收政策的不同，这两种组织形式负担的税收也不同。表1-6对我国各种组织形式下的税收进行了比较。

表1-6　　　　　　　不同组织形式股权投资基金税收比较

	基金层面			投资者层面	
	纳税项目	税率	税收政策	企业投资者	自然人投资者
公司制	管理费	5%	投资企业所得税税率高于被投资企业所得税税率，则补缴该部分企业所得税	免税	20%税率计算缴纳个人所得税。实际税率为40%
	股权投资所得（股息性质）	0	符合条件的投资所得可按投资额的70%抵扣应纳税所得额		
	股权转让所得	25%	无		
	其他收入所得	25%	无		

	纳税项目	税率	税收政策	企业投资者	自然人投资者	
					有限合伙人	无限合伙人
合伙制	股权投资所得（股息性质）	0	无	缴纳企业所得税25%	按出资比例，适用5%～35%的五级超额累进税率，征收个人所得税	5%营业税，按出资比例，适用5%～35%的五级超额累进税率，征收个人所得税
	股权转让所得	0				
	其他收入所得	0				

公司制股权投资基金对于个人投资者存在双重征税的缺点。一般公司制股权投资基金通过以下方法克服这种缺点。

（1）将股权投资基金注册在离岸避税天堂，如开曼、百慕大等地。

（2）将公司制股权投资基金注册为高科技企业（可享受诸多优惠），并将注册地选在税收比较优惠的地方。

（3）在基金的设立运作中联合或收购一家享受税收优惠政策的非上市企业，并把其作为载体成立基金。

第二章　国内外股权投资基金的发展现状

股权投资基金在近30年的时间里，在国际资本市场上取得了飞速的发展，成为寻求资金支持的非上市企业的重要资金来源。以美国和英国为代表的发达资本市场的股权投资基金行业发展成熟，对高新技术产业的发展以及国民经济的增长，有着很大的促进作用。

我国股权投资基金发展的时间虽然较短，但也逐渐展现出其巨大的能量。通过研究以英国和美国为代表的发达资本市场在股权投资基金发展中的经验，并在符合我国国情的条件下合理借鉴，将有助于我国股权投资基金行业的良性发展，尽快建立有利于我国股权投资基金发展的政策法规环境，形成有效的股权投资机制，发挥股权投资基金在促进我国高新技术产业和国民经济发展中的作用。

本章第一节主要论述以美国和英国为代表的国外股权投资基金的发展历程，第二节主要论述股权投资基金发展的国际经验借鉴，第三节主要论述股权投资基金在中国的发展现状。

第一节　国外股权投资基金的发展分析

一、美国股权投资基金的发展分析

（一）美国股权投资基金的发展现状

1. 美国股权投资基金近30年的发展情况

最近十年，美国股权投资基金行业一直处于后互联网泡沫破灭的阴霾之中，使得美国股权投资基金行业陷入了低迷期。总体而言，股权投资基金的数目在不断的减少，然而市场集中度正在不断的加强。按照股权投资基金的分类，风险投资基金是包含在股权投资机构种类中的最主要部分，然而根据最新的美国风险资本协会的报告，美国的风险投资基金的数目已经从2007年的1000家左右缩减到2010年的400多家，并且有相当一部分风险投资公司处于空壳的状态。

美国股权投资基金行业中另外一个重要的变化就是行业市场集中度越来越高，整个股权投资基金行业的投资额的2/3都来自于美国前十位的股权投资机构。在1995~2001年的互联网泡沫期间，整个资本市场都陷入了疯狂，而当时的股权投资基金也是幕后推手之一，在此期间股权投资基金行业的规模变得过于庞大，以至于泡沫破灭后整个美国股权投资基金行业进入了规模收缩阶段，而在这场互联网泡沫期间生存下来的股权机构的规模变得越来越大。

（1）股权投资基金管理额的发展趋势

股权投资基金管理额是由股权投资机构下的运作基金所募集的资金，资金管理者与投资者之间一般会建立一个8年的契约，也就是说投资者自投入资金以后要至少8年才能收回这笔投资。从图2.1中可以看出，近30年来美国股权投资基金管理额的走势分为四个阶段：1980~1991年的减速增长期；1991~2000年的加速成长期；2001~2006年的稳定发展期；2007~2012年的衰落期。

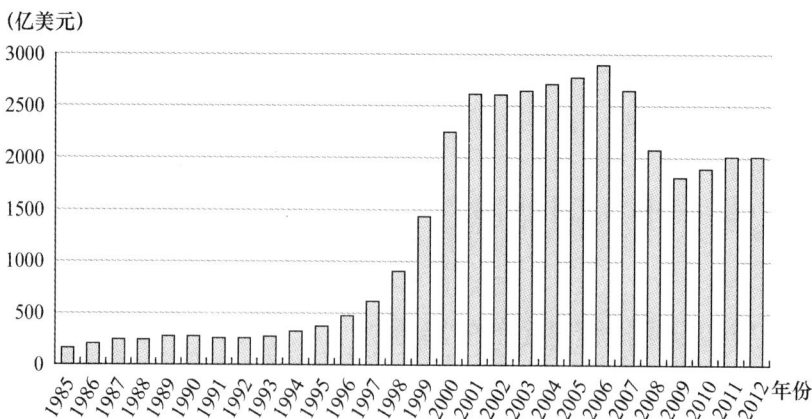

图2.1　美国股权投资基金资金管理额走势

数据来源：2013年NVCA年报。

1980～1991 年，美国股权投资基金的资金管理额一直处于减速增长期。20 世纪 70 年代，二战后美国经济的恢复性稳定增长被打破，出现了经济停滞和通货膨胀的局面，在这种背景下美国政府在老布什的带领下开始实行"经济复兴计划"，取得了较好的刺激经济效果，也使得资本市场出现了短暂的繁荣。但是，这一套刺激计划并没有为美国经济发展提供持续的动力，由于财政赤字问题，美国的经济引擎并没有实现腾飞。而以美国经济为实际载体的股权投资基金在这个时期的走势与美国当时的经济不谋而合，呈减速增长态势。

1991～2000 年，美国股权投资基金资金管理额的发展态势开始扭转，进入加速成长期，这是因为这段时间美国经济处于克林顿政府的"新经济"时期。新经济是在经济全球化程度越来越高的条件下，依靠发达工业、信息产业、高新技术，以服务经济的理念发展经济。在这个时期，包括信息技术、生物工程、新材料、宇航技术等高技术行业对美国 GDP 的贡献达到空前的高水平，这些行业的股票也都出现高增长，整个国家都处在由高科技行业所带来的新一轮经济繁荣的兴奋之中。作为资本市场最具敏感嗅觉的股权投资基金是这一波信息革命、技术革命的先行者，它们在这段时期疯狂持有这些高成长性概念的公司，并通过上市获得了丰厚的报酬。因此使得大量资金不断地涌入股权投资基金，从而实现了 1991～2000 年间股权投资基金管理额的加速发展，成就了股权投资行业最辉煌的时期。其中，1999 年和 2000 年美国股权投资基金资金管理额的增长速度达到 57.6% 和 54.4%。

2001～2006 年，美国股权投资基金管理额开始进入稳定时期。美国在经历了 1991～2000 年由新经济带来的高速增长后，2001 年出现了互联网泡沫破灭、股票市场崩溃的局面，阻碍了美国经济高速增长的步伐，并使得资本市场对高新技术产业的投资观念有了一个调整，即不再为了短期上市获利而盲目投资于高新技术产业，而是着眼于高新技术产业的长期发展。因此，这段时期，股权投资基金进入了发展相对缓慢的成长期。

2007～2012 年，美国股权投资基金的资金管理额处于衰退期。这主要是由两方面造成的。首先是经济因素，2007 年美国本市场的问题开始显现，投资者对于美国的经济发展持观望的态度，直至 2008 年 10 月份爆发次贷危机，使得美国民众对美国经济产生悲观的预期，从而在 2008 年出现了股权投资行业最大的滑落，资金管理额的降幅达到 20%；其次是内部因素，即上文提到过的股权投资基金管理资金的 8 年契约期，1999 年募集的股权投资基金在 2007 年到期，投资者从股权投资基金赎回大量资金，导致了股权投资基金的资金管理额出现了明显的滑落（见图 2.2）。

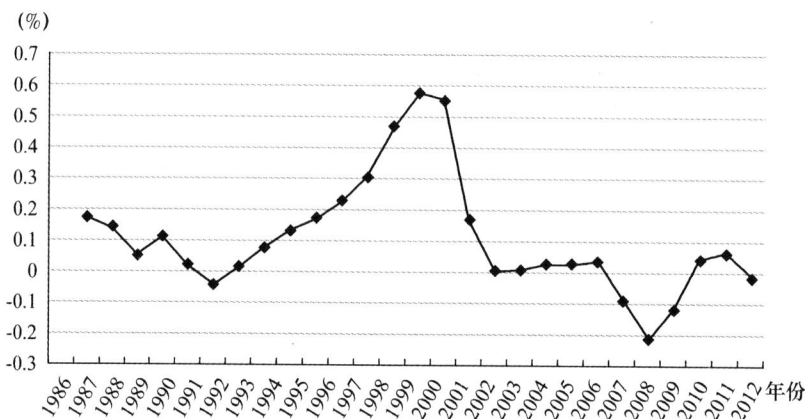

图 2.2　美国股权投资基金资金管理额的增长速度

数据来源：2013 年 NVCA 年报。

（2）互联网危机前后的股权投资基金投资额趋于一致

从图 2.3 和图 2.4 的美国年股权投资金额和投资数量来看，若剔除 1999 年和 2000 年互联网泡沫所带来的投资热潮，美国的股权投资金额和数量的走势基本维持在一条水平的发展态势上。并且从美国 GDP 增长图也可以看出，美国 1999 年和 2000 年的 GPD 增长率也处于一个较高的水平，而 1999 年之前的几年与 2000 年之后的几年 GDP 增长率也基本维持在一个水平。

（3）股权投资基金的类型

美国股权投资基金按照投资主体分类主要分为两种，即风险投资基金和并购/夹层基金。下面从募资金额这项重要的指标出发，结合近 30 年来资本市场的发展情况，对风险投资基金、并购/夹层基金的不同发展趋势进行一个系统的分析。

（亿美元）

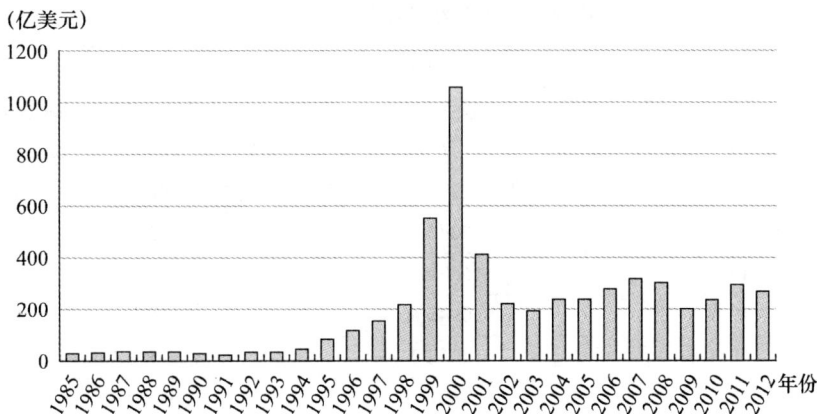

图 2.3 美国股权投资金额变化图

数据来源：2013 年 NVCA 年报。

（笔）

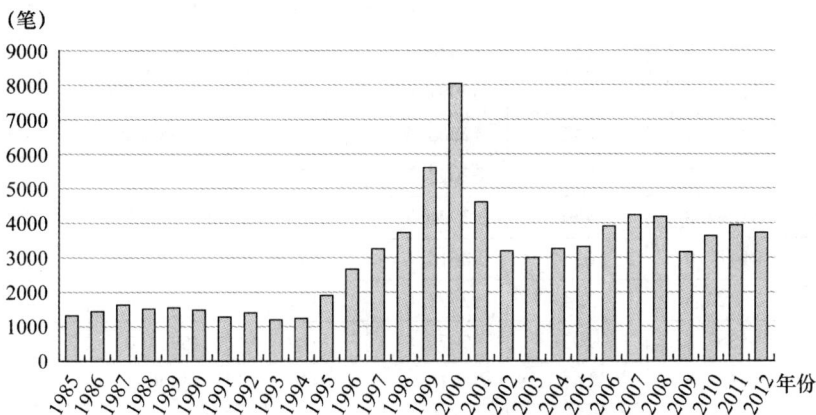

图 2.4 美国股权投资交易数量变化图

数据来源：2013 年 NVCA 年报。

在美国，募资金额（capital commitment）指投资者承诺在特定的时间以约定的条件向基金注入的资金金额。每一年的募资金额可以反映出投资者对于当时经济形势、资本市场状况、区域产业经济发展的整体看法。近 30 年来，由于各个时期的经济形势、资本市场状况的不同，两类股权投资基金的表现各有不同。总体来说，近 30 年中并购/夹层基金在大部分时间内要大于风险投资基金的规模，而在 20 世纪 80 年代早期，风险投资基金的规模大于并购/夹层基金的规模（见表 2-1）。

表 2 - 1　　　　　　　　　股权投资基金募资金额和基金数目

年份	创业风险投资基金		并购基金和夹层基金		合　计	
	募资金额（百万美元）	新增基金数量（个）	募资金额（百万美元）	新增基金数量（个）	募资金额（百万美元）	新增基金数量（个）
1985	3727.9	116	2971.8	21	6699.7	137
1986	3584.5	101	5043.7	32	8628.2	133
1987	4379.1	116	16234.6	47	20613.6	163
1988	4209.7	104	10946.4	54	15156.1	158
1989	4918.8	106	12068.5	78	16987.3	184
1990	3222.7	86	8831.5	64	12054.3	150
1991	1900.3	40	4242.1	27	6142.4	67
1992	5223.1	80	10752.5	58	15975.6	138
1993	4489.2	93	16961.7	81	21451.0	174
1994	7636.7	136	20457.0	100	28093.7	236
1995	9387.3	161	27040.7	108	36428.0	269
1996	11550.0	168	32981.4	104	44531.3	272
1997	17741.9	242	42803.0	136	60544.9	378
1998	30641.7	290	62023.7	173	92665.4	463
1999	53597.8	430	53720.7	166	107318.5	596
2000	101417.9	634	80614.8	171	182032.7	805
2001	38923.4	324	52523.0	137	91446.4	461
2002	11867.3	202	35076.8	124	46944.0	326
2003	10586.7	161	35913.4	121	46500.1	282
2004	18137.1	212	59878.5	158	78015.6	370
2005	30627.3	234	108249.8	205	138877.1	439
2006	31371.7	236	152566.2	216	183937.9	452
2007	29378.1	235	243264.2	264	272642.3	499
2008	25577.2	215	180923.9	231	206501.1	446
2009	16194.4	162	49871.5	148	66065.9	310
2010	13519.8	175	51674.8	173	65194.6	348
2011	19296.2	188	70103.5	207	89399.6	395
2012	20065.9	183	106249.9	217	126315.7	400

数据来源：2013 年 NVCA 年报。

从 20 世纪 80 年代开始，美国一共出现了 3 次并购重组风潮，这使并购/夹层基金的规模得到了巨大的提升。这三次并购风潮的特点和原因都有所不同，因此也在一定程度上决定了并购/夹层基金的规模变化有所差异。20世纪80年代中后期，由于杠杆收购的出现，并购/夹层基金和风险投资基金之间的实力对比发生改变。1983年，并购/夹层基金的募资金额是风险投资基金募资金额的1/3，而到了1987年，并购/夹层基金的募资金额变为了风险投资基金的4倍；到了20世纪90年代，由于并购市场逐渐放弃杠杆收购行为，企业之间并购更多的是为了在全球背景下提升规模效应以提高竞争力，因此这个阶段并购/夹层基金的募资金额与风险投资基金的募资金额之间的实力对比相对稳定，前者一直为后者的两倍左右；到了21世纪初，大型的金融、制造企业纷纷进行强强联合，再度创造了并购/夹层基金的鼎盛时期（见表2-2）。

表2-2　　　　　　　　　　美国并购重组风潮总结

时　期	特　点	原　因
20世纪80年代开始的并购潮	开始出现杠杆收购和垃圾债券收购	公司经营不善
20世纪90年代开始的并购潮	规模创历史，恶意并购减少	扩大公司规模并利用协同效应提升公司竞争力
21世纪初开始的并购潮	强强联合	大型企业继续保持竞争力

（4）股权投资基金的存在形式

在很长一段时间内，股权投资基金行业都得不到很好的发展，其原因就是股权投资基金的组织形式不能有效地解决股权投资过程中的信息不对称问题，这其中包括基金投资者和基金管理者之间的信息不对称，基金管理者与被投资公司管理者之间的信息不对称。有限合伙制的出现，有效地缓解了这个问题，使得股权投资行业得到了迅速的发展。在2009年，私人独立类的股权有限合伙公司的资金管理额占所有美国股权投资机构管理额的91%，是股权投资机构的主要存在形式。

金融机构依托型的股权投资机构的发展也比较迅速。金融机构依托型的股权投资机构有着丰富的客户资源，易于扩大股权投资基金的规模。金融机构依托型的股权投资机构与许多目标企业都有交易往来，掌握一些目标企业的信息，因此作为金融机构依托型的股权投资机构能够更快更深入地了解目标企业并进行投资。以单独公司存在的股权投资基金的比例越来越少，其原因还是前文所提到的不对称信息因素。2009 年以公司存在的股权投资机构的资金管理额不到行业的 1%（见表 2－3）。

表 2－3　　　　　　　　　美国股权投资基金的存在类型　　　　　　　　　单位：家

类型 \ 年份	1980	1985	1990	1995	2000	2002	2004	2005	2006	2007	2008	2009
私人独立类	21	112	22	338	1857	2109	2225	2302	2389	2238	1855	1632
金融机构依托型	12	41	36	45	240	251	239	230	217	183	113	106
公司形式	5	18	23	16	129	141	135	143	143	113	60	48
其他	3	8	7	5	21	22	23	20	19	15	10	8
合计	41	179	290	404	2248	2526	2622	2695	2767	2549	2037	1794

数据来源：NVCA 各年年报。

（5）美国最大的 5 只股权投资基金

全世界有数以千计的股权投资机构，根据约翰·吉利根和迈克·赖特编写的《股权揭秘》中的全球股权投资机构排名情况，世界上最大的 20 家股权投资机构中有 13 家来自美国，并且世界上最大的 5 家股权投资机构都来自美国，它们分别是凯雷投资集团、KKR、高盛资本合伙人、黑石集团、TPG。由此可见，美国股权行业的兴旺程度可见一斑。下面将对美国最大的也是最具代表性的 5 家股权投资机构进行介绍。

▍凯雷投资集团

凯雷投资集团成立于 1987 年，其初始资本只有 500 万美元，经过 30 多年的发展，已经发展成为一只全球性的资产管理公司。截至 2009 年底，凯雷集团的资产管理规模高达 886 亿美元，可投资的资金达 335 亿美元。并且股权行业是它们最大的投资领域，所涉及的行业无所不在，主要包含航空航天、机械制造、零售行业、金融服务业、房地产、高薪科技等。

凯雷投资集团拥有其他任何一个股权投资机构都无法比拟的优势——凯雷的政治资源网络和投资行业巨擘，表 2－3 是凯雷投资集团曾经的主要团队成员。虽然有这样得天独厚的优势，但是由于前期资本金的欠缺，凯雷的发展并不是那么的突兀，大多数交易都是小额的。直到 1990 年从美国陆军军队获得了高达 200 亿美元的大单以及后来索罗斯的加盟，才使得凯雷集团真正开启了其辉煌之门。

每一个成功的公司都有其独特的公司文化，凯雷投资集团一直信奉他们"同一个凯雷"的合作理念。Moncler 集团就是体现"同一个凯雷"的协同合作理念的最典型案例。凯雷来自中国香港、东京及美国的专家共同提出商业发展建议，协助驻扎在世界各地的分支机构进行本土人才招募，建立合资企业，并加入 Moncler 董事会。

为加快基金的筹集和退出，凯雷正在全球积极地进行多元化投资。其中，在中国的三项投资反映了凯雷亚洲增长基金的投资侧重点，即专注于具有成熟的业务模式、稳健的领导团队，寻求在国内和国际长期发展的公司。在经历了经济危机的考验之后，凯雷加快了投资步伐。凯雷在 27 个国家投资或投资承诺超过 52 亿美元。在 2009 年前 3 个季度，投资的大部分集中在不良资产、新兴市场或能源领域。在不断变化的世界经济体系中，凯雷从未停止过向成为强大的、全球性的投资性公司的目标奋斗，并且更多的是专注于投资者的利益需求。凯雷集团在原来雄厚的基础上，积蓄力量，继承和发扬公司的核心价值观，展望未来，扎扎实实、不遗余力地继续保持领先优势，并且一步一步地成为股权投资基金行业的领头羊。

■ 黑石集团

黑石集团是由彼得·彼得森和斯蒂芬·施瓦茨曼在 1985 年建立的，两人共同出资 40 万美元组成了当时只有 4 名员工的黑石已发展成现在全球领先的另类投资经理及财务顾问，建立了全球金融品牌。

黑石集团的成功至少有一半应该归功于彼得森和斯瓦茨曼这两个黄金搭档。《财富》杂志发文指出，"黑石"每一个胜利果实的背后都是彼得森和斯瓦茨曼并肩战斗的结果。这两个黄金搭档相差 20 岁，从一开始的君臣关系到两个人并肩开创事业。斯瓦茨曼主内，彼得森主外，把黑石打理得井井有条。彼得森多年混迹商界、政界的经验，使得他在处理外部关系网上游刃有余；斯瓦茨曼正值职业黄金期，以他坚忍不拔的意志和年轻力壮的体魄为黑石集团注入了涌动的活力，共同把黑石集团打造成美国乃至全球最赚钱的"机器"。自 1985 年到现在，黑石的私人股权投资基金封闭的净回报率一般在排名前 1/4 或者更高。自 1985～2010 年，黑石集团的资金共计投入到 146 个交易，拥有超过 2900 亿美元的总交易价值。2010 年 9 月 30 日，在累计管理费收入这一重要的收入项上，黑石股权投资基金的收入已经达到了 243 亿美元。这些数据都彰显了黑石集团在整个股权投资行业的地位和能力。

黑石集团在整个股权行业有着一个值得所有股权投资基金学习的一点，这就是自成立以来黑石就确立了一个非同寻常的规则——友好收购，而这个规则也一直被他们保持到现在，这也在一定程度上帮助黑石成了全球最大的资产管理者之一。基于自身出色的经营水平以及在投资者心目中良好的形象，在 2007 年 6 月 22 日，黑石首次公开发行 1.333 亿普通股并在纽约交易所正式交易，黑石集团成为全世界第一家上市的股权投资机构，这是股权行业一个划时代意义的壮举。黑石集团的上市，直接挑战了股权投资机构的传统运营思路：首先，在纽交所上市的黑石集团可以在公开的资本市场上获取资金以及后续融资，直接冲击传统的股权投资基金的资金融资形式；其次，它突破了股权投资机构的所有人结构，成为一家公开型的股权投资机构；再次，它开启了一种新的投资银行路径，以前大型的投资银行如摩根斯坦利、高盛集团、美林等都是由投资银行业务转入股权投资业务，而黑石集团是从股权投资业务转入到投资银行业务。

▌KKR 集团

1976 年，克拉维斯和罗伯茨以及科尔博格一起组建了 KKR 集团。KKR 集团的创立者克拉维斯和罗伯茨两个表兄弟在贝尔斯登遇上了他们职业生涯的业务导师——科尔博格，继而他们退出了贝尔斯登，在华尔街建立了如今世界上兼并收购的王者——KKR 集团。

KKR 集团最擅长的业务操作就是杠杆收购，在 20 世纪 70 年代他们首次利用杠杆收购的模式赚得了他们的第一桶金。他们杠杆收购的成名作是成功收购雷诺兹·纳贝斯克公司，当时 KKR 集团利用他们招牌的杠杆收购方式从红极一时的巨型投资银行手中把雷诺兹·纳贝斯克公司抢了过来。当时，他们仅仅动用不到 30 亿美元的资本金就完成了 313 亿美元的收购。虽然这次收购直接提升了 KKR 在业界的地位，但是他们遭受到一片片质疑声，他们被业界冠以"恶意收购者"甚至是"门口的野蛮人"这种称号。但这次恶意收购却使得双方两败俱伤，雷诺兹·纳贝斯克公司在被 KKR 集团收购之后业绩一蹶不振，而 KKR 集团则花了十多年的时间才从这次收购中脱离出来。在一系列大型的收购之后，KKR 集团并未获得理想的收益，KKR 集团决定完善其业务操作范围，因此制定了相应的改革措施：一是成立一个资产组合董事会，使得所有决策不再是都依赖克拉维斯和罗伯茨；二是在内部建立相应的产业计划小组；三是设置收购计划表，对收购的公司进行大刀阔斧的改革计划；四是重新建立一个内部咨询机制，对内部的资源进行整合。这些措施进一步加深了 KKR 集团收购业务的深度，从而使得其最终成为兼并收购的巨头。截至 2010 年 12 月 31 日，KKR 集团所管理的资产总额已经达到了 522 亿美元，2010 年全年的手续费收入达到 3.1 亿美元，分别比2009 年同期上升了 16.8% 和 28.7%。

▌ 高盛资本合伙人

高盛资本合伙人成立于 1986 年，总部位于美国纽约，是高盛集团面向全球进行股权投资的私人股本部门。众所周知，高盛集团是世界顶尖的金融集团，在全世界有着庞大的客户群体，当其从传统的兼并收购的投资银行业务转向长期股权投资融资业务时，相对其他独立股权机构有着得天独厚的条件。因此，高盛资本合伙人不仅仅从自己的员工、独立客户那里获得资金，还从许多其他的第三方机构获得了资金，这些第三方机构包括大型保险机构、养老基金、国际财团、基金的基金等。截至 2008 年底，高盛资本合伙人已经完成将近 400 亿美元的筹款，管理着超过 170 亿美元的股权投资组合。高盛资本合伙人已经完成的大型的杠杆收购项目包括汉堡王、SunGard公司、Alltel 的无线、巴奥米特、TXU 等（见表 2－4）。

表 2－4　　　　　　　　高盛资本合伙人的股权投资基金产品　　　　　单位：亿美元

	合伙人基金 1 号	合伙人基金 2 号	合伙人基金 3 号	合伙人基金 2000 号	合伙人基金 5 号	合伙人基金 6 号
规模	10.4	17.5	27.8	52.5	85	203
成立时间	1992 年	1995 年	1998 年	2000 年	2005 年	2007 年

资料来源：http://www.goldmansachs.com/。

▌ 德克萨斯太平洋集团

德克萨斯太平洋集团可谓是股权投资基金行业的一只新贵。1992 年，3位富有冒险精神的投资者大卫·鲍德曼、詹姆斯·考特和威廉姆斯·普林斯三世在福特华斯市建立了德克萨斯太平洋集团。3 位创立者的性格直接决定了德克萨斯太平洋集团的投资文化，在德克萨斯太平洋集团的投资历史上，他们专注于投资公司的重组、转型、资本结构调整、分拆、合资的阶段，给人们的印象就是喜欢投资于高风险、处于困境的公司。

2. 美国股权投资的发展特点

（1）地域集中化

股权投资基金有一个与生俱来的投资偏好，就是偏好于经济发达、富有创新力的区域。因此，随着美国股权投资基金的发展，美国股权投资基金的投资渐渐集中在了几个特定的区域，这就是股权投资基金的投资地域集中化。

美国经济最发达，也是各大企业总部所在地的两个地区——硅谷、新英格兰地区。在近 20 年中，美国股权投资在这两个地区的投资金额占全美股权投资金额的四成以上。到 2010 年，在这两个地区的股权投资金额更是达到 50.6%。众所周知，硅谷更是美国享誉全球的创新圣地，自然也是股权投资基金所热衷的投资区域。近年来，投资于硅谷地区的股权投资基金的比例仍在不断攀升，由 1995 年 23.7% 的美国总股权投资占比到 2010 的 39% 的占比水平（见图 2.5）。

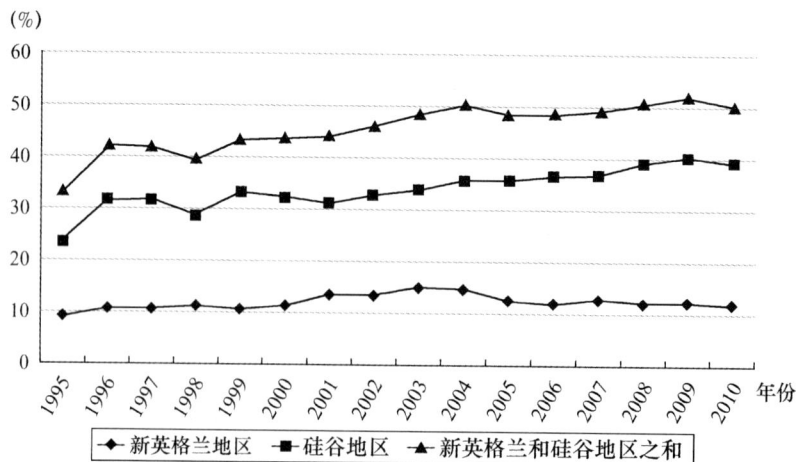

图 2.5　硅谷和新英格兰地区的股权投资资金比例

数据来源：NVCA 各年年报。

仔细比较这两个地区，发现这两个地区有两个共同点：一是拥有高科技产业；二是拥有世界著名的学府。高科技产业向来是股权投资者青睐的产业，因此投资偏向这些地区也在情理之中。这些地区的知名学府也为当地的高科技产业提供了大量的人才，形成了一个良性循环。因此，这两个地区还将是美国股权投资基金投资的重点区域（见表2-5）。

表2-5 硅谷与新英格兰地区区域状况对比

区 域	所在地	经济情况	知名学府
硅谷	位于加利福尼亚州北部，旧金山湾区南部	高科技公司的云集圣地，有包括像Adobe、AMD、苹果公司、eBay、惠普、Facebook、Google、英特尔等世界500强的总部	斯坦福大学、卡内基梅隆大学西海岸校区、圣塔克拉拉大学、圣何塞州立大学
新英格兰地区	包括马萨诸塞州、康涅狄格州、缅因州、新罕布什尔州、佛蒙特州、罗德岛州	整个地区的经济状况并不是特别出色，但是在马萨诸塞州有很多新兴的高科技产业	耶鲁大学、布朗大学、哈佛大学、达特茅斯学院、布朗大学、威廉姆斯学院、阿莫斯特学院、韦尔斯利大学

（2）投资行业分布集中化

2012年，美国股权投资总额达到266.52亿美元，比2011年减少了28.45亿美元。与2011年相比，美国股权投资比重最大的三个行业在2012年并未发生变化，软件、生物技术以及工业/能源行业占据了前三名的位置，其股权投资金额占比分别为31.12%、15.44%和10.48%。作为高科技产业的生物技术、医疗设备、计算机及周边设备、电子/仪器仪表、IT服务、网络及设备、半导体、软件行业，其2012年股权投资金额总和占比为70.74%，充分证明了高科技产业是美国股权投资基金最偏爱的产业（见图2.6）。

（3）投资于企业的四个时期的股权投资比例

按照企业生命周期理论，可以将企业的发展分为种子期、成长期、扩张期和扩张后期。从股权投资基金的投资角度来看，投资于企业不同发展期间的考虑是完全不同的，进而影响股权投资基金管理者的投资决策。

当股权投资基金投资于一个处于种子期的企业时，股权投资基金的管理

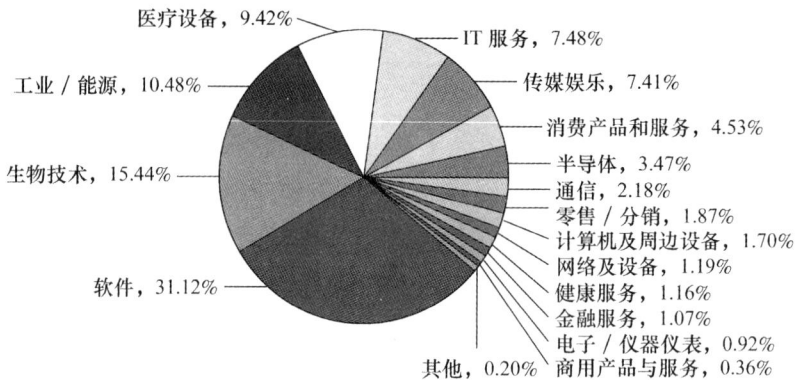

图 2.6　2012 年各行业股权投资额占比

数据来源：2013 年 NVCA 年报。

者首先需要对这个行业有一定的了解。然而，现实情况往往是股权投资基金的管理者并没有足够的动力去投资处于种子期的企业，因为处于种子期的企业都是伴随着高风险的，并且需要耗费大量的时间去管理这类投资，因此以优化资产投资组合的方式来达到利润最大化的股权投资基金不愿意去投资这样的企业。从图 2.7 可以看出，最近 15 年股权投资基金投资于种子期比例

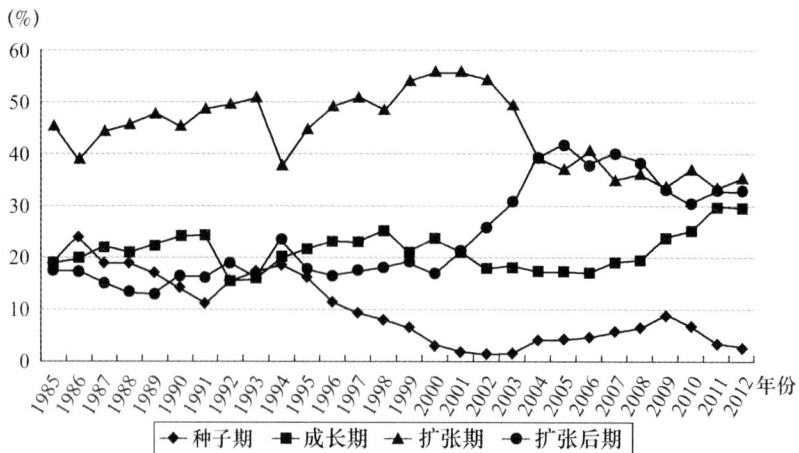

图 2.7　美国股权投资金额在不同投资阶段的分布情况

注：文中企业发展的种子期对应图中所标的种子期；文中企业发展的成长期对应图中的成长期；文中企业发展的成熟期对应图中的扩张期以及成熟发展期一部分；文中企业发展的衰退期对应图中的扩张后期的另一部分。

资料来源：NVCA 各年年报。

的平均水平为 6.17%，在 2000～2004 年这段时间投资于种子期的股权投资比例都在 2% 的水平。可见，股权投资基金的管理者对于处在种子期的企业的实际投资倾向与前文的假设基本一致。

当股权投资基金投资于一个处于成长期的企业时，股权投资基金的管理者对这项投资的回报率能够有一个大概的把握，其风险和预期收益都要比投资于种子期的企业要小。处于成长期的企业一方面渴望改进产品和服务的质量，另一方面也力求规范企业的各项业务流程，这个过程需要大量的资金。这两个方面的实施都比较有预见性，并且风险相对较小，因此股权投资基金的管理者比较喜欢投资于此类型的企业。据 NVCA 的数据表明，投资于企业成长期的股权投资比例的平均水平为 20.9%，可见，股权投资基金的管理者确实比较喜欢投资于处于成长期的企业。

当股权投资基金投资于一个处于扩张期的企业时，股权投资基金的管理者热衷于去参与企业的扩张过程，因为这样的企业往往可以通过地域性或者行业上横纵向的扩张获得丰厚的利润回报。处于扩张期的企业，其各项业务以及管理都比较成熟，并且有了自己的核心竞争力，企业出于扩大品牌效应、分摊或降低成本、控制原材料市场等原因进行扩张。在这个过程中，企业需要大量的资金，股权投资基金正好可以满足这类企业的需求，并且可以为企业提供财务上和行业咨询上的帮助。事实证明，股权投资基金投资于扩张期的资金比例也是最高的，在最近 15 年股权投资基金投资处于扩张期的企业比例的平均水平为 46.2%，超过投资于扩张后期的股权投资将近 20 个百分点。不过近 5 年投资于扩张期的股权投资基金处于一个下降的趋势，2008 年和 2009 年的比例分别为 36.7% 和 31.6%，2008 年 10 月开始的金融危机是这个比例下降的主要因素，因为金融危机使得许多大型企业因为资金流断裂而走向亏损之路，因此也相应地减少了有扩张欲望的企业的绝对数量。

当股权投资基金投资于一个处于扩张后期的企业时，股权投资基金的管理者的投资考虑是最复杂的。处于扩张后期的企业在经历了一个繁荣期之后现金流一般比较稳定，并且有一定的衰退迹象。股权投资基金投资于扩张后期的企业最普遍的手段是利用杠杆收购或者联合收购的方式直接购买企业的股权，从而获得企业的管理权，并且通过改善被收购企业的经营方式，以达到公司价值最大化而实现退出获利。最近 15 年，股权投资基金投资于处于扩张后期企业的投资比例的平均值为 26.7%。并且最近 5 年投资于扩张后期的股权投资平均值明显比前面 10 年的平均值要高，这也是 21 世纪初开始的新一轮并购潮所带来的结果。

2012 年，美国股权投资基金的投资阶段主要分布在成长期、扩张期以及成熟期，而种子期的企业却少有问津，其投资总额在近年来呈现下滑态势。

（二）　美国股权投资基金发展面临的总体环境

美国的股权投资行业在近 30 年来飞速的发展，为美国经济的发展做出了重要的贡献。对于一个行业而言，要想得到质的飞跃，离不开各种条件的支持。根据英国股权投资风险协会对来自全世界的会员进行的调查，发现强大的科研实力、日渐改善的创业环境、完善的知识产权制度以及逐渐扩大的本国市场是美国近 30 年来创造股权投资行业繁荣历史的四个驱动器；并且发现资本退出的困境和不稳定的监管环境是美国金融危机以后股权投资行业持续低迷的两大"催眠剂"。

1. 繁荣喧嚣的美国股权投资行业的"四轮驱动"

（1）强大的科研实力

科学技术对于人类文明的积极影响是有目共睹的，在 300 多年的世界工业史发展进程中，人类都在不断探索科技的发展。同时，科技发展水平领先的国家中都是近几世纪的经济发达国家，由此可见科学技术对于一国经济发展的重要性。许多国内外的学者都曾提出这样一种观点，那就是科技发展水平是体现国家各项竞争力的基础。

第二次世界大战之后，美国逐渐成为世界经济的霸主，其中科学技术就是其中的主要推动力量。在第二次世界大战前，美国只有 14 名科学家获得了诺贝尔奖，无法与当时的西欧发达国家相提并论，而如今美国人获得诺贝尔奖的总共次数已经比英、法、德三国的总数还多。

美国之所以能够在二战之后成为世界上首屈一指的科研强国，正是来源于美国联邦政府的支持和外国人才的不断流入。在政府支持方面，据不完全统计，美国联邦投入在科学技术研究的资金已经达到了全世界科研资金的一半水平，并且通过税收政策鼓励企业科研，使得美国从事科研的技术人员以及学者都能有相对优越的物质条件；在人才流入方面，许多世界上著名的科学家都移居到了美国，这些科学家中包括阿尔贝特·爱因斯坦、尼尔斯·玻尔等，并且在当今美国各行各业的研究团队中都活跃着亚裔的身影。正是在这两个方面因素的影响下，美国各行各业才会有如此兴盛的景象（见表2－6）。

表2－6　　　　　　　　　　美国各行各业的领军企业

航空航天领域	信息技术	装备制造	医学与生命科学	化学工程	国家实验室
NASA，波音，洛克希德马丁	微软，谷歌，英特尔，思科，甲骨文，德州仪器，苹果	艾默生电机，通用电气，IBM，通用汽车，福特	辉瑞，强生，默克，通用电气，美国热电	西格玛，陶氏	费米，橡树岭，阿拉莫斯，劳伦斯

（2）日渐改善的创业环境

在20世纪中后期，相对于世界上其他国家，美国一直有着全世界最优越的创业环境，但是这一个局面在21世纪逐渐被打破。随着整个世界都越来越重视创业环境的改善，许多小型发达国家都纷纷出台优越的政策来鼓励国内外人才进行创业。由此，在21世纪初期，包括美国在内的世界各大经济体的创业环境优势在逐渐丧失。但是，在美国政府的政策支持下，美国的创业环境得到了一定的改善。在2010年美国小企业管理局出具的创业环境排名中，美国位列第3位，而作为第二大经济体和第三大经济体的中国和日本都在40名开外（见表2－7）。

表2－7　　　　　　　　　　全球创业环境前五位国家

排　名	国　家	创业环境指数
1	丹　麦	0.76
2	加拿大	0.74
3	美　国	0.72
4	瑞　典	0.69
5	新西兰	0.68

资料来源：美国小企业管理局。

（3）完善的知识产权制度

知识产权问题关系到科学技术发展的命脉。一个国家，若没有一套完善的知识产权制度，就像一只鸟没有展翅翱翔的羽翼。美国很早就建立了自己的知识产权保护制度，并且把它写进了美国的宪法。美国国会 1790 年就曾制定了第一部专利法案，于 1952 年颁布了现行的《专利法》，其后陆续颁布了《商标法》、《著作权法》、《版权法》、《不正当竞争法》。更难能可贵的是美国这套法律体系完善和更新的速度，以《著作权法》为例，美国早在 1790 年就制定了这部法律，到如今已经大大小小修改了 26 次。

（4）逐渐扩大的本国市场

随着美国经济的发展，美国的市场容量也越来越大。2010 年美国的国内生产总值为 13 万亿美元，相比 1980 年增加了将近 2 倍。虽然比起新兴市场国家而言增长速度较慢，但是对于美国这个世界第一经济体而言，能有这种增长速度很不容易。而美国的国内生产总值占比中，消费支出占了最大的比例，约占美国国内生产总值的 70%。因此，从以上可以看出美国的国内市场是一块巨大的"蛋糕"，这促使美国股权投资机构纷纷想要在这块越来越大的蛋糕上多瓜分一块。图 2.8 是美国近 30 年来的 GDP 走势图。

（亿美元）

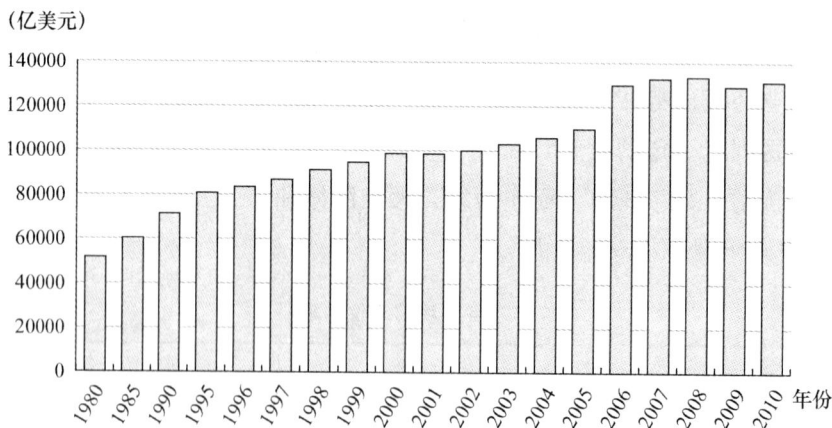

图 2.8　美国近 30 年 GDP 走势图

数据来源：美国劳工统计局。

2. 近年美国股权投资基金低迷的"催眠剂"

美国股权投资基金经历了 20 世纪后期的繁荣发展之后，在 21 世纪初陷入了低迷的不稳定发展，其中直接原因是互联网泡沫的破裂和金融危机，而直接原因是美国股权投资基金的发展脱离了实体经济的发展速度。在这种情况下，美国股权投资基金的发展速度应该适当放缓，市场环境的改变也促使已经过热的美国股权投资基金思考未来的发展策略。互联网泡沫的破裂和金融危机给了美国股权投资基金的发展当头一棒，虽然危机带来的后果是惨痛的，但是危机仅仅让发展过热的股权投资基金适当冷却，并不是阻碍这一行业发展的根本原因。从英国股权投资风险协会的调查发现，近几年抑制美国股权投资基金发展的两大"催眠剂"是资本退出的困境和不稳定的监管环境。

如何实现股权投资基金的资本退出一直是该行业的一个热点问题，这是股权投资基金是否能够实现可持续发展的关键。股权投资行业在经历了互联网泡沫和金融危机的冲击之后，金融市场各个参与方都持有谨慎态度。其中，美联储出台严格的美国金融监管法案后，投资者更加谨慎的面对投资机会，金融中介的业务范围受到限制，使得原本可以通过 IPO 方式退出的股权投资项目大量流产。再加上经济陷入低迷的美国资本市场正在面临流动性不足的问题，致使股权投资基金无法实现资本的有效退出，正常地获得利润。

不稳定的监管环境主要指的是以金融危机为中点，在金融危机前后的金融监管理念、监管方式和监管法案的区别。众所周知，金融危机的出现使得美国监管当局开始反思金融自由化的管理理念，决定对金融机构实行严格的监管。2010 年 7 月 15 日，美国国会通过了最终版本金融监管改革方案，这被认为自 20 世纪 30 年代以来美国最严厉的金融监管法案。虽然从稳定美国金融体系方面来看，金融危机之后美国出台的各项监管法案都是受到欢迎的，但是从股权投资基金的角度而言，从自由的经营环境到如此严格的监管，当然要付出很大的适应成本。因此，不稳定的监管环境被美国股权投资基金从业者认为是不利于股权投资基金发展的"催眠剂"也是理所当然。

二、英国股权投资基金的发展分析

英国是工业革命的发源地，是最早的资本主义国家。英国是仅次于美国的股权投资大国，是绝对的欧洲第一。20 世纪 70 年代是英国股权投资行业的一个分水岭，政策的松动使得股权投资迅速发展。仅次于美国的股权投资大国，成为欧洲第一，2007 年占到股权投资基金行业市场份额的 57%。

（一）英国股权投资基金的发展现状

1. 英国股权投资行业由高潮期步入低迷期

从股权行业的投资情况来看，1998～2009 年这段时期中，英国股权投资行业经历了以下三个阶段：1998～2003 年的平稳时期，2004～2007 年的高速增长时期，2008～2009 年的直线下滑时期。

1998～2003 年，英国股权投资行业一直处于一个相对平稳的时期，股权投资金额没有发生太大的变化，一直在 60 亿英镑的投资额左右徘徊。

2004～2007 年，英国股权投资行业进入了高潮期，由 2004 年 97 亿英镑的股权投资额蹿升到 2007 年 316 亿英镑的投资额。这段时间正值 2008 年金融危机前资产泡沫累积，世界经济形势一片大好。受此刺激，英国股权投资机构纷纷加大了投资力度，助推了这一波股权投资高潮。

2008 年 10 月，美国次贷危机所引发的全球性的金融危机，是至 20 世纪 30 年代大衰退以来的最大的危机。由于英国经济与美国经济联系十分紧密，使得英国的各个行业都遭受到了巨大的冲击，对于既受制于资本又受制于行业发展的股权投资行业而言，其损失更是惨痛。2008 年和 2009 年，英国股权投资行业都经历了大幅的下滑，2009 年英国股权风险协会会员总投资额为 75 亿英镑，比 2008 年下降了 62.5%（见图 2.9）。据英国股权风险协会公布的数据，2009 年所有缴税的注册公司中只有 0.39‰ 是股权投资机构注资的公司，而在 2008 年这一比例是 0.63‰。

2. 英国股权投资基金的特点

（1）投资阶段的偏好情况

按照英国股权和风险投资协会最新的分类，把股权投资基金分为了 5 个子类别，分别是创业基金、扩张基金、置换基金、杠杆收购基金和其他基金。从表 2-8 可以看出，近三年英国投资于杠杆收购的股权投资基金的绝对数量以及相对比例都高居第一。据英国股权和风险投资协会的统计，2007～2009 年可统计的杠杆收购案例数为 510 例，平均每年完成了 170 个杠杆收购投资案例，可见英国股权投资基金从事杠杆收购的热度。从融资阶段的投资金额占比而言，最近三年杠杆收购在走下坡路，2009 年杠杆收购的投

（亿英镑）

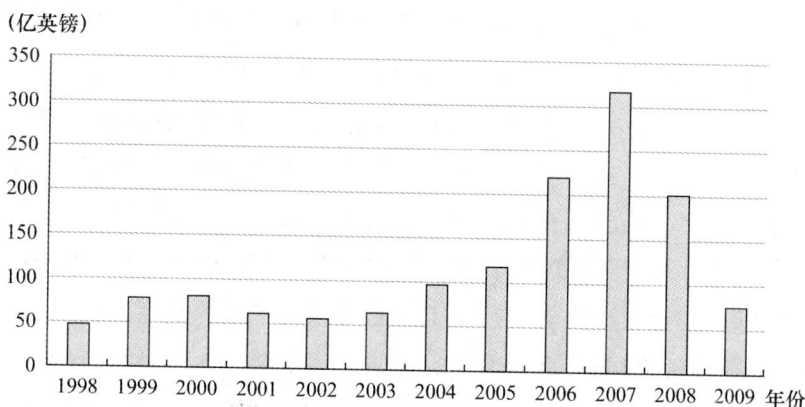

图 2.9　英国股权投资风险协会会员的全球投资

资料来源：BVCA 各年年报。

资金额比例要略小于总扩张资本。

表 2 – 8　　　英国股权投资基金投资于各个融资阶段的金额和数目比

融资阶段	各融资阶段的投资金额占比				投资于各融资阶段的公司数目比			
	2007 年	2008 年	2009 年	三年平均值	2007 年	2008 年	2009 年	三年平均值
风险投资	4%	4%	10%	5%	35%	34%	43%	36%
扩张投资	9%	24%	36%	18%	33%	38%	37%	36%
置换资本投资	22%	13%	9%	17%	8%	7%	3%	6%
杠杆收购投资	63%	37%	36%	50%	18%	13%	8%	14%
其他资本投资	2%	22%	9%	10%	7%	8%	8%	8%
总计	100%	100%	100%	100%	100%	100%	100%	100%

注：按照英国对股权投资的定义，股权投资包括种子资本、启动资本、早期资本和中后期股权投资资本。总扩张资本包含传统意义的扩张资本和过桥资本；总置换资本包含传统的置换资本、二次买断资本、公开市场的股权投资和银行债务再融资；总杠杆收购资本包含管理层收购和管理层买进资本；其他资本包括所有不属于其他项的股权资本。三年平均值为三年来各类融资阶段的平均资本额和平均公司数目占各类融资阶段总资本额和总公司数目的比例。

资料来源：BVCA 各年年报。

投资于各个阶段的基金的决定因素有两点：经济发展状况和商业文化氛围。英国的经济发展状况直接决定了杠杆收购基金的火热程度，在长达 250 年的工业革命中一直都是其他国家进行现代化工业进程的标杆，并且在很长的一段时间内都是世界经济、军事的霸主，二战后美国成为新的全球霸主之后，英国经济对世界经济的影响力逐步削弱，如今是欧盟、美国、中国、日本之后的全球第五大经济体；在过去 30 年中英国实际国民生产总值的平均增长率为 2%，这些都说明英国经济已经处于一个十分成熟稳定的经济状况，在这种经济下各大行业的并购是最活跃的，因此杠杆收购成为最活跃的股权投资方式也是符合英国经济发展状况的。英国的商业环境相比美国有着更加保守的态度，英国人在从事投资方面也给人一种十分谨慎的态度，因此相比投资于风险最大的风险投资，英国股权投资机构将更多的资本投入到了兼并收购以及企业股权变动的投资上也是符合英国人的从商风格的。

在英国股权投资的所有阶段中，风险投资基金的比例是最低的，这三年的平均值只有 3 亿英镑，占总投资金额的 4.64%，这个规模与美国的风险投资基金规模是无法相提并论的。在近 30 年，美国的创业投资比例一度与非创业投资比例的规模持平，在 2009 年创业投资基金募资金额占全部股权投资基金募资金额的 26.3%。可见，英国创业投资资金的比例相比美国而言要低很多，具体分析详见本章第三节。然而，一项风险投资所涉及的金额都是比较小的，即使风险投资仅仅只有 5% 的占比金额，但是却投资了 36% 的涉及股权投资的公司总数，即 100 笔股权投资项目中即有 36 笔为风险投资，这个比例也是所有融资阶段中最高的。因此，英国风险投资的特点为总投资金额占比最小、所投公司数目占比最大。

（2）海外股权投资情况

英国是全世界最早一批进行海外投资的国家，在 19 世纪中后期至 20 世纪初期，英国的世界经济霸主地位与其海外投资的繁荣是相辅相成的，并且在那段时期，英国的资金是全世界最重要的外国资金供应来源。据肯伍德得到的数据，在 1870 年英国对欧洲的投资占整个欧洲总额的 25%，占美国的 21%。由于英国经济自身的一些问题（比如自由的经济政策导致英国经济出现了许多行业产能过剩），在 19 世纪初期之后英国海外投资的霸主地位被美国和德国超过。但不可否认的是，英国经济的繁荣与海外投资之间有着紧密的联系，这也就塑造了英国海外投资这一传统。

海外投资既包括了对国外上市公司的投资和绿地投资，也包括对国外非上市公司的投资，而后者正是本节进行分析的部分。据英国股权投资风险协会的最新数据，英国的股权投资机构对本国的股权投资占股权投资总额的 40% 左右，对海外的股权投资占了 60%，按照数学中 0.618 的黄金分割率，英国股权投资的国内外比例近似符合，这也许正是一个国家进行海外投资的最好比例。英国的海外股权投资主要集中在欧洲和美国，2009 年英国股权投资机构对欧洲的投资占其总股权投资总额的 34%，对美国的股权投资为26%。由图 2.10 可以看出，英国在最近三年对欧洲其他区域的股权投资呈逐渐减少的态势，而对美国的股权投资却在逐渐增多，这可以英国与美国长期以来稳固的邦交关系以及英国对美国经济的长期看涨预期来解释这一现象。因此在 2007～2009 年，美英在遭遇金融危机所带来的经济衰退时，英国减少对欧洲其他区域以及除美国以外的其他国家的海外股权投资，进而增加对美国的股权投资。

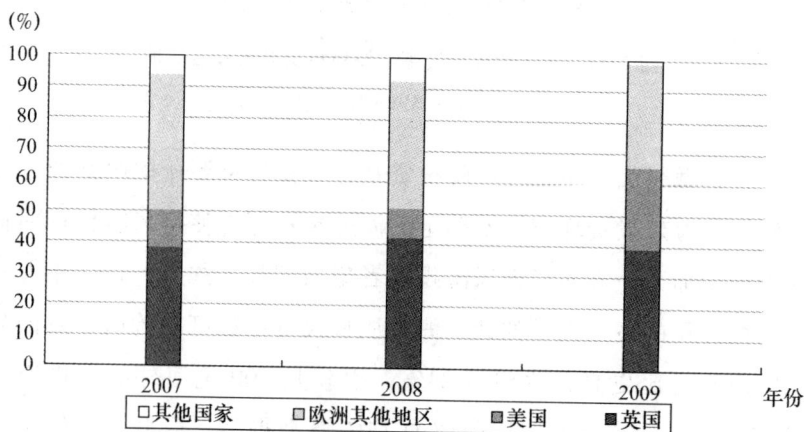

图 2.10　英国股权投资风险协会会员全球投资结构

资料来源：BVCA 各年年报。

从图 2.11 可以看出英国于海外的股权投资中，杠杆收购基金比例处于绝对的高位水平，其他阶段的股权投资与之有着很大的差距，而总风险投资基金比例排名最后，这与英国国内的情况一样。进一步对比英国国内和海外股权投资各阶段比例可以发现，海外杠杆收购基金 55% 左右的比例比国内50% 的比例更高，而海外总风险投资基金 2% 左右的比例比国内 5% 的比例要低。海外杠杆收购基金比例比国内更高的主要原因是近几年频繁的跨国兼并收购活动，作为活跃在兼并收购业务一线的英国股权投资机构，国内的规模显然不足以满足他们的要求，因此在经济全球化的浪潮下，英国股权投资机构把业务更多地深入到全世界，参与到瓜分跨国兼并收购这块"大蛋糕"

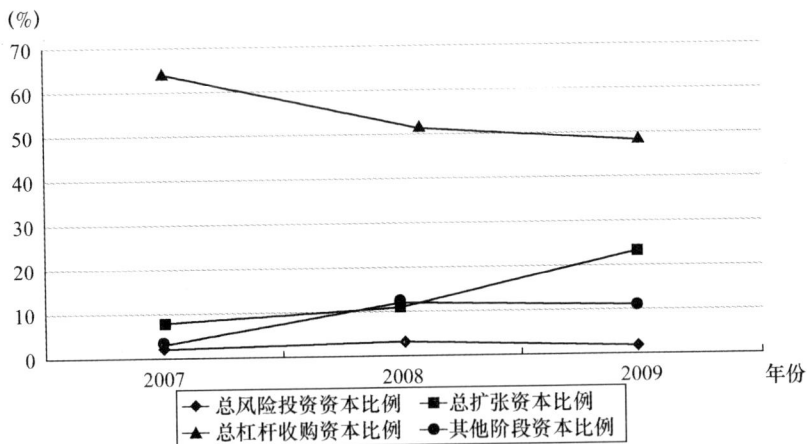

图 2.11　英国股权投资基金海外投资各阶段占比图

资料来源：BVCA 各年年报。

当中，并且越做越大。而海外风险投资基金金额比例要比国内低的主要原因则是不确定的海外投资环境，不确定的海外投资环境使得风险投资回报的不确定性进一步加大，进而使得风险投资者望而却步。并且，近三年海外股权投资各阶段公司的占比也是如此：海外股权投资中杠杆收购所涉及的公司占比也比国内的占比更高，达到了 24%，也就是 100 笔海外股权投资中就有 24 笔为杠杆收购，这个比例比国内的 14% 要高得多；而海外股权投资中风险投资所涉及的公司占比比国内的占比要低，为 27%，也就是 100 笔海外股权投资中仅有 27 笔为风险投资，这个比例比国内的 36% 要低得多。因此，我们很容易得出英国股权投资机构对海外股权进行投资时对杠杆收购的偏好比国内要大，而对风险投资时比国内要低。

（3）行业投资情况

英国的许多行业都处于世界领先水平，其中包括金融行业、工业制造、生物技术及制药业、信息通讯业和电子技术等。这些行业的兴盛，有些是得益于英国漫长的工业文明历史，例如工业制造；有些则是得益于技术进步和股权投资行业的兴起，例如生物技术和电子技术。在当代资本横流的世界背景下，一个行业的兴盛不仅仅需要技术的发展，资本的支持也是必不可少的，因此股权投资基金是行业兴盛的助推器，也是行业兴盛的风向标之一。

近年来，英国股权投资基金有三大行业投资偏好，包括消费品及服务、工业和金融业。众所周知，任何一个经济体的发展都是由"三驾马车"——消费、投资和对外贸易驱动的，这"三驾马车"之间的结构在一定程度上决定了一个国家的经济发展稳定程度。如果一个国家的消费是拉动经济发展的主要力量，那么这个国家的经济水平是比较发达的、经济增长也相对稳定的，从 2007～2009 年股权投资基金投资于消费品及服务行业的资本占比中可以发现，消费品及服务业是英国股权投资基金最青睐的行业，这三年的投资金额占比分别为 53%、27% 和 38%，三年平均的投资金额占比比任何一个其他行业的投资金额占比要高得多。不过，消费品及服务行业相较 2007 年的巅峰水平在走下坡路，2008 年席卷全球的经济危机就是其中的"罪魁祸首"，金融危机使英国经济遭到了严重的破坏，使得英国的失业率大幅上升，直到 2011 年一季度英国的失业率为 8.0%，为 1996 年以来的新高（英国国家统计局），失业率的下降降低了英国人的消费信心，从而也降低了股权投资基金对消费品及服务业的投资信心。英国是老牌的工业强国，但随着第三产业的不断发展，英国的工业开始不断萎缩，2005 年英国最大的汽车制造商罗孚汽车公司破产就是最好的说明，但是支持服务与电气工业的兴起，撑起了这一老牌行业的股权投资热潮。伦敦是全球三大金融中心之一，金融业是英国的招牌行业，英国国内的股权投资基金对金融业的投资也比较稳定，2007～2009 年的投资金额占比分别为 14%、11% 和 11%，说明金融危机使得整个股权投资行业对金融业的投资缩水，但是并没有使得金融行业的投资热度相较其他行业有明显的下降趋势。

近几年，英国股权投资基金对于石油与天然气行业的投资波动性很大。金融危机爆发后的两年，股权投资基金对于石油与天然气行业的投资比重不断增强，2008 年和 2009 年石油与天然气行业的股权投资金额占比为 12% 和 11%，比 2007 年 2% 的占比水平高出了一成的水平。然而根据 2009 年 12 月 Oil & Gas Journal 的数据发现，金融危机后的石油供需是呈下降趋势的，这说明 2008 年和 2009 年英国石油与天然气行业股权投资金额增加的原因并不是基于经济基本面的分析，而是来自于对未来能源行业的预期。作为世界上第八大石油产油国和第五大天然气生产国，能源丰富的英国在能源供给方面能在未来能源紧缺的时代显示自己的优势，加之英国本身旺盛的能源需求，能源行业在一段时期内将继续成为股权投资基金的看好对象。

英国高科技行业的股权投资比例也比较可观，英国科学技术水平一直处于全球的领先水平，生物技术是其中之一。正是英国剑桥的学者在 1956 年发现了 DNA 的双螺旋结构，随着近几十年的持续努力，英国的生物技术市场已经成为全球第二大的市场，仅次于美国，生物技术保健行业的股权投资金额在近三年的平均占比为 10.62%。而同样为高科技行业的计算机行业的股权投资金额在 2007～2009 年的平均占比为 5.69%，且在三年中一直处于上升的水平（见表 2－9）。

表 2－9　　　　　　　　　英国股权投资基金各行业投资金额

行业	投资金额（亿英镑）			各行业的投资金额占比（%）		
	2007 年	2008 年	2009 年	2007 年	2008 年	2009 年
石油与天然气	277	983	323	2	12	11
基本材料	67	76	53	1	2	2
工业	1980	2464	439	16	27	15
消费品及服务	6494	2192	1118	53	27	38
保健	899	1294	300	7	13	10
电讯	71	40	19	1	1	1
公用事业	63	77	32	1	1	1
金融	1596	913	340	14	11	11
计算机技术	525	517	292	5	6	10
其他行业	0	0	41	0	0	1
总计	11972	8556	2957	100	100	100

资料来源：BVCA 各年年报。

（4）地区投资情况

据英国股权投资风险协会统计，以伦敦为主的英格兰东南地区吸引的股权投资基金占英国股权投资基金的六成以上，是英国股权投资的核心地区，而其他地区如苏格兰、东米德兰、西米德兰等地区的股权投资水平都不高。

由于历史的原因，英国成为一个财富地区分布不均衡的国家，在第二次世界大战之后英格兰的东南部成为整个英国最发达的地区。作为最典型的英格兰东南部城市，伦敦是英国最大的商贸、金融中心和港口，在这个区域还包括朴次茅斯和南安普敦等大城市。由于英国股权投资行业在 2007～2009 年间处于一个萎缩期，整个英格兰东南地区的股权投资的规模不断下滑，从 2007 年的 87.54 亿英镑减少到 2009 年的 18.75 亿英镑，但是股权投资基金投资于该区域的股权投资金额占比水平仍然是整个英国国内股权投资总金额的绝对领头羊。投资于这个地区的股权投资基金主要分布在金融、航空航天、电子、电器、汽车等行业。

　　除了英国东南地区之外，苏格兰地区、东西米德兰地区、约克夏与亨伯地区这四个区域的股权投资也比较活跃。苏格兰地区的股权投资的发展是最明显的，不仅没有出现萎缩的情况，在 2008 年该地区的股权投资金额相较 2007 年增加了近两倍，2009 年的下滑程度也比其他地区轻微。苏格兰地区股权投资行业的出色表现要归功于苏格兰的新一轮的经济结构调整。虽然苏格兰的国民生产总值增长率一直在 2% 以下，但是在 20 世纪 90 年代以后苏格兰的传统工业开始出现衰败，政府出台了一系列刺激新兴产业的政策和措施，因此吸引了大批股权投资基金来苏格兰进行投资。东米德兰和西米德兰处于英格兰的中部地区，东米德兰最大的城市是诺丁汉，该区域以煤铁等资源闻名于英国。同样受制于整个经济环境的影响，东米德兰的股权投资行业出现了萎缩，2009 年投资于该地区的股权投资金额只有 1.32 亿英镑，只有 2007 年该地区股权投资金额的 1/6 水平。西米德兰有着英国第二大的城市群，其中伯明翰为该城市群的中心地区，是英最重要的工业地区，与东米德兰地区一样，2009 年投资于该地区的股权投资金额只有 2007 年的 1/6 左右（见表 2-10）。

表 2-10　　　英国股权投资基金投资于不同地区的股权投资情况

地　区	投资金额（亿英镑）			投资金额占比（%）		
	2007 年	2008 年	2009 年	2007 年	2008 年	2009 年
英格兰东南地区	87.54	53.51	18.75	73	63	64
苏格兰	3.93	10.52	3.15	3	12	11
西米德兰	4.16	4.18	0.74	3	5	3
东米德兰	8.02	5.56	1.32	8	6	4
约克夏与亨伯地区	4.99	4.73	0.7	4	6	2
其他地区	11.08	7.06	4.91	9	8	16

资料来源：BVCA 各年年报。

（5）英国股权投资基金撤资情况

股权投资基金对一家公司进行股权投资之后，不仅要对这家公司进行财务咨询、战略规划等帮助，而且时时刻刻都在思考如何进行资金退出以达到利润的最大化。因此，资金如何实现退出是股权投资机构投资一家公司后的最大的问题。

通过公司上市来实现股权投资基金的资金退出是大多数股权投资机构的初衷和愿景。在英国，伦敦证券交易所和创业板市场为这些股权投资基金所支持的公司提供了一个重要的资金退出渠道。据英国股权投资风险协会统计，在1995～2006年间共有382笔、上市价值总额为189亿英镑的股权投资基金所支持的公司在伦敦证券交易所和创业板市场成功上市，其笔数占比以及金额占比都超过了两成的水平。前文所提的通过伦敦证券交易所和创业板市场实现股权投资基金的资金退出方式被称为为浮动型撤资。从图2.12可看出，2008年通过浮动型撤资实现股权投资基金的资金退出的比例仅为0.46%，由此可以映射出近几年股权投资基金的获利情况十分不理想，资金退出问题是困扰股权投资基金的重要问题。

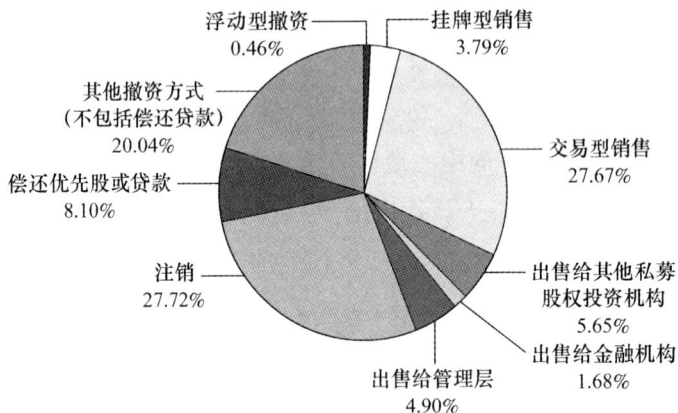

图 2.12　英国股权投资基金的撤资情况

资料来源：BVCA 各年年报。

在英国，近几年的股权投资基金撤资主要通过交易型销售、注销、偿还优先股或贷款、出售给其他股权投资基金、挂牌型销售以及出售给金融机构等方式实现资金退出。在2008年，通过交易型销售和注销实现资金退出的股权投资基金占了55.39%，是主要的两个资金退出方式，且这两种退出方式各占的比例基本相同。交易型销售指的是纯粹的公司股权的买卖，以双方自愿原则为基础进行的销售。股权投资基金投资的公司都是未公开上市的公司，这种公司的股权的流动性很差，因此在进行交易型销售时会遇到许多困难，比如如何定价、如何交割等问题，能否通过这种资金退出方式实现利润最大化，主要看股权投资基金的营销方法，其次才是持有的公司股权的质量。股权注销是交易型销售的反面，股权投资基金无法通过交易型销售实现投资的利润最大化，只能通过在注销前进行资产清算来最大化弥补股权投资的损失，在 2008 年通过注销实现资金退出的英国股权投资基金占比为27.72%，是最主要的资金退出方式，也直接说明了英国股权投资基金近些年的不景气。

（二）英国股权投资基金发展面临的总体环境

近几十年来在与其他老牌欧洲经济强国的竞争中，英国一直稳坐全世界仅次于美国的第二大股权投资市场的位置，其中的原因可以归纳为英国股权投资行业兴旺发达的"三大利器"——强大的科研实力、良好的创业环境以及多层次的资本市场。而近几年英国股权投资行业萎靡的原因可以归结为资本退出的困境和不利的经济因素。

1. 英国股权投资行业的"三大利器"

（1）强大的科研实力

这一点与美国相同，英国也拥有十分强大的科研实力，对于一个人口不到全球人口1%的国家，其科学技术类论文的引用率竟然达到了12%，足以看出英国科研实力的强劲。英国是一个拥有悠久科研历史的国家，其科研成果也是硕果累累，其中最著名的科研成果要属 1953 年剑桥的两位科学家弗朗西斯·克里克和詹姆斯·沃森发现了 DNA 的双螺旋结构。科研实力的强大，得益于大学的研究水平和政府支持的力度，英国拥有剑桥、牛津等世界上一流的大学，这些大学的研究实力在全世界首屈一指，再加上英国政府制定了合理的规章制度来规范科研方向并促进商研合作，从而使得英国的科研实力得到可持续的发展。

（2）良好的创业环境

英国能够拥有一个良好的创业环境，与其整个社会的制度是分不开的，从某种意义上来说，制度环境决定了创业环境。在英国这样拥有规范的制度体系、合理的认知程序以及完善的监管体制的国度，制度的合理性使得英国的创业环境得到了充分的净化。

在英国，具体的创业优惠政策围绕着五个方面展开，即大学生创业计划、中小企业扶持计划、创业园孵化器模式、创业投资信托计划和破产者再创业投资优惠计划。这些具体的计划，使得英国良好的创业环境深入到创业的各个模式以及不同的创业时期。

（3）独特的多层次资本市场

与美国、日本一样，英国也有三级式的资本市场，但不同的一点就是其主板市场、二板市场以及三板市场都是由伦敦证券交易所设立并进行监管的，这样的资本市场结构以及监管结构在一定程度上提升了资本市场的效率，避免不同监管机构之间的功能重复以及相互矛盾的问题。伦敦证券交易所是英国的主板市场，有着200多年的历史；英国的二板市场也称为创业板市场，是由伦敦证券交易所开办的，属于伦敦证券交易所的一部分；英国的三板市场是由伦敦证券交易所的一家做市商所承办的。

2. 近几年英国股权投资行业萎靡的两大因素

（1）资本退出的困境

从英国股权投资基金撤资情况可以看出，近几年英国股权投资基金面临着严峻的资金退出问题，在2008年通过IPO退出的比例不到1%，而通过股权注销的方式实现资金退出的比例高达27.72%，可见资本退出困境的程度。

根据2010年德勤会计事务所发布的全球风险投资趋势报告中的统计数据，有80%的受访者认为资本退出的困境是近几年股权投资行业萎靡的因素，这也与英国股权投资风险协会的调查数据相吻合。因此，缓解当前资本退出的困境是股权投资行业重新振作的关键所在。

（2）不利的经济因素

近几年的经济形势开始走下滑路，全球的经济增速也开始放缓。其中，当代的危机经济以及成本问题为最重要的不利经济因素。危机经济指的是从2007年的次贷危机到蔓延全球的金融危机，再到欧元区的主权债务危机乃至全球各个区域的灾害危机，危机经济使得全球经济无法稳定前行，始终在一根摇晃的危绳上摇摆不定；而当今成本问题主要指石油、铁矿等资源品价格的不稳定以及粮食价格不断上涨所带来的经济发展滞涨问题。

英国作为全球第五大经济体，面临来自全球的不利经济因素，以及寻找国内经济新增长点的问题，若想实现经济的新一轮快速增长，必须要依靠股权投资行业的重新振作。

第二节　股权投资基金发展的国际经验借鉴

一、股权投资基金是经济发展的助推器

资本市场的发展对于西方国家的经济发展起着至关重要的作用。17世纪初的荷兰发明了最早的股权投资技术，以及1653年华尔街的形成，再到今天美国和西欧发达国家成为全世界的规则制定者和全球经济的风向标，西方发达国家资本市场的发展已经走过了三四百年的历史。在工业文明的兴起以及资本市场发展的带动下，这些资本主义国家在短时间内就成功完成了对中国、印度等拥有漫长历史文明的国家的经济超越，这其实也间接地强调了资本市场对于经济发展的重要性。细数如今的发达国家，没有一个发达国家的崛起离得开资本市场的发展。

西方发达国家的股权投资基金的兴起刺激了中小企业的发展，弥补了传统资本市场的不足，为经济带来了新鲜的血液和活力。以美国为例，在20世纪40年代之前，资本市场存在的大多都是以兴修铁路、开发运河以及基础建设方面的大型公司证券的交易，而涉及较小规模的创新项目的公司证券交易少之又少。直至20世纪40年代，在美国出现了股权投资市场。伴随着股权投资市场的发展，美国的中小企业开始日渐活跃，特别是股权投资基金对于处在初创期的中小企业能够起到一个助推器的作用。虽然我们所了解到的都是美国大型的公司，但是美国中小企业数目占美国所有企业的比例为99%，并且中小企业是吸纳就业的主力军，在各行各业中，中小企业都能起到一个很好的"鲶鱼效应"，激发整个行业的活力。退一步来说，以微软、苹果以及可口可乐为代表的美国的巨型公司都是从中小企业一步一步发展过来的，而这些巨型公司都曾经得到过股权投资基金的支持。

股权投资基金的发展在推动经济发展的同时，自身也受益于经济的快速

发展。从本章第一节和第二节中可以看出，美国股权投资基金和英国股权投资基金在有统计数据的几十年以来发展的速度相当快，若不是由 2007 年开始的次贷危机所引发的一系列的全球经济问题，股权投资基金行业的发展将与经济发展一并持续稳步前行。

二、股权投资基金需要政府的合理引导

从英美两国的经验中可以得出，要使股权投资基金能够得到较好的发展，必然需要政府早期的引导过程。美国在 20 世纪 60 年代对股权投资基金提供了信贷方面的支持，为股权投资基金注入了宝贵的资金，从而加速了股权投资行业的腾飞；英国设立技术扶持机构帮助中小企业进行技术研发，并且建立一系列激励商业性的高校科研计划的措施，极大地优化了股权投资行业的发展环境。

在金融危机前，英美监管当局对股权投资基金都坚持以行业自律为主、政府监管为辅的管理模式，这在很大程度上带动了股权投资行业的繁荣发展，但是也放纵了股权投资行业的一些畸形发展，从而导致了高杠杆横行市场、风险蔓延以及行业的不公平竞争等问题。在金融危机之后，美英监管当局意识到股权投资基金这类非金融机构发展过度是加深此次金融危机的凶手，随即把对股权投资基金的监管提上了国会议程。2010 年，美国通过了《多德－弗兰克华尔街改革与消费者保护法案》，法案中明确要求加强对非银行金融机构的风险资本监管、杠杆限制、流动性要求以及信息披露方面的要求；而英国针对本国的股权投资基金问题，在例行检查、杠杆率以及股权投资市场信息滥用方面做出了严格的规定。这些都标志着股权投资基金"自由"发展的土壤的消失，全面监管的时代逐步开启。

然而，被动的政府管理不适合股权投资行业，应该采取主动的动态管理模式。在股权投资基金刚刚起步之初，市场的力量可以把股权投资行业塑造成一个有活力的行业，但是由于股权投资行业是具有高风险、高收益特点的行业，因此在经济快速发展的时期会出现大量流动性注入股权投资行业并且加大股权投资行业杠杆力度，此时政府如果继续实行引导性的政策，仍然由市场那只看不见的手来决定股权投资行业的走向，将会使股权投资行业的风险越放越大，直至破灭，21 世纪初的互联网风波引起的美国股权投资行业

的崩塌就是一个很好的例子。因此，在由经济快速增长而导致股权投资行业不断扩大的情况下，政府一定要加大对股权投资行业的监管力度，由引导性的政策转向合理监管，控制整个行业的规模，使股权投资行业的增长速度与经济发展步骤一致。在国际化程度不断加深的全球经济，对股权投资行业实行单纯的放任自由政策是完全不可取的，固定的政府监管模式也被证明是不合理的，而应该根据股权投资行业与经济发展情况进行动态监管调整，以达到股权投资行业对经济的促进作用，而又避免股权投资行业过度的发展。

三、股权投资基金需要借助的外部因素

从英美两国的股权投资基金发展与现状可以看出，股权投资基金的发展需要良好的外部环境支撑，包括三个方面：较大的市场经济容量；强大的科技水平；多层次的资本市场。

较大的市场经济容量是股权投资基金发展的基础，它意味着两个方面：一是市场经济环境；二是经济总量较大。美国和英国都是老牌的资本主义国家，强调以市场化的方式来发展经济，能够有效地调配经济资源，因此使得股权投资行业不受过多的非市场干预。美国和英国作为世界上第一大和第五大经济体，有着庞大的经济总量，只有在一定的经济总量下，股权投资行业才能得到快速的发展。

强大的科技水平是股权投资行业发展的质量保证。股权投资行业偏爱与投资新兴产业，因为从事新兴产业的企业一般会受到政府的相关政策支持，并且符合股权投资基金对于高收益的要求。而新兴产业的发展主要依赖于一国的科技水平，因此科技水平的好坏直接决定股权投资行业的经营效益。美国和英国都是科技强国，它们每年的科研支出都非常大，并且有一套完善的科研奖励的评定制度，从而使得科研活动成为一项规范的工作流程。要想成为一个科技强国，还必须建立一个完善的知识产权制度。通过调查美国的股权投资基金从业者发现，完善的知识产权制度是美国股权投资基金快速发展的重要因素，完善的知识产权制度可以帮助建设一个公正公平的有效市场，净化一国的经济环境。

多层次的资本市场是股权投资基金行业发展的可持续保证。多层次的资本市场丰富了股权投资基金的退出渠道，从而使得不同规模的股权投资基金

能有效地实现资本的退出并且实现利润最大化。如果没有多层次的资本市场结构，股权投资基金所持有的股权的流动性将大幅下降，股权投资基金的风险会上升。美国和英国所拥有的多层次的资本市场，进一步促进了股权投资基金的可持续发展。

第三节　股权投资基金在中国的发展现状

一、中国股权投资基金的发展历程

股权投资基金行业起源于风险投资，在发展早期主要以中小企业的创业和扩张融资为主，因此在相当长的一段时间内风险投资成为股权投资的同义词。我国在 2005 年之前没有明晰的股权投资基金的概念，因此股权投资基金的发展主要表现为中国创业风险投资基金的发展；2005 年之后，伴随着股权分置改革工作的完成和资本市场的完善，我国股权投资基金逐步进入理性发展阶段。本节以 2005 年为界，2005 年之前主要分析创业风险投资基金的发展，2005 年之后主要分析股权投资基金（包含创业风险投资基金）的发展。纵观股权投资基金的发展历程，可分为起步阶段、第一次快速发展阶段、调整阶段、第二次高速发展阶段以及后金融危机阶段。

（一）起步阶段（1985~1997 年）

股权投资基金在我国发展的早期形式，是创业风险投资基金，主要对初创期的企业进行投资，通过实现股权的增值获得收益。创业风险投资基金与我国科技制度改革进程是密切相关的。随着经济的发展，原有的科技发展体系已经不适合我国经济发展的要求，其科技与经济相互独立、缺乏科技成果转换机制和国家行政干预过多、科研机构缺乏主动性和积极性的弊端越来越明显。为了推进经济体制改革和促进科研成果的产业化，政府破冰发展本土股权投资基金。1985 年 3 月，中共中央发布《关于科学技术体制改革的决定》（以下简称《决定》），为我国风险投资基金的发展提供了依据和政策上的保证。《决定》为科技体制改革拉开了序幕。《决定》提出，科学技术要为经济建设服务，改革的指导思想是"科学技术面向经济建设，经济建设依靠科学技术"。1991 年，国务院在《国家高新技术产业开发区若干政策的暂行规定》（以下简称《规定》）中提出，"有关部门可以在高新技术开发区建立风险投资基金，由于风险较大的高新技术产业开发，条件成熟的高新技术开发区可以创办风险投资公司"。《规定》的出台，对鼓励更多社会力量参与到风险投资领域中来、促进科技成果的转化产生了积极作用。

在上述背景下，中国创业风险投资基金开始起步，其主要特征是政府高度重视并直接投资建立创业风险投资基金。1984 年，国家科委科技促进发展研究中心组织了"新的技术革命与我国的对策"的研究，提出了建立创业投资机制促进高新技术发展的建议。1985 年 3 月，中共中央发布《关于科学技术体制改革的决定》，指出"对于变化迅速、风险较大的高技术开发工作，可以设立创业投资给予支持"。1985 年 9 月，以国家科委（现科技部）和中国人民银行为依托，国务院正式批准成立了中国第一家风险投资机构——中国新技术创业投资公司，这家以支持高科技创业为主的创业风险投资公司，国家科委占 40% 股份，财政部占 23% 股份。1986 年，国家科委在《科学技术白皮书》中首次提出了发展中国创业风险投资实业的战略方针。此后，在政府的支持下，中国科招高新技术有限公司、广州技术创业公司、江苏高新技术风险投资公司等创业风险投资公司相继设立。

与此同时，以高新技术开发区为依托的创业风险投资机构也开始设立。1988 年 5 月，中国第一个国家级高新技术开发区——北京市新技术产业开发实验区成立。此后，各级地方政府相继成立了高新技术产业开发实验区，并在实验区内设立风险投资基金。

在这一阶段，除了创业风险投资基金在政府的支持下开始起步以外，其他形式的投资基金也开始萌芽，如 1987 年，中国银行和中国国家信托投资公司首先开展了基金投资业务；1989 年，香港新鸿基信托基金管理公司推出了新鸿基中华基金。

然而，政府的初步探索在 1994 年遭到了挫折。1992 年邓小平南方讲话后，我国经济发展过热，股市、房市价格暴涨，投机盛行。随着通货膨胀的升温，1994 年下半年，中央暂停了一些不规范的交易事项，如外汇期货交易、国债期货交易，关闭了北京 STAQ、天津、武汉三个不规范的证券交易中心，资本市场陷入了低迷期。1994 年，创业投资公司总数增加到 26 家，但 1995 年与 1996 年，在全国范围内分别只有 1 家和 5 家创业投资公司设立。创业投资公司的发展开始变得缓慢。

同时，资本市场的过热促使政府的目光由扶持创业风险投资基金发展转移到改善创业风险投资的外部环境上来，政府开始尝试制定相应的政策和法规，以规范和引导资本市场的发展。1995 年，国务院批准颁布了《设立境外中国产业投资基金管理办法》，这是第一个关于中国产业投资基金的法律。1996 年，《中华人民共和国促进科技成果转化法》颁布实施，第一次把风险投资的政策写入法律。地方政府方面，北京市颁布了《北京市新技术产业开发区暂行条例》，明确了关于设立中外合资投资公司和银行建立贷款风险基金的有关规定。这些政策和法规的颁布，为风险投资的进一步发展提供了有利的政策和法律保障。

（二）第一次快速发展阶段（1998～2001 年上半年）

这一阶段股权投资基金快速发展的动力来自于国际和国内两个方面。从国际上看，20 世纪 90 年代末期，"第一门户网站"雅虎创造了一个全新的商业模式，轻易从股市套得大笔资金，从而引发了全球性的互联网投资热潮，美国大量高科技企业和互联网企业在创业风险投资基金的支持下，通过纳斯达克上市取得了巨大成功。天价回报极大地刺激了股权投资基金的发展，当时风险投资几乎成为股权投资基金的代名词。中国也不可避免地被卷入到这股浪潮之中，我国投资互联网的公司数量也不断上升，并构思推出创业板，以资本市场支撑科技创新的发展。从国内看，受 1997 年亚洲金融危机的影响，我国经济陷入了通缩的境地，国有企业亏损严重，国外需求减少，我国经济发展面临挑战。为了解决通货紧缩，刺激经济增长，政府开始重视资本市场财富效应对扩大消费需求的作用，拉开了长达两年的政府和资金推动型牛市。同时，政府为了促进科技成果转化、推动创新型国家建设，1998 年 3 月，在全国政协九届一次会议上，《关于尽快发展中国风险投资事业提案》被列为"一号提案"，引起高层机构的高度关注。

这样，在国际互联网投资热潮的带动下，在国内外牛市带来的财富效应的刺激下，在"一号提案"的鼓励下，我国股权投资基金进入了一个快速发展的阶段。1999 年 6 月，国务院为建立中小企业创新基金拨款 10 亿元人民币。1999 年 8 月，中共中央和国务院颁布《关于加强技术创新，发展高科技、实现产业化的决定》，强调要培育资本市场，逐步建立创业风险投资机制，发展创业风险投资公司和创业风险投资基金。1985 年全国只有 1 家创业风险投资公司——中国新技术创业投资公司，1992 年全国也只有 20 多家，管理的资本总额为 48.2 亿元人民币。1995 年有 27 家，管理的资本总额为 51.3 亿元人民币。受国内外因素的影响，创业风险投资机构自 1997 年就开始快速增长。1997 年创业风险投资公司达 51 家，管理资本总额为 101 亿元人民币。2000 年管理资本总额达到 512 亿元人民币，新募集资金 206 亿元人民币。

虽然这个阶段的创业风险投资机构的数量和管理资本规模有了空前的增长，但是这种增长具有盲目性，隐含着巨大的系统风险。这个阶段成长起来的创业风险投资机构，很多是为了利用高科技的概念来上市圈钱。显然，这种没有产品市场作为基础，只求上市造富的行为是非理性的，结果是企业上市了，但也很快倒闭了。事实证明，美国纳斯达克的这轮上涨是"网络泡沫"，这种带有投机性的行为，不但没有促进科技成果转化，反而对高科技产业的发展产生了负面影响。另一方面，虽然我国的风险资本和风险投资机构增加，一些企业通过在纳斯达克上市获得了飞跃性的发展，如新浪、网易和 UT 斯达康，但是这些业绩的最大受益者却是外国的投资机构，因为当时我国的股权投资基金无论是在资本规模还是在投资技术上都与国际资本相差甚远。

（三）调整阶段（2001 年下半年～2004 年）

2001 年下半年，美国互联网泡沫破灭，纳斯达克股票指数下跌 50% 以上，一些没有盈利或者无法持续产生现金流的上市公司纷纷倒闭，并下市清算。我国香港和日本的创业板也几乎夭折。而我国主板市场也从 2001 年的 2100 多点开始迅速回落，最低时到了 1000 点，本土创业投资机构经历了一个优胜劣汰的过程，风险投资行业的投资理念和投资模式开始发生改变。我国政府意识到，在扩大资本市场规模和规范资本市场发展之间，首先应该规范资本市场。因此，政府放慢了推出创业板的步伐，转而解决国有股一股独大和国有股、法人股不能流通的问题。

在规范资本市场的过程中，资本市场陷入了长期低迷状态，中国风险投资业迅速降温，经历了第一个"寒冷的冬天"，这使得上一阶段利用高科技概念成立的、企图通过上市圈钱的许多创业风险投资基金陷入了困境。因为一些虽然有产品市场，但还未实现盈利或者还未具备盈利能力的中小创业企业，不能再通过资本市场获取资金以支持其发展，这使得大量风险投资机构无法收回投资，创业风险投资进入了痛苦的调整期。

（四）第二次快速发展阶段（2005～2007年）

在经过互联网泡沫破裂、股市震荡后，股权投资基金也进入了低迷期。经过了两年半的调整，一方面政府陆续出台了相关政策和法律，促进市场环境不断完善；另一方面，中国作为全球新兴市场的领跑者，经济的发展活力和增长潜力对国际投资者的吸引力与日俱增，中国在全球股权投资市场的地位日益重要。这两方面的原因共同促使我国的股权投资市场走出低迷，迎来第二次快速发展。

中国证监会于2005年4月29日发布了《关于上市公司股权分置改革试点有关问题的通知》，宣布启动股权分置改革试点工作。2005年11月21日，中小企业版50家公司全部完成股改，成为我国证券市场历史上第一个与国际市场接轨的全流通板块。随着股权分置改革工作的逐步完成，我国资本市场开始进入全流通的阶段，为新一轮牛市拉开了序幕。2005年10月27日第十届全国人大十八次会议通过、2006年1月1日开始实施的新修订的《公司法》和《中华人民共和国证券法》，为规范证券市场运行提供了基本的法律保障，是证券市场法制建设的里程碑。2007年6月1日，新修订的《中华人民共和国合伙企业法》正式实施，《合伙企业法》明确承认了股权投资的合伙人形式，对于规范股权投资的组织形式有重要意义。同时，它也解决了双重纳税的问题，使"两头在内"的人民币基金形式成为可能。2006年1月，党中央和国务院发布了《国家中长期科学和技术发展规划纲要（2006－2020)》及其相关配套措施，对发展自主创新的股权投资市场和资本市场提出了明确的政策要求。我国政府已经意识到，中小型创新企业是技术创新的载体。在我国，中小企业提供了全国约66%的发明专利、74%以上的技术创新、82%以上的新产品开发，中小型创新企业成为技术创新的一支不可忽视的力量。但是，由于中小型创新企业面临较大的不确定性和信息不对称，对其直接投资的风险很大，社会资本不敢贸然对其进行自发投资；同时，商业银行通常也把这类企业拒绝在贷款的门槛之外。为了提高我国的自主创新能力、实现创建创新型国家的战略目标，我国相应出台了多项政策解决这类企业的融资问题。2006 年 3 月 1 日，由中国发展和改革委员会、科技部、财政部、商务部、税务总局、工商总局等十部委联合起草的《创业投资企业管理暂行办法》（以下简称《办法》）推出实行，标志着中国风险投资制度的重大创新。《办法》规定，创业投资企业可以通过股权上市转让、股权协议转让、被投资企业回购等途径，实现投资退出。国家有关部门应当积极推进多层次资本市场体系建设，完善创业投资企业的投资退出机制。2007 年 2 月，作为《创业投资企业管理暂行办法》配套政策的《关于促进创业投资企业发展有关税收的通知》正式出台。根据规定，自 2006 年 1 月 1 日起，创业投资企业采取股权投资方式投资于未上市中小高新技术企业 2 年以上（含 2 年），符合条件者，可按其对中小高科技企业投资额的 70% 抵扣该创业投资企业的应纳税所得额。

在政府的引导、资本市场牛市推动和中国经济对国际投资者的吸引力不断增加的情况下，从 2005 年开始，我国股权投资基金市场新募集基金的数量和规模呈现出持续强劲的增长态势。2007 年中国股权投资市场新募集基金 58 只，比 2006 年增长 41.5%；新募集基金规模为 84.31 亿美元，比 2006 年增长 89.8%。2007 年新募集基金数量和规模大幅增长表明，中国股权市场日趋成熟，投资中国高成长企业的机会增多，股权投资基金的投资者正在积极布局中国市场的投资战略。同期，中国股权投资基金数量为 298 个，比 2006 年增加 7.2%。自 2005 年开始，中国股权投资基金数量平均每年新增 21 个。2007 年中国可投资的股权资本总量为 280.23 亿美元，比 2006 年增长 39.8%。中国股权投资基金市场投资规模连续 3 年增长。2007 年中国股权投资基金的投资案例数量为 415 个，比 2006 年增长了 14.6%；投资金额为 35.89 亿美元，比 2006 年增长了 64.5%。2007 年中国股权投资基金市场平均单笔投资金额比 2006 年增长了 43.4%，其主要原因有三方面：一是在投资领域方面，连锁经营、传媒娱乐、能源和 IT 等行业平均单笔投资金额大幅增长，平均单笔投资金额均超过 1000 万美元。二是 2007 年全年的资本市场高涨，尤其是以科技概念、潜力概念的中小企业版的投资收益率大大提高。2007年中小企业版的平均市盈率为85.07倍，平均股价为31.35元，远高于沪市的59.24倍和深市的69.74倍。特别是中小企业版为境内股权投资基金的IPO提供了退出渠道。三是在投资阶段方面，股权投资行业处于发展期和扩张期企业，其单笔投资金额远大于投资早期企业。

虽然这一阶段的发展受到积极发展创业板的政策影响，一些机构和资金大规模介入股权投资基金业务，但是，在政府的引导和一系列法规的监督下，股权投资基金在这一阶段的大幅增长还是比较理性的。

（五）后金融危机阶段（2008年至今）

由次贷危机引起的金融危机席卷全球，全球股市大幅缩水，我国也未能摆脱股市缩水的厄运，上证综指由6000多点一路狂跌到1600多点。但是从历史统计数据可以看出，尽管金融危机在2008年就全面爆发，但股权投资基金市场并没有马上受到直接影响，而是在2009年上半年受到严重的冲击。我国的股权投资基金也遭受重创，遭遇了发展史上的第二个"严冬"。

为了稳定资本市场，政府在金融危机发生后采取了一系列支持性政策来稳定和规范资本市场。2009年1月，国务院办公厅发布《关于当前金融促进经济发展的若干意见》，要求出台股权投资基金管理办法，完善工商登记、机构投资者投资、证券登记和税收等相关政策，促进股权投资行业规范健康发展。2009年中国经济形式明显趋好，中央及地方政府频出新政，股权投资环境日益改善，中国经济资本市场退出渠道重启。在中国经济高速发展、中国政府的政策性支持和深圳创业板的推出导致退出机制更加多元化的背景下，人民币基金发展势头良好。虽然与往年相比，2009年新募集基金所需的时间普遍加长，并且有更多的基金遭弃，但是2009年我国仍成功募集30只可投资中国大陆的股权投资基金。尤其值得注意的是，长期处于弱势的本土人民币基金实现"华丽转身"，新募基金数和募资额双双超过美元基金首次主导市场。其中，鼎晖投资和中信产业投资基金旗下绵阳科技城产业投资基金的募资规模都创下了人民币成长基金的历史新高。

2009年人民币基金在新募基金数量和募资金额上双双超过外币基金的原因主要有三个方面：第一，政府资金和国有企业的积极推动。2009年大规模的政府资金和国有企业参与股权投资领域，例如张江生物医药产业基金、国投创新（北京）投资基金有限公司和国联昆吾九鼎（无锡）投资中心等大规模的人民币基金的背后都有政府和国企的支持。第二，国家逐步放开对券商、保险等金融和资产管理类机构在股权投资方面的政策限制，推动了境内人民币基金的募资热潮，使人民币基金无论在募资金额还是在基金规模方面都呈现爆炸式的增长。2009 年，券商直投试点准入门槛下调之后，券商直投的范围进一步扩大，已达 15 家，可投资于股权市场的资本总量已超过百亿元人民币。第三，政府引导基金和产业投资基金的加速发展为人民币基金的募集起到了积极的促进作用，随着《科技型中小企业创业投资引导基金管理暂行办法》和《关于创业投资引导基金规范设立与运作的指导意见》等法律政策的出台，全国各地政府已纷纷设立引导基金和产业基金。

2009～2011 年，股权投资基金行业迎来了发展的春天。2009 年 10 月 30 日，为解决创业型企业、中小型企业及高科技产业企业的发展需要，深交所推出了创业板，为广大中小企业打通了融资渠道，同时大大推动了我国股权投资和风险投资企业的发展。创业板与主板市场相比，上市要求相对宽松，主要体现在成立时间、资本规模、中长期业绩等的要求上。创业板的推出，使国内股权投资机构增加了一个收益非常可观的退出渠道，股权投资机构数量在 2010 年和 2011 年都保持了较高的增长率，通过以创业板为主的上市渠道退出的股权投资机构都获得了较高的收益率，以 2010 年为例，2010 年股权投资基金在创业板市场的平均账面回报率达 12.13 倍，中小板市场平均账面回报率达 9.38 倍。

自 2012 年 9 月以来，证监会开始暂停对企业 IPO 的审核，这使得以上市退出作为主要渠道的我国股权投资基金行业的发展遇到了阻力。此外，随着股权投资机构的增多，使投资优质企业的成本增高，我国股权投资基金开始寻求变革，一些股权投资机构开始关注以并购退出为代表的其他退出渠道。

二、中国股权投资基金的特点

（一）基金数量、募资金额大幅增长

从募资金额角度分析，2006 年我国股权投资基金的募资金额为 141.96

亿美元，到 2008 年达到 611.53 亿美元，这是我国股权投资基金募资金额最多的年份。2012 年，我国股权投资基金募资金额为 253.12 亿美元，与 2006 年相比增长了 78.30%。

从新增募集基金数量角度分析，我国新增股权投资基金数量从 2006 年的 40 只上升至 2012 年的 369 只，新增募集资金数量增长了 8.23 倍（见图 2.13）。

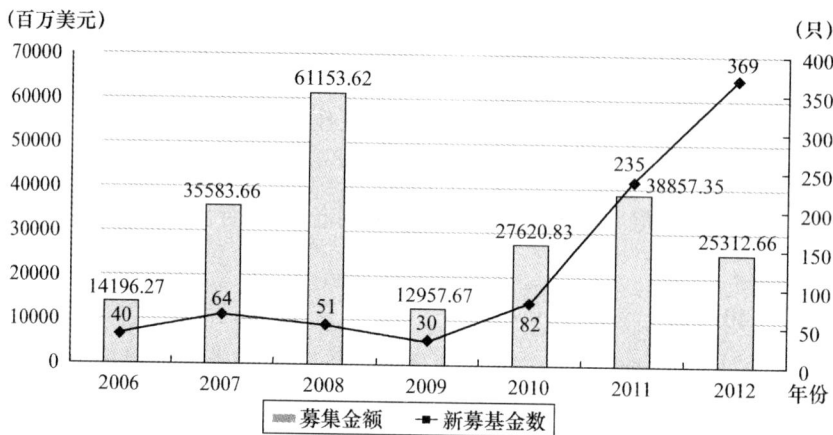

图 2.13　2006～2012 年我国股权投资基金募资总额和新募基金数量情况

数据来源：清科研究中心。

其中，2012 年新增募集资金数量达到历史新高，但平均单支基金规模却创下历史新低。其主要原因是随着股权投资这一概念在中国的不断深入，股权投资基金作为一种新型投资工具被越来越多的投资者采纳，使得 2012 年全年新募基金总量再创新高，但从 2011 年底开始，外部投资环境不稳、IPO 趋紧账面回报走低，使有限合伙人的信心受到影响，导致很多资金不能按时到位，影响基金募资总额。

综上所述，在调整中快速发展是我国股权投资基金过去 10 年来的一个显著特点。

（二）投资策略逐步合理化

金融危机以后，我国股权投资基金在投资策略上逐步趋向合理化，传统行业依然是股权投资关注的重点。从表 2-11 可以看出，近三年我国股权投资基金最热门的投资领域包括机械制造、生物技术/医疗健康、房地产、化工原料及加工以及清洁技术等。这种趋势也与境内外资本市场对这些行业企业的热捧相一致，显示出投资者对中国消费市场巨大潜力的良好预期。此外，互联网、农林牧渔、能源及矿产、电子及光电设备等行业也受到股权投资基金的大力注资（见图2.14、图2.15）。

表 2 – 11　　　2010～2012 年我国股权投资基金投资行业项目数量前三名

	股权投资基金投资行业项目数量前三名（个）		
2012 年	房地产	生物技术/医疗健康	机械制造
	80	64	54
2011 年	机械制造	化工原料及加工	生物技术/医疗健康
	61	56	55
2010 年	生物技术/医疗健康	清洁技术	机械制造
	55	31	29

数据来源：清科研究中心。

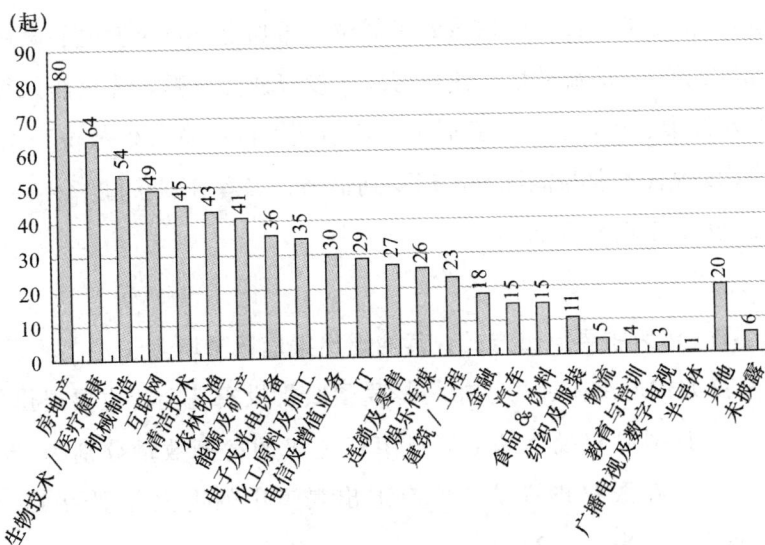

图 2.14　2012 年我国股权投资基金投资项目行业分布情况

数据来源：清科研究中心。

2012 年的投资交易共涉及 23 个一级行业，房地产行业成为最大黑马，共发生 80 笔交易。由于中国经济增长放缓，政府对房地产行业的调控见底，

（百万美元）

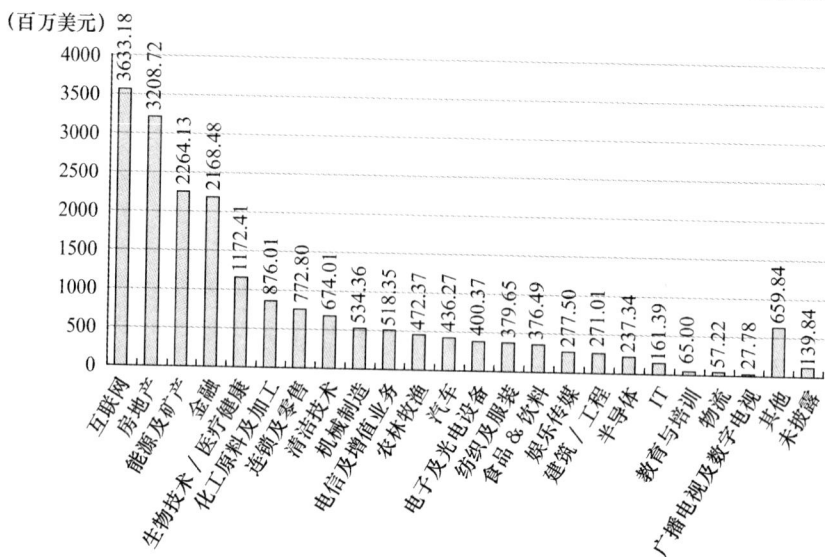

图 2.15　2012 年我国股权投资基金投资金额行业分布情况

数据来源：清科研究中心。

前期的打压已使土地、楼市的估值处于低位，再加上央行年度内的两次降息又为市场提供了一定的流动性，使得房地产投资逆势反弹。传统热门行业生物医药/医疗健康、机械制造、互联网、清洁技术的投资案例数位列第 2～5位。2012 年度现代农业与能源及矿产受到追捧，二者分别获得 43 与 41 笔投资，排在总投资榜第 6、7 位。

（三）IPO 仍为主要退出方式，其他退出渠道逐渐增多

通过 IPO 方式退出在近几年始终是我国股权投资基金的主要退出渠道。2010～2012 年我国股权投资基金通过 IPO 退出的案例数量分别为 160 笔、135 笔、124 笔，在股权投资基金所有退出渠道中的占比分别为 95.81%、90%、70.06%（见表 2－12）。

2012 年，受 IPO 审核暂停的影响，投资机构在退出活动中开始有意识地采用其他退出方式。2012 年共计发生 177 笔退出案例，其中 IPO 退出 124笔，占全部退出案例数的比例降至七成，股权转让、并购、管理层收购等退出方式开始被更多的投资机构采纳（见表 2－13）。

表 2 - 12　　　　　　　　2010～2012 年我国股权投资基金主要退出渠道

	股权投资基金退出方式前三名（笔）		
2012 年	IPO	股权转让	并购
	124	30	9
2011 年	IPO	并购	股权转让
	135	7	5
2010 年	IPO	股权转让	并购
	160	5	2

数据来源：清科研究中心。

表 2 - 13　　　　　　　　2012 年我国股权投资基金退出渠道分布

退出渠道	退出事件数量（笔）	占比（%）
IPO	124	70.06
股权转让	30	16.95
并购	9	5.08
管理层收购	8	4.52
股东回购	6	3.39
合计	177	100.00

数据来源：清科研究中心。

（四）股权投资基金在政府的鼓励下发展

我国的股权投资基金是在政府的鼓励和支持下产生和发展的。在 20 世纪 80 年代中期，国家为了鼓励科学技术的发展、促进科学技术向生产力的转化，首先设立创业风险投资基金，2005 年之后，严格意义上的股权投资基金开始在我国出现。我国股权投资基金的发展与政府的支持政策密切相关，从《关于科学技术体制改革的决定》到《国家高新技术产业开发区若干政策的暂行规定》，从《设立境外中国产业投资基金管理办法》到《关于尽快发展中国风险投资事业提案》，从《关于加强技术创新，发展高科技、实现产业化的决定》到《公司法》、《证券法》的颁布，从《创业投资企业管理暂行办法》到《关于当前金融促进经济发展的若干意见》，我国政府不断根据经济发展形势和完善资本市场的要求调整政策法规，在调整中发展，在发展中调整，不断地为股权投资基金的发展营造适宜的环境。

特别是 2010 年以来，政府更加密切地关注资本市场的发展。2010 年 5 月 27 日，国务院批转了发展改革委《关于 2010 年深化经济体制改革重点工作意见》（以下简称《意见》）。在深化金融体制改革方面，《意见》要求"加快股权投资基金制度建设，出台股权投资基金管理办法，完善新兴产业股权投资管理机制。健全创业板市场相关制度，推进场外交易市场建设，推动形成相互补充、相互促进、协调发展的多层次资本市场体系"。2010 年 7 月 1 日，中国人民银行网站公布了《中国人民银行 银监会 证监会 保监会关于进一步做好中小企业金融服务工作的若干意见》（以下简称《金融意见》），《金融意见》要求"完善中小企业股权融资机制，发挥资本市场支持中小企业融资发展的积极作用。鼓励以股权投资基金形式设立股权投资企业，逐步建立以政府资金为引导、民间资本为主体的股权投资资本筹集机制和市场化的股权投资资本运作机制，完善股权投资退出机制，促进风险投资健康发展"。

总之，资本市场对于一个国家的经济发展具有举足轻重的意义。在政府的监管和扶持下不断规范和发展是我国股权投资基金发展中的一个重要特点。

（五）投资机构多样化

近年来，一方面由于国际、国内股权投资基金良好业绩的推动，另一方面由于政府对股权投资基金的投资主体资格不断放宽，各类金融机构开始将眼光转向股权投资基金市场。

信托公司在资金信托计划的框架下，大举进入股权投资市场，信托在股权投资领域的争夺就更趋积极。除信托公司外，证券公司也在积极准备直接股权投资。高盛投资西部矿业取得了骄人的业绩，国内券商也在积极推动，希望能以子公司的形式，用自有资金进行直接股权投资。保险公司在《国务院关于保险业改革发展的若干意见》中，就取得了"开展保险资金投资不动产和股权投资企业试点"的资格。虽然目前保监会在此问题上还比较谨慎，但在法律上已没有限制。国开行则积极参与国家层面的股权投资基金，如中瑞合作基金、东盟－中国投资基金、中国－比利时直接股权投资基金、渤海产业投资基金，以及近期的曼达林基金和中非发展基金等。

（六）地方政府积极参与股权投资基金市场

2005 年以来，我国各地方政府积极支持股权投资基金事业的发展，通过成立股权投资基金的形式参与股权投资基金市场。

2007 年 1 月，经国务院特别批准，主要投资于天津滨海新区和环渤海地区的渤海产业投资基金和渤海产业投资基金管理公司正式成立。渤海产业投资基金总额 200 亿元，首期募集 60.8 亿元。在渤海产业基金的示范效应下，各地政府的积极性被充分调动起来，纷纷设计了本地区的产业投资基金。2007 年 5 月，包括广东核电基金、山西能源基金、上海金融基金和四川绵阳高科技基金在内的四家产业基金，成为国家发展和改革委员会产业基金的第二批试点。2010 年 8 月 25 日，北京市海淀区政府出台了一系列优惠政策，对股权投资基金进行补贴，其中包括"新设立或新迁入海淀区且工商注册和税务登记在海淀区的股权投资企业，在正式开展股权投资业务并完成第一笔投资业务后，可申请一次性资金补助"。

第三章　股权投资基金对中国经济的影响

随着股权投资市场在我国的兴起、繁荣，股权投资基金所发挥的作用越来越明显，并对我国宏观经济的发展产生了深远影响。

本章主要从发挥市场融资功能、调节市场流动性资金、推动创新、提高公司治理水平以及提升在国际金融市场地位五个方面分别阐述股权投资基金对中国经济的影响。

第一节　发挥资本市场的融资功能

一、发展股权投资有利于缓解中小企业融资难

近年来，股权投资在我国金融市场上的作用越来越明显，成为仅次于银行信贷的重要融资手段。股权投资基金凭借雄厚的资本实力和专业分析能力，能将资金投向迫切需要投资但得不到投资的优秀的成长企业。目前，我国股权投资基金发展迅速、规模不断扩大、投资活跃度大幅上升、资本市场退出机制逐渐完善，股权投资基金的发展为中小企业的融资拓宽了渠道，能够推动被投资企业的价值发现和价值增值，并为基金提供高比例的回报。

1. 我国中小企业融资现状

改革开放以来，随着市场经济的不断发展，我国中小企业发展迅速，日益成为我国经济发展新的增长点。"十一五"期间，我国中小企业为国家的经济和社会发展做出了重要贡献。按照中华全国工商业联合会的数据，到"十一五"末，私营企业和个体工商业户的登记数量超过了4200万户，解决

了大概 75% 以上的社会就业，对 GDP 的贡献率达到 60%，对税收的贡献率达到了 50%。从以上数据可以看出，中小企业为国家市场的繁荣、内需的扩大、就业的解决做出了很多卓有成效的工作。中小企业在自主创新方面的发展也非常引人注目：2009 年的数据显示，我国中小企业拥有占总数 66% 的专利发明、74% 的技术创新和 82% 的新产品开发。我国中小企业中有 85.2% 是民营企业，且小企业的数量占到中小企业总数 90% 以上。中小企业占全国总数 99% 以上，却仅使用着 20% 的金融资源，中小企业成为技术创新的重要力量。这些数据说明中小企业已经成为我国经济发展的重要组成部分，是推动国民经济发展、促进社会稳定的重要支柱。它是国民经济中最活跃的部分，在扩大就业、促进经济增长、调整经济结构和产业经济转型、推动技术创新等方面的作用也越来越突出。

20 世纪 70 年代以来，由于科学技术快速发展和"大企业"运行中出现疑难问题，世界范围内企业结构呈现出专业化、小型化的特征，形成了大量的中小企业。这些中小企业的数量众多，其成长、发展问题越来越被社会所关注。然而，较大型企业一般具有一定的规模、可观效益、品牌以及信誉，中小企业在融资、税收、市场等方面很难与大型企业进行竞争。目前，中小型企业成长中面临的最大的问题便是融资困难。由于国际经济一体化的深入以及金融危机的影响，"融资难"更成为制约中小企业发展的瓶颈。中小企业正处在一个规模扩张时期，如果只依靠创始时的原始积累、民间借贷以及集资入股等方式的资本投入，根本无法满足其发展需要。2008 年金融危机对中小企业的发展造成了不小的影响，中小企业在金融危机中对经济稳定做出了一定的贡献，为抑制经济下滑、解决城乡就业、活跃国内市场、扩大国内需求发挥了重要作用，为"保增长、保就业、保民生"的大局做出了积极贡献。但中小企业在金融危机中也面临着人民币升值压力、劳动力价格上升、原材料上涨和融资困难等问题，从而受到了挫伤。银根紧缩导致中小企业贷款困难加大，而很多中小企业资金链紧绷甚至断裂，致使很多中小企业经营困难甚至倒闭。银行释放的贷款，基本被大型企业吸纳，国家宽松的货币政策对中小企业的作用并不明显，融资问题仍然是困扰中小企业发展的重要问题。

中小企业传统的融资方式包括发行股票、银行贷款和发行债券。在中小企业进行这些融资活动的时候，与接触的外部主体有三类：政府、商业银行和外部投资者。政府对中小企业提供帮助，可以是直接的投资或借贷，也可以是间接的通过监督银行和投资者的行为以及提供担保对中小企业融资进行支持。商业银行则通常是以借贷方式使中小企业获得债权融资。外部投资者对中小企业的投资为股权融资。中小企业的融资因此与这三类主体也息息相关。

中小企业融资难是一个世界性的难题，中国也不例外。这些年来虽然不断强调提高对中小企业融资的支持力度，但进展不大。2009年工业和信息化部部长李毅中在钓鱼台国宾馆举行的"如何破解中小企业融资难"大型国际论坛上表示，2009年前三个月，全国信贷规模总量增加了4.8万亿元，其中中小企业贷款增加额度所占不到5%。这样的数字说明中小企业贷款增长没有达到同步增长，中小企业资金非常困难，目前融资难、贷款难已经成为制约中小企业发展的瓶颈。中小企业在发展中会面临很多问题，例如人才匮乏、用工成本上升、企业经营治理、人民币升值、通货膨胀、市场准入等等。但是融资问题直接关系到中小企业的健康运营和发展壮大，只有得到充足及时的资金，中小企业才能提升自身的实力来应对外部经济的冲击。

我国于2011年3月公布的《中华人民共和国国民经济和社会发展第十二个五年规划纲要》中提出："大力发展中小企业，完善中小企业政策法规体系。促进中小企业加快转变发展方式，强化质量诚信建设，提高产品质量和竞争能力。推动中小企业调整结构，提升专业化分工协作水平。引导中小企业集群发展，提高创新能力和管理水平。创造良好环境，激发中小企业发展活力。建立健全中小企业金融服务和信用担保体系，提高中小企业贷款规模和比重，拓宽直接融资渠道。落实和完善税收等优惠政策，减轻中小企业社会负担。""十二五"规划明确指出在接下来的5~10年中要大力解决中小企业的融资问题，提供大力扶持和政策倾斜，说明中小企业融资问题对中国经济的发展至关重要，也日益严重。

2011年中国人民银行连续6次上调存款准备金率。2011年6月20日起，央行上调存款类金融机构人民币存款准备金率0.5个百分点，这是央行2011年第6次上调，也是央行自2010年以来准备金率的第12次上调。此次上调之后，大中型金融机构存款准备金率达21.5%的高位。上调存款准备金率，在收紧流动性、对抗通胀的同时也减少了银行的可用放贷资金，增加了企业尤其是中小企业的融资难度和成本，将导致中小企业融资难的现状进一步恶化。

具体来说，目前我国中小企业面临的融资困难，主要表现为融资渠道过于狭窄单一、融资金融有限、融资成本过高并且直接融资量过小。目前中小企业的资金来源主要是内部自身积累，企业内部资源融资比重过高。据国际金融公司研究资料显示，我国中小企业业主资本和内部留存收益分别占我国中小私营企业资金来源的 30% 和 26%。中小企业的发展过于依赖自身规模而大大受到限制。由于绝大多数中小企业都很少采用包括股权融资和债权在内的直接融资，而获得政府支持的资金也极其有限，因此我国中小企业融资主要依靠商业银行贷款和民间借贷。但是在贷款问题上，中小企业普遍反映银行等金融机构存在"重大轻小"、"嫌贫爱富"、"重公轻私"，只喜"锦上添花"不愿"雪中送炭"的问题。商业银行对中小企业缺乏必要的了解和足够的重视，银行放贷中中小企业得到的贷款只占一小部分。中小企业就算得到贷款，融资成本也较高。一般来说，比起大型企业，中小企业贷款利率至少要高出 10%，并且普遍高出 20% ~ 30%，如此高的贷款利率，让许多想扩大生产的中小企业望而却步，只有在流动资金不足的时候才会考虑贷款，极大地影响了中小企业的发展。

2. 我国中小企业融资难的原因

尽管近几年来，我国陆续出台了一系列支持中小企业发展的政策，而且各商业银行在拓展中小企业金融业务的信贷政策、新品开发、抵押担保、服务方式等方面进行积极探索，使得中小企业融资问题有所改善，但还是不能从根本上解决中小企业融资难的问题。我国中小企业融资难的现状之所以造成，既有企业自身的原因，也有外部的原因。

(1) 企业内部原因

①中小企业注册资本少，从而比较容易受外部经济环境的影响。中小企业因为注册资本少，所以其负债能力有限，比起大型企业，中小企业的负债能力较小。中小企业因受其规模的限制，抗风险能力较差，受市场、环境的影响程度很大，一旦市场、经营环境发生变化，一些中小企业很难适应。

②中小企业的信用水平较低。一是管理方面的信用。大多数中小企业内

部治理结构和控制机制不健全，少数人或个别人控制现象比较普遍，没有按现代企业制度的要求建立完善的法人治理结构。二是财务方面的信用，银行贷款所需要的财务数据、账表管理混乱、没有或不实。中小企业的财务报告一般未经注册会计师的审计，其经营情况、财务状况等内部信息透明度较低，贷款的保证往往得不到落实。三是抵押方面的信用。由于中小企业一般家底较薄，因此抵押物明显不足。而且中小企业往往产权不明晰，银行贷款担保难以落实。四是效益方面的信用。由于很多中小企业规模问题和自身限制，其往往存在着经营粗放、技术落后、设备陈旧等问题，使经济效益缺乏保障，竞争不过大企业而常常被大企业所淘汰。银行出于对于风险的控制，不愿意贸然给中小企业提供贷款，使得中小企业融资更加困难。总之，中小企业的诚信度不够，会造成银行对中小企业贷款的信心下降，对中小企业放贷紧缩。

③缺乏有效的风险约束，并且信息分布不对称。一些民营企业由于缺乏信用和法律约束，虚假出资、转移资产、隐匿收益等现象经常出现。并且中小企业融资过程的不对称信息问题比较突出。因为中小企业创业早期，通常没有经过外部审计的财务报告，也没有完善的公司治理结构。另外，中小企业产品质量较差，产品老化和档次较低等问题十分严重。一些民营企业怕树大招风，在多家金融机构开设个人储蓄账户，银行对其经营状况信息收集不完整，不敢发放贷款。

④中小企业有特点的贷款需求。中小企业的贷款要求手续简便、迅速，能满足灵活的经营需要；单笔贷款金额不高且贷款频率较高，期限一般不长。总的来说，中小企业的信用体制和社会地位等都不足以做贷款的担保，中小企业贷款风险相对于大企业来说较高。

（2）企业外部原因

①从银行经营管理方面来看，中小企业的高风险与银行管理的稳健性原则相矛盾。银行不是没有钱贷给中小企业，而是不敢放贷甚至慎贷。造成商业银行普遍惜贷的原因是：首先，很大一部分中小企业还处在初创阶段，企业的收益往往不能弥补企业的经营风险。对于某些风险较高的高新技术产业来说，银行对其放贷的风险太大，这与银行的稳健性经营原则不符合。商业银行有自己的目标市场，其自身和产品的定位不相同。中小企业由于自身的

弱点，很难成为国有商业银行的首选。其次，在利润最大化的追逐下，银行不愿意贷款给中小企业。银行贷款给中小企业的成本比贷款给大企业的成本要高。大企业贷款额大而中小企业贷款额小，银行若贷款给中小企业，使放贷工作量大大增加，耗费更多的人力、时间和财力。总之，银行贷款给中小企业，其管理成本较高而综合收益较少。据测算，对中小企业贷款的管理成本，平均大于大企业 5 倍左右。最后，政策监管使得银行惜贷。国有商业银行历史上已经形成了高比例的不良资产问题。在国家相关部门对银行不良贷款率的监管要求下，商业银行采取更加严厉的措施确保新增贷款的数量和质量，以保证不断降低不良贷款率。中小企业由于资产规模和借贷规模都较小，抵押物不足，抵御风险的能力较弱，银行不敢向其投放贷款。

②从担保机构来说，中小企业融资需要有专业的担保机构。在政府的参与下设立中小企业贷款担保机构是对中小企业的一种扶植，近几年来国家经济贸易委员会制定印发了关于建立中小企业信用担保体系试点的指导意见，并推行了《中小企业融资担保机构风险管理暂行办法》，2008 年中央还宣布将注入 18 亿元到担保机构，来解决中小企业融资难，目前在全国已有 100 多个城市建立了中小企业信用担保机构。但是从社会中介的担保功能发挥情况来看，仍存在着较大的局限性，担保机构发挥的作用并不明显。由于担保机构本身的运作并不成熟，存在的一些问题导致资金流通不畅，并且由于信息不对称的存在使得除非贷款担保机构有动力和能力对使用担保的中小企业进行甄别和监督，否则担保方案风险将很大，很有可能造成损失和担保方案的失败。

③从社会法制建设方面来说，缺乏扶植中小企业发展的政策体系。我国目前的经济、金融政策主要还是依据所有制类型、规模大小和行业特征而制定的，从金融政策上来看，还未形成完整的扶植中小企业发展的政策体系。在中国，目前大多数的社会资源以及银行大部分的贷款都流向了大企业，而中小企业得到的资源和扶植是很有限的。近年来，针对中小企业贷款难、担保难的问题，国家虽然颁布了一些政策，比如《中华人民共和国中小企业促进法》以及中国人民银行总行颁布了向中小企业倾斜的信贷政策等，但还是未形成完整的支持中小企业发展的金融政策体系，致使中小企业的融资仍然受到了束缚和影响。

④从其他融资渠道来说。一方面，从我国目前情况来说，在金融市场上公开发行股票融资上市的要求条件很高，融资的数量要求也很大。2009年10月23日，我国创业板市场正式启动，该资本市场的创新为中小企业的融资难问题带来了希望。创业板市场即二板市场，是指专门协助高成长的、暂时无法上市的新兴企业尤其是中小企业提供资本运作空间的证券交易市场。创业板虽然进入门槛低，运作要求严，一定程度上为我国中小企业提供了多方面的融资渠道，但是创业板的市场能力也有限，不能解决我国所有中小企业的融资问题。二板市场股票发行上市的条件也是比较高的，而且具备发行上市资格的企业很多，竞争相当激烈，而资金的供给是有限的。二板市场无法在短时期内容纳这么多企业发行上市。另一方面，中小企业想要发行企业债券融资，困难很大。发行债券要求很高的信用度和优良的声誉，长期以来，我国企业债券的发行者一般都是国有大型企业，债券市场的门槛和成本太高，中小企业很难进入这一市场。为了缓解这一现象，2008年12月国务院办公厅发布的"金融30条"中指出，要稳步发展中小企业集合债券。中小企业集合债是指由多家不具备单独发债能力的中小企业集合起来，采用集合债的形式，使用统一的债券名称，形成一个总发行额度的企业债券。但是由于小企业的资信较低，发行的债券风险较高，要求的利率较高，导致中小企业集合债券的成本比较高。除此之外，中小企业发行结合债也很难找到相关的担保机构。

二、股权投资基金促进中小企业发展

中小企业在发展壮大过程中，融资难是最大的阻力之一。从以上的分析可以看出，对于中小企业来说，其内部和外部等原因都限制了中小企业的融资。在传统融资模式受到阻碍的情况下，如何创造新的适合中小企业的融资模式，是亟须解决的对中小企业有重大意义的问题。股权投资基金的出现和发展为这一问题带来了福音，为中小企业突破提供了一条途径。股权投资基金作为一种新型融资模式，能为企业提供资金支持以及管理上的支持，能在较短时间改善企业的收入和成本结构，提高企业核心竞争力。与其他融资模式相比较，银行信贷门槛高，证券市场要求高，但股权投资基金对解决中小企业融资障碍方面的作用有以下几个方面。

1. 符合中小企业融资需求特征

股权基金对高风险、高回报投资有较强的偏好，而中小企业恰恰具有高风险、高期望回报值的特征，所以中小企业的发展规律以及融资阶段性特征刚好符合股权投资的投资偏好，因而，股权基金与中小企业具有天然的联系，能够帮助中小企业拓宽融资渠道。由于中小企业在创业阶段、早期成长阶段、加速成长阶段中存在如信用状况不稳定、盈利能力不显著等诸多风险因素，通过传统渠道融资面临很大的困难。股权基金作为一种新型的投资模式，能够对那些无法通过传统渠道获得资金而又具有广阔市场前景的中小企业提供全方位的支持，支持中小企业的创业和发展，这为中小企业提供了一条新的融资途径。此外，股权基金有灵活的投资方案，能够根据不同的中小企业的特征，针对企业量身打造具体的融资方案，来满足中小企业多样化的融资需求。

（1）股权投资能够满足中小企业多样化的融资需求

中小企业经营的一个重要特点就是灵活多变，而这一特点使其融资需求变得十分复杂，相比传统融资方式，股权基金更加适合中小企业。公募融资适合标准化的市场行为，比如企业要公开发行股票及上市，必须遵循证监会和证券交易所的统一规则和程序，而这些规则和程序不会因为不同企业多样化的融资需求而调整。相对于公募融资的标准化，融资就更为灵活。

（2）私募融资在中小企业融资方面的另一个优势是更加容易获得

在公开资本市场上，企业必须按照规定定期披露企业信息，外部投资者通过对这些信息进行处理和分析，然后在此基础上做出投资决策。由于中小企业自身条件和监管力度的原因，很少能提供大型企业那样的符合会计规范及法律标准的财务处理流程，因此，外界投资者就很难从公开信息渠道中了解企业真实的经营状况、财务状况和现金流量状况等。即使中小企业完全能够按照财务标准披露信息，也很难依据其财务信息判定该企业所具备的开发潜力。根据国外学者大量的实证研究表明，股权基金在对中小企业进行投资决策的过程中，很大程度上不仅仅是依据其财务报表这类标准化的定量的信息做出决定的，而是依据对中小企业进行深入调查的一般合伙人的主观判断。负责基金日常运营及投资决策的一般合伙人，通过了解该企业所处的行业前景、企业家的信用状况、领导能力，甚至企业管理费用规模与生产用电比例的变化，发掘出中小企业真实经营状况的信息。这些信息的特点是主观性很强，既不能从企业披露的财务信息中获得，也不能像财务信息那样能够方便地传递与发布，需要股权基金管理人做出详细、深入的尽职调查，这就在极大程度上限制了中小企业公开融资的可能性。然而，通过股权基金与中小企业的长期接触，就能够对那些财务报表不符合传统融资条件但发展潜力巨大的中小企业提供融资支持，从而大大提高了中小企业融资的可获得性。

（3）股权投资有利于保护中小企业经营的隐秘性

与大型企业不同，中小企业的核心竞争力很容易被复制，比如某个有长期合作关系的客户或者供应商，以及业务往来的财务数据。为了保持竞争优势，中小企业往往不愿意公开太多关于企业经营的信息。然而在公开资本市场上，作为克服逆向选择、保护广大投资者利益的措施之一，上市公司必须在特定时间按规定披露报表和重要公告，从而将信息不透明的中小企业排除在外，这就使得绝大多数中小企业不能利用公开资本市场融资。与公募资本市场相反，股权投资机构在非公开融资的环境下，更能充分发挥其在甄别和筛选企业方面所具备的专业优势和规模经济优势，缓解与中小企业之间的信息不对称问题，形成对公开资本市场在中小企业融资方面的相对优势。正是这一优势，增强了中小企业融资的效率，减少了资本市场上的逆向选择。

2. 发现和培养优秀企业家

股权基金介于银行信贷和证券市场之间，为中小企业提供了新的融资渠道。近几年来，国内一些成功实现纳斯达克上市的企业，如盛大、分众传媒、携程网、前程无忧、第九城市等，在上市之前都进行过若干轮的股权融资。股权融资目前在我国发展很快，这给我国中小企业利用股权资本来融资提供了很多机会。而引入股权基金更重要的意义还在于股权基金的一般合伙人具备很强的"企业家精神"，可以利用他们长期积累的管理经验、知识专长和商业网络资源帮助中小企业规范企业内部管理和财务结构，设计明确的盈利模式和企业发展战略。股权基金作为一种积极参与管理的专业投资模式，能够同时缓解中小企业发展所面临的资金和管理两个方面的发展瓶颈。对期望在国内或海外上市的中小企业，股权基金通常有良好的品牌、信誉和企业运作上市经验，可为企业带来增值服务。许多股权基金本身是投资银行的下属机构，能为企业上市提供更专业、更便捷的咨询服务。在这一过程中，优秀的企业家在基金团队的辅导下被挖掘出来，资本市场通过企业上市奖励这一批优秀的企业家。在这样的机制下，有潜力的优秀企业家就不至于因为资金匮乏而埋没在高不成低不就的中小企业中，有利于中小企业的良性发展。有统计显示，股权基金的一般合伙人在做出投资决策时，更加看重企业家能力这个因素，投资一家企业，更多时候就是投资一个企业家。

3. 缓解中小企业的信息不对称问题

股权融资可以缓解投资中的信息不对称问题，弥补传统银行部门和证券市场资源配置的缺陷。中小企业的规模参差不齐，很难有一套标准来评估中小企业的融资风险，所以投资中小企业存在着严重的信息不对称问题，这个问题贯穿于投资前的项目选择和投资后的监督控制的整个投资周期中。要减少信息不对称，则要求投资者具备深入企业内部进行投资前的尽职调查和投资后的监督控制能力。证券市场显然无法解决这种问题，中小企业也由于想保持隐秘性而选择不公开募集；而银行等我国现有的传统金融机构又缺乏对中小企业调查的专业人员和机构，并且贷款给中小企业的风险收益不匹配，实践中就造成了银行不愿贷款给中小企业的情况，使得社会闲置资金和中小企业之间出现"真空"。股权基金作为更为专业的投资中介，具备经营这种风险的能力，能够有效地解决信息不对称引发的逆向选择与道德风险问题。股权基金的一般合伙人通常由富有相当专业知识和管理从业经验的业界精英组成，他们在信息生产和处理上的优势使得他们能够成为投资者的专业代理人。股权基金在解决与所投资企业之间的委托－代理关系上比传统的资金提供者更有优势。首先，股权基金的投资模式决定了它们要取得企业的股权，进入企业董事会甚至拥有控制权，因此能够对企业形成更直接的监督。其次，基金管理人通过发挥他们的专业优势，设计不同的金融工具、提出阶段性的资金供给方式，或者制定复杂的合同条款，甚至直接参与企业管理等形式形成对受资企业的激励约束机制，从而防范受资企业的道德风险。

激励约束机制的形成主要包括以下三个方面：一是股权基金可以帮助企业改善股权结构，使之资产负债比例更加合理；对企业章程进行专业的指导，改善中小企业治理结构；完善企业中各个监管部门的设置和职能划分，建立起监管体系；通过基金团队中的专业人员，建立有利于企业发展的法律框架和财务制度。二是股权基金可以帮助企业较好地解决员工激励的问题，建立起较完备的员工激励制度。在机会成熟时，可以建立股权激励体制，激发员工工作的热情。三是股权基金可以在较短的时间内改善企业的收入、成本结构，提高企业的核心竞争力，帮助企业开发产品并推向市场，最终带来企业经营业绩和股东价值的双向提升。

第二节　调节市场资金的流动性

一、社会闲散资金充裕

1. 国内闲散资金充裕的现状

社会闲散资金充裕、流动性过剩一直是中国经济运行中长期存在的突出问题。投资驱动型的国家发展战略、长期双顺差的局面、国家的宏观调控政策都可能带来流动性过剩的问题。而流动性过剩会引起具有滞后性的通货膨胀，给经济发展带来负面影响。金融危机之前，中国经济保持平稳快速的增长趋势，居民收入、企业利润、财政收入都大幅提高，经济基本面表现良好。但经济中仍然存在一些由经济增长过快带来的矛盾和问题，主要是流动性过剩的问题。从 2004 年起，央行开始加强流动性管理，执行紧缩的货币政策，并且多次上调金融机构人民币存款基准利率和存款准备金率。央行还运用公开市场操作、定向票据等方式减少流动性、控制信贷和投资增长、治理流动性过剩的问题。2008 年金融危机爆发后，中国居民消费量下降，储蓄量上升，并且贸易顺差不降反升引起外汇储备继续增加，使得中国经济增长速度放缓。为了应对金融危机的挑战，中国自 2008 年第 4 季度以来，启动了应对国际金融危机的一揽子经济刺激措施，实施了积极的财政政策和适度宽松的货币政策，取得了明显成效。虽然暂时解决了社会财富和货币供求的平衡，但是国家投入到市场的更多的货币，为后来的流动性过剩的加剧埋下了巨大的隐患。

社会闲散资金充裕即市场上流动性过剩。整个宏观经济的流动性，是指在经济体系中货币投放量的多少，而流动性过剩是指经济中的货币存量高于货币需求、经济层面资金充裕、银行信贷投放冲动较强。中国的货币流通量长期以来保持稳步增长的趋势。中国经济中的流动性过剩体现在如下两个方面。

（1）货币供应量增长过快

如图 3.1 所示，2010 年的广义货币供给量为 733895.06 亿元，比 2009 年同比增长 19.33%，虽然比上年的 27.7% 略有下降，但仍然是较高的货币增长速度。从图中可以看出，自 20 世纪 90 年代以来，我国的广义货币供给增长速度一直保持大于 10% 的较高水平。从总体上来说，整体的货币供给量的增长速度仍然较高。

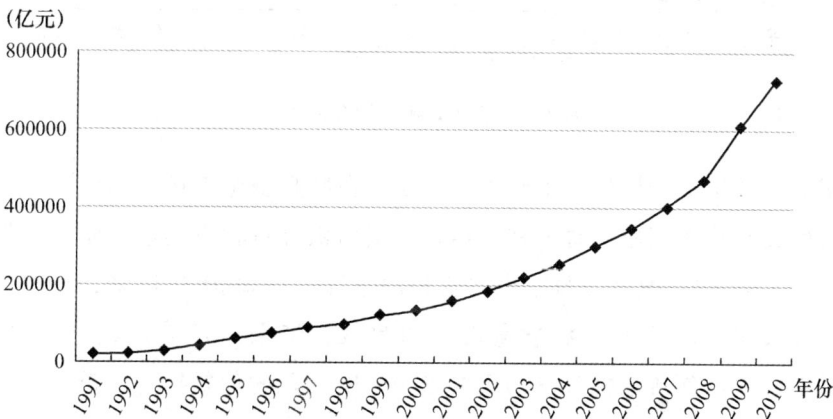

图 3.1 历年货币供给量

（2）金融机构存在巨额存贷差

在资本市场日渐繁荣造成了"存款搬家"的背景下，金融机构存贷差仍然快速增长。从图 6.2 中可以看出，金融机构存贷差呈现不断增长的趋势，2009 年的金融机构存贷差增至 19.8 万亿元，而存贷比只有 66.86%。银行的剩余资金非常充裕，造成流动性过剩。

2. 中国流动性过剩的原因

中国流动性过剩反映了当前经济中的各种矛盾，形成这一现象的原因很多，既有国际上的原因，也有中国经济自身的深层次的原因。

（1）外部性原因：全球流动性过剩

进入 21 世纪以来，全球范围内出现了显著的流动性过剩。根据德意志银行的计算，自 1996 起，尤其是 2001~2003 年间，全球货币的增长速度大大超过名义 GDP 的增速。为了克服科技泡沫破灭对经济带来的沉重打击，

(亿元)

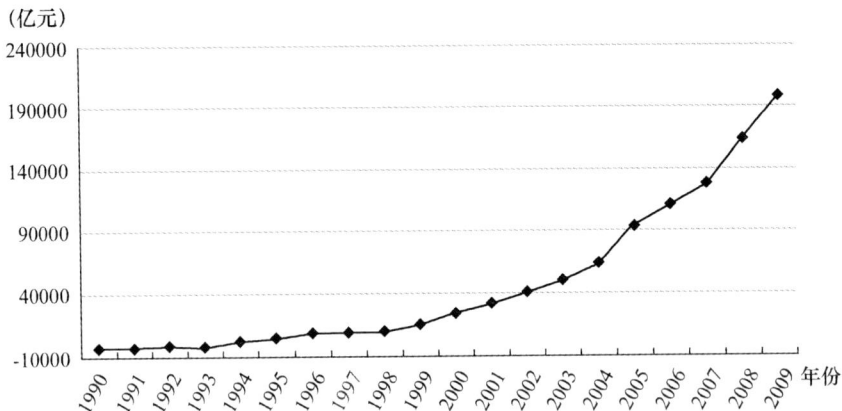

图 6.2　历年金融机构存贷差

美联储采取了超扩张性的货币政策。美联储在联邦基金市场上释放大量准备金，使得美元基本利率一直下跌，信贷和货币供应量相应迅速扩张，增长速度超过了 GDP 增长速度。日本也面临相同情况。自 2001 年以来，日本为了克服通货收缩，执行了"数量宽松"的政策，带来了货币供应量的增长，使得日本成为全球流动性过剩的重要来源。欧元区的信贷扩张也带来了过剩的流动性。美、日、欧等国家降低利率，大大降低了融资成本，为经济提供了宽松的发展环境，因此带动了世界范围内的投资活动。中国近年来经济的持续增长以及良好的投资环境、较低的成本形成的高利润以及人民币升值的预期，吸引了大量外资的涌入。

（2）直接原因：外汇占款增长迅速

外汇储备的增长主要是由经常项目顺差和外商直接投资（FDI）流入引起的。自 1994 年汇改之后，中国国际收支除个别年份外一直保持经常项目和资本项目的"双顺差"局面。外商直接投资的逐年增加，导致了我国外汇储备增加过快，已经成为世界上外汇储备增加最快的国家。在固定汇率时，本币在国际收支持续顺差的情况下会有升值的压力。中央银行为了稳定币值，必须在外汇市场上抛出本币买进外汇，从而增加国内基础货币。尽管 2005 年 5 月 21 日人民币汇率进行了改革，但是仍然实行的是有管理的浮动汇率制度，因此在外汇不断增加的情况下，中央银行不得不增加国内基础货币，从而使得广义货币的增速保持两位数的增长。

（3）根本原因：投资驱动发展战略造成经济结构失衡

投资、消费、出口作为中国经济增长的"三驾马车"为中国的经济腾飞做出了巨大的贡献。然而长期以来，中国经济存在投资和消费比例失衡和投资结构失衡的问题。中国实行的是投资驱动型的国家发展战略，以高投资带来经济的快速增长。资源和要素价格长期被压低，较低的成本刺激了投资需求。但是这种增长方式导致了中国的结构性失衡。消费的增长远远落后于投资的增长。由于中国百姓的消费习惯，以及要素的价格较低导致的收入较低，再加上社会保障体系不完善，中国居民的储蓄倾向大大高于欧美国家。大量的存款使得银行的存差加大，银行的超额存款准备金率一直居高不下，造成了银行系统的闲散资金过多。同时，投资结构也存在失衡。大企业很容易得到贷款，而中小企业融资很困难，而且资金往往流入热门行业，较冷门的行业得不到投资。由于消费和投资比例失调，过剩的产品只能通过出口来解决，中国出口大于进口，从而出现了贸易收支的长期顺差，外汇占款不断增加，从而使得流动性过剩的问题日渐严重。

3. 流动性过剩对经济形成冲击

当前中国股市高涨、房地产过热、外汇储备过高、通货膨胀率不断创新高，这些都在一定程度上与流动性过剩有关。流动性过剩将对中国经济、金融运行带来一系列负面影响。

（1）导致固定资产投资过热

流动性过剩表现为经济中的货币存量高于货币需求、经济层面资金充裕、银行信贷投放冲动较强。再加上多元的融资渠道，使得企业可用的资金比较充裕，从而将大量资金投向固定资产投资。过多的流动性进入固定资产投资领域，会推动投资过度扩张，埋下通货膨胀的隐患；进入房市等资产价格领域，会增加房地产等行业产品的价格，推动形成资产泡沫，增大宏观经济金融运行的风险，使得经济过热发展影响社会稳定发展。

（2）股市高涨

近年来，我国股票市场的成交额屡创新高，股票市场的泡沫风险逐渐显露。过剩的资金找不到合适的投资方向时，一部分便流向股票市场，为股市提供充足的资金供应。股票市场中炒买炒卖，投机盛行。非理性的投资者的疯狂投资行为推动了股市的快速上涨，造成了股市严重的泡沫化。

（3）居民消费价格上升，通货膨胀压力增强

流动性过剩造成通货膨胀，它以部分流动性过剩资产价格出现严重泡沫为先导，进而传输给其上、下游相关产业链，最终带动原材料供应市场和食品的价格上涨并引致全面通货膨胀。

（4）导致商业银行风险过大

流动性过剩尤其是广义货币 M2 与 GDP 的比值节节上扬，意味着经济发展对银行体系的依赖性进一步增强，加剧银行系统的风险。中国商业银行的利润主要依赖于贷款收入和存款利息支出的差额，在资金持续向银行集中时，银行为了处理大量闲置资金必然会选择扩张贷款。贷款往往通过各种方式投入到了证券市场、房地产行业以及高耗能行业，这些行业的风险较大，比较容易出现泡沫，客观上增大了商业银行的信用风险。

（5）增加国家财政负担以及不利于经济结构调整

目前的流动性过剩很大一部分来自外汇占款过多，央行不得不频频动用央行票据、存款准备金率等手段被动对冲过剩流动性，使得货币政策的独立性降低，对冲成本日趋增大。流动性以外汇占款投放方式为主同时会导致创汇较多的东部地区资金多、创汇较少的中西部地区资金少，创汇较多的第二产业资金多、创汇较少的第三产业资金少等现象，不利于经济结构调整。

二、引导过剩资金投向实体产业

在全球流动性过剩的情况下，国外的热钱和国内的资金都在寻找一个较合理的出路。除了投资到股票市场外，投资股权投资基金成为近来的趋势。中国的股权投资基金发展势头非常迅猛，2006 年仅有 26 亿美元在操作，而到 2009 年底已涨到了约 200 亿美元，并且股权投资基金在医疗健康、能源、制造业、电信投资行业、房地产、食品饮料等实体产业投入了大量资金，尤其注重制造业、电信、医疗健康、能源这些重要实体行业的投资。股权投资基金能引导过剩的资金投向实体产业，并且全球流动性过剩将使股权投资基金获得更迅速的发展。

1. 股权投资基金对过剩的资金具有很大的吸引力

从股权投资基金的财富效应来看，其平均收益水平一般要大大高于其他投资方式。根据业内专家测算，目前国内活跃的股权投资基金平均内部收益

率可以达到35%～60%，而个别项目甚至可以达到几十倍的回报率。其他投资方式的风险收益相比之下就不如股权投资基金：全球的股票市场的波动性和风险越来越大，资金收益的稳定性难以保证；资金收益率相对稳定的美国政府债券、国内存款等固定收益产品的实际收益率在扣除了通货膨胀因素后甚至可能为负。考虑到资金的收益率和安全性的情况，能够通过分散投资来达到超过30%的平均收益的股权投资基金无疑是一个较理想的投资渠道。

2. 股权投资基金将有利于引导过剩的资金投向实体产业

目前，央行对冲流动性的同时，对外贸易顺差、外商直接投资、商业银行信贷又进一步加剧流动性过剩。疏导流动性将成为政府宏观政策的另一个导向。如果这些过剩的流动资金流入二级市场或房地产市场，将造成难以控制的泡沫；而把这些资金导入国际资本市场，可能由于竞争劣势而造成不小的损失。

股权投资基金就能把过剩的资金集中起来，通过基金合伙人的专业挑选，将资金投入到股市和房市以外的实体产业。流动性过剩发生时，并不是没有好的投资项目和好的投资机会，而是资金不能得到很好的投资和分散。虽然有很多剩余的资金无处可用，但是仍有很多新建项目、在建项目、创业企业、中小企业和重组改制企业对资金有大量的需求。从我国实体经济发展的进程来看，产业结构升级、产业重组并购都需要大量的资金支持，股权投资基金从中大有作为。流动性过剩是金融结构出了问题，而股权投资基金能对建立和培养新型市场化的投融资主体、促进中国投融资市场的改革做出重大贡献。

3. 股权投资基金具有抗风险的特性，有利于实体产业的发展

由于股权投资绝大部分投资于实体企业，并非金融衍生品，其不容易受到经济危机的影响，并且股权投资基金注重的是长期效应，所以在经济低迷的情况下，投资者不会因为当前的低迷而丧失对股权投资的信心。金融危机中股权投资基金一定程度上缓解了实体经济困境，促进实体经济发展的作用不容置疑。金融危机中，很多实体企业资金链出现断裂。由于资金的供应渠道很窄，公众融资市场渠道不通畅，银行非常谨慎，所以企业对股权投资基金有很强的需求。股权投资基金能在一定程度上引导资金流向需要投资的有发展潜力的实体企业，使实体企业受到相对小的影响。股权投资又不同于银

行贷款，银行贷款可能更注重资金是否按时收回，股权投资着眼长远企业的增值。股权投资基金的最佳投资策略一般是在经济低潮投资于企业，经济恢复和高潮的时候退出，并进行新一轮投资。股权投资基金的反周期特征，对实体经济能起到很大的推动作用。

第三节　加速企业创新与升级

一、加速创新型企业发展

胡锦涛同志在十七大报告中指出："提高自主创新能力，建设创新型国家，这是国家发展战略的核心，是提高综合国力的关键。要坚持走中国特色自主创新道路，把增强自主创新能力贯彻到现代化建设的各个方面。"中国确立了建设创新型国家的发展战略，要求高度重视自主创新能力的建设，并不断完善知识产权制度，加大保护知识产权力度。自主创新是科技发展的源泉，而加速创新型企业的发展是创新型国家发展战略的重要一步。我国建设创新型国家的战略目标，需要加快培养一大批有自主创新能力和自主知识产权的企业和产业。创新活动是产业资源、科技资源和金融资本链接融合的结果，良好的金融支持和金融环境是促进国家创新活动的基础性条件，而股权投资基金是有利于创新型企业和创新产业发展的新型金融平台。

股权投资基金能在推动企业创新发展方面起重要作用。因为中国要发展创新型国家发展战略，培育创新能力和创新产业，需要股权投资基金的资金支持，才能充分发挥生产要素中资本要素的作用。美国之所以能够成为成功的创新型国家，是因为有发达的资本体系，其中大量的股权投资基金起了重要作用。美国的科技创新项目众多，也与股权投资基金的支持密不可分。股权投资基金的组织形式和运作模式本身就是一种重大的金融创新，就是创新型经济的有机组成部分。

股权投资基金通过长期运作，形成了符合创新企业和创新产业发展的平台。首先，股权投资基金作为直接投资工具，能够为高速成长的企业注入资金支持，为企业加速发展提供金融动力。当前，我国面临社会资金以直接投资方式进入创新企业和创新产业的问题，所以需要通过股权投资基金这样的

"媒介"来实现社会资金向创新事业资本的转化。另外，股权投资基金有利于自主创新能力的跨越性提高。目前我国活跃的股权投资基金大多有外资背景，这在一定程度上加剧了大量优质企业尤其是高科技企业海外上市的趋势。过去，一些具有前景的创新型企业如新浪、搜狐、网易、百度、盛大等都被外资收购或者被国外股权投资基金所掌控。我国国内并不是缺少资金和资本，而是没有相应的手段和机制来支持创新企业和产业的发展。重视本国股权投资基金的发展，利用股权投资基金运作的资源和经验来引导国内社会资源参与创新活动，必将有利于民族自主创新能力的提高以及创新型国家战略的建设。再次，股权投资基金能提供增值服务，解决创新型中小企业发展需要的资源和管理，提升企业内在价值。股权投资基金是一种以支持创新、创造、创业为主的投融资机构，对行业的发展以及外来新兴行业有着敏锐的触觉和准确的判断，并且拥有将高科技项目市场化的专业和实力。股权投资基金是靠行业发展的战略思想来取得收益，在客观上推动了整个社会的科技创新。全球著名的科技创新企业，包括微软、英特尔、苹果等都曾得到过股权投资基金机构的支持。股权投资基金在多个行业和领域内都有丰富的投资经验，拥有成熟的管理团队和控制市场的能力，能为企业提供战略性指导、为企业寻找推荐合适的管理人才并且协助企业进入新的市场和寻找新的战略伙伴。

我国已经确定了依靠创新和技术进步、调整经济结构、转变增长方式的可持续发展战略，就必须推动高新技术企业的发展和科研成果的转化。这既需要大量资金的投入，也需要富有经验的专业人才的参与管理。如果仅仅靠政府的投入，都难以在资金和管理人才方面满足这些创业企业的要求，因此需要大量财务实力雄厚、市场运作经验丰富的专业投资机构来担当资金和管理经验提供者的角色。要实现创新型国家的发展战略，必须充分发挥股权投资基金在推动科技创新方面的作用。

二、促进我国行业整合和结构调整

1. 我国企业规模过小，必须进行产业整合

从经典的经济学理论可知，规模效应是企业核心竞争力的关键因素。企业规模越大，规模经济效应就越明显，公共成本和固定成本的分摊就越低，

企业的利润越大。英国工业革命之后，西方发达国家的企业进行了一轮又一轮的规模扩张，巨型的跨国公司的年产值甚至可以和许多中小国家的经济总量相比。而目前，除了少数政府行政垄断和自然垄断企业，我国大多数企业的规模普遍偏小，在跨国公司面前几乎没有竞争力。我国加入世界贸易组织之后，随着市场的全面放开，国内企业由于较小的规模而处在一种竞争弱势的境地。

长期以来，我国产业结构的特点是"散、小、乱"。这种产业结构起源于"条块分割"的计划经济体制。在封闭的计划经济体制中，企业的生产计划和产品价格都是被严格计划的，企业间不存在竞争。企业的经营利润不是来自于市场竞争，而是来自于计划的价格。因此，当时这种"散、小、乱"的产业结构弊端并没有显露出来，甚至被认为代表了我国工业门类齐全、企业数量众多，是我国产业结构的优势。随着全球化进程的深入，我国逐渐融入世界市场中，"散、小、乱"的产业结构的缺陷就暴露出来，我国大多数产业和企业在全球化竞争中缺乏规模经济优势以及竞争优势。我国要想在全球竞争中占据一席之地，首先必须在规模上与跨国公司具有相抗衡的能力。为了建立我国企业在全球的竞争地位，进行一场大规模的产业整合迫在眉睫，目的是参与全球产业大分工，培养具有龙头企业的优势产业，发扬我国的具有竞争优势的产业，从而提高我国企业的国际竞争地位。

2. 资金通道不畅，困扰我国产业整合

在现有国内环境和国际竞争条件下，振兴我国产业需要解决两个关键问题：一是要培育骨干企业，调整产业结构。通过相关产业中企业的并购重组，培养具有一定国际竞争力的骨干企业，并由这些企业带领行业内企业参与国际竞争。二是应该由本国资本控制国内多数行业的骨干企业。产业整合是经济发展的必然规律，不是由本国资本来整合，就是由国外资本来整合。在过去的几年中，以股权投资基金为代表的国外资本已经开始了对我国的产业整合，资金规模异常庞大，来势非常凶猛。为了保证我国本土企业在国际市场中的竞争力，不能由跨国公司控制我国优势行业的优秀企业。并且从我国产业的安全方面考虑，也必须由本国资本控制国内骨干企业。可以说，在产业结构调整的过程中，培养和控制骨干企业是振兴我国各个产业的关键的战略性措施。

产业整合有两个必要条件，即产业整合的资金实力和管理能力。其中，资金实力是最重要的，如果没有资金实力，产业整合则缺少动力。资金实力无法被复制，整合主体的规模扩张必须要充足的资金支持，而管理能力可以无限复制，相关的管理咨询经验可以从咨询公司获得并低成本的移植到企业自身，根据企业的实际情况进行改造。产业结构调整由于关系到企业的产权流动，需要巨大的资金支持。因此，资金通道不畅已经成为困扰我国产业整合的核心问题。我国企业本身的规模都比较小，对金融机构大力支持的需要十分迫切。只有得到国内金融机构的大力支持，我国才能够顺利完成产业结构的调整并且由本国资本控制核心企业。

3. 股权投资基金对产业结构调整的促进效应

目前，我国已经成为全球产业整合的重要市场，国内产业投资需求日益旺盛，产业整合的潜力巨大。特别是"十二五"期间，经济结构调整和发展方式转变任务艰巨，需要加快产业优化升级，扩大企业规模，提高行业集中度和企业竞争力。股权投资基金通过对非上市的企业进行权益性投资，将对我国产业结构调整产生促进效应。

首先，股权投资基金拓展了产业结构调整的途径。过去，政府在我国产业结构调整的过程中介入过多，起的作用比较大。这种政府主导的经济结构调整模式在经济转轨的特殊时期取得了良好的效果，然而随着市场经济主体模式的确立，市场机制的作用越来越重要，即需要更多地通过市场这只"无形的手"来对我国产业结构进行优化升级。股权投资基金就是这种"无形的手"的重要形式，它将根据经济规律和产业政策进行科学的投资、引导社会资金的正确流向，并且产业结构调整中往往发生兼并、重组等资本运作，企业主要是通过上市或非上市来进行资本运作。我国企业上市的现状是上市难和上市企业数量有限。非上市途径在我国一直以来都很不活跃，而在西方国家，非上市与上市一样都是企业产权社会化的重要途径。我国企业必须依赖股权投资基金这种新型的金融投资机构，来使非上市途径成为企业资本运作的主流途径。

其次，股权投资基金能够促进产业结构升级。股权投资基金对促进我国产业结构升级，包括增量调整和存量调整具有巨大作用。一方面，股权投资基金的资金支持可以改善企业的资产素质，实现增量调节。股权投资基金将为一些有着良好服务和市场的企业提供一个资产重组和弥补资金缺口的机会。另一方面，股权投资基金能通过在市场上选择合适的投资对象，促进优胜劣汰，实现存量调节。股权投资基金拥有一套属于自己的评判公司专业水平、经营战略、专业水平、财务状况、核心竞争力和投资项目优势的指标和策略，以选择产业的优秀企业和项目，从优秀的企业和项目中获利。股权投资基金在促进优胜劣汰的同时也推进了产业规模经济结构的优化。股权投资基金通过选择成长型公司进行投资，对产业发展起到了引导和示范的作用，会对企业的经营模式和经营行为产生影响，使企业的经营效率和决策水平上升，从而实现股东价值的最大化。

再次，股权投资基金能够大大提高产业结构调整的效率和收益。股权投资基金有专业的投资理念和管理经验，能够提高投资效益，提高社会资源使用效率，主要体现在以下三个方面。首先，股权投资基金对企业有一定的股权控制，企业的股权不是被分散在众多中小投资者中。股权投资基金可以通过中断追加投资或者股权调整来减少对企业的投资，从而对企业施加来自投资者的压力，从而达到对企业外部控制的目的。其次，企业的经济利益直接关系到股权投资基金的投资回报。股权投资基金将有压力和动机尽可能充分地了解企业的真实经营状况和财务状况，为企业提供经营、融资、管理等方面的咨询和支持，从而有利于规范企业内部治理，推动企业健康发展。最后，股权投资基金注重与企业建立长期的合作关系，对企业有充分的了解，并掌握企业的内部信息，从而有效消除和企业之间的信息不对称，有利于防范道德风险和逆向选择问题。

第四节　完善公司治理水平

一、我国企业治理存在的弊端

公司治理，又被称为法人治理结构，是现代企业制度中最重要的组织架构。公司治理可以认为是一种制度安排，它不仅协调公司的经理人、股东以及董事之间的关系，并且还协调包括公司与利益相关者以及外部环境（比如员工、客户、社会公众、法律、法规）之间的关系。关于公司治理的目的，学者意见不一，有的学者认为公司治理的目的是实现股东利益最大化，而有的认为目的应是实现利益相关者利益最大化。就目前中国情况而言，公司治理的首要目的还应该是通过建立一种有效的制度安排或规定来实现股东利益的最大化。

公司治理结构是否完善直接影响现代企业制度的实施进程。良好的公司治理不仅能提供有效的监督，还能激励企业竭尽全力为社会创造财富，成为企业的优秀典范。对上市公司而言，公司治理是有关公司运行机制的综合性的制度安排，还是证券市场能够健康运行的基础。公司治理问题已经成为我国证券市场发展的核心问题，目前我国证券市场的很多问题的根源就在于上市公司治理不当。上市公司的法人治理结构不健全、监管和制约不到位，不但会使广大投资者特别是中小投资者的利益受到损害，还会对证券市场发展的根基造成影响。只有当上市公司解决好公司治理的问题，才能提高公司的盈利水平，降低市场的投机之风，保证证券市场健康、有序的发展。因此，建立和完善上市公司的法人治理结构，对上市公司进行管制革命，对规范和发展我国证券市场具有重要意义。

由于不同的国情、政治经济制度、历史文化等因素，各国有着不同的公司治理模式。目前世界各国主要的公司治理模式包括四种：一是英美模式，二是德日模式，三是东南亚和拉美国家的家族模式，四是转轨经济模式。英美模式的最大特点是股东高度分散，流动性强，企业运作高度透明并且有相对完善的立法和执法机构。中小股东由于股权分散，在公司决策中发挥的作用有限，股东常常通过股票买卖的形式来参与公司重大问题决策，也被称为"用脚投票"。英美模式的公司治理更关心短期收益，视股东财富最大化为公司经营的最高目标。这种治理模式建立在传统的自由市场经济基础上，以外部监督为主要模式，主要特征是"弱股东、强管理层"。德日模式的最大特点是股东比较稳定和集中，德国公司多为大银行控股，日本公司多为公司内部人控制。德日模式的公司治理更关注公司的长远利益，综合考虑各方利益相关者，强调合作和协调。这种治理模式的特点是"强股东、弱管理层"。东南亚和拉美国家的家族模式是指公司股权集中在家族手里，而控制性家族一般普遍地参与公司的经营管理和投资决策，公司治理的核心是控股大小股东和经理层的利益冲突，特征为"强大家族大股东或管理层，弱小股东"。转轨经济模式主要存在于苏联和中东欧等转轨经济国家。这种公司治理的最大问题是内部人控制，当当选体系缺乏和执行力微弱时，经理层能够对企业实行强有力的控制，在某种程度上成为企业实际的所有者。

现代公司治理的特征是所有权和经营权的分离。按照委托代理关系的原理，我国公司在公司治理方面也存在先天性的制度缺陷。总的来说，我国企业治理存在的弊端有如下几点。

1. "内部人"控制现象严重

"内部人"控制是公司治理制度不完善的必然产物，是指在所有权和经营权分离的现代公司中，股东不能对经理层的行为进行最终的控制，所以经理利用这种控制权来谋取个人或小集团的利益，使得全体股东的利益受损。"内部人"控制是经济转轨过程中一种潜在可能的现象，是从计划经济制度的遗产中演化来的，主要表现为以下一些方面：化公为私，造成国有资产流失；企业内部人员利用公权获得平价资源，赚取市价和平价的差额；偷税漏税现象严重；等等。内部人控制现象的普遍存在，使得上市公司的股东大会出现"无机能化"的趋势，监事会没有实行应有的功能，大股东不受约束，上市公司应有的制衡机制失效。这种无约束的上市公司治理结构在实践中会产生多重负面影响。我国上市公司虽然会按照分权制衡的原则设立董事会、监事会、股东大会等机构，但是国有股东背景的董事、内部董事人数可以占到董事会成员的大部分，公司的经营决策往往掌握在这些内部人的手中。

2. 大股东损害小股东利益

我国上市公司的股权结构中国有股占据绝对的控股地位，占总股份的比例可以达到在50%以上，因此公司的经营决策基本上由大股东来决定。中小股东很难对公司决定造成影响，其利益常常遭到大股东的损害。权力过于集中于大股东手中，会使大股东往往为了取得私人利益最大化而不顾中小股东的利益做出一系列损害公司经营情况的行为，比如上市公司恶意圈钱融资、做假账、随意使用募集资金、公司高管转移公司资产，等等。这些现象都与国有股"一股独大"现象有关。上市公司还可以成为大股东的"提款机"，被大股东通过借贷和担保掏空资金。并且上市公司和关联股东之间的关联交易也日益盛行，关联交易的形式也各不相同，花样不断变化，即使关联交易表面上有利于上市公司，但是实际上还是有利于关联股东尤其是控股股东，归根到底还是为了让大股东更多地圈钱。在上市公司中，还可能存在资产重组。在某些"一股独大"的上市公司中，资产重组存在着很多问题，如非等价交易、自我交易、内部交易，使得中小股东的利益受到损害。

3. 激励机制不完善

人力资源是企业最重要的投入之一，对其进行有效激励至关重要。上市企业董事会、管理人员属于企业家范畴，对于他们的激励机制非常重要。上市公司对高管人员的激励机制不完善是影响公司治理的关键问题。民营企业内部激励机制、监督机制和约束机制的缺失，也是非常严重的问题，可以导致企业无法高效顺畅运转。目前，我国薪酬激励机制不完善的地方有：一是薪酬水平普遍偏低。中国工资的增长率往往低于通货膨胀的速度。据调查，国内有超过6成的上市公司高管人员对现行的薪酬制度不满意，认为不能吸引和激励人才。二是薪酬与公司的经营业绩相关度不强。一方面公司可能经营效益连年上升，净利润巨大，但另一方面公司员工的工资可能仍然没有大幅上升或者上升幅度小于公司利润上升幅度。三是薪酬结构不合理。据了解，1999年美国上市公司高层管理人员的报酬结构中，基本工资占38%，奖金（浮动薪酬）占26%，股权激励占36%。而我国上市公司高层管理人员报酬结构仍不太合理，激励形式太过单一，缺乏长期激励手段。不完善的激励制度往往难以吸引和留住高素质的人力资源。西方发达国家普遍采用股权激励的报酬形式，这种激励模式取得了较好的效果。而股权激励的薪酬激励制度在中国仍处于摸索阶段，需要进一步推广。

4. 监督机制不够完善

首先，内部监督机制可能存在缺失。对于中小企业来说，股东会、董事会、经理层内部组织结构往往三者合一，结果是决策、执行、监督三权合一，所有权和经营权合一导致企业决策和管理混乱。其次，外部监督机制也不够完善。当外部监督力量较强时，公司管理人员会受到压力而努力改善公司治理。外部监督力量主要来自政府、中介机构和利益相关者。我国相关法律法规仍不太完善，不能对公司形成较好的外部监督。而会计事务所、律师事务所等中介机构由于发展不规范也频频出现和公司合谋作假账、披露假消息的行为。银行等债权人的外部监督力量同样也很薄弱。

二、引入股权投资基金完善公司治理结构

股权投资和融资成为企业治理机制完善的一个快捷的途径。在股权投资中，企业的股权不是由众多分散的股东所拥有的，而是集中在少数有投资专长和监管经验的机构投资者手中，这就克服了由于股权分散导致的对经营权约束日益减弱的问题。股权基金对企业的投资目标是，通过控制企业来改造企业，然后在企业价值提升后将股权转卖实现收益。完善公司治理结构是实现这一目标的基础之一，这充分反映在股权基金分阶段投资的策略和中断投资的威胁中，以及追加投资的激励机制中。同时，股权基金在进入公司决策层后，就有了更换公司管理人员的权力，拥有为保护自己利益进行干预的措施，使管理层感受到来自企业投资方的压力。引入了股权基金的企业董事会是由名义为非执行董事的基金方来领导，并为企业提供管理上的支持。股权投资人在名义上一般是外部董事或者非执行董事，却相当活跃，形成了一个积极的内部投资者的独特模式。这实际上是由于股权基金及其一般合伙人的利益与企业利益高度一致的表现，只有将企业的实力提高到一定程度，基金才能通过退出来获得高额收益，也只有在成功完成对企业的融资、运作、退出后，一般合伙人才能从有限合伙人手中获得额外的分红，同时也利于一般合伙人下一次基金募集时的号召力和说服力。股权投资人注重和企业建立合作关系，努力了解企业的发展过程，与企业建立互动性关系；并且有足够的经验和信息来推动企业的发展，取得管理层的充分信任；与企业管理层统一奋斗目标，共同为企业创造价值，包括继续为企业提供融资，解决企业出现的危机。

通过以上的理论分析说明，发展股权融资不仅对解决中小企业融资难问题有很大的帮助，也对提高中小企业的竞争力有显著作用。

股权投资基金对公司治理方面的重要作用体现在以下三个方面。

首先，股权投资基金能带来合理的股权结构。分散的股权结构下存在经理人代理问题，大股东控制的股权结构下存在大股东"一股独大"的问题，小股东控股结构下存在防止小股东剥夺的问题，而股权投资能带来外部的权衡机制。股权投资者将公司的所有权集中在自己手上，从而可以有效控制公司的管理权和决定权。股权投资的目的是追求公司价值的最大化，因此其有

动力参与公司的经营管理，并且干预公司决策的预期收益可能超过预期成本，解决了公司治理机制中个人投资者监督成本过高、收益过小的问题。股权投资基金不会利用手中的控制权剥夺公司利益，而是积极主动提供管理上的支持，形成积极的内部投资者的模式和较为集中的股权结构。

其次，股权投资基金作为机构投资者，可以利用自身的专业知识和丰富经验的优势来提高管理的效率和降低信息的成本，加强对公司治理制度的监管。股权投资基金既是股东又是专业的管理专家，有动力也有能力了解企业的财务状况和行业的宏观情况。他们具有专业的知识和理念，并且在投资企业前就对该企业和该行业有详细的了解。股权投资基金积极的态度和拥有的控制权，使得他们能够利用自身的专业知识和丰富经验来降低信息不对称带来的风险和成本，提高管理的效率。

最后，股权投资基金具有先进有效的激励制度，采取的是与业绩挂钩的薪酬激励机制，投资者和管理者的利益都与公司经营效益有关。股权投资者完全是以最大限度的提高被投资企业的经营利润为目的，在投资策略上具有充分的自主权。和一般公司相比，股权投资基金投资的企业可以提供更为丰富、水平更高的激励，包括股权、期权、共同投资机会和实现业绩目标后的奖金分红，这使得管理层的利益与公司的兴衰联系在一起，促使管理层辛勤工作、为公司价值增加而努力。这样，管理层和股权投资基金的利益形成了一致。股权投资基金还能对被投资企业的经营管理进行监督控制，迫使管理层不断努力实现企业价值最大化，形成约束机制。

第五节　提升我国在全球金融市场的地位

一、股权投资基金要"走出去"

1. 中国国际化战略

自从 20 世纪 70 年代末中国开始实行改革开放政策之后，"走出去"战略成为促进我国经济发展的重要理念。改革开放使得中国经济发生了翻天覆地的变化，使中国人民意识到"走出去"的重要性。随着世界商品、资金、人员、信息、技术等生产要素在全球范围内流动日益频繁，世界各国资源得到了合理配置，整个社会福利得到了提高，各种资源在全球范围内更容易获得，各国经济发展对本国资源的依赖程度逐渐降低。20 世纪 90 年代以来，中国市场开始呈现整体供大于求的格局，经济向买方市场转变，市场上出现产品过剩，供过于求的产品种类越来越多。我国政府已经针对这种严重的生产过剩采取了一系列政策措施，但由于我国这种经济发展的不均衡状态主要是产业结构变化滞后于需求结构变化造成的，所以不能完全依靠国内市场自我调节来解决。要解决这种不均衡问题，必须走出中国市场，同时面对国内和国际两个市场，通过产业结构升级和调整来实现。对外开放不仅能将国内过剩的生产力输出到国际市场，还能利用国际市场来填补国内市场的空白。我国人口数目巨大，自然资源的人均占有率较低，矿产资源严重缺乏，尤其是战略资源严重短缺，所以可以鼓励国内企业走出国门，通过对外投资方式来获得国外矿产资源，以补充国内资源不足。否则，这种资源的短缺将成为制约我国经济高速发展的"短板"。因此，对外开放是我国必须长期坚持的基本国策，要做到对外开放，必须是既"引进来"又"走出去"，保持双向均衡。

"走出去"战略又称国际化经营战略、跨国经营战略或全球经营战略，它与"引进来"战略相对应，是中国对外开放的两个方面。"走出去"战略从内容上有广义和狭义之分。广义的"走出去"战略是指鼓励在国际竞争中具有相对或绝对竞争优势的企业有准备的、有步骤的到国外投资办厂，使产品、资本、人才、管理等多方面进入国际市场，充分发挥我国的竞争优势。狭义的"走出去"战略是指企业通过对外直接投资方式进入国际市场，从而参与国际竞争和合作，提高自身国际竞争力，达到促进本国经济快速、持续、协调发展的目标。"走出去"战略可以分为商品输出和资本输出，即商品出口与直接投资两个层次。货物贸易、服务贸易等为商品输出的层次，而对外直接投资为"走出去"战略的第二阶段，即资本输出的层次。

作为现阶段和未来相当长时间内我国对外经济贸易发展和对外开放的一项基本战略，"走出去"战略的核心内容是进行资源开发、市场寻求、出口导向和高新技术研发的对外投资。资源开发型以弥补我国国内资源不足为主要目标。由于资源短缺将是我国经济发展的重要问题，这种对外投资应成为我国今后对外投资的战略重点。出口导向型对外投资通过直接投资的方式来避免东道国贸易保护的限制。市场寻求型对外投资主要是企业在国外市场已经开拓到一定程度的情况下在投资地进行生产、销售及售后服务。高新技术研发型是在发达国家投资设立高新技术研发中心，利用国外的先进技术和研究条件，将研发出来的产品交由国内母公司进行生产。

2. 股权投资基金国际化是"走出去"战略的一部分

在后危机时代背景下，我国企业"走出去"的模式和策略都可能出现变化，可能是寻求多样化或者多样经营的理念，也可能寻求交易性质的多样化，比如从单方并购到成立合资企业、合资并购。在今后的几年内，中国企业走出去的发展趋势将是通过并购和外国企业建立战略联盟或合资企业，这就需要我国金融服务业推进金融市场开放、融入世界金融体系和提高金融服务业的国际竞争力。因此，促进国际投资是国际化战略的重要部分，而作为金融创新的股权投资是当前全球跨国投资的主流，其也是国际化战略的重要部分，将为实施国际化战略发挥重要作用。

中国股权投资基金相对国外来说发展还是比较落后，人才队伍、经验还不足。国内的股权投资基金有必要以国内的市场和股权为条件，尽可能地跟海外的股权投资基金搞合资，来培养人才并积累经验。

目前股权投资基金走出去面临着诸多机遇。一是经济全球化为股权投资基金发展提供了机会。经济全球化是近年来经济发展的重要趋势，虽然经济民族主义和贸易保护主义形成阻挠，但经济全球化仍是大势所趋。经济全球化能增强国家之间的经济、文化、技术、人才交流，使得各国尤其是发展中国家联系更加紧密、市场更加开放，为中国的投资基金通过股权投资方式进行海外投资提供了便利条件，不仅营造了良好环境还提供了更多机会。二是中国国内流动性过剩为股权投资基金提供了充足的资金来源。中国国际收支经常项目和资本、金融项目长期呈现的"双顺差"以及大量流入的外商直接投资，使得中国成为世界上外汇储备最高的国家。由于大量的外汇占款将大量增加货币供应量，高储蓄使得国内消费不足，流动性过剩日益严重，对中国造成不小的通货膨胀的压力。这些过剩的资金如果能被充分引导到国外市场进行投资，将大大缓解国内通货膨胀压力，同时也为股权投资基金走向国外投资提供了源源不断的资金。三是美国金融危机为中国资金走向国际市场提供了机遇。美国次贷危机使得国际上知名金融机构受到巨额亏损，一些金融资产迅速贬值，大量资产被严重低估，中国投资者能以低于重置成本的价格购得优质资产，低成本的进行股权投资。另一方面，由于金融危机的影响，使得西方的金融市场投资门槛放松，强调在加强规范和引导的同时允许主权财富基金进行投资。四是人民币升值大幅降低海外投资成本。虽然人民币升值压力渐大，对出口造成影响，但是较高的汇率使得股权投资基金进行海外投资的成本降低，中国企业海外投资的能力上升。

国际上股权投资基金早已走出国门，在全球市场上寻找投资项目进行跨国投资，是一国投资者实现国际化投资的手段之一。随着国际股权投资基金业务的不断发展和延伸，以美国为代表的国际股权投资基金在全球市场上越来越活跃，份额越来越高，地位也越来越重要，话语权得到显著提高。在股权投资基金的支持下，很多国家的企业迅速扩大并成长为成功的跨国企业。

我国股权投资基金应该走出去，和资金雄厚、经验丰富的国际知名股权投资基金合作和竞争，这对加快我国股权投资基金国际化进程、产业的成熟、人才的引进与培养有十分重要的意义。可以预见，随着中国股权投资基金的不断发展和壮大，本土基金将越来越多的"走出去"，由于股权投资基金的推动而走出去的企业也越来越多，为我国产业和金融国际化战略提供强有力的支撑。我国股权投资基金也必须走出去，以使自己变得更强大。目前，外国股权投资基金已经进入中国金融市场，对中国企业虎视眈眈。由于其敌意收购和高杠杆的存在，使得国外股权投资基金可能对中国资本市场和企业产生不利的影响，通过股权投资获得的巨额利润也不应当总是落入外国人的腰包。本土股权投资基金应当通过走出去，来学习国际上的先进经验，增强自己的实力，从而打破国际股权投资基金资金、信息、管理方面的优势，从而保证我国金融自主和经济的稳定性。我国必须培养强大的本土股权投资基金，建立相应的适当的政策和监管体系。

二、助力我国企业"走出去"

1. 中国企业积极谋求国际市场话语权

在参与国际竞争的征途中，中国企业长期缺乏话语权。虽然中国身为世界钢材消费第一国家，中国企业却没有铁矿石定价权，常常不得不妥协于国外买方的漫天开价；中国服装、小商品出口经常遭到国外贸易保护主义的反倾销反垄断检查而影响国内工厂销售业绩；外国跨国公司常常能收购我国优秀企业，而中国企业海外并购异常艰辛而鲜有成功。中国在国际市场的份额虽然显著增加，但是影响力仍然微弱，利润份额仍然较少。

经过近年来的高速发展，中国已经成为国民生产总值世界第二、外汇储备世界第一的经济体。中国应该承担起在国际金融市场上的一份责任，努力成为积极影响国际金融市场决策的重要力量。中国在国际组织中用自己的经济发展模式和发展理论丰富了整个国际社会关于经济发展、改革的理论和实践，也被期待能通过提升自身的国际地位和话语权来最终消除欧美"双寡头"的"话语垄断"。在美国次贷危机中，中国经济的表现不俗，甚至被国内国际舆论讨论是否需要出手援救在危机中受损严重的国外金融机构。金融危机中欧美国家对"看不见的手"过度依赖，而中国企业手中资金充沛，这为中国企业进行海外投资提供了机会，也有助于中国融入国际金融体制的高端环节，提升中国在国际市场的话语权。美国金融危机波及实体经济后，中小企业受到严重影响，急需通过股权转让资金问题，这正迎合了我国企业投资需求。我国企业可以通过股权投资基金来投资、参股或购买世界一流的企业，不仅能有机会分享其技术品牌和市场份额，还能学习其优秀的管理方法。

发展海外投资是我国企业实施"走出去"战略的重要环节。关于"走出去"战略的内涵，商务部的解释是"包括对外投资及其他跨国经营活动"，具体指海外投资、对外工程承包和劳务合作三项业务。

我国企业进行海外投资有自身的优势。与发达国家不同，中国企业海外投资的竞争优势不是先进的技术，而是发展中国家的一些特殊的特点。一是要素资源优势。中国地大物博，具有丰富的资源储备。从要素禀赋来看，我国企业具有比较优势的产品是纺织、服装加工、食品加工、家用电器、自行车、陶瓷等劳动密集型行业的产品，这些企业通过海外投资可以规避贸易摩擦和关税壁垒，代替出口，打通海外市场。二是相对于发达国家的后发优势。发达国家虽然在技术、管理、销售方面具有优势，但由于人力成本过高和市场饱和等原因导致市场的发展潜力不大，甚至成为夕阳产业。中国企业可以通过投资来整合这些企业的经营资源，提升企业竞争力，在投资外国资本的同时，获取新技术和管理技巧，从而增大国际市场占有份额。三是相对于发展中国家的比较优势。一些发展中国家国内市场比较狭小，需求结构与中国比较相似。中国用于与投资国当地市场相当的技术和经营能力，而且人力成本较低，降低了企业的运营成本，中国企业投资这些国家的企业具有独特的优势。四是地缘优势。我国幅员广阔，地跨亚洲大陆，与太平洋相接，海岸线漫长，这是中国有利的地缘优势。而且中国有其独特的文化和产品，例如中药、丝绸、中式菜肴、中国手工艺品等等，都是中国的特色标志，是中国企业"走出去"的一种优势。五是中国经济实力日益增强。中国目前作为国民生产总值世界排名第二、外汇储备排名第一、国际收支持续顺差的贸易大国，对世界经济具有一定的影响力。中国经济的强大为本国企业走出去提供了资金保障。金融系统的完善也为企业海外投资提供了多样化的方式。

我国企业进行海外投资往往不是一帆风顺的，常常面临许多问题和挑战，需要企业提高警惕。光有强大的资金支持是不够的，还需要先进的投资理念和管理经验。推进我国企业海外投资健康发展，需要在以下几个方面进行改进。首先，企业要增加海外投资的风险防范意识。政治风险是企业海外投资面临的重要风险。政府办事的效率、民族主义的倾向、政策的变化都有可能对企业的海外投资造成不利的影响。如果在投资过程中，与对方政府沟通不恰当，很有可能导致双方的不理解和不信任而使得投资计划流产。信息不对称风险也非常重要。由于国别差异，双方企业的投资和管理理念很可能存在较大的差异。我国投资方也很难得到外国企业的完全的信息，从而导致投资失败。因此在投资过程中，投资方应当谨慎的进行信息的获取和分析，来避免文化、制度、经济等方面的信息不对称问题。其次，企业要灵活运用海外投资策略。我国金融市场的发展和创新也为企业进行跨国投资提供了便利的条件。

2. 股权投资基金助力中国企业迈向国际

正如前面所说，推动我国企业"走出去"，需要有完善和高效的金融支持体系。虽然在我国，目前是间接融资为主，银行贷款占重要地位。中国大型企业走出去投资时很容易遭到太多的关注而引起不必要的问题，应该由民营企业和中等国企走出去投资。但中小企业融资难因为各方面的原因暂时不能得到很快解决，而股权投资基金就能在助力中国企业走出去方面起到很大的作用。我国投资公司、企业以及银行可以把资金投到可以进行海外投资的股权投资基金，再由这些基金投资国外的相关企业，从而控制这些海外企业的股权，并可以通过多投资几家股权投资基金来达到控制国外企业的目的。这比起直接收购要更隐蔽，而且能借助股权投资基金专业的投资方式来获取更大的效益。

在股权投资基金的支持下，很多国家的企业迅速扩大并成长为成功的跨国企业。中国已成为亚洲最活跃的股权投资市场之一，国外著名投资银行和股权投资基金为中国中小企业提供了新的融资渠道。从蒙牛、哈药等企业的成长发展历程就可以看出，这些股权投资基金为这些企业的扩张提供了直接的支持。

股权投资基金走出去，能有效促进国内企业走出去。首先，有利于直接获取国内缺乏的资源和能源。我国缺乏的资源和能源是制约我国经济快速发展的重要因素。股权投资基金走出去，可以直接投资于国外资源和能源机构，保障国内资源能源供应。以前，中国有通过收购国外的石油公司来实现与国外资源合作，这些海外股权投资成为保障中国获得稳定海外资源能源供应、国家能源安全的重要力量。通过股权投资进行直接或间接的权益投资来保障海外能源资源供应也是世界各国例如日本、欧洲的通行做法。促进股权投资基金走出国门，可以以其先进的管理经验和投资眼光将资金投向最合适的资源能源项目。其次，有利于本土企业直接获取进入国际市场的捷径。雅戈尔通过并购美国新马服装集团促进了品牌的国际化，拓展了品牌的国际市场。飞雕电器通过收购意大利知名开关企业打破了行业标准的壁垒，获得了产品进入欧美市场的权利。股权投资基金可以帮助企业通过投资于国外知名企业来突破国外的贸易保护主义措施，并且获得先进的技术支撑，打开商品的国际销售渠道。再次，有利于直接获得先进的技术、品牌、人才和管理经验。国外的企业尤其是跨国企业通过多年的经验积累具有很高的管理能力和合理的管理系统。股权投资基金通过海外投资可以实现对国外企业成功经验的直接吸收利用。例如联想收购 IBM 个人电脑业务，不仅可以扩宽海外市场，还可以通过学习 IBM 先进的技术和管理经验来提升企业自身素质。

国家开发银行就大步跨出了传统放款银行的角色，于 2009 年成立人民币 350 亿元的私募基金投资公司国开金融有限责任公司来配合政府政策支持并购海外天然资源，并与澳新银行敲定跨国合作，扩大在大洋洲地区的联贷业务。国家开发银行已成立全资拥有的直接投资兼私募基金业务，重点在于为重要政府建设提供资金、支持官方背书的企业并购，以及帮助发展基础建设、能源、天然资源与都会建设等计划。国开金融的成立，能让国开行金援大陆资源与能源公司的海外扩张，从旁协助政府鼓励企业界走出国门的政策。

股权投资基金有助于内地企业"走出去"，也有助于内地发展金融市场。2008 年中联重科在股权投资基金的帮助下收购意大利 CIFA 公司就是股权投资基金帮助中国企业走出去的一个例子。2008 年 9 月 8 日，中联重科联合投资机构弘毅投资、高盛、曼达林基金与意大利 CIFA 公司正式签署整体收购交割协议，以 2.71 亿欧元的现金收购方式，完成对 CIFA 的全额收购。

中联重科之所以收购 CIFA，是因为其目标要成为大型跨国公司，需要对企业进行全球化改造。股权投资基金在这次收购中起了重要作用。由于并购涉及标的企业所在地企业文化、法律法规、会计税务制度、商业惯例以及工会制度等方面存在巨大差异，风险很大，因此找股权投资基金帮忙是一个重要途径。无论是发债、借款还是直接持有 CIFA 股份，都将通过一家在香港特别设立的特殊目的公司 B 进行，而股东除了弘毅、高盛、曼达林之外，中联香港控股公司在港设立的全资子公司 A 持有 60% 股份，中联香港控股公司则是中联重科的全资控股子公司。三家投资人的 PE 投资背景以及与金融机构的密切关系，除直接为中联重科提供资金外，也帮助其做各种融资安排。另一方面，中国企业初到欧洲做并购会遇到不少问题。这些在中国企业眼里并不突出的问题，可能会是谈判桌上的决胜点。比如，欧洲的《劳工法》对企业重组过程中的裁员问题有非常严格的规定，很多中国企业对这个问题以及可能出现的工会反对意见会估计不足，股权投资基金凭借其丰富的经验会为这些问题做好充分的准备。

第四章　股权投资基金运营新略概述

随着我国股权投资基金行业的发展，从业机构正在不断增加，行业的竞争也愈发激烈。目前，我国绝大多数的股权投资基金均按照募、投、管、退的流程这一行业一般模式运营，同质化较为严重，缺乏差异化的模式创新。本章结合价值链理论及业务流程再造理论，全面分析股权投资基金价值链，创造性地提出以退出为核心对股权投资基金价值链的募、投、管、退流程进行再造的理论。通过流程再造，可以提高股权投资基金的核心竞争力，告别行业同质化竞争和概率时代，提升股权投资基金的运营效率，更好地实现股权投资基金的价值增值，增强盈利能力。

第一节　股权投资基金运营新略的理论基础

一、价值链理论

（一）价值链理论介绍

价值链理论是迈克尔·波特（Michael E. Porter）于 1985 年在其所著的《竞争优势》一书中提出的，在过去近 20 年中获得了很大的发展，并被作为一种对企业竞争优势进行分析的战略框架，多年来不断发展创新并被广泛应用于财务分析、成本管理、市场营销等专门领域所广泛借鉴和吸收。

价值链在经济活动中无处不在，上下游关联的企业与企业之间存在行业价值链，企业内部各业务单元的联系构成了企业的价值链，企业内部各业务单元之间也存在着价值链联结。价值链上的每一项价值活动都会对企业最终能够实现多大的价值造成影响。

波特的价值链理论揭示，企业与企业的竞争，不只是某个环节的竞争，而是整个价值链的竞争，而整个价值链的综合竞争力决定企业的竞争力。用波特的话来说："消费者心目中的价值由一连串企业内部物质与技术上的具体活动与利润所构成，当你和其他企业竞争时，其实是内部多项活动在进行竞争，而不是某一项活动的竞争。"

（二）企业价值链分析方法

价值链分析方法是企业战略管理中常用的分析方法之一，该方法认为企业创造的价值是所有企业活动的价值总和。价值活动是建立企业竞争优势的来源。

1. 企业活动的分类识别

波特的价值链理论分析最初是以制造业企业为主体的，他认为每一个企业都是在设计、生产、销售、发送和辅助其产品的过程中进行种种活动的集合体，所有这些活动可以用一个价值链来表明。企业的价值创造是通过一系列活动构成的。这些活动可分为基本活动和辅助活动两类。识别企业的各种价值活动，首先要对在技术上和战略上有显著差别的各种活动进行独立拆分，并区别价值活动与会计分类的异同。下面将波特的价值链理论由制造业衍生至金融服务业。

（1）基本活动

企业的基本活动涉及产品的生产、销售、交付和售后服务等活动，基本活动可划分为五种基本类别：内部后勤、生产作业、外部后勤、市场和销售、服务。

①内部后勤：指与接收、存储、分配相关的各种活动。对制造业而言，如原材料搬运、仓储、库存管理、车辆调度和向供应商退货等；对金融服务业而言，如金融产品的存续管理等。

②生产作业：指将原材料投入转化成最终产品的相关各种活动。对制造业而言，如加工、包装、组装、设备维护、检测、印刷和各种设施管理；对金融服务业而言，如资产配置、投资业务、产品研发、咨询业务、信息服务业务等。

③外部后勤：指与集中、存储和将产品发送给买方有关的各种活动。对制造业而言，如产成品库存管理、原材料搬运、送货车辆调度、订单处理和

生产进度安排；对金融服务业而言，如客户定位、交易通道等。

④市场和销售：指与鼓励、方便买方购买有关的各种活动。对制造业而言，如广告、促销、销售队伍、报价、渠道选择、渠道关系和定价；对金融服务业而言，如客户获取及开发、产品营销等。

⑤服务：指与提供服务、保持或增加产品价值相关的各种活动。对制造业而言，如安装、培训、维修、售后零部件供应和产品调整；对金融服务业而言，如客户维护、投资顾问、品牌营销、增值服务等。

不同产业中企业的基本活动类型、重要性不同。如就内部后勤来说，制造业企业更加注重成本的控制，对内部后勤的重视程度较高；而金融服务业更注重对客户资产的保值增值，对内部后勤制度的制定和执行情况重视程度较弱。

同一个产业中企业的基本活动是构成其竞争优势的核心来源。不同的企业侧重的基本活动不同，因此其核心竞争优势来源也就不同。比如在电商行业中，一号店与淘宝作为行业的领军企业，分别采用了差异化的经营模式形成了自身的竞争优势，一号店着重在全国布局供应链，深挖外部后勤这一基本活动；而淘宝注重 B2C（Business-to-Customer）、C2C（Customer-to-Customer）模式的建立与完善，通过生产作业基本活动的丰富和扩展，获取竞争优势。

（2）辅助活动

辅助活动是指不在产品的生产、销售、交付和售后服务中直接涉及，但是可能对基本活动的效率和效果产生影响的企业活动。辅助活动对价值链起支撑作用。对于制造企业而言，辅助活动主要分为采购、技术开发、人力资源管理和企业基础设施等类别；对于金融服务业而言，辅助活动主要分为风险控制、内部管理、资源整合、技术开发、财务核查、人力资源管理和企业基础设施等类别。

（3）各项活动是否应纳入企业的判断方法

首先需要从市场上寻找可以提供同样活动的交易对象，将企业自身从事该项活动的成本与市场交易价格相对比，如果企业的成本低于市场交易价格，则该项活动就是可以为企业的最终价值做出贡献的活动；而如果企业自己从事某项活动的成本高于市场交易价格，则该项活动为企业提供的是负价值。对某项活动，企业如果在可能的市场范围内无法找到外部交易市场，则可以与竞争对手的成本进行比较，企业的成本低于对手的成本，则该项活动为企业提供正价值；反之，则提供负价值。

总之，企业应该保留能为企业提供正价值的活动，对提供负价值的活动则可以考虑出售，然后从市场上购入该项活动。对那些提供负价值而又无法由市场购入的活动，就需要进一步分析这部分活动对企业整体价值的削弱情况。一旦从事该项活动使企业整个价值低于最低可接受水平，企业就需要果断地停止整个业务。

此外还有一种情况需要单独考虑，即企业的某一项业务是为另一项代表着企业未来方向的业务服务的，这时，虽然该项业务中的某些活动不能提供正价值，也不一定就需要停止。此时，需要将这项业务与其服务的战略方向性业务捆绑在一起，作为一项完整的业务进行分析。

（4）基本活动与辅助活动的联系

虽然价值链可以分解成以上若干活动，但是它并不是一些独立活动的简单加总，各价值活动之间是相互依存、相互联系的。价值活动是由价值链的内部联系连接起来的，这些联系是某一价值活动进行的方式与成本或与另一活动之间的关系。因此能否协调好基本活动与辅助活动，是企业能否实现竞争优势的关键。

2. 企业价值链的确定

根据上文对于企业基本活动及辅助活动的识别及划分，可以清晰地确定企业的基本价值链。企业的基本价值链如图4.1所示。

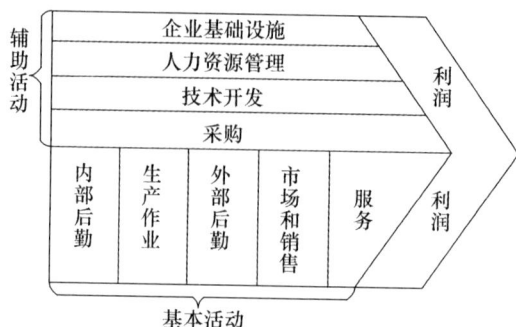

图4.1　企业基本价值链

任何一项基本活动和辅助活动都可以分解成许多分支活动，这称为基本价值链扩展。活动分解的准确性主要取决于该项分解对企业价值的增值能力，对企业价值增值贡献较大的活动应该被单独分解作为子活动，而对企业价值增值贡献较小的活动可以进行合并。就金融服务业而言，生产作业这一基本活动和分解为资产配置、投资业务、产品研发、咨询业务、信息服务业务等，如图4.2所示。

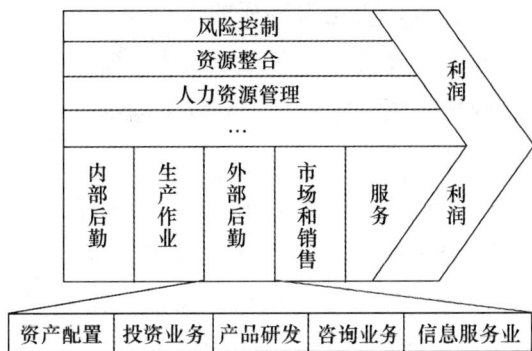

图4.2　金融服务业价值链基本活动扩展

二、业务流程再造理论

（一）业务流程再造理论的背景及定义

在较早期的经济环境下，企业之间的竞争停留在产品的竞争上，企业非常注重产品的开发和生产，企业管理以产品为核心，所有活动或过程均围绕产品而展开，人们购买商品注重的是产品品质。然而，随着市场经济的高速发展和急剧变化，企业之间的竞争转变为服务的竞争，特别是越来越多的企业逐步认识到，竞争的焦点已经不再是产品或服务的生产、制造、营销的具体环节与技术问题，而转移到企业组织结构、运作机制等流程性因素上。新的竞争优势、可持续的竞争优势，都将来自于企业所独有的流程再造上。流程成为这个时代企业管理的核心。

业务流程再造（BPR，Business Process Reengineering），也称为业务流程重组（引申至业务流程优化），是20世纪90年代由美国麻省理工学院（MIT）的计算机教授迈克尔·哈默（Michael Hammer）和CSC管理顾问公司董事长钱皮（James Champy）提出的。1993年，在他们联手著出的《公司重组——企业革命宣言》一书中，哈默和钱皮指出：200 年来，人们一直遵循亚当·斯密的劳动分工的思想来建立和管理企业，即注重把工作分解为最简单和最基本的步骤；而目前应围绕这样的概念来建立和管理企业，即把工作任务重新组合到首尾一贯的工作流程中去。他们给 BPR 下的定义是："企业流程再造是对企业的业务流程作根本性的再思考和彻底性的重新设计，其目的是在成本、质量、服务和速度等方面取得显著的改善，使得企业能最大限度地适应以顾客、竞争、变化为特征的现代企业经营环境。"它的基本思想就是：必须彻底改变传统的工作方式，也就是彻底改变传统的自工业革命以来、按照分工原则把一项完整的工作分成不同部分、由各自相对独立的部门依次进行工作的工作方式。

BPR 从 1990 年概念的诞生，经过短短 3 年的时间，到 1993 年达到顶峰，在美国几乎形成一股风潮，被称作是"恢复美国竞争力的唯一途径"，同时还波及日本、德国等其他工业化国家。哈默还被美国《商业周刊》评为 90 年代最具影响力的"四大管理宗师"之一。

（二）业务流程再造的步骤

1. 对原流程进行深度剖析，并发现关键问题

随着市场经济的不断发展，各个行业的商业逻辑和经营模式都可能不断发生变化。企业原有的业务流程通常是与其过去的行业逻辑和技术条件相适应的，企业据此完善自身的组织结构并规范制度来适应市场，提升企业工作效率。当行业的逻辑、技术条件发生变化时，其现有的业务流程往往无法适应市场的变化，企业的运转效率会降低，此时，便应该从以下几方面入手，发现阻碍公司发展的问题所在。

（1）结构性

随着市场与行业的发展，企业在组织机构中对某一部门的职能要求可能会发生变化，部门中个人与团队作用的差异可能发生重大变化，这就会使原来的作业流程增加企业的管理成本，组织机构设计不够合理，从而形成企业发展的瓶颈。

（2）重要性

不同的业务流程环节对企业的影响是不同的。随着市场的发展，客户对产品和服务的需求会发生变化，导致作业流程中的关键环节以及各环节的重要性也在变化。

（3）可行性

在结构性和重要性的分析中，企业应具体观测、分析现存业务流程的功能、制约业务流程的关键因素，从可行性角度出发，准确地找到业务流程再造的关键点。

2. 设计业务流程再造方案并进行评估

在对企业现有业务流程进行了深度剖析并分析其可行性之后，企业应以此为依据，设计出更加科学、合理、高效的业务流程方案。目前，企业业务流程再造通常的思路主要有以下几个方面：①将现有的多种业务进行合并；②为同一工作流程设计不同的开展方式，在各自的使用情况下灵活运用；③实行项目负责制，责任落实到个人；④企业的某些重要工作可以突破部门的界限，抽调各部门的合适人员集中完成工作；⑤尽量减少检查、控制、调整等管理工作，给予更多的激励；⑥给予职工参与决策的权力。

对于提出的多个业务流程再造方案，企业应该从成本、效益、技术条件和风险程度等方面进行评估，选取可行性最强的方案。

3. 确定业务流程再造实施细节

在确定了业务流程再造方案之后，企业应确定关于业务流程再造实施过程的细节问题。通过制定与流程再造方案相配套的组织结构、人力资源配置和业务规范等方面的规划，形成系统的企业再造方案。

4. 实施方案并持续改善

具体方案确定之后，企业业务流程再造便进入实施阶段。实施企业业务流程再造方案，必然会触及原有的利益格局，因此，必须精心组织，谨慎推进。既要态度坚定，克服阻力，又要积极宣传，达成共识，以保证企业再造的顺利进行。

企业再造方案的实施并不意味着企业再造的终结。在社会发展日益加快的时代，企业总是不断面临新的挑战，这就需要对企业再造方案进行改进，以适应新形势的需要。

（三）业务流程再造的目标与结果

流程优化、根本性、彻底性和显著性这四方面是业务流程再造的目标与结果。

"流程优化"是指以从订单到交货或提供服务的一连串作业活动为着眼点，跨越不同职能和部门的分界线，以整体流程优化的角度来考虑与分析问题，识别流程中的增值和非增值业务活动，剔除非增值活动，重新组合增值活动，优化作业过程，缩短交货周期。

"根本性"是指突破原有的思维方式，打破固有的管理规范，以回归零点的新观念和思考方式，对现有流程与系统进行综合分析与统筹考虑，避免将思维局限于现有的作业流程，系统结构与知识框架中去，以取得目标流程设计的最优。

"彻底性"是指在"根本性'思考的前提下，摆脱现有系统的束缚，对流程进行设计，从而获得管理思想的重大突破和管理方式的革命性变化。不是在以往基础上的修修补补，而是彻底性的变革，追求问题的根本解决。

"显著性"是指通过对流程的根本思考，找到限制企业整体绩效提高的各个环节和因素。通过彻底性的重新设计来降低成本，节约时间，增强企业竞争力，从而使得企业的管理方式与手段、企业的整体运作效果实现质的飞跃，获得高效益和高回报。

第二节 股权投资基金运营新略的基本内涵

一、基于价值链的业务流程再造

企业生产经营活动构成了企业的各种流程，而通过这些流程创造了价值，形成了价值链。因此，基于价值链的业务流程再造是指企业在经营决策过程中，通过市场导向及自身成本与收益分析，对企业各种经营流程进行重新思考和再设计的过程。

根据本章第一节的分析，价值链所分析的主体对象（一系列经济活动）同样也是企业流程的基本要素。流程是企业业务流程再造的根本对象，因此从企业内部视角来看，运用价值链进行业务流程再造是可行的。

只有对价值链的各个环节（业务流程）进行有效管理的企业，才有可能真正获得市场上的竞争优势。企业发展的最终目标是要实现利润的最大化，在这个过程中，企业要不断创造价值，实现持续不断的绩效改进。通过对企业价值链的分析，进行业务流程再造是企业实现上述目标的有效途径。

基于价值链的业务流程再造运用价值链的基本理论，对企业的业务流程进行分析，并对流程的绩效进行计算，根据分析、计算的结果进行流程的再造和设计。基于价值链的业务流程再造要求重新检查企业每一项作业活动，识别企业的核心业务流程和不具有价值增值的作业活动。减少或剔除非增值、不需要的流程所造成的浪费，再造业务流程，促进企业价值增值，提高运营效率。因此，基于价值链的业务流程再造运用先进的管理理论与技术，彻底消除了传统管理模式所带来的高额成本与低下效率，提高了企业的盈利能力。

价值链强调价值活动之间相互关系的重要性，所有的业务流程应该相互促进和配合，以使共同产生的价值远远大于各价值活动自身价值之和。通过分析自身的价值链，企业首先要知道哪里是它的竞争优势以及形成优势的原因，也必须知道哪里是它的竞争劣势以其产生的原因。其次，通过分析自身的价值链，企业要找出增强价值的业务流程（正增值流程）和减少价值增加的业务流程（负增值流程）。值得注意的是，很多企业大多数情况下往往只关心能够增加价值的流程，而忽略了那些减少价值增加的业务流程。

二、股权投资基金业务流程再造的基本内涵

（一）股权投资基金的价值链特征

1. 股权投资基金的价值链分析

按照波特的价值链理论，一个企业的竞争优势主要取决于企业价值链上的各种价值活动。正确定位价值链的战略价值活动并进行流程再造是提升企业价值的两个关键维度。同样，对股权投资基金而言，决定其价值增值能力的主要因素也是其内部价值链的各种价值活动和围绕此进行的流程再造情况。股权投资基金的内部价值活动运行是否有效及其相互间的关联和创新是其获得价值增值的重要基础。因此，实现股权投资基金价值增值的首要问题就是明确自己的价值活动，并对其价值链系统进行必要的分析。

股权投资基金的价值链系统指一切能够创造价值以及起支持作用的股权投资基金内部以及股权投资基金之间的价值活动的总和。根据股权投资基金价值活动涉及的范围，参考第一节中对金融服务业基本价值链的分析，股权投资基金价值链如图4.3所示。

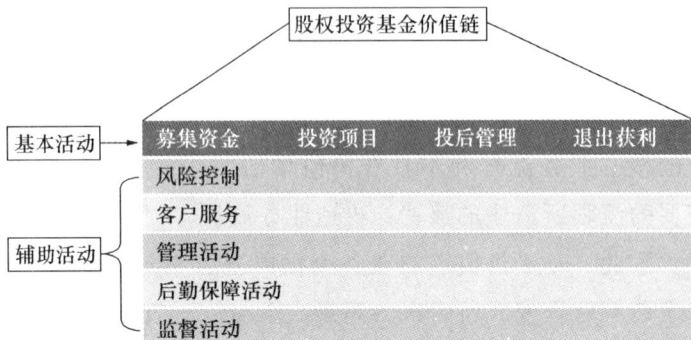

图4.3 股权投资基金价值链

股权投资基金价值链的各种活动由基本活动和辅助活动构成。其中，股权投资基金的基本活动包括四项：募集资金、投资项目、投后管理以及退出获利。股权投资基金的几项基本活动不是独立的，而是相互关联、相互影响的。如果说股权投资基金基本活动的入口是募集资金，那么出口就是退出获利，而孕育其间的是投资项目与投后管理，几个环节相互联结，相互依托，共同支撑起股权投资基金价值链。

股权投资基金的风险控制、客户服务、管理活动、后勤保障活动和监督活动等辅助活动虽然不直接创造价值，但由于其支持和影响的是整个股权投资基金的经营活动，辅助方式或方法选取的优劣，将关系到股权投资基金的价值创造能力。

2. 股权投资基金的价值链特征

基于以上分析，股权投资基金的价值链有如下特征。

（1）股权投资基金价值链是作业链

作业链（activity chain）是相互联系的一系列作业组成的链条。股权投资基金的作业包括募集资金、投资项目、投后管理、退出获利等基本作业以及服务基本作业的一些辅助作业。股权投资基金的各个作业（或活动）密切联系，协调一致，共同为股权投资基金的价值创造服务。股权投资基金的各种作业活动是否协调统一，是决定其成本和利润的重要原因，也是决定其竞争优势的基础。因此，对股权投资基金进行价值链管理要整体布局，全局规划，尽可能使各种作业处于良好的联系状态。

（2）股权投资基金价值链是资金链

股权投资基金的价值链体系中的资金流动不同于制造企业，良好的资金运作是形成其竞争优势的重要原因。股权投资基金的业务活动围绕着筹资业务、投资业务和资金管理业务等展开。整个价值链体系中，资金运用的是否有效、如何进行有效的资金风险管理是股权投资基金经营的核心环节。同样，整个募集资金、投资项目、投后管理、退出获利等活动构成股权投资基金的内部价值创造系统。系统中各元素通过资金建立联系，以资金的有效使用为目的，共同为股权投资基金的经营利润这一目标服务。

（3）股权投资基金价值链是信息链

股权投资基金募集资金、投资项目、投后管理、退出获利等活动都离不开信息的必要支持。在募集资金时，股权投资基金通过设计不同方案的基金产品，以吸纳资金。而所有这些活动的前提是对客户信息的必要获取、整理和分析，并依此采取有效的措施，达到筹集资金的目的。在进行投后管理的过程中，也需要适时了解所投企业以及行业的变动，据此调整企业战略，适应不断变化的市场。在实施价值链管理的过程中，信息伴随所有活动，贯穿于价值链管理的始终，所以，股权投资基金的价值链也是信息链。

（4）股权投资基金价值链是增值链

股权投资基金价值链在本质上也是增值链。从募集资金、投资项目到投后管理、退出获利等活动，都是一个不断增加其市场价值或附加值的增值过程。股权投资基金价值链上每一环节增值与否、增值的大小都会成为影响其竞争力的关键。股权投资基金要增加竞争力，就要求其从顾客角度定义价值，尽可能消除一切无效活动和非增值作业，在价值链上每一环节做到价值增值。

（5）股权投资基金价值链是协作链

在整个股权投资基金的价值链系统中，股权投资基金的内部活动之间存在着密切联系，各个股权投资基金之间也存在密切联系。产业价值链运行的有效性还与系统环境密切相关。股权投资基金进行价值链优化，不仅要充分考虑股权投资基金内部活动之间的分工与合作，重点强化增值作业，调整、优化其业务流程；更要从产业价值链系统出发，进行产业价值链系统的优化和控制，构建高效有序的价值链系统，以实现价值链系统整体协调运作．系统内合作各方在有序、协作、协调和动态的运行机制下实现共赢。

3. 股权投资基金价值链的增值路径

如前所述，股权投资基金的价值链分为四项基本活动，即募集资金、投资项目（包括搜寻项目、选择项目、完成投资）、投后管理、退出获利。每个过程都不可或缺，各个环节的重要性也不尽相同。

各项基本活动的价值增值路径如图 4.4 所示。

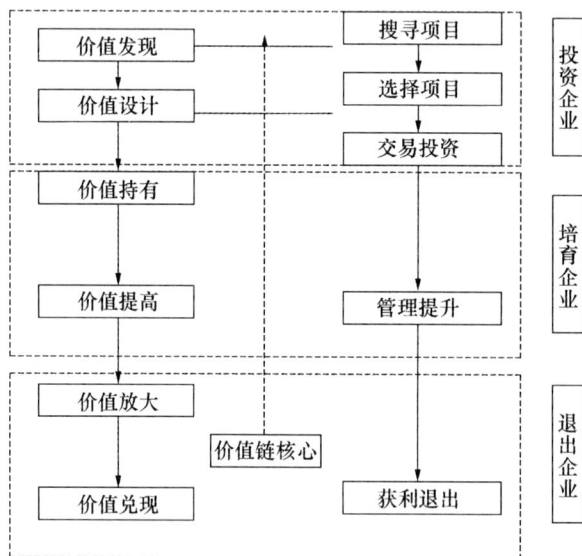

图 4.4 股权投资基金价值链价值增值路径

（1）募集资金

募集资金环节是股权投资基金价值链的开端，此环节虽然不直接创造价值，但是它是一切后续价值创造的保证。良好的品牌信誉度、丰富的储备项目、高额的投资回报率、较短的投资回报期以及可靠的风险控制能力是决定股权投资基金所能募集资金规模的关键。

（2）投资项目

投资项目环节在股权投资基金价值链中具有非常重要的地位，其主要作用为价值发现和价值设计。对股权投资基金而言，为了保证价值链后端退出的高额价值增值，就需要在前端的投资环节做好充分的工作。越能获取优质项目源，将意味着该股权投资基金越有可能获取更高额的收益。现阶段我国股权投资基金以搜寻符合自身投资标准的项目为工作重心。

由于退出获利是股权投资基金价值增值的核心环节，且目前在我国所有的退出渠道中，上市退出的收益率最高，所以股权投资基金在选择投资企业时，应该以该企业上市的可行性作为出发点。首先寻找有上市目标的公司，考察拟投公司是否基本具备了上市条件，股权投资基金是否有能力通过自身为企业提供的一系列增值服务加速企业上市进程，使企业达到上市标准，帮助企业上市。

随着我国股权投资基金数量的逐渐增多，国内符合上市标准的项目资源可能会越发稀缺，股权投资基金的项目投资阶段将会向更早期转移。

（3）投后管理

股权投资基金拥有独特的商业模式，其区别于其他资产管理机构最突出的特点之一，就是在进行股权投资之后，向被投企业提供增值服务。投后管理是股权投资基金价值链中的重要活动，该项活动能使基金的价值得到提高和放大。

增值服务在股权投资基金运作流程中处于重要的地位，它贯穿于基金运作的各个环节。在基金募集资金时，通常机构需要向 LP 介绍其投资能力，其中会着重介绍基金为企业提供增值服务的能力，以获得 LP 对基金投资和退出能力的认可；在投资过程中，增值服务的需求评估往往是与尽职调查同时进行的。基金需要对企业进行深入调查，评估其发展现状、存在问题，股权投资基金根据在尽职调查中取得的企业信息评估其具备的增值服务能力是否与企业的需求一致，并同企业探讨其未来发展规划等内容，一些基金还据此为企业出具管理建议书，为投后管理奠定基础。

股权投资基金的增值服务主要位于投后管理环节。对股权投资基金而言，股权交易的结束意味着价值创造过程的开始。股权投资基金通过系统性地帮助企业解决成长中遇到的问题，积极参与被投企业的经营管理并向其提供企业发展过程中所需的各项资源和服务，从而促进被投企业的规范化并帮助其确立有利的市场地位，以获得资本增值；另外，股权投资基金还通过为企业引进新的战略投资者、引入财务顾问等中介机构、提供投行专业服务等措施，一方面帮助企业成长，另一方面为获得良好的退出收益奠定基础。

为通过投后管理实现所投企业价值增值，股权投资基金应树立一些正确的理念：首先，增值服务不能盲目，应该有针对性，如从帮助公司市场拓展、融资、寻找合作伙伴等方面入手；其次，股权投资基金也不能过度地限制或干涉企业管理者的发展战略和管理方法，应该给予企业管理团队自由发挥的空间；再者，股权投资基金应该主动积极研究所投企业存在的问题，定期召开有关会议讨论已投企业，不应该等问题发生了才去寻求应对措施；此外，股权投资基金应引导企业树立正确的资本市场观念，避免与企业互相算计，共同以登陆二级市场来实现更大的利益为工作目标。

股权投资基金的"投资项目"及"投后管理"这两个基本活动是股权投资基金价值增值最关键的活动。在"投资项目"活动中，股权投资基金通过项目的搜寻和选择，最终投资于优质的项目源，实现价值的发现和设计，为投资的成功打下关键的基础。在"投后管理"活动中，股权投资基金通过对被投资企业资源的整合，帮助被投资企业发展壮大，实现了价值的持有、提高和放大。以这两个活动为基础，股权投资基金通过恰当的途径退出（IPO 为主）被投资企业，就可以实现获利，完成价值的兑现。

目前在我国的股权投资基金市场上，"投资项目"似乎比"投后管理"显得更为重要，尤其是对处于成熟期的优质项目源的争夺成为许多股权投资基金的核心业务，一旦获得了成熟的优质项目，就大大提升了股权投资基金获取高额收益的概率。其原因为：一方面，许多股权投资基金都急于拿出业绩来证明自己，纷纷抢夺成熟期项目，稍微长期一些的项目则无人问津；另一方面，多数股权投资基金致力于快速抢夺项目，而不重视长期投资能力的培养。

随着中国证监会主席肖钢在各种场合多次提出逐步推进股票发行从核准制向注册制①过渡这一意见，注册制预期将使股权投资基金"投资项目"与"投后管理"这两类活动的价值增值能力发生一些改变。首先，注册制将必

---

① 注册制是指发行人申请发行股票时，必须依法将公开的各种资料完全准确地向证券监管机构申报，证券监管机构的职责是对申报文件的全面性、准确性、真实性和及时性作形式审查，不进行实质判断，将发行公司股票的良莠留给市场来决定。

然导致上市资源供给的增加，一级市场与二级市场的价差将缩小，为维持收益，股权投资基金"投资项目"活动的投资阶段将向更早期转移；其次，"投后管理"活动将更为股权投资基金所重视，股权投资基金将注重自身核心能力的培养，只有利用自己的资源整合能力，帮助被投资企业发展壮大，提升其价值的股权投资基金，才能在投资过程中与被投资企业实现双赢，才能有效避免短期行为，立于不败之地。

（4）退出获利

退出是由股权投资基金的运行机制和投资策略所决定的。每个股权投资基金都设定了存续期，在一定的时间段内，股权投资基金管理机构必须将投资于企业的股权全部出让以变现换回现金。

退出获利是股权投资基金价值链中价值增值的最后环节，使基金价值最终得到兑现，完美的退出将为股权投资基金流程画上成功的句号。目前股权投资基金的主要退出方式包括IPO（Initial Public Offering，首次公开发行）上市退出、企业并购退出、管理层回购、转让和清算等。退出是股权投资基金所有环节业务流程再造的根本出发点，尤其是上市退出能够为基金带来更大幅度的价值增值。

（二）股权投资基金业务流程再造的基本内涵

目前，我国一级市场与二级市场企业的估值存在较大的差距，这是由目前中国资本市场的发展现状客观决定的。虽然注册制的推进将会逐渐缩小这一差距，但预计在未来一段时间里还将延续。所以目前我国股权投资基金主要通过IPO退出的方式来实现基金价值增值最大化。在不同的经济环境下，股权投资基金价值链各个环节的重要性也不尽相同。由于我国与欧美发达国家经济体发展成熟度不同，经济发展环境不同，因此两者在股权投资基金价值链上的价值分布重心也不同。当前，欧美发达国家的股权投资基金对价值贡献最大的活动是投后管理，其价值链表现出来的是一条"哭泣曲线"。而在国内，目前大多数股权投资基金认为投资价值链表现出来的是"微笑曲线"，最重要的活动是投资项目，只要能够获得优质的项目，基金的投资便成功了一半。具体来讲，结合我国资本市场的发展情况，由于目前我国股权投资基金行业退出渠道狭窄，与通过IPO上市退出相比，并购退出与二次收购等其他退出方式的收益率相对较低，因此多数股权投资基金首选上市退出作为其主要退出渠道。在目标导向机制下，退出环节作为价值兑现的环节，成为目前我国股权投资基金价值链中最重要的一个环节。

股权投资基金业务流程再造的基本内涵是：在对股权投资基金业务价值链全面分析的基础上，以企业能否通过上市退出作为核心和根本出发点，对股权投资价值链的四大基本活动：募集资金、投资项目、投后管理、退出获利进行流程再造，以更加顺利地完成退出获利环节，使基金的价值增值得到兑现。

三、股权投资基金业务流程再造的意义及优势

目前我国股权投资基金行业的流程同质化问题严重，在越来越激烈的行业同质化竞争中，股权投资基金要想获得核心竞争力，必须从战略高度积极进行创新和再造。如何通过流程再造战略，于变革中求得生存，超越行业一般运营模式，继续保持盈利性和竞争优势，是需要不断探索的主题。

按照前述的股权投资基金业务流程再造策略，股权投资基金应以企业退出为核心，对股权投资基金价值链的四大基本活动——募集资金、投资项目、投后管理、退出获利进行流程再造，打破目前我国股权投资基金行业机械化的业务流程，更加突出退出（尤其是上市退出）在整个股权投资基金业务中的关键地位，规范股权投资基金的运营体系，告别依靠投资概率的发展模式。

股权投资基金业务流程再造是基于股权投资基金从资源整合到能力跃迁，再到绩效提升的动态变革过程。在充分发掘和整合股权投资机构资源、提升核心竞争力、形成动态可持续竞争优势方面将起到积极的作用。股权投资基金流程再造的深度和广度体现在投资理念变革的有效性与彻底性，以及最终业绩提升的显著性，这对股权投资基金行业的发展具有积极的理论和现实意义。

第三节　股权投资基金运营新略的具体实施

一、股权投资基金业务流程再造过程

通过上一节的分析可知，退出获利是一切股权投资基金活动的根本目

的。在清晰了股权投资基金业务价值链的基础上，有必要对整个股权投资基金业务流程进行流程再造。基于退出获利环节在股权投资基金活动中价值兑现的重要性，股权投资基金应该按照"退出获利－投后管理－投资项目－募集资金"的流程进行再造。

1. 退出获利

退出获利是股权投资基金业务的核心和根本出发点，因此，在股权投资基金流程再造中，退出获利应成为股权投资基金业务的第一个流程。

这里所说的退出获利，是指股权投资机构通过各种形式退出变现，获取增值收益。将退出获利作为股权投资基金的第一个流程，实际上是指通过分析基金投资某企业能否在未来成功实现退出获利。

由于目前我国 IPO 上市退出的价值增值远远大于其他退出方式，为保证基金收益最大化，股权投资机构在基金的整体设计上应参考证监会审核企业 IPO 的标准来编制基金的企业投资标准，使所投企业接近甚至高于 IPO 上市标准，这样即使在证监会停止审批 IPO 的时间段里，基金也可以通过其他渠道顺利实现退出。把考察企业能否通过上市退出得到获利作为股权投资基金业务的第一个流程，能够从根本上扫清所投企业的退出障碍，降低股权投资基金的运作风险。

在实际流程操作中，股权投资机构首先通过丰富的项目来源渠道获得众多项目资源，经过项目团队对企业商业计划书的审阅、研究，依据项目与基金投资标准（参考证监会审核企业 IPO 的标准）的融合性，过滤掉不符合投资标准的项目。对符合投资标准的项目，项目团队需要到企业现场调研企业现实生产运作状况，以确保企业提供的书面信息属实，对企业形成感性认识。调研完成后，由项目团队撰写项目立项报告，并交由股权投资机构管理层对项目进行初审，股权投资机构管理层依据基金投资标准和项目立项报告对项目进行审核，如果项目通过初审，则进入下一个流程。

2. 投后管理

在股权投资机构管理层通过项目初审判断企业基本具备上市条件，或具备上市潜力的基础上，股权投资基金业务便进入第二个流程——投后管理，即分析股权投资机构自身能否为企业带来增值服务。

优质的企业希望引入的投资者不单单为企业带来资金，他们往往更希望引入战略投资者，通过股权投资机构为企业带来的增值服务实现企业价值的提升。

在实际流程操作中，股权投资机构的项目团队应在与企业的沟通中挖掘企业的需求，分析自身能否为企业带来实质的增值服务。增值服务主要包括治理优化、财务改善、流程再造、管理提升、市场扩张、产业整合、战略制定、人力资源、企业改制、配置中介、上市协调等 11 个方面。股权投资机构与企业关于未来提供的增值服务的沟通还可以加深企业对股权投资机构的认同感，从而进一步降低股权投资基金的投资价格。项目团队通过对以上11 个方面的分析研究，提交股权投资机构管理层讨论，如果股权投资机构管理层认为其能够通过提供切实的增值服务给企业价值带来进一步的提升，使成功上市进一步得到保障，则进入下一个流程。

3. 投资项目

在前两个流程进展顺利的情况下，股权投资基金将开始进行第三个流程，即对投资项目进行深入考察研究。

在对企业是否符合我国 IPO 上市标准以及股权投资机构能否为企业带来增值服务进行了充分地分析及决策之后，股权投资机构对投资该企业应该具备了一定的信心。此时，股权投资机构应对行业及所属企业进行细化研究。

在实际流程操作中，股权投资机构应组织律师事务所、会计师事务所等专业机构对企业进行详细地尽职调查（主要包括法律调查、财务调查、业务调查以及人事调查等），并与企业就投资方案细节进行讨论谈判，如资金安排（投资总额、投资价格、证券类型、股权分配、分期投资条款）、投资保护条款（包括红利支付政策、证券转换约定、反稀释条款、退出条款、表决权、优先购股权、股价调整等）、管理控制与激励条款（包括董事会安排、投票权、财务报表和报告制度、管理层的肯定性条款和否定性条款以及员工股票期权计划等）、相关费用的承担方式和排他性条款等。在一切前期工作就绪后，股权投资机构的项目团队撰写投资建议书，并交由投资机构管理层对是否投资该项目进行最终的表决，如项目通过评审，则进入下一流程。

4. 募集资金并完成投资

在前三个流程都顺利完成的情况下，表明股权投资机构已决定对企业进行投资，此时进入第四个流程——募集并成立基金，完成投资。

股权投资机构主要通过自有渠道以及银行等其他金融机构渠道进行资金募集，由于此时的资金募集是与特定的企业相绑定，该企业已经过股权投资基金严格的审核和筛选，项目风险更小，所以募集资金更容易。并且，由于基金的合伙人在投资时已同意投资该项目，为以后基金的投资决策铺平了道路，提高了投资速度。

在实际流程操作中，股权投资机构应着手准备成立基金所需的相关文件，确定基金的利润分配、托管银行、主要费用等细节，通过路演向特定机构投资者或个人投资者介绍项目来募集资金，待资金顺利募集完成后，召开基金创立大会完成基金的设立工作。在基金设立后，通过召开基金投资决策委员会会议确定对该项目的投资。最终，股权投资基金与企业签订正式的增资协议，完成投资。

在以上四个流程完成之后，股权投资基金通过在投后管理流程中确定的投后管理思路对企业进行增值服务，并最终实现上市退出。

二、股权投资基金业务流程再造结果

1. 规范业务体系，增强基金盈利能力

通过对股权投资基金的业务流程进行再造，使得股权投资基金以所投企业能否退出作为所有流程再造的出发点和落脚点，进行其他价值链环节的业务流程再造，这使股权投资基金的业务运作体系得到规范，目标更加明确，提高了公司经营目标的针对性，进一步增强了股权投资基金公司的盈利能力。

2. 提升运营速度，提高运营效率

在股权投资基金业务流程再造后，通过剔除当前股权投资基金股权投资流程中的一些低效、无效活动（如花大量精力在上市可能性小的企业），尽量减少辅助性活动，不断改善有效活动（如深入考察符合上市基本条件的企业、投后管理增值服务、上市后的资本运作等），加快了整个流程的速度，提高了股权投资基金的运营效率。

3. 改进组织机构，明确部门职能和岗位职责

在新的股权投资基金价值链中，股权投资基金更加突出为价值增值贡献

较大的基本活动，通过设立单独的风险控制部、投资管理部等针对性部门，使价值链中投资阶段的风险得到更好地控制，投后管理工作更顺利地开展，使得价值增值顺利实现。

4. 创立股权投资基金品牌，提高行业内知名度

股权投资基金通过流程再造，可以短时间内实现成功上市退出的案例，提高自身在行业内的知名度，创立自己的基金品牌。如北京正达联合投资有限公司自 2009 年成立以来，通过对股权投资基金业务的流程进行再造，成功投资润邦股份（002483）与荣科科技（300290），并在较短的时间内完成了上市退出，提高了公司在股权投资行业内的知名度。公司凭借荣科科技项目获得了由国家发改委举办并评选的 2012 年度优秀创业投资项目金奖（最高奖），也是所有获奖的十个项目中唯一成功上市的项目。

第五章　股权投资基金募资新略

随着我国股权投资市场近几年的快速发展，参与股权投资的资金规模和参与的个体及种类迅速增加。在国家政策鼓励下，对股权投资发展提供一系列基础支持服务的机构资质逐渐放开，股权投资基金募资渠道开始迈入了规范化时代。尤其是自 2013 年以来，我国银监会禁止银行零售部门销售 PE 基金产品，改变了股权投资基金依赖银行渠道募资"一头独大"的局面，一时间股权投资基金募集市场从产品设计、合作渠道、客户定位、专业运营等多方面都开始发生巨大变化。这是我国股权投资市场规范运作的开始，随之基金募资市场的变化也将进一步推动股权投资向规范化、专业化方向发展。

在新形势下，一个股权投资基金的成功募集，关键在于对基金设计、基金渠道和募集时机的优化。基金的设计是否有特色，是否更能契合投资者的需求偏好，这是基金募集成功的根本前提。好的产品，尤其是能够为能承受一定可控风险的投资者带来相对高额未来投资收益的金融产品，在中国当前恰恰满足了中产阶级阶层的需求，好的基金产品也更容易获得认可，继而出现超募。其次，选定与执行事务合伙人本身匹配的基金募集渠道对基金的成功募集起到事半功倍的作用。另外，正当天时的募集时机还常常会给基金募集带来意外的惊喜。

在上述股权投资基金募集优化三要素中，基金设计和基金渠道由基金管理公司自身因素决定，而募集时机是行业面临的普遍因素。因此，体现基金公司募集能力与实力的集中点在基金产品的设计和自身经营能力上，这也是基金管理公司核心竞争力的外化，是其持久生存力的保障。

第一节 基金的资金来源

一、资金对股权投资基金和市场发展的推动作用

世界股权投资市场的发展历程表明，用于股权投资的资金为股权投资市场的发展提供了重要的源头活水。

美国是世界上股权投资起步最早、规模最大、发展最成熟的国家。1946年世界上第一个股权投资公司——美国研究与发展公司（AR&D）成立，开启了美国股权投资专业化和制度化的旅程。欧洲的股权投资则是在 20 世纪 80 年代从一个作坊式的创业投资行业基础上发展起来的，随着欧洲区域合作的深入，欧洲股权基金已经日趋成为一个整体，其影响力日趋扩大，目前已可以与美国相媲美。从股权投资基金的全球分布上看，美国和欧洲集中了全球绝大多数的股权投资基金，一半以上的资金来源和投资去向都在北美，欧洲约占 1/4。亚洲作为新兴的股权投资市场在 20 世纪 90 年代初才刚刚开始起步，伴随着中国经济的高速增长，中国也已成为亚洲最为活跃的潜力巨大的股权投资基金市场之一。

二、境外股权投资基金的资金来源

国外股权投资市场经过几十年的发展，市场和组织构成已较为完善，因此股权投资基金的参与群体分布较为平均，资金来源多以大型机构投资人为主。

根据清科研究中心数据，境外股权投资基金市场上，大学及基金会活跃度最高，占比为 22%。捐赠基金、FOFs（即基金的基金，专门投资于其他股权投资基金的基金）、企业年金占比均在 10% 以上，分别为 18%、12%、12%。其次，家庭办公室（即欧洲最传统的私人银行）、资产管理公司、公共养老基金、投资公司以及保险机构和其他类别股权投资基金也占有一席之地。如图 5.1 示。

境外股权投资基金管理的资产规模多在 10 亿美元以下。从投资规模来看，24% 的股权投资基金投资规模在 2400 万美元以内，另有 24% 的股权投

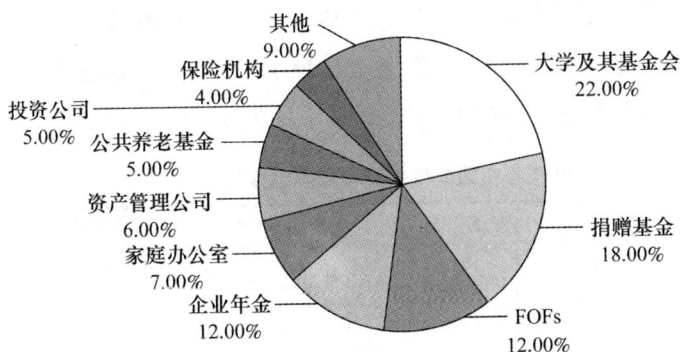

图 5.1 境外股权投资基金资金来源构成（按数量计）

数据来源：Preqin，清科研究中心 2012 年 06 月。

资基金投资规模在 5000 万 ~ 24900 万美元之间，以及 20% 的股权投资基金投资规模在 2. 5 亿 ~ 9. 99 亿美元之间（见图 5. 2）。

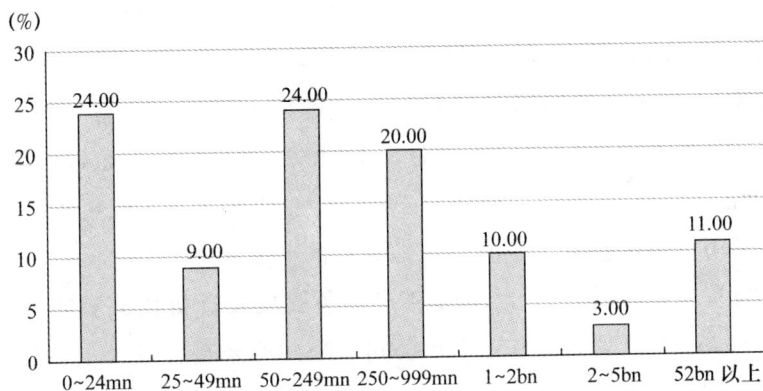

图 5.2 境外股权投资基金投资规模分析（按资金群数量占比）

注：mn 是百万美元，bn 是十亿美元。

数据来源：Preqin，清科研究中心 2012 年 6 月。

三、我国股权投资基金的资金来源

我国股权投资市场经过 20 余年的发展，随着富有家族及个人积极参与、社保基金以及保险机构获准入场、政府引导基金以及财政资金运作日渐市场化，我国股权投资市场逐渐形成了多元化、多层次的资金来源格局。

目前，我国股权投资基金的资金来源主要为：富有家族及个人、企业、

VC/PE 等投资机构、投资公司、政府引导基金、银行/信托机构、资产管理公司、上市公司、政府机构、公共养老金、FOFs、大学及基金会、保险机构、家族基金、企业年金、主权财富基金等（见表 5 - 1）。

表 5 - 1　　　　　　　　2012 年中国股权投资市场资金来源

资金来源	数量（个）	占比（%）	资金来源	数量（个）	占比（%）
企业	1289	17.2	企业年金	8	0.1
上市公司	321	4.3	投资公司	441	5.9
信托	48	0.6	银行	99	1.3
政府机构	242	3.2	政府引导基金	207	2.8
主权财富基金	22	0.3	资产管理公司	171	2.3
FOF	110	1.5	VC/PE 机构	475	6.3
保险机构	45	0.6	大学及其基金会	38	0.5
富有家族及个人	3773	50.2	公共养老基金	96	1.3
家族基金	26	0.3	捐赠基金	24	0.3
其他	76	1.0			

从表 5 - 1 可知，我国股权投资基金的资金来源中，富有家族及个人、企业、VC/PE 机构位列前三名，分别有 3773 家、1289 家以及 475 家，分别占 LP 总数的 50.2%、17.2% 以及 6.3%，这三类投资人（或机构）的占比总和超过了中国股权投资市场资金来源总量的七成。

从可投资本量来看，截至 2012 年底，各股权投资机构共披露可投资本量累计为 8073.36 亿美元。其中上市公司、公共养老基金以及主权财富基金所披露的可投资本量均超过了 1500 亿美元，分别为 2123.76 亿美元、1667.64 亿美元以及 1543.07 亿美元，各占可投资本总量的 26.3%、20.7% 以及 19.1%。此外，作为活跃的机构投资人，FOFs 可投资本量共 515.16 亿美元，占可投资本量累计总额的 6.4%。如表 5 - 2 所示。

四、我国股权投资基金资金来源展望

通过国内外股权投资基金的资金来源对比，可以发现，国外基金资金来源大多数是机构投资者，其中大学基金会、FOFs、企业年金、资产管理公司、公共养老基金、投资公司、保险机构等机构投资者占 70% 以上。国外个人投资者倾向于把钱交给专业的投资机构，个人投资者大部分都集中在

表 5 - 2　　　　　**2012 年中国股权投资市场资金来源比较**　　　单位：亿美元

资金来源	资本量	占比（%）	资金来源	资本量	占比（%）
捐赠资金	0.96	0.1	企业	27.28	3.4
企业年金	32.71	4.1	上市公司	212.38	26.3
投资公司	21.40	4.0	信托	1.61	0.2
银行	23.89	3.0	政府机构	7.22	0.9
政府引导基金	16.81	2.1	主权财富基金	154.31	19.1
资产管理公司	18.43	2.3	VC/PE 机构	25.59	3.2
FOF	51.52	6.4	大学及其基金会	5.95	0.7
保险机构	8.23	1.0	公共养老基金	166.76	20.7
富有家族及个人	8.67	1.1	其他	1.61	0.2
家族基金	11.02	1.4			

FOFs 里。而国内股权投资约 50% 资金来自于江浙沪、珠三角、北京等地区依靠实业投资完成资本积累的民营企业家和富裕家族，40% 来自于政府引导基金、主权财富基金和公共养老基金。由此看出，我国专业的股权投资机构发展远远不充分。

自 2011 年以来，我国参与股权投资的机构才开始纷纷设立。2011 年下半年，国内 VC/PE 市场开始出现低迷迹象，股权投资基金的募资对象也开始发生变化。未来我国股权投资基金资金来源将主要来自两方面：一方面，部分股权投资基金募资对象将更专注于机构投资者，例如银行、信托、证券公司、投资公司、企业等；另一方面，富有家族及个人投资者领域的资金潜力仍可以继续大力发掘，如九鼎、诺亚财富的第三方财富机构，重点关注散户投资者。

目前股权投资基金在我国仍处于起步阶段，投资渠道较为单一，机构投资者经验欠缺，股权投资基金投资者理念尚不成熟。未来随着我国股权投资制度逐渐完善，将有更多的机构投资者获准进入这一领域，投资文化趋于成熟，投资渠道和方式将会更加丰富，在未来我国经济发展的重要转型时期，中国股权投资基金将迎来发展的黄金时代。

第二节 基金的资金渠道

基金的资金渠道，顾名思义，即用于出资基金的资金以何种方式到位。目前我国股权投资基金的资金渠道主要分为两种，即自有资金渠道和募集资金渠道。

一、自有资金渠道

目前，我国政策允许利用自有资金设立或参与股权投资基金发起设立的机构主要有证券公司、保险资金、银行、金融资产管理公司、信托公司、实业企业等。

（一）证券公司

2011 年 2 月，中国证监会批准了银河证券、中信证券、中金公司、海通证券、国泰君安 5 家证券公司成为首批试点股权投资基金业务的券商机构，标志着券商可以利用自有资金进行股权投资的开始。5 个月后，中国证监会机构监管部发布了《证券公司直接投资业务监管指引》，规定"证券公司开展直接投资业务，应当设立直投子公司，由直投子公司开展业务"。而直投子公司能够从事的业务首先就是"使用自有资金对境内企业进行股权投资"业务。因此，政策一出，获得 PE 业务资格的证券公司便纷纷开始设立股权投资子公司。

据《上海证券报》，截至 2012 年 9 月 12 日，我国已有券商直投机构 38 家，2011 年注册资本合计 265.80 亿元，净资本合计 3480.88 亿元。按照规定，证券公司投资到直投子公司、直投基金、产业基金及基金管理机构的金额合计不超过公司净资本的 15%。按此比例计算，38 家券商直投子公司可投资本量为 522.13 亿元。

为便于运营管理，证券公司的直投子公司通常会采取设立股权投资基金形式来开展股权投资业务。例如，2012 年 4 月，华泰证券子公司华泰紫金投资有限责任公司获准设立华泰紫金（江苏）股权投资基金（有限合伙）及其管理机构。2013 年 1 月，海通证券全资子公司海通开元投资有限公司和辽宁能源投资（集团）有限责任公司，共同发起设立辽宁新能源和低碳产业股权投资基金及其管理机构。由于证券公司本身拥有大量的项目企业资源，成立和管理股权投资基金也是充分利用自身优势的自然选择。

（二）保险公司

保险机构开始涉足股权投资领域始于 2006 年 10 月 26 日保监会出台《关于保险机构投资商业银行股权的通知》。其中规定，保险资金涉及股权投资的渠道为"基础设施及非上市银行"领域。此规定开启了保险资金在股权投资领域迈出的第一步。

2009 年我国修订了《保险法》，随后 2010 年 9 月 5 日保监会又颁布了《保险资金运用管理暂行办法》、《保险资金投资股权暂行办法》，2012 年 7 月 16 日再度出台《关于保险资金投资股权和不动产有关问题通知》，其中对保险资金股权投资给予更为宽松的环境和更为全面的规定，"增加能源企业、资源企业和与保险业务相关的现代农业企业、新型商贸流通企业的股权"，从而拓宽了保险资金直接股权投资对象的范围（见图 5.3）。

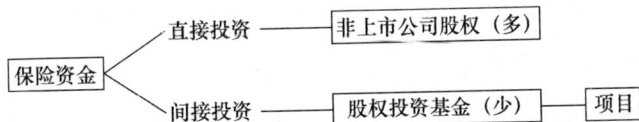

图 5.3　保险资金参与股权投资方式

早在 2010 年底，中国人民保险集团股份有限公司（以下简称人保集团）旗下人保资本投资管理公司已参与组建了兵器产业基金，总募资规模达 10 亿元。出资方与发起人是人保集团旗下人保资本、兵器工业公司与长江证券三家，按 3：4：3 出资，首期到账的募集资金为 2 亿元。

另外，中国人寿在 2011 年取得 PE 牌照后，便参与认购弘毅投资二期人民币基金 16 亿元，2012 年又认购中信产业三期基金 20 亿元和出资 70 亿元与苏州国发共同设立资金规模为 100 亿元的中国人寿苏州城市发展产业投资企业（有限合伙）。

此外，还有泰康人寿认购春华基金、诚柏基金以及生命人寿认购明石投资发起的蓝色经济区产业投资基金等。

不过，上述情况随着 2012 年 9 月保监会公布《关于保险公司投资股权和不动产报告（申请）事项的说明》而暂停，该说明规定"非保险类金融机构作为实际管理人的 PE 机构不得管理险资"。这样，保险资金间接投资不能做普通合伙人，只能做有限合伙人跟投，对于资金运用的可控性比较差。因此，在目前形势下，保险资金参与股权投资基金的比例相较于直接进行股权投资的比例仍较小。

（三）银行

目前，我国银行机构中能够利用自有资金参与股权投资基金的有政策性银行和工、农、中、建、交五大行的投资银行机构。

1. 政策性银行

在我国，政策性银行是由政府创立或担保以贯彻国家产业政策和区域发展政策为目的、具有特殊融资原则的金融机构。

我国政策性银行中最具代表性的是国家开发银行（以下简称国开行）。2008 年国开行确定了市场化改革方案，明确了其股权投资和投资银行的功能。2009 年 8 月根据国务院批准，国开行下属的全资子公司国开金融有限责任公司成立，注册资本近 500 亿元人民币，主要从事股权投资业务，是国家开发银行的股权投资平台。2011 年 12 月，又新成立了国开国际控股有限公司，与 Permira、Kohlberg Kravis Roberts & Co. 和德太投资（TPG）签署协议，寻找共同投资机会。2012 年 9 月，国家开发银行和法国信托储蓄银行（CDC）共同出资设立了中法基金，主要投资于注册在法国或中国的高成长中小企业。同时，国开行还与西方国家最大的部分私募股权投资机构合作，推进外商在华投资以及中国企业对外投资。

在国内股权投资市场上，国开行主要充当母基金的角色，即国开行出资，通常以较大规模资金，投资于其他股权投资基金。关于子母基金的介绍，将在本章第三节基金的设计中详细阐述。

2. 投资银行

2007 年以来，我国部分大型商业银行就通过设立境外结构，成立全资控股直投子公司，绕过中国境内法律限制，利用自有资金，从事股权投资业务。比如建银国际、工银国际、中银国际、交银国际、农银国际。

早在 2006 年 12 月，中银国际即参与发起设立了渤海产业投资基金管理有限公司，该基金是经国务院同意、国家发改委批准设立的中国第一只人民币股权投资基金，主要投资于房地产和证券二级市场以外行业的成熟型、有稳定现金流的大中型企业。2011 年 6 月，中银国际再次主导成立中国文化产业基金，总规模 200 亿元，首期募集 60 亿元。2008 年 12 月，工商银行也通过其全资子公司工银国际与江西省政府合作设立了鄱阳湖产业投资基金。建设银行则是通过其全资子公司建银国际担任基金管理人、基金发起人和基金投资人等方式，于 2009 年 9 月发起设立了国内首家医疗保健产业基金，航空、文化、环保等产业基金亦在积极筹划发起设立中。2011 年 1 月交通银行子公司交银国际（上海）股权投资管理公司在上海发起设立交银国际成长企业直投基金，募资总规模 50 亿元人民币。其他投资银行参与股权投资基金的案例在此不一一列举。

目前，银行系股权投资基金已成为股权投资市场重要的参与主体，建银国际、中银国际也通过十方控股、创生控股、匹克、山水集团、中国智能交通、创益太阳能、明阳风电等项目的首次公开发行（IPO）上市获得了丰厚回报。

（四）金融资产管理公司

我国的金融资产管理公司是经国务院决定设立的收购国有独资商业银行不良贷款、管理和处置因收购国有独资商业银行不良贷款形成的资产的国有独资非银行金融机构。

2012 年 10 月银监会向信达、华融、东方、长城四家资产公司下发了《金融资产管理公司股权投资管理办法（征求意见稿）》，首次专门针对资产公司股权投资业务做了制度性安排。金融资产管理公司以自有资金开展股权投资业务，开辟了其长期可持续性的盈利模式。

2010 年 12 月中国华融资产管理公司与重庆渝富资产经营管理有限公司共同出资组建了华融渝富股权投资基金管理有限公司，初始注册资本为人民币 6000 万元，中国华融持股 70%，重庆渝富持股 30%。这是国有独资金融机构与地方政府合作成立的第一家股权投资机构，其主营业务为股权投资、股权投资管理、投资咨询服务，从事投资业务及相关资产管理。

表 5 - 3 统计了我国金融资产管理公司参与股权投资基金投资的部分案例。

表 5 - 3　　　　　　金融资产管理公司参与股权投资基金情况

项目名称	投资机构	行业	涉及金额	涉及股权	发生时间	描　述
恒生科技	中国信达资产	新材料	2 亿元人民币	不详	2011 年 3 月 14 日	2011 年 3 月 14 日，信达资本管理有限公司（信达资产公司的人民币私募股权投资管理平台）与民营化工企业恒生科技研发有限公司在北京举行入股签约仪式，通过旗下基金斥资 2 亿元入股该公司
小康集团	华融资产	汽车行业	2.25 亿元人民币	5%	2011 年 6 月 22 日	2011 年 6 月 21 日，华融资产旗下华融渝富股权投资基金管理有限公司出资 2.25 亿元入股重庆小康工业集团，成为小康汽车的第三大股东，持有小康 5% 的股份
奇瑞汽车	华融资产渤海基金中科招商融德资产鼎晖投资	汽车行业	29 亿元人民币	20%	2009 年 6 月 4 日	2009 年 6 月，奇瑞汽车获得华融资产管理有限公司、渤海产业投资基金管理公司、深圳市中科招商创业投资管理有限公司、融德资产管理有限公司以及鼎晖股权投资管理（天津）有限公司 5 家机构 29 亿元投资资金，奇瑞汽车出让给 5 家机构约 20% 股权

数据来源：清科研究中心。

（五）信托公司

信托公司素有"金融百货商店"之称，在可参与股权投资资金来源方面受限最少。2009 年 3 月银监会下发了《关于支持信托公司创新发展有关问题的通知》，对信托公司从事 PE 等股权投资业务进行了规范。规定"信托公司可以固有资产从事股权投资业务"，但是"应当在签署股权投资协议后 10 个工作日内向信托公司所在地银监会派出机构报告"。

目前，信托公司以固有资产从事股权投资可分为直接投资和通过信托计划投资两种方式。以固有资产从事股权投资多通过信托公司内部相关职能部门直接进行，而使用信托计划资金从事股权投资则多委托专业股权投资机构担任投资顾问。

平安信托是最早开始的股权投资运作的机构之一，其很大部分都是借道平安创新资本来完成，资金则大部分出自平安集团自有资金，也有部分对接信托计划。2011 年平安信托旗下的平安创新资本作为有限合伙人认购了高盛前中国区投行主席、知名经济学家胡祖六设立的春华基金，助其成功募资 30 亿元人民币资金。有数据显示，已公开的平安创新资本的投资统计达 31 笔，单笔平均投资金额约 3.42 亿元。

2011 年 6 月，银监会非银部开始拟定《信托公司 PE 子公司设立操作指引》，明确信托公司可通过设立 PE 子公司开展 PE 业务。但时至 2013 年 11 月，仍未有确切信息表明此"指引"业已出台，若该指引出台，信托公司 PE 业务的主动管理问题以及 IPO 退出的可行性问题（此前，按照证监会 IPO 审批的惯例，公司上市前存在的信托计划持股部分必须进行清理，否则基本无望放行），将得到较大解决。

2013 年 3 月，兴业国际信托有限公司全资子公司——兴业国信资产管理有限公司兴业国信获银监会批文。这给信托机构布局子公司来突破股权投资业务障碍重新燃起了希望之光。目前兴业国信资产管理有限公司是国内第一家具有银行系和信托系双重股东背景的股权投资基金类企业，注册资本 1 亿元，其定位为兴业信托的股权投资平台。

（六）实业企业

自 2008 年起，国内企业开始以自有资金开展股权投资相关业务，其主要驱动力来自于实现现金财务回报与业务战略性发展。目前实体企业以自有资金参与股权投资的方式主要有四类（见图 5.4）。

目前，国内实业企业在股权投资领域的尝试，主要集中于第一种形式"以自有资金直接向股权投资基金出资"和第三种形式"直接投资于未上市企业"。

参与股权投资基金	参股股权投资机构	直接进行股权投资	管理产业基金
以自有资金向股权投资基金出资	以自有资金参股股权投资机构	以自有资金直接投资未上市企业	发起并控股股权基金，组建独立管理团队

财务导向 ◄─────────────────────────► 战略导向

案例	案例	案例	案例
• 国开行 • 海越股份 • 洋河股份	• 钱江水利 • 大众公用 • 电广传媒	• 联想控股 • 复星集团 • 雅戈尔集团	• 中航工业 • 腾讯 • 新希望集团

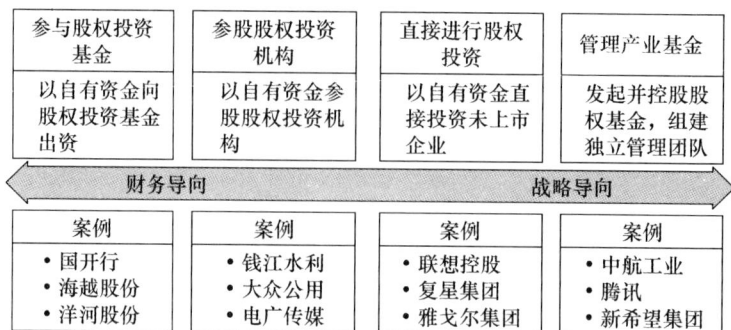

图 5.4　国内产业资本涉足股权投资的主要模式

数据来源：China Venture 2012 年 5 月。

参与股权投资基金的主要有第一种形式"以自有资金向股权投资基金出资"，如洋河股份上市后利用募集资金对中金佳泰产业整合基金、上海金融产业基金等的财务投资。另外，还有第四种形式"发起设立并控股产业基金"，如大唐电信联手无锡地方国资成立总规模为 50 亿元的股权投资基金，投向物联网企业。中兴通讯、中兴创投基金管理公司等 27 名合伙人共同出资发起设立深圳市中和春生壹号股权投资基金合伙企业（有限合伙），专注于 TMT（高科技、传媒、电信）行业未上市公司的股权投资。新希望集团发起设立新希望产业基金，第一期募资 10 亿元，主要用于大农业泛食品行业投资。

也有少数企业通过参股国内本土股权投资机构间接分享行业的增长，如星河集团、大众公用、七匹狼等参股深圳市创新投资集团，电广传媒参股达晨创投，钱江水利、民丰特纸参股天堂硅谷，中科成环保参股中信产业投资基金管理有限公司等。

二、募集资金渠道

目前，股权投资基金募集资金的方式是采取非公开发行方式，向有风险辨别和承受能力的机构投资者或个人募集资金。通常，机构投资者或个人把一定比例的资金投入到基金管理机构所管理的不同规模和不同目标的各种股权投资基金中，这些机构投资者可以自己或由专人寻找并选择合适的基金管理公司来把资金投资到不同的基金上，或者委托机构外面的投资顾问。

（一）银行渠道资金

目前，境内商业银行和政策性银行是股权投资基金资金来源的重要渠道，一直以来在我国股权投资募资市场上占据了"一家独大"的位置。

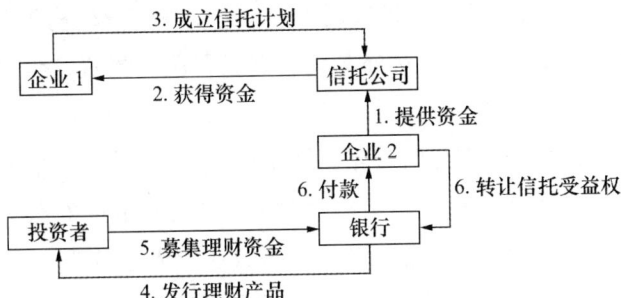

图5.5　传统"银信合作"示意图

传统的"银信合作"模式如图5.5所示，即银行将信贷资产通过信托公司转化为向客户发售的理财产品。商业银行通过发行这样的产品，将募集到的资金通过信托方式专项用于替换商业银行的存量贷款或向企业发放贷款。

自2009年6月以来，银监会就数次对银信合作产品发出警告。在屡次警告后，监管部门对银信合作产品出示"红牌"，叫停一切和银信合作有关的业务。此后，银行资金参与股权投资的路径就做了如下改变，见图5.6。

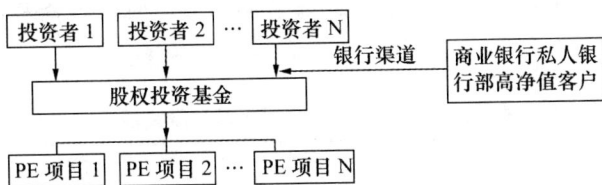

图5.6　银行渠道资金参与股权投资示意图

但是，在2013年1月，银监会出于控制风险，也叫停了商业银行代理PE投资产品基金的活动。在这之前，银行代销股权投资基金产品的渠道有两种，一是柜台的理财产品，二是私人银行业务。此次叫停首当其冲的是银行零售部门。虽然私人银行业务部门已收到银监会发布的通知，但由于相关政策未正式出台，其代售PE产品的相关业务还在正常开展。

（二）证券公司渠道资金

2011 年 7 月 8 日中国证监会机构监管部发布了《证券公司直接投资业务监管指引》，其中规定"证券公司可设立直投基金，筹集并管理客户资金进行股权投资。"由此，证监会批准的 PE 基金业务券商机构不仅可以利用自有资金进行股权投资，还可以对外募集资金进行股权投资，但募资范围暂时仅限于国内的人民币基金。

2012 年 11 月底，证监会向各辖区证券公司下发《关于落实〈证券公司代销金融产品管理规定〉有关事项的通知》，明确规定证券公司暂时不得代销有限合伙份额形式的 PE 产品。对此，多数业内人士认为，有限合伙制 PE 基金的监管机关和监管规则尚不确定，这是导致监管层要求券商暂停代销合伙制 PE 产品的主要原因。

不过，各辖区证监会相关部门中仅有广东、北京证券公司全面暂停代销合伙制 PE 产品，其他地区证券公司都留有一定的"回旋余地"。且部分券商已于 2012 年底悄然重新销售自己发起的 PE 基金产品，理由是券商上述行为严格意义上属于"自产自销"，不符合"代销"范畴，并不受上述监管要求束缚。

（三）保险公司渠道资金

保险资金虽然可以参与直接投资，但由于其风控要求，通过参股 PE 基金依然是其最优选择。目前成长基金、并购基金、新兴战略产业基金和以上股权投资基金为投资标的的母基金，都是险资参与股权投资基金的类型（见表 5 – 4）。

表 5 – 4　　　　　我国保险公司资金参与股权投资基金情况

公司名称	参股 PE 基金	出资时间	出资规模（亿元）	基金规模（亿元）
中国人寿	渤海产业投资基金	2006 年 12 月	10	60
	弘毅二期人民币基金	2012 年 1 月	16	100
	中信产业投资基金三期	未披露	20	100
平安集团	西部能源股权投资基金	2010 年 11 月	不详	200
	长江产业投资基金	2011 年 8 月	不详	200
人保财险	兵器产业基金	2010 年底	3	10

数据来源：china venture 数据中心。

（四）社保基金、养老基金渠道资金

2008 年经国务院批准，全国社保基金可以投资经发展改革委批准的产业基金和在发展改革委备案的市场化股权投资基金。截至 2011 年 3 月 31 日，全国社保基金共投资了中比基金、渤海产业基金等 9 只由 7 家管理人发起设立的股权投资基金，承诺投资总额达 156.55 亿元。详情如表 5 - 5。

表 5 - 5　　　　　　　全国社保基金出资股权投资基金情况

基金名称	管理机构	设立时间	募集规模（亿元）	社保基金出资额（亿元）
弘毅投资产业二期基金	弘毅投资	2010 年 10 月	70	30
北京和谐成长投资基金	IDG 资本	2010 年 8 月	35	12
鼎晖人民币基金二期	鼎晖投资	2010 年 6 月	80	30
北京君联睿智创投基金	联想投资	2009 年 9 月	10	3
绵阳科技城产业基金	中信产业基金	2008 年 12 月	90	20
鼎晖人民币基金一期	鼎晖投资	2008 年 5 月	31.9	20
弘毅投资产业一期基金	弘毅投资	2008 年 4 月	50.26	20
天津诚柏股权投资基金	宽带资本	2008 年 4 月	10	5
渤海产业投资基金	渤海产业基金	2006 年 12 月	60	10
中国 - 比利时投资基金	海富投资	2004 年 10 月	1 亿欧元	1500 万欧元

数据来源：china venture 数据截止 2011 年 3 月 31 日。

全国社会保障基金理事会理事长戴相龙曾表示，2012 年社保基金规模有可能接近 10000 亿元人民币，按照 10% 投资比例，其可投向股权投资基金的资金达到 1000 亿元，相比 2011 年 3 月份以前 157 亿元已投资金额，未来社保基金投资股权投资基金具有极大的想象空间。

（五）信托公司渠道资金

信托公司可以通过集合资金信托计划设立股权投资基金。信托计划的发行渠道包括自身客户认购、银行合作发行以及第三方理财机构代销，其中银行合作发行方式又可分为银信理财与银行代销两种。

根据股权投资类信托产品在运作中是否有 VC/PE 投资机构参与、以何种方式参与，可以将信托公司参与股权投资的方式分为以下几种模式，具体见表 5 - 6。

表 5 - 6　　　　　　信托公司渠道资金参与股权投资的主要模式

模式类别	特　点	备　注
独立管理股权投资信托计划模式	既是信托计划的发行人，也是管理人，独立负责信托资金的投资运作	这一模式并不多见，大部分信托公司尚不具备运作股权投资能力
聘用投资管理顾问模式	负责股权投资信托计划的设立与发行，但并不直接负责相关的投资决策与操作，而是将信托资金的管理运作交由其聘用的投资管理顾问等专业股权投资机构来负责	信托公司负责信托资金的募集、信托财产的监管与风险隔离投资机构主要负责项目投资决策、后续管理与项目退出
参股股权投资基金模式	信托公司采取以信托计划参与设立有限合伙制或公司制股权投资基金的方式，以该基金作为企业法人参与未上市公司股权投资，希望能够借此规避 IPO 政策风险	股权投资信托计划作为有限合伙人或股东，将信托资金作为出资注入股权投资基金（有限合伙制或公司制）中去VC/PE 投资机构作为普通合伙人，也将认购不低于 1.0% 的股权投资基金份额，并负责股权投资基金的投资、管理及相关运作

（六）合格境外股权投资机构渠道资金

2009 年 4 月，我国上海浦东区宣布将首次尝试允许外资股权投资机构进行合法登记注册，外资机构在中国内地设立人民币基金的闸门也正式打开。2009 年 6 月，上海发布《外商投资股权投资管理企业试行办法》。同年 8 月 14 日，全球顶级股权投资巨头百仕通集团宣布，在浦东设立其首只地区性人民币基金，募集资金约 50 亿元人民币，由此，拉开了合格境外投资机构募集设立人民币基金的序幕。具体情况见表 5 - 7。

表 5 - 7　　　　　　合格境外股权投资机构设立基金情况

基金名称	管理机构	资本类型	募资金额	成立时间	投资机构
中信资本中国零售物业基金	中信资本	外资	2.3 亿美元	2011 年 11 月	投资者包括来自美国、欧洲和亚洲等地的机构投资者。国际领先房地产咨询机构 Townsend 集团是其基石投资者

续表

基金名称	管理机构	资本类型	募资金额	成立时间	投资机构
北极光基金 III	北极光	外资	4 亿美元	2011 年 12 月	来自于美国、欧洲和亚洲的投资者
盛华地产基金	KKR	外资	1.4 亿美元	2011 年 9 月	远洋香港和 KKR SPRE 各以有限合伙人身份出资 7000 万美元，基金普通合伙人出资 200 万美元
"PPP" 策略基金	金牛投资	外资	—	2011 年 7 月	美国私募股权投资机构金牛投资
光大麦格理大中华基础设施基金	光大麦格理	外资	4.8 亿美元	2011 年 6 月	投资者为荷兰第二大退休基金 PGGM 和韩国第二大退休基金 Korea Teacher's Credit Union 等。光大控股和麦格理分别投入 5000 万美元
启明创投三期美元基金	启明创投	外资	4.5 亿美元	2011 年 5 月	资金来源地多为美国、欧洲，其中包括哈佛大学、母基金和一些家族基金
霸菱亚洲投资基金 V	霸菱亚洲	外资	24.6 亿美元	2011 年 2 月	三个亚洲国家的主权基金，加拿大养老金计划投资委员会（CPPIB）、英国大学退休金 USS（Universities Superannuation Scheme）、日本保险公司 Norinchukin、美国宾夕法尼亚州基金 PSERS、美国俄勒冈州州立大学退休金、俄亥俄州公共退休体系（OPERS）都加入了霸菱亚洲投资基金 V
金沙江创投基金四期	金沙江创投	外资	3.5 亿美元	2011 年	全部为霍斯利 – 布里奇投资公司认购

数据来源：清科数据研究中心。

三、基金资金渠道评价

资金渠道作为股权投资基金募资工作的重要"基础设施"支持，为基金的顺利募集提供了"地利"之便，因此基金管理公司如何选择"地利"、选择什么样的"地利"是关乎股权投资基金募资成功与否的重要前提。股权投资基金管理公司在选择资金渠道时，应注意以下三点。

（一）LP 与 GP 匹配化

在股权投资基金的募集过程中，LP（即有限合伙人）与 GP（即普通合伙人）的匹配是自然选择的过程。

通常，机构投资者作为 LP 时，常常需要有一个实力较为强大的品牌基金管理公司作为 GP。例如，社保基金、养老基金、保险公司、金融资产管理公司、实业企业、QFPE 等作为 LP 时，通常会认购如弘毅投资、中信资本、鼎晖投资等实力较强的品牌基金公司发起的股权投资基金。因为机构投资者更倾向于全方位考察拟投资基金，评选标准更加严苛，这就造成了一些缺乏业绩支撑和管理能力的中小型股权投资基金很难获得机构投资者的垂青，而一些有着良好背景的大型基金，将会更加受到机构投资者青睐。

而散户或个人投资者作为 LP 时，大多数有目前规模还不足够大、品牌影响力还不足够强的专业股权投资基金管理公司来作为 GP。通常，这些有实力参与股权投资基金认购的个人投资者大多数为银行、证券公司、信托公司的高净值客户。LP 与 GP 的匹配化，即"找准定位"，是股权投资基金募集工作预期能够顺利展开的前提。

（二）中介渠道与 GP 的匹配化

截至目前，我国大多数股权投资基金仍是通过银行作为主要发行渠道来募集资金。与此同时，银行和 GP 也在进行相互匹配的选择，通常大银行选择知名的、专业能力较强的 GP 机构，因为股权投资基金借助银行渠道发行，在银行看来，是借用了自身的品牌，因此二者的合作有战略合作的意味。而一般的 GP 机构通常选择中小银行来进行合作。

（三）股权投资基金募集渠道分化时代到来

从 2013 年 1 月初到本书截稿的 2013 年 11 月，前 11 个月里，作为股权投资基金重要资金来源的银行渠道受到了较明显的限制，对基金募资渠道格局也产生了深远影响。股权投资机构开始考虑第三方理财通道，或建立自己的财富管理公司来进行募资，目前九鼎、鼎晖等机构均已开设第三方理财机构进行募资。作为另一个重要募资渠道的第三方理财机构将首先受益，所占市场份额将有所增长；而对于基金管理机构而言，出于政策监管的不确定性，加强自身渠道的建设则更加迫切。

第三节　基金的设计

一、基金设计的意义

从某种角度来看，股权投资基金是基金管理人向投资者提供的一种产品，而投资者了解和购买基金的过程，其实就是对股权投资基金产品质量品评的过程。因此，在买卖双方市场化行为下，基金管理公司只有提供差异化的基金产品，才能够更好地满足投资人的需求，从而实现基金募资过程中"买卖行为"的顺利让渡。因此，基金作为一种产品，是需要设计的，而设计的过程就是对投资人的风险与收益偏好进行分类、精确定位和满足的过程，因此基金产品的特色是基金获得成功的重要前提。

二、基金设计的过程

股权投资基金产品的设计是一个较为花费时间、涉及方面较多、相对较为复杂的过程。通常，整个基金设计从提出需求到完成设计需 2 ~ 3 个月的时间。

首先，股权投资基金管理公司的市场和渠道部门会根据潜在客户的需求提出一个产品需求，或是基金管理公司根据公司发展战略提出需求，从市场和渠道得到反馈后，公司的产品设计部门与投研团队结合市场的特征，充分沟通后做出初步方案。通常，初步方案包括基金规模、组织形式、储备项目情况、投资周期确定、预期收益测算、分配方式、认购起点等。然后在公司内部产品委员会通过，通过后就进入到产品具体的细节实施，包括法律文件如合伙协议的拟定，有关基金募集情况的说明书撰写，有关基金管理的文件如托管协议、与律师事务所和会计师事务所的合作协议的签订阶段。

三、基金组织形式设计

（一）公司制基金和有限合伙制基金

目前，股权投资基金广泛适用的组织形式有两种，即公司制和有限合伙制。信托制由于本身存在一定的制度瑕疵，且对于以 IPO 主要退出渠道的股权投资基金在退出时面临致命障碍，因此在实践中，股权投资基金很少采用信托制形式。

关于公司制和有限合伙制基金的概念介绍和比较，详见第一章第二节"四、按组织形式不同设立"。

随着我国股权投资的发展，合伙形式尤其是有限合伙制逐渐成为股权投资基金的主流组织形式。有限合伙制形式通过以出资为条件的资合和以信任为条件的人合的有机统一，使得股权投资基金的所有权和经营权在分离基础上，又实现一定程度的统一，并通过合理的激励及约束措施，促进普通合伙人和有限合伙人的分工与协作，使各自的所长和优势得以充分发挥，能够最大效率地平衡普通合伙人和有限合伙人之间的风险和收益。另外，由于有限合伙形式基金相对于公司制基金可以有效地避免双重征税；且有限合伙制的股权投资基金的设立门槛低、设立程序简便、内部治理结构精简灵活、决策程序高效、利益分配机制灵活等特点极大地方便了我国股权投资的发展。

因此，一般来说，对于股权投资基金的普通投资人，其特点是追求股权投资的收益权，而对具体业务并不愿过多参与，只是要求有一定的知情权，因此有限合伙制股权基金正好契合了这类投资者的需求。而对于一些积极型或有特别要求的投资者，比如企业集团的战略投资、政府部门和其他特殊投资人，他们更看重的不是收益而是某种战略利益，因而能承受较长的投资期限和前期的投资亏损；他们更看重管理和控制，因而要求更多地参与甚至是决策，此时，公司制会是更好的选择。在国际上，英特尔资本、复兴投资以及一些银行、保险等金融机构下属的直投机构，或者淡马锡、深圳创新投等国有控股的投资机构，多采用公司制。

（二）一般化基金和结构化基金

选择公司制股权投资基金形式时，投资者作为股东"同股同权"地享受基金的收益和风险；选择有限合伙制股权投资基金形式时，投资者作为有限合伙人"平等地"享受基金带来的收益和风险。这都是对于一般化基金来说的。

而与一般化基金对应的是结构化的股权投资基金，其本质上是把投资者分割为不同层级，例如"优先级"和"一般级"。不同层级的投资者对应不同的风险和收益。其中，"优先级"一般为普通投资者，"一般级"多为发起该股权投资基金产品并管理这部分投资的机构。对"优先级"的普通投资者而言，这类产品的特点是风险有限，但收益也相对固定，类似一个固定收益类的理财产品。而对于发起产品的"一般级"机构，则可能亏本，风险较大，不过可以获得超额收益。

因此，从结构来看，一般级 LP 和基金的 GP 为优先级 LP 提供了"安全垫"，使优先级 LP 可以先行收回投入的本金。也正是因为提供了"安全垫"，而且晚于优先级 LP 参与投资收益的分配，使得这两类投资人所承担的风险加剧，所以对于投资收益预期也更高，因而一般级 LP 在剩余投资收益分配时将获得最大比重。例如，某结构化基金在出资和收益分配上，做了如下设计，见图 5.7。

实际上，出现此类创新型的投资收益分配模式，主要归因于不同情况下的 LP、GP 风险和收益诉求不同，该产品主要针对那些有意愿参与股权投资但风险偏好较低的投资人。当然，在所承担风险相对降低的同时，其获得回报也相应减少。

对比这一创新模式和传统的 80/20 投资收益分配模式（即为先返还 LP 本金，再将其他投资收益按 80% 和 20% 分配于 LP 和 GP 的分配模式），在创新模式下，优先级 LP 可以尽快收回本金并获得一定比例的投资收益，然而在基金整体回报达到某一水平后，此类 LP 的回报将低于其在 80/20 模式下可能获得的投资收益。另外，在创新模式下，GP 推迟参与基金投资收益分配，但一旦其开始参与，所获得投资收益将显著高于 80/20 模式下获得的回报。

该类创新型投资收益分配模式，既满足了有限合伙人的需求，又对基金

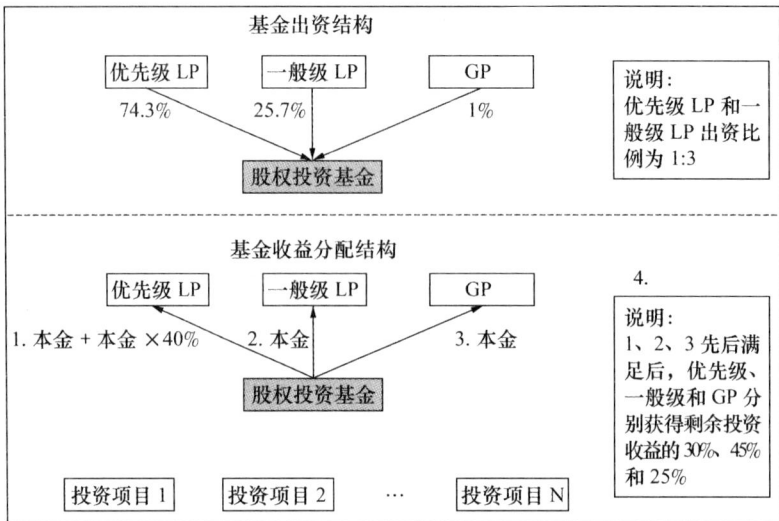

图 5.7　结构化基金示意图

注：1、2、3、4 代表收益分配顺序。

管理人形成有效激励，目前在国内股权投资基金市场为比较有特色的创新产品，但此类基金总体还比较少，只有少数基金管理公司能够专心设计并成功募集此类产品。未来随着股权投资募集市场进一步细分化，预计不同类型的结构化基金产品将逐渐增多。

（三）单个基金和 FOFs 基金

一般的股权投资基金通常为单个基金，但股权投资中也有基金中的基金，即 fund of funds 基金，简称 FOFs 基金，也叫母基金。

与单个基金不同的是，FOFs 基金是由基金充当有限合伙人（LP）的身份，由此而形成了子母基金。通常母基金募集资金后，主要不直接投资企业而是通过专业遴选和配置投资于股权投资基金（即子基金），从而对子基金所投资的项目公司进行间接投资的基金。

在实际运营过程中，FOFs 基金也完全按照基金的模式运作，因此，投资于一只优质 FOFs 等于同时投资于多只优质子基金，既能有效分散、降低风险，又能大大降低进入的门槛和成本（见图 5.8）。

在全球，FOFs 基金已成为股权投资基金产业链条上的重要一环，投资

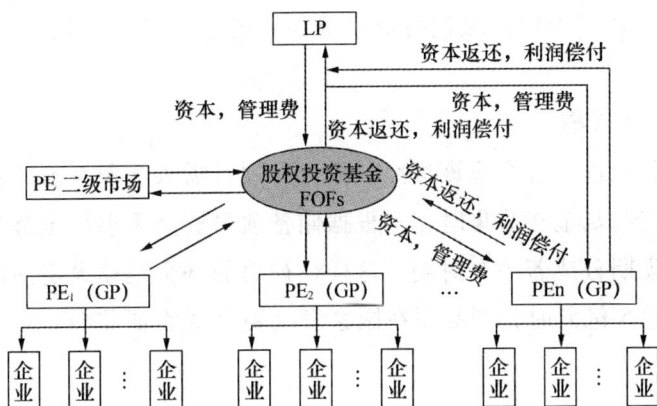

图 5.8 股权投资基金 FOFs 运作模式

圈中称之为"守门人"。海外股权投资在进入中国时大多采用 FOFs 这种形式，通过 FOFs 来回避投资中的风险。目前，欧美股权投资领域知名的 FOFs 主要有 Horsley Bridge、Singular Guff、Grove Street Advisor 等。这些 FOFs 基金通过投资专注于中国大陆的 VC/PE 基金而日益为中国投资者熟知，如赛富、光速创投、DCM、金沙江创投等众多知名创投基金。据不完全统计，截至 2011 年 3 月底，针对中国地区的外资股权投资 FOFs 已达 58 只，而且大多数以美元募集。

在我国本土市场上，目前以 FOFs 形式运作的主要有政府引导基金、国有企业参与设立的市场化 FOFs、民营资本运作的市场化人民币 FOFs 三大类。其中，政府引导基金是人民币股权投资 FOFs 市场上 90% 以上的参与者。

四、基金一般内容设计

（一）基金名称

基金的名称主要为工商登记注册使用，通常基金名称应符合《名称登记管理规定》，有的地区还规定达到一定规模的投资企业，名称上可以使用"投资基金"字样。名称中的行业用语通常使用"风险投资基金、创业投资基金、股权投资基金、投资基金"等字样。对于股权投资基金，不同地区基金名称可能采用不同的称谓，例如北京地区，所有的有限合伙形式的股权投资基金名称上都采用"某某投资发展中心（有限合伙）"字眼，而在天津，大多采用"某某（天津）股权投资基金（有限合伙）"的叫法。

（二）基金规模

通常，股权投资基金应该按照拟投资的项目需求金额来确定基金的发行规模。但是有些基金在募集时，不根据储备项目资金需求设定募集规模，而是将基金募集期分成若干个时期，这样往往总的基金规模设定的比较大。当基金规模超过5亿元时，则必须在国家发改委（或者证监会）申请备案并接受备案管理。

（三）基金管理人

在有限合伙制的股权投资基金中，通常由基金的普通合伙人担任基金管理人角色，担任基金管理人角色的普通合伙人也叫执行事务合伙人。有时候，股权投资基金也会聘请投资顾问来担任基金的管理人。

（四）基金托管人

基金的托管人一般为银行机构。股权投资基金成立后，会将基金资产整体托管至托管银行，以保证基金的财产安全。

（五）投资领域

通常情况下，股权投资基金在筹备成立期间就基本确定了投资领域。对于一般的股权投资基金，可能投资方向没有限定在某一确定性领域，但是其有较为明确的投资范围，此投资范围一般为基金管理团队较为熟悉、擅长和具有资源整合优势的产业领域。而对于产业基金，则一般设立时就会设定明确的投资领域、投资范围，通常这类基金主要在投资领域内的企业所涉行业的上下游进行投资。

（六）存续期

股权投资基金与其他组织一样，有其存续期。受股权投资这一权益性投资性质影响，通常其存续期较长。目前，业内股权投资基金存续期一般为7年（5＋2）、10年（7＋3），甚至更长。例如，2012年2月成立的山东蓝色经济区产业基金总规模 500 亿元，存续期达 12 年。

（七）责任约定

该部分常常遵从行业惯例，在有限合伙制形式下，会约定有限合伙人、普通合伙人、执行事务合伙人的义务和权利。股权投资基金通常会设立基金权力机构——投资决策委员会，来负责对基金的投资、退出等重大事项的决策。通常情况下，投资决策委员会成员由执行事务合伙人高级管理人员担任，有时会聘请外部专家来担任委员，有时也会选举有能力的有限合伙人担任。通常投资决策委员会设定委员若干，建立议事规则，共同对股权投资基金重大事项进行决策。有关详细论述见本章第八节。

（八）退出渠道

股权投资基金的退出渠道主要有首次公开发行上市退出、兼并收购、转让、管理层回购、新三板、股权投资基金二级市场、清算等几种方式。根据数据统计，在我国，首次公开发行上市退出一直为主流退出渠道，未来并购退出将成股权投资基金退出的主要渠道。详细论述见本书第八章第三节。

（九）收益分配

基金的收益分配为基金设计的重要内容，通常为投资人重点关注。

1. 收益

股权投资基金的收益来自于其所进行的投资，即对一些有发展潜力的公司进行的股权投资，包括直接股权投资、可转债等，在完成退出后取得的收益。该收益包括投资过程中取得的现金红利、出让股权（上市或转让）所获取的回报等。

2. 分配

基金退出投资项目，收回投资，取得资金。收回的资金首先用于偿还投资者的投资成本，溢出部分根据双方达成的利润分配方案在基金和基金管理人之间进行分配。

股权投资基金的资金分配先后次序一般是：首先，向基金管理人支付保底管理费；其次，向 LP（有限合伙人）返还投入资本；再次，根据协议，参考市场上无风险回报率来计算并支付投资人优先回报（如有）；最后，剩余收益会根据基金和基金管理人之间的绩效分成比例进行分配。

而市场上有的股权投资基金还引入了利益回拨机制。回拨机制是指如果GP（普通合伙人）得到了超过事先协定的收益分成，或未能向LP（有限合伙人）返还全部出资并提供优先回报，GP（普通合伙人）必须退还其得到的超额分配。该条款一般在基金投资项目出现亏损时产生效力，在基金终止时或者中期可进行回拨。为保证回拨发生时能够顺利进行，基金应建立提存账户或向基金出资人提供回拨担保。回拨机制是基金管理人绩效考核形式的一种，与结构化基金一样，都是为了满足基金投资人的风险收益需求和基金管理人的业绩激励需求。

以上为一般股权投资基金的基本构成条款，除此以外，根据实际情况不同，有些基金还会有一些特别约定条款等。

五、基金设计展望

（一）产品创新化趋势明显

自 2013 年 1 月中国银监会要求各银行机构"严格监管理财产品设计销售和资金投向，严禁未经授权销售产品，严禁销售私募股权基金产品"以来，该规定对股权投资基金的募资方面产生了深远影响。各基金管理公司开始在基金产品设计方面下大工夫，一时间，结构化基金、双 GP（一般合伙人）基金、平行基金等一些创新架构设计的产品开始出现。这些创新基金的出现，实际是来源于市场的需求，结构化设计满足不同风险偏好的投资者，双 GP 可以形成能力上的互补，平行基金可由不同区域不同机构去募资。

而早在 2011 年底，北京正达联合投资有限公司就提出了通过分级设计来满足不同风险收益偏好的投资人需求的思想。其旗下管理的北京正达泰益投资发展中心（有限合伙）和北京正达友益投资发展中心（有限合伙）就是典型的结构化基金，2012 年 8 月两基金成功募集完毕，完成了工商注册和创立。截至 2013 年 11 月，业内推行此类创新产品的基金管理公司仍是少数，因此，北京正达联合投资有限公司在国内股权投资界是实至名归的基金产品创新设计先锋。

（二）客户定向化趋势明显

2012 年底以来，在迎合股权投资基金投资者不同需求的同时，股权投资机构也逐渐拉开了对 LP（有限合伙人）细分市场开发和布局的大幕。由于机构投资者与散户投资者在投资风格、风险和流动性偏好方面存在较大差异，于是股权投资基金管理公司在募集对象上开始呈现差异化，基金管理公司也开始专注于某一类或某几类 LP 进行深度挖掘和开发。

未来随着不同机构深度挖掘不同类型的 LP，届时其在产品设计上也会分化，客户定向化的趋势会更加明显。针对机构 LP 的产品设计，会投资期限更长、收益相对稳定；针对高风险、高收益偏好，投资者设计成长类项目产品；针对风险偏好偏低的散户，LP 则考虑结构化产品。

第四节　基金的募资流程管理

一、募资时机的选择

股权投资基金的募集开启时机一般根据公司的决定而启动，但是募集时机的选择在一定程度上将影响新基金募集的效果，这在一定程度上也考验了基金管理公司的判断能力和控制能力。

（一）一二级市场联动对募资的影响

从图 5.9 中可以看出，证券二级市场的行情表现和一级市场上股权投资基金的募资存在着较明显的相关关系。当证券二级市场处于较高点位时，股权投资基金呈现募集情况较好的态势，例如在 2009 年、2010 年和 2011 年，当证券二级市场处于下行趋势时，股权投资基金的募集也较为明显地呈现出累计新增基金募集总额下降、单个基金募集金额逐渐减少的状态，说明了股权投资基金的募集存在明显的一二级市场联动的效应。因此，股权投资基金应该充分利用天时，抓住有利时机完成募集工作。

从单只基金平均募集金额来看，证券二级市场行情每况愈下时，股权投资基金平均单只基金募集的额度呈现越来越少态势，反映了股市表现欠佳时，大多数的投资者参与股权投资的意愿也随之下降，如若此时进行基金的募集，那么募集效果势必将打一定的折扣（见图 5.10、表 5-8）。

（千万美元）

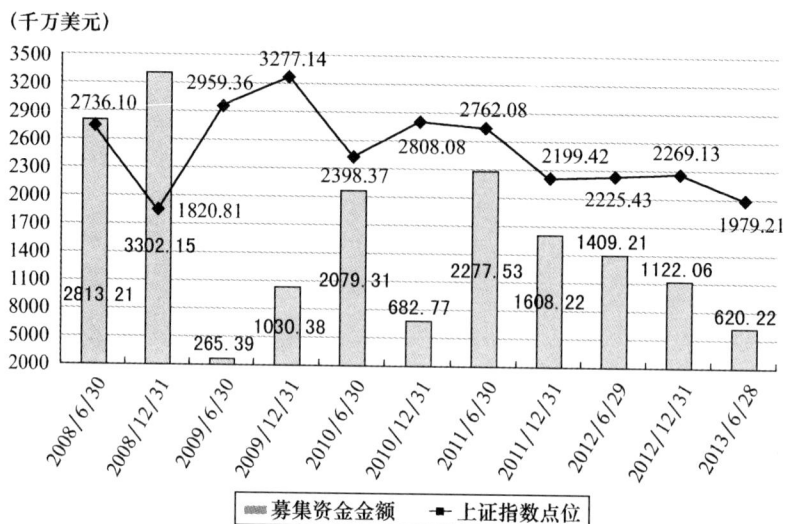

图 5.9　股权投资基金新增募资总量累计比较（按每半年）

注：上图加黑数字为基金募资总量累计额（按每半年），非加黑数字为对应上证指数点位。

数据来源：清科数据研究中心，证券市场公开数据。

（百万美元）

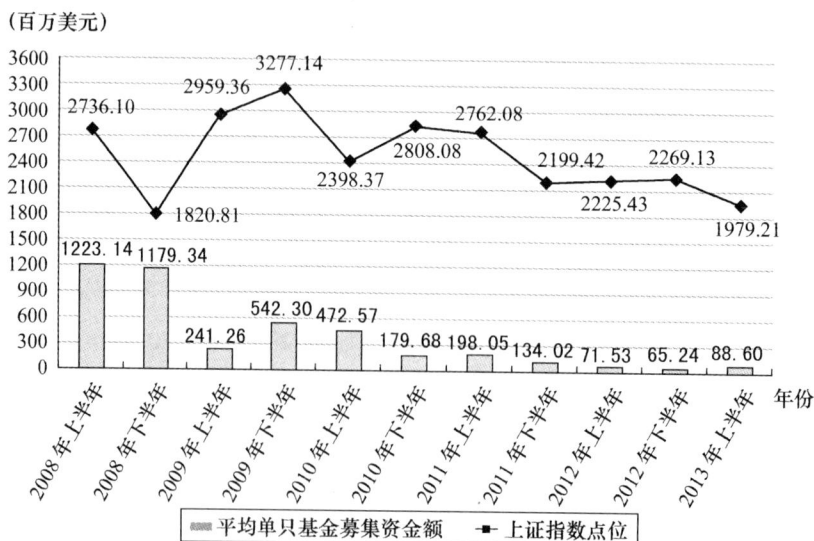

图 5.10　平均单只基金募资金额统计

注：上图加黑数字为平均单只基金募集资金额（按每半年），非加黑数字为对应上证指数点位。

数据来源：清科数据研究中心，证券市场公开数据。

表5-8 2008～2013年每半年度私募股权投资基金募资总额统计明细

半年度	募集资金金额（单位：百万美元）	新成立基金个数
2008 年上半年	28132.14	23
2008 年下半年	33021.48	28
2009 年上半年	2653.91	11
2009 年下半年	10303.76	19
2010 年上半年	20793.11	44
2010 年下半年	6827.72	38
2011 年上半年	22775.3	115
2011 年下半年	16082.21	120
2012 年上半年	14092.07	197
2012 年下半年	11220.59	172
2013 年上半年	6202.17	70

数据来源：清科数据研究中心。

（二）IPO 进程对基金募资的影响

在我国，股权投资基金主要的退出渠道是首次公开发行上市 IPO 退出，因此我国 IPO 审核工作的进程也是影响股权投资基金募集的一个重要因素。

图5.11 中，曲线为 2008 年以来我国成功 IPO 上市的企业数量变化情况，柱状图为对应时期股权投资基金累计新增募资金额。通过该图可以清晰地看出，IPO 发行节奏对私募股权投资基金募资的影响。

2008 年至今，我国股票市场有两次暂停 IPO 发行，一次是从 2008 年 10 月到 2009 年 5 月，历时 8 个月；一次是 2012 年 11 月开始至今的暂停，截止 2013 年 11 月底，已经暂停 13 个月。

IPO 的进程和节奏密切地影响着我国股权投资基金的募资表现，因此基金募集时，应该将该因素对基金的影响放到较为重要的位置。IPO 的进程首先会对基金存续期造成影响，其次对基金退出渠道带来影响，当然更直接地会影响新基金的募集成功与否。通过表5-9 可以看出，自 2012 年 11 月以来的 IPO 审核暂停已经对我国股权投资基金的募集产生了相应影响。不过，在可以预见的未来，发审制度会再度开启，股权投资基金的募集规模又会重

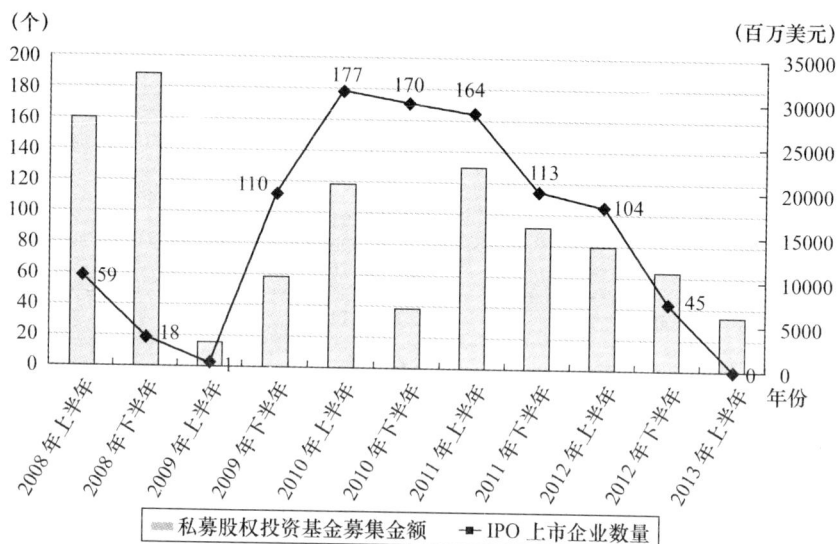

图 5.11　IPO 上市企业数量与股权投资基金募集资金情况对比

数据来源：同花顺 清科数据研究中心。

新增大。因为我国经济的资产证券化率还不够，资本市场需要股权投资基金，我国经济转型发展也需要股权投资基金。只不过，未来我国的 IPO 发行审核流程及制度可能会发生变化，特别是，一直以来证监会对证券发行审核注册制的呼吁及机制准备安排，所以，作为股权投资基金的管理公司，也要有相应的战略考虑，适时开发并推出并购基金、定向增发基金等，以求对股权投资重大制度发生变化时作出迅速响应。

表 5-9　2008~2013 年 IPO 上市与对应时期股权投资基金募资情况

半年度	IPO 上市募集资金总额（单位：亿元）	IPO 上市企业数量（个）	股权投资基金募集金额（单位：百万美元）
2008 年上半年	903.88	59	28132.14
2008 年下半年	159.95	18	33021.48
2009 年上半年	9.11	1	2653.91
2009 年下半年	2012.86	110	10303.76
2010 年上半年	2175.07	177	20793.11
2010 年下半年	2783.21	170	6827.72
2011 年上半年	1644.69	164	22775.30

续表

半年度	IPO上市募集资金总额（单位：亿元）	IPO上市企业数量（个）	股权投资基金募集金额（单位：百万美元）
2011年下半年	1112.27	113	16082.21
2012年上半年	760.92	104	14092.07
2012年下半年	257.01	45	11220.59
2013年上半年	0	0	6202.17

数据来源：同花顺　清科数据研究中心。

二、募集原则的把控

资金募集是股权投资基金成立最关键的一环，如不能募集到计划内的资金，则基金下一步的工作根本没有办法开展。2007年6月1日新修订的《合伙企业法》确立了有限合伙制度，给股权投资基金采取有限合伙制形式提供了法律上的充分依据。股权投资基金资金募集时应符合以下几条原则。

1. 遵循资金募集不公开原则

无论是《公司法》的发起设立中的特定对象募集，还是《证券法》等相关法规中的非公开发行股票，或者《合伙企业法》中的有限合伙设立，以及信托集合资金，都限定了股权投资基金不得公开营销宣传。

2. 遵循募集对象人数限定的原则

《公司法》明确限定非上市股份有限公司股东人数不得超过200人，《证券法》等相关法规明确限定特定对象发行股票后股东累计不超过200人，《合伙企业法》规定有限合伙企业合伙人不得超过50人。因此，股权投资基金人数限制是一个硬性杠杠。市场上就曾有某些基金因为借道信托募集资金一度被认为疑似认购人数超规定而引起监管部门关注。

3. 遵循尊重股权投资基金自行决定募集规模的原则

除了对自然人投资股权投资基金，特别是集合资金信托计划有投资规模的限制外，《公司法》、《证券法》、《合伙企业法》等并未严格限定股权投资基金资金募集规模，这是符合股权投资基金本身特点的，因为只有股权投资基金了解自身投资资金需求，并根据自身情况作出合理的资金募集安排。

4. 遵循股权投资基金自行决定募集阶段的原则

修改后的《公司法》并未要求资金募集要一步到位，而是允许分步分阶段到位；《合伙企业法》允许资金募集实行承诺制，有限合伙设立时并未要求实际全部出资，而是要求投资者对于实际项目投资承诺出资，在项目实际需要投资时出资到位；另外，即使是集合资金信托计划也规定了一定的出资时间，并未严格实行一次性到位。

股权投资基金的目的在于对外进行股权投资，在正式投资之前其资金需求量并不大，因此为了避免资金闲置，法律允许股权投资基金自行决定资金募集阶段，这是符合股权投资基金运作特点的。

三、募集的简要步骤

股权投资基金的募集，一般要经过以下几个步骤。

（一）澄清与先前管理基金所投项目之间的利益冲突

通常情况下，主营业务为基金管理的投资公司旗下不止管理一只基金，因此当其发起成立一只基金时，基金经理须首先明确拟募资的基金与公司先前管理的基金在利益冲突方面的处理原则。通常情况下，拟募资的基金会明确以下方面：①拟募资基金成立后，当遇到优秀投资项目时，新成立基金与先前管理的基金投资的优先顺序；②当已投资项目进行增资扩股时，新成立基金与先前管理基金进行新增投资的优先顺序；③当新成立基金对先前管理基金所已投资的项目进行投资时，投资价格的控制；④包括投资退出的一系列事宜的安排等。

（二）撰写基金募集说明书（或募资备忘录）

在国内，发行股权投资基金的第一项重点工作就是撰写基金募集说明书，在国外也叫募资备忘录。通常基金募集说明书内较为详细地阐明了基金设立的背景、拟募资的规模、投资人与管理人的权利义务、基金的治理结构和组织设计、基金的管理团队及历史业绩、基金资金使用方式、投资方式、获利方式、风险防范等。详细内容见本章后附件5-1。

（三）路演

基金的路演即与潜在的投资人举行会议，在充分交流的条件下，促进基金成功募集发行的重要推介、宣传活动。

基金路演是基金募集的最重要也是最关键的一步，通常路演效果的好坏，直接影响可能投资的有限合伙人是否有进一步了解基金情况的意向。因此，在基金路演过程中，根据路演对象的类别不同（例如机构或是个人）和路演对象的多少，采取不同的路演方法和营销策略。近年来，通过第三方渠道的路演较为普遍，例如通过银行、信托、证券营业部等向其大客户进行推介、路演。

路演的同时，发行基金的投资机构会向潜在有限合伙人提供认购意向书。根据路演效果，基金经理会根据情况，例如超额认购情况早早出现时，来调整募资总额，同时也会增加或减少所需路演的次数。

（四）与符合条件的投资人进一步磋商

基金路演结束后，即是与符合条件的有限合伙人进行进一步磋商的阶段，为正式建立投资关系奠定基础。同时，有的符合条件的有限合伙人会进一步了解基金更详细的情况。通常，有限合伙人会拜会基金管理人，了解基金管理人日常管理流程、项目储备情况、投资决策流程、拟投资项目的详细情况等，甚至根据需要还会要求实地考察拟投资企业。

（五）与主要投资人沟通（或谈判）最终条款（如需）

在基金管理人和符合条件的有限合伙人充分接触了解后，双方会就最终条款展开谈判。通常情况下，谈判主要内容包括：符合条件的有限合伙人的知情权、表决权、议事规则等的具体内容规定等。

（六）达成协议，缴纳投资款，募资结束

在与有限合伙人通过预先谈判达成原则性协议后，各有限合伙人缴纳投资款，基金管理人确立基金募集结束日期，并最后确定基金总规模，传阅最终会计事务所审计文件，就宣告了基金募集的结束。通常基金募集缴款结束后，会确定并召开基金创立大会，一般在创立大会上各有限合伙人会集体签署合伙协议，自此整个基金募资流程宣告结束。

四、募资过程中的注意事项

整个股权投资基金募资过程中，需重点控制两点：一是要保持发行的私募状态，这是由《公司法》和《证券法》规定的；二是要控制有限合伙人的人数，这是由《有限合伙企业法》规定的。否则，便容易陷进"非法集资"的陷阱。

（一）非法集资

非法集资是指单位或个人未依照法定的程序经有关部门批准，以发行股票、债券、彩票、投资基金证券或者其他债权凭证的方式向社会公众筹集资金，并承诺在一定期限内以货币、实物及其他利益等方式向出资人还本付息给予回报的行为。

根据《最高人民法院关于审理非法集资刑事案件具体应用法律若干问题的解释》的规定，非法集资的构成条件主要有以下四条，违反其中之一的话，就会被认为踩了"非法集资"的红线：①未经有关部门依法批准或者借用合法经营的形式吸收资金；②通过媒体、推介会、传单、手机短信等途径向社会公开宣传；③承诺在一定期限内以货币、实物、股权等方式还本付息或者给付回报；④向社会公众即社会不特定对象吸收资金。

（二）募资注意事项

1. 控制投资人数和最低投资数额

股权投资基金通常向特定对象募集资金，但如何界定"特定对象"目前法律尚无明确规定，但一方面投资人数应符合法律规定，如以有限合伙企业形式募资的，投资人数不得超过 50 人；另一方面，投资人应当具有相应的风险承受能力，具体表现为对单个投资人的最低投资数额进行限制，如自然人投资者投资数额不得低于 100 万元等。

2. 不承诺保底收益或最低收益

承诺固定收益的一种表现形式是保本付息。因此，是否签订了保本付息条款是是否构成非法集资的主要认定标准；另外，承诺的形式也不限于货币，承诺给予固定的实物、股权等也可被认为承诺固定收益。

3. 不公开宣传

不能够以广告形式宣传。为了合法且兼顾效率，在严格遵守其他几点的前提下，可通过小范围、参加人数不超过投资人数上限的推介会形式进行路演，随后筛选特定投资者或与个别投资者面谈。

4. 合法、合规使用募集资金

如果出现基金募集后被用于挥霍导致无法返还、抽逃募资款、转移募资款、携带募资款藏匿、伪造投资失败、用于违法犯罪活动等，都将会涉嫌集资诈骗。此外，募集新基金来偿还老基金的本金和收益，也会涉及非法集资问题。

此外，在资金募集的时候，股权投资基金还应注意向投资者充分提示投资风险，披露相关信息，同时也要严禁代持股投资者的加入。代持股是指一名投资人为了达到最低出资标准，集合多个投资人的资金参与。否则，一旦超过投资者人数限制，就容易涉嫌向不特定对象募集资金，从而亦导致非法集资的可能。

五、募集时间的安排

通常情况下，一个股权投资基金从设计基金方案到资金成功募集到位，一般需要 6～8 个月时间。而资金规模大、募集对象类别多的基金所花费的时间更长。表 5－10 为一个典型化的基金募集的时间表。

基金募集过程中应建立时间化控制机制，即到了既定募集期，达到预计募资总额的一定百分比即可宣告基金成立。而不一定追求必须完成既定募集资金总额目标，这缩短了基金管理公司募资与投资的对接时间，有利于提高股权投资基金运营的效率，而不会因股权投资基金管理流程中任一环节的拖拉而影响整个基金的运营。

同时，基金募集过程中在承诺投资的基础上，应该用于出资的资本一次性全额缴足化，不提倡分期缴纳。因为资本分期缴纳本身是因为基金管理公司项目储备不足或储备项目质量不高，难以引起投资人兴趣而采取的一种暂缓行为。这样，使本来一次能够完成的工作分两次进行，造成了基金管理团队精力的分散，不利于股权投资流程的顺利推进。试想基金募集的第一期资金还没有全部投完，而已经投资进去的项目需要管理，同时基金第二期资金募集要求基金管理团队去与另外的投资人沟通协调，这大大影响了基金管

表 5–10	基金募集的简要时间表			
完成尽职调查准备				
鉴别有限合伙人/预路演				
准备私募备忘录和条款书				
准备路演报告				
准备尽职调查材料				
分发私募备忘录				
准备认购协议和普通合伙人条款书				
审阅路演报告				
举行路演会议				
分发有限合伙协议				
谈判有限合伙协议和附属文件审阅意见反馈				
投资资本承诺初步结束普通合伙人运营协议定稿				
最终结束				
	第 1~3 月	第 4~7 月	第 7~9 月	第 10~12 月

理公司的管理程序，带来了整个基金管理工作的混乱。从流程控制理论来说，不利于集中优势完成各个流程的优化，从而加大了每个环节出现因控制不力而影响全局的风险。

六、募资过程中的重要文件

基金募资过程中有三类重要的文件，分别为《基金募集说明书》、《基金认购意向书》、《合伙协议》。

其中，《基金募集说明书》综合阐明了基金方案、基金管理人优势、基金投资、基金预期收益等内容，是基金潜在投资人较为全面地了解基金及基金管理人的详细资料。

《基金认购意向书》是基金潜在投资人提交的带有认购数额和个人签字的体现初步认购意向的信息统计凭证。

《合伙协议》是基金投资人详细了解基金运营管理和作为有限合伙人后的权利义务等，基金投资人通过签署《合伙协议》，出资打款，从而正式成为基金的有限合伙人。《合伙协议》为有限合伙人和普通合伙人各执一份，具有法律效力。

三份文件样式详见本章后附 5–1、附 5–2、附 5–3。

第五节　基金的托管

一、股权投资基金托管现状

基金托管是指基金管理人将基金资产委托给商业银行，由商业银行代表基金投资人的利益，保管基金资产，监督基金管理人日常投资运作。商业银行作为基金托管人独立开设基金资产账户，依据基金管理人的指令进行清算和交割，保管基金资产，在有关制度和基金契约规定的范围内对股权投资基金业务运营进行监督，并收取一定的托管费。

（一）托管规模

目前，我国银行的股权投资基金托管业务已覆盖了有限合伙型股权投资基金、公司型股权投资基金以及政府主导型产业投资基金。国内大中型商业银行如工农中建交、浦发、招商、民生、中信已全部具备托管股权投资资金资格，部分城商行如北京银行、苏州银行、渤海银行等小型银行也开展了此类业务。根据清科研究中心的数据，截至 2012 年 12 月，浦发银行托管的股权基金规模已超过 1400 亿元人民币，位列"2012 年中国 VC/PE 基金托管银行 5 强"之首。

（二）托管标准

目前，我国银行业内还缺乏统一的基金托管的标准，各银行在基金托管理念、托管范围、监管内容、监管程序等方面都存在一定差异。同时，法律上，对于托管机构的法律责任亦无明确界定，这都有待未来的进一步统一化、标准化和完善化。

（三）托管费率

对于股权投资基金的托管费率，绝大部分银行会对基金管理机构以相同托管费率进行基金托管，少部分银行会因托管基金规模而实行差异化托管费率，如托管超大型规模基金往往托管费率较低，并为其提供后续投融资顾问等增值服务。有些商业银行还会在股权投资基金募资阶段为其提供帮助，并会在合伙制基金的 GP 管理费中提取一定比例作为收益（通常 20% ~25%）。

（四）托管与发行相结合

在实践中，股权投资基金的托管通常与发行相结合，这是股权基金管理公司与托管银行相互选择和开展合作的结果体现。一方面，股权投资基金的发行满足了银行尤其是其私人银行部的高净值客户资产配置的需要；另一方面，股权投资基金通过"品牌借用"，利用银行的渠道，能够更高效地完成基金募资工作。因此，"托管与发行结合"使得基金管理公司与托管银行实现了双赢。

二、股权投资基金托管展望

（一）银行托管业务增长趋势不变

2013 年 2 月银监会在全国银行业监管工作会议上，首次明确提出"严禁销售私募股权基金产品"。该规定一出，对银行零售部门及私人银行部门参与股权投资基金募资业务带来了较大影响。但是，这没有影响银行资产托管部门对股权投资基金的关注，通过这一业务联系，有利于继续保持银行与股权投资基金管理机构的合作关系，因此其托管业务仍有望保持稳定增长。另外，银行作为资金托管机构，接受基金资产的委托管理指令，行使公众监管职能，这一天然形成的"公众先天信赖优势"不会改变，因此银行的托管业务会随着我国股权投资基金的发展而不断壮大。

（二）强制托管将成行业趋势

目前，我国法律在股权投资基金的资金是否应由独立第三方托管方面并没有作出法律强制性规定。在实践中，很多基金管理人为了增强投资者信心，主动委托专业银行对其管理的股权投资基金进行托管，但亦有很多基金未做资金托管安排。根据业内经验，未来我国股权投资基金强制托管将成趋势。因为强制托管是防范基金管理人道德风险的一道防火墙，有利于促进股权投资基金行业的健康发展。在设置强制托管义务的同时，也会建立统一规范标准，明确托管机构的法律责任。

第六节　基金的审计

一般来说，一个正规的股权投资基金成立时要聘请会计事务所进行验资、审计；另外，在基金存续期内，每年都会进行一次年度审计，来向基金合伙人说明基金在那个时间点上的整体市值情况、当年基金运营情况等。

一、审计机构的选聘和更换

与一般基金聘请的外部审计机构一样，股权投资基金的外部审计师是独立的，且代表了股权投资基金以及有限合伙人的利益，而非代表普通合伙人的利益。运营规范的股权投资基金在基金整个存续期内只聘请一家专门的会计事务所机构做审计工作，这样很好地延续了基金审计的一贯性，当股权投资基金的外部审计师更换时，须经有限合伙人同意。

二、基金审计趋势

目前，我国的股权投资基金并不是都进行验资和审计，因为审计和验资工作并不是我国股权投资基金工商注册管理的必备程序。而只有在发改委备案的股权投资基金的审计是必须的。2011 年初国家发改委颁布了《关于进一步规范试点地区股权投资企业发展和备案管理工作的通知》，其中规定对备案企业实行"年审制"。"在每个会计年度结束后的 4 个月内，已备案的股权投资基金企业应向基金服务机构报送年度业务报告和经审计的年度财务报告，股权投资基金管理企业和托管银行应向基金服务机构提交年度资产管理报告和年度资产托管报告"。

未来随着我国股权投资市场的发展，股权投资基金"验资 + 审计"将必备化和常态化，这也是进一步提高股权基金服务质量的必要举措。

第七节　基金的信息披露

一、向投资人披露

在股权投资基金运营过程中，充分、及时、准确的信息披露有利于在基金管理人和投资人之间搭建良好的桥梁，建立信任关系，缓解基金管理人和投资人之间呈现信息不对称局面，从而进一步提高基金的运营效率和效果。

目前，国内法律对股权投资基金管理人应如何向投资人履行信息披露义务几乎没有规定。在实践中，一些规范运作的基金管理人会在基金章程性文件（如公司章程、合伙协议等）中约定较为详细的信息披露义务，例如以年报、半年报、季报的形式向投资人披露基金的投资活动和资金使用情况，并允许投资人经合理的程序审阅查看基金的财务报表等。但也有一些基金管理人未在基金章程性文件中详细约定信息披露的方式和内容，或虽有约定但事后未及时、准确、完整地向投资人披露相关信息，并导致了一些纷争。

对此，业内认为可以参考公募证券投资基金在信息披露方面的强制要求，对股权投资基金的法定信息披露作出一些原则性规定，例如信息披露的周期、信息披露的主要内容等。在设置强制信息披露义务时，需要兼顾基金管理人在投资方面的商业秘密保护，在遵守与被投资项目企业保密约定的前提下，重点放在项目投资后相关信息公开以及持续披露义务上。

二、向监管部门披露

2011 年 11 月国家发展改革委发布了《关于促进股权投资企业规范发展的通知》，要求股权投资企业除需向投资者披露投资运作信息外，应于每个会计年度结束后 4 个月内，向备案管理部门提交年度业务报告和财务报告。在投资运作过程中发生重大事件的，应及时向备案管理部门报告。

三、IPO 上市披露

股权投资基金尤其是有限合伙制股权投资基金的 IPO 披露是随着我国证监会 IPO 审核工作要求变化而变化的。

2012 年 2 月我国证监会公布了《发行监管部首次公开发行股票申报企业基本信息情况表》以及 IPO 审核工作流程，均要求拟上市公司提前一个月公布招股说明书预披露，IPO 上市披露进入了"完全式"信息披露阶段。"完全式"信息披露就是证监会要求对拟上市公司 IPO 前一年内入股的股权投资机构，要求在终级追溯的核查背景下，再进行"完全式"信息披露，其中就包括股权投资基金的基本情况、财务状况、投资项目列表等，也包括追溯核查的 GP、LP 中法人、自然人的背景简历、财务状况等。

就 IPO 而言，有限合伙制股权投资基金股东的信息披露，由于相关规定的缺失，在实践中，一般参照法人股东的信息披露要求进行，均统一对有限合伙制股东的成立时间、合伙期限、出资额、注册地及主要经营地、合伙人名单、执行事务合伙人及其经营范围等进行披露。但是在实际执行中，对有限合伙制基金股东的机构出资人的股东或出资人信息披露程度也存在差异。

根据汉坤律师事务所陈晓敦、陈漾对证监会网站自 2012 年 1 月 1 日起预披露的拟上市公司招股说明书申报稿的研究，有几十家公司股东中包含有限合伙制基金股东，其中约 90% 公司的有限合伙制基金股东的出资人中包括机构出资人，又有超过一半的公司对其有限合伙制基金股东的机构出资人进行了深层次披露或终极披露（包括披露终极自然人出资人的姓名、出资额、认缴及实缴出资比例、近 5 年的个人经历），还有部分公司虽未对其有限合伙制股东的机构出资人进行终极披露，但是披露了该等有限合伙制股东合伙协议的部分内容。

未来，在我国证券市场日益加强信息披露监管和信息透明化趋势下，监管部门对 IPO 发行所涉股权投资基金股东信息披露的要求也将越来越清晰和严格。

第八节　基金的运营管理

一、基金执行事务合伙人的运营管理

股权投资基金的经营管理事务和一些对内对外关系中的事务处理，通常由执行事务合伙人来具体执行。执行事务合伙人是按照《合伙协议》的约定或者经全体合伙人决定，选定的对外代表合伙企业执行合伙事务的人。

（一） 执行事务合伙人的选定

执行事务合伙人的产生通常有两种形式：一种是由全体合伙人共同执行合伙企业事务，全体合伙人即执行事务合伙人；另一种是由合伙协议约定或者全体合伙人决定，委托一名或者数名合伙人作为执行事务合伙人执行合伙企业事务。

由于合伙企业由合伙人共同出资、共同经营的特征，所以各合伙人对执行合伙事务享有同等的权利。当合伙人委托一个或者数个合伙人执行合伙事务的，其他合伙人便不再执行合伙事务。在股权投资基金中，一般由普通合伙人来担任执行事务合伙人。

不参加执行事务的合伙人有权监督执行事务的合伙人，检查其执行合伙企业事务的情况；执行合伙企业事务的合伙人应当依照约定向其他合伙人报告事务执行情况及合伙企业经营状况、财务状况。

（二） 执行事务合伙人管理的主要方面

①执行合伙企业日常事务，管理和维持合伙企业的资产。

②分析并评价潜在的投资项目，参加投资项目谈判，对投资项目进行跟进式管理并制定适当的投资退出策略；对已经上市并可以退出的投资组合应按照投资决策委员会的决定或确定的原则，在符合法律和法规要求的条件下，尽快完成退出。

③代表合伙企业与投资目标公司的董事和高级管理人员进行联系，协助投资标的公司的发展。

④及时收取有限合伙投资所产生的股息、资本利得、利息及其他收益，并及时促其汇入合伙企业账户。

⑤召集合伙人会议。

⑥及时按照协议约定和合伙人会议或投资决策委员会的决议向各合伙人分配权益。

⑦保管有限合伙所有经营和开支的档案与账簿。

⑧在每个会计季度结束后四十五（45）天内向有限合伙及各个合伙人提交基于中国通用会计准则准备的显示执行事务合伙人运营有限合伙业绩的未经审计的财务报告。

⑨向有限合伙及各个合伙人提交基于中国通用会计准则准备的有限合伙年度报告（该报告应包括经审计的损益表、资产负债表和现金流量表，以及该会计年度各合伙人在有限合伙中的资金账户变化及余额说明）。

⑩负责有限合伙的其他日常经营事项。

⑪处理协议约定或由合伙人会议另行授权的由普通合伙人即执行事务合伙人处理的所有其他事宜。

（三）　执行事务合伙人的权利

通常在合伙协议和合伙人会议授权范围内，执行事务合伙人会享有处理但不限于以下事务的权利。

①根据协议约定和合伙人会议决定的投资重点和经营准则执行投资政策和实现投资目标。

②根据投资决策委员会的决议发出向投资项目汇出现金的指令。

③根据投资决策委员会的决议，代表合伙企业聘请律师、会计师等维持合伙企业正常经营所需的中介人员。

④按照投资决策委员会的指令购买、销售或以其他方式处置合伙企业的资产。

⑤代表合伙企业进行谈判及履行有关合同、协议及承诺（包括签署担保书及承诺函），其内容应当符合一般商务交易惯例并符合有限合伙利益。

⑥根据合伙企业经营的需要安排购买保险。

⑦管理合伙企业对外关系，并按照协议及合伙人会议、投资决策委员会的授权签署合同和其他法律文件。

⑧实施投资决策委员会做出的投资决策。

一般情况下，合伙协议中会约定执行事务合伙人应基于诚实信用原则为合伙企业谋求最大利益。若因普通合伙人的故意或重大过失行为，致使合伙企业受到重大损失，执行事务合伙人应承担赔偿责任。

（四）　特别事项规定

当执行事务合伙人处理下列事务时，必须经全体合伙人同意。

①处分合伙企业的不动产。

②改变合伙企业名称。

③转让或者处分合伙企业的知识产权和其他财产权利。

④向企业登记机关申请办理变更登记手续。

⑤以合伙人名义为他人提供担保。

⑥聘任合伙人以外的人担任合伙企业的经营管理人员。

⑦依照合伙协议约定的有关事项。

二、基金的投资决策委员会的运营管理

投资决策委员会为股权投资基金的最高决策机构，投资决策委员会一般由普通合伙人组成，有时也会吸收有限合伙人及第三方机构人员。具体人员由普通合伙人任命或委派，其职责是就合伙企业的重大事务进行最终决策，向普通合伙人提出支持或否决与拟投资项目相关的购买、部署或调整的意见，有时涉及基金的借款及担保条款时提出意见，而基金的投资决策权仍在普通合伙人组成的决策委员手中。

（一）投资决策委员会的职权

投资决策委员会的决议职权范围包括以下方面。

①为合伙人利益，处分合伙企业的不动产。

②为合伙人利益，转让或者处分合伙企业的知识产权和其他财产权利。

③决定合伙企业资金的划转。

④选择确定投资项目，对执行事务合伙人提交的投资方案或投资退出方案进行审核并作出表决。

⑤就执行事务合伙人提交讨论的有限合伙人与普通合伙人之间存在利益冲突的投资事项进行审核并作出表决。

⑥表决通过合伙企业的利润分配方案等。

（二）投资决策委员会的运营流程

投资决策委员会会议的召开通常需由普通合伙人召集，所有的投资决策委员会会议可以以成员亲自到场参加的形式召开，也可以以电话会议的形式或者其他方式召开。每一位投资决策委员会成员有一票表决权，任何投资决

策委员会的决议通过必须确保有效投票中不超过一张反对票。在实践操作中，有的基金管理机构，对于初投项目、跟投项目、退出项目，投资决策委员会还会采取不同的表决制度。例如，对于初投、跟投项目，需由特定多数即超过 2/3 成员的人数通过；退出项目只需一般多数即超过 1/2 成员的人数通过即可。

通常，一个投资项目先由基金管理公司的投资经理展开详细的尽职调查，并出具投资建议报告；然后将投资建议报告上交基金管理公司投资项目委员会，由管理公司评审会评审；最后，基金管理公司将投资建议报告递交给有限合伙企业（基金）的投资决策委员会。

投资决策委员会对基金管理公司提交的报告进行审核时遵循一定的原则，且由各个委员投票表决。管理到位的专业基金管理公司会同时向各个委员提供委托第三方尽职调查后撰写的《尽职调查报告》。第三方的尽职调查团队通常由专业的法律团队与会计师事务所团队共同组成。在尽职调查结果与此前投资报告无较大出入的情况下，才最终下单投资。

（三）投资决策委员会的主导权设置

在实践中，股权投资基金的投资决策委员会倡导以普通合伙人为主导。目前，我国部分有限合伙制股权投资基金也设有投资决策委员会，该委员会由有限合伙人代表和执行合伙人共同组成。决策流程为，先由执行合伙人提供决策项目及相关依据，然后提交投资决策委员会，投资决策委员会会议讨论投票后最终决策——做还是不做该项目，最后交给执行合伙人执行。这种有限合伙人参与决策的模式一定程度上扭曲了有限合伙制股权投资基金的权责结构，因为投资人一旦参与投资决策，LP 和 GP 的责任便难以分清，基金管理人的积极性也会受到挫伤。

另外，还有一部分有限合伙制股权投资基金，合伙企业根据合伙协议设联席会议，全部合伙人均为联席会议成员，出资额最高的合伙人担任联席会议主席；在联席会议当中，每一项投资决策须获得联席会议成员 2/3 的赞成票方可通过。每位合伙人的投票权数，则根据投资额计算得出。由于 GP 出资额很少，通常连拟融资额的 1% 都不到，其投票权数可想而知。这样规定，实际上是 LP 掌握了基金的决策权，GP 只是基金聘请的经理人，并无最终决策权。早期的温州股权投资资本大多采用这种模式。这种模式彻底违背了有限合伙制基金运作的初衷，基本是有限合伙制基金运营本末倒置的体现，极大地限制了 GP 作为专业管理者的积极性。事实也证明，经过近几年的发展，温州股权投资资本已经被后来的以专业投资机构为主导的有限合伙制股权投资基金所赶超。

（四）投资咨询委员会的设置

在实践中，我国有限合伙人很少严格遵守"不参与有限合伙事务"的规定，在大部分情况下，有限合伙人对有限合伙企业的投资决策拥有决定权，甚至对重大投资决策有一票否决权。因此，我国并没有彻底执行有限合伙制度，与法律规定的有限合伙制度存在一定的差距，而这是由中国特殊国情决定的。我国有限合伙制度初始设立，各方面配套制度不够健全，另外，我国大多数的普通合伙人，无论从专业上还是从经验上，都尚不能让有限合伙人充分信任，这都导致了我国有限合伙制股权投资具有上述浓厚的"中国特色"。

如果一定要有限合伙人参与管理投资决策，可以在投资决策委员会上面设投资咨询委员会，其管理权通过咨询委员会和表决权来实现。投资咨询委员会成员由有限合伙人代表组成，其职责是为筛选和做出投资决策提供建议和咨询，通常执行事务合伙人（亦即普通合伙人）事务执行中遇到问题时，可向该领域的委员个别咨询；某些情况下，咨询委员会有权就项目估值等特定事项进行表决。合伙协议也可以赋予全部或部分有限合伙人合伙事项表决权，表决方式可以是一人一票，也可以依据其他方法。

三、基金的合伙人大会的运营管理

基金的合伙人大会是合伙企业的权力机构。大会由全体合伙人组成，一般分为定期会议和临时会议。定期会议一般每年召开一次，且按行业惯例，一般应当于上一会计年度结束后的 6 个月内举行。临时会议在执行事务合伙人或合计持有实缴出资额 1/3 以上的其他合伙人提议时召开。

（一）合伙人大会的运营流程

合伙人大会由执行事务合伙人召集并主持。一般合伙协议约定执行事务合伙人应当在定期会议召开的前几天（一般 7～15 日）通知会议召开的时间、地点及审议事项；对于临时会议，则应在会议召开的 3～5 日前通知上述事项。合伙人原则上应亲自出席合伙人大会，也可以委托代理人出席合伙人大会，代理人应当向合伙企业提交授权委托书，并在授权范围内行使权利，同时未能出席的合伙人应以传真等书面方式参与合伙人大会的表决。合伙人大会由合伙人按照出资比例行使表决权，并对会议所议事项决议形成会议记录，出席会议的合伙人应在会议记录上签字。

（二）合伙人大会主要决议事项

合伙人大会主要对包括但不限于的下列事项享有表决权。

①合伙企业名称的变更。

②合伙企业经营范围、主要经营场所的变更。

③处分合伙企业的不动产。

④转让或者处分合伙企业的知识产权和其他财产权利。

⑤审议通过清算报告。

⑥合伙协议的修改。

⑦合伙企业的中止或解散。

⑧在中国境内外设立合伙企业的分支机构。

⑨对合伙企业的存续期限的延长等。

在年度合伙人大会上主要讨论执行事务合伙人的年度工作报告、合伙企业的投资规划报告、合伙企业的财务状况和投资项目经营情况的报告等事宜。

一般《合伙协议》中会约定合伙人大会的议事规则，对一些规定事项，约定需经全体合伙人一致同意方可通过。除此之外事项的表决，需经持有出资额比例 2/3 以上的合伙人通过。

通过合伙人大会，有限合伙人 LP 不仅了解了基金的投资情况和进展，而且在合伙协议的基础上，有一部分 LP 还参与了有限合伙人委员会，充分为有限合伙人争取权利，同时还为股权投资基金运作提供咨询意见和各项建议，供普通合伙人 GP 参考。因此，在基金合伙人大会上，普通合伙人 GP 与有限合伙人 LP 在充分沟通的基础上会达成共识，这对于基金的高效运营有重要的意义。

第九节 基金的备案监管

一、境外股权投资基金的监管

在股权投资基金的监管方面，国际上普遍认为，股权投资基金是投资者和基金管理人之间通过协商建立的并依据基金管理人和被投资企业之间的合同来进行投资管理的一个约定。没有使用法定注册的实际必要性，与公共利益无甚关联。因此，为了提高效率、促进竞争、促进股权投资资本发展，不需要专门针对股权投资基金进行特别立法，也无需设立专门针对此行业的监管机构。因此，各国通常制定一些规章，对管理股权投资基金的行为进行必要限制和规范，鼓励发挥行业协会自律作用，积极发展行业自律式"软监管"的作用。

美国是股权投资基金最为发达的国家，其监管机构为美国证券交易委员会（SEC）和商品期货交易委员会（CFTC），并没有针对股权投资基金的专门法律法规出台，而是由一系列的基本法律法规构成了股权投资基金的监管框架。如《1933 年证券法》、《1940 年投资公司法》和后续做出进一步解释的《D 条例》（1982 年颁布）、《144A 规则》（1990 年颁布）以及《1934 年证券交易法》、《1940 年投资顾问法》、《1996 年全国证券市场促进法》等。

在我国，股权投资基金及其管理公司的监管工作，在 2013 年 6 月之前都是由国家发展改革委员会推动和执行，而同时证券公司或金融机构发行股权投资基金的监管工作中国证监会也同时在做，这造成了重复监管的现象。直至 2013 年 6 月 27 日中央机构编制委员会办公室印发了《关于私募股权基金管理职责分工的通知》，其中明确提出"证监会负责私募股权基金的监督管理，实行适度监管，保护投资者权益；发改委负责组织拟订促进私募股权基金发展的政策措施，会同有关部门研究制定政府对私募股权基金出资的标准和规范"。至此，我国股权投资基金的监管机构和监管职责终于划分清楚。

二、我国股权投资基金的备案监管

目前，我国的股权投资基金的监管主要为备案监管。美国之前并不对股权投资基金实行备案制度，2008 年金融危机后，美国才加强了对股权投资基金的监管，其 2010 年生效的《多德·弗兰克法案》要求达到一定资产规模的股权投资基金需在美国证券交易委员会注册，但创业投资（即 VC）基金不要求注册。

我国股权投资基金备案制的推行经历了一个不断探索的过程，从企业主动申请备案到暂停备案，到发改委试点推行备案，再到发改委全面推行备案，再到监管部门由发改委改为证监会，每一次有关备案制的最新政策，在业内都引起了强烈反响。

2005 年 11 月，发改委等十部委联合发布了《创业投资企业管理暂行办法》，但相关行业的监管措施和法律规则却一直没有出台。直到 2008 年 4 月，财政部和社会保障部发文"将总体投资比例不超过全国社保基金总资产（按成本计）的 10%，约超过 500 亿元，投资经发改委批准的产业基金和在发改委备案的市场化股权投资基金"，这一决定激起了国内一轮股权投资基金备案潮。一时，鼎晖投资、弘毅投资、IDG 等一批基金主动向发改委提出备案申请，以争取获得社保基金投资。同年，发改委开展产业投资基金试点，根据国务院有关批复精神，自 2008 年 6 月开始，先后在天津滨海新区和北京中关村科技园区开展了股权投资企业备案管理的先行先试工作。2009 年底以来，国务院又先后批准武汉东湖新技术产业开发区、长江三角洲地区也可享受股权投资企业备案先行先试政策。

直到 2010 年，发改委的备案还并不是股权投资基金设立的必经程序，而更多的是对股权投资基金获得某种资格的确认。例如通过备案，投资符合法律规定的创投企业可以享受财税政策支持、有资格获得社保基金的投资等。因此，部分股权投资基金出于税务以及引入社保资金的考虑，进行了备案；但更多规模相对较小，或主要专注于投中后期、Pre-IPo 项目的股权投资基金选择不予备案，从而未进入发改委监管的范畴。

2011 年 1 月，发改委出台了《国家发展改革委办公厅关于进一步规范试点地区股权投资企业发展和备案管理工作的通知》，包括规范发展、备案管理两大部分，这被业内人士视为在为实现强制备案制进行铺路。到 2011 年 11 月，国家发改委正式发布《国家发展改革委办公厅关于促进股权投资企业规范发展的通知》2864 号文件，备案制正式在全国试点推行。

而 2013 年 6 月底，国务院与中央编制委员会将股权投资基金的监督管理权划归了证监会，发改委暂停了股权投资基金的备案工作。目前，证监会下辖的中国证券投资基金业协会正着手制订新的股权投资基金管理办法，对基金备案管理、规范经营、杜绝非法集资、健全信息披露等方面提出新的监管要求。但办法出台尚需时日，因此基金备案正面临一段时间的空档期。

从我国股权投资基金发展的效果来看，备案管理的模式，符合了我国股权投资行业的发展特点，对企业的募资和投资运作进行了规范，促进了我国股权投资市场的持续健康规范发展。

在实践中，基金备案与否可视规模而定。当基金达到一定规模时，可以申请备案；但当基金规模较小，只定向投资某一两个项目时，完全没有申请备案的必要，且根据世界股权投资基金监管发展的历史脉络和未来趋势，股权投资基金监管都不应该陷于具体化、细节化，否则只会造成过多的限制，影响了基金企业运营的效率，也会对我国股权投资市场的发展造成掣肘。

三、我国股权投资基金的监管展望

目前，我国发改委和证监会对股权投资基金的监管重点都放在了备案制度上。实际上，考察国际上股权投资基金的监管历史可以发现，除了备案监管外，推行合格投资者制度也是必不可少的监管制度建设。

美国股权投资基金的备案制度，是建立在合格投资者制度基础上的。美国的相关法律规定，只有获许投资者（accredited investor）和成熟投资者（sophisticated investor）才可以投资股权投资基金，法律还对获许投资者和成熟投资者做出了明确的定义。

英国对股权投资基金实行自律监管体制，强制性的监管主要就是合格投资者制度，即对股权投资基金的投资者进行严格审核，审查投资者是否符合准入制度的有关规定。2000年出台的《金融服务和市场法》明确规定股权投资基金不能向英国普通公众发行，并对基金的合格投资者进行了严格限定。

另外，德国、加拿大、日本、韩国、中国香港等，也都建立了合格投资者制度。

这些国家和地区的经验表明，合格投资者制度既有利于股权投资基金行业的风险管理，亦能够促进其发展。同时，合格投资者具备理性投资能力，能够更加充分认识股权投资基金的风险，从而使得股权投资的市场风险处于合理水平。另外，合格投资者制度建立后，也能够放开某些具体"计划性质"的监管，这有利于股权投资基金的产品创新，从而促进股权投资行业的发展。

附 5 - 1　基金募集说明书样本

基金募集说明书

概要

目录

第一章　前言

第二章　（基金）公司的组织概览

一、主发起人

二、组织模式

三、基金架构

四、基金规模及出资方式

五、基金发起人的权利和义务

六、基金管理公司的权利和义务

七、权利分配机制

第三章　（基金）公司的运作概览

一、存续期限

二、定位和发展战略

三、投资理念

四、投资领域

五、投资阶段

六、投资原则

七、投资标准

八、投资方式及规模

九、项目回报要求

十、投资程序

十一、组织架构与管理架构

十二、（基金）公司的委托管理

附 5 - 2　基金认购意向书样本

认购意向书

本人_____有意参加×××投资基金（有限合伙）的基金份额的认购。本人了解×××投资基金（有限合伙）的基本情况，认可×××投资基金（有限合伙）的投资理念和×××基金管理公司的能力，同时知悉投资过程中可能存在的风险。

本人在此确认：愿意以每份××万元人民币的价格认购×××投资基金（有限合伙）_____份，合计_____万元人民币。本人保证在签订本《认购意向书》之日（含）起的五个工作日之内按×××基金管理公司确认的方式向×××基金管理有限公司缴纳出资额百分之五的保证金。本人进一步保证，在签订《×××投资基金（有限合伙）合伙协议》后，按照《×××投资基金（有限合伙）合伙协议》的要求缴付出资，即在收到普通合伙人发出的缴付出资通知后，按照缴付出资通知的要求在付款日或之前将相应资款足额缴付至普通合伙人指定的有限合伙工商登记注册验资账户。

×××基金管理有限公司在此确认：在认购人足额缴付出资后，将在三个工作日内向该认购人全额退还其已经支付的保证金。

认购人签名：（或盖章）　　　×××基金管理有限公司（盖章）

证件号码：　　　　　　　　　　授权代表：（签字）

家庭住址：　　　　　　　　　　联系人：

联系电话：　　　　　　　　　　联系电话：

附5-3 有限合伙协议样本

××投资发展中心（有限合伙）
合 伙 协 议

本协议系全体合伙人于【 】年【 】月【 】日与【 】共同签署。

第一条 根据《民法通则》、《中华人民共和国合伙企业法》及《中华人民共和国合伙企业登记管理办法》的有关规定，经全体合伙人协商一致，决定设立×××投资发展中心（有限合伙），并订立本协议。

第二条 本企业为有限合伙企业，是根据本协议约定，由普通合伙人及有限合伙人自愿组成的经营体。全体合伙人愿意遵守国家有关的法律、法规、规章和本协议约定，依法纳税，守法经营。

第三条 本协议中的各项条款与法律、法规、规章不符的，以法律、法规、规章的规定为准。

第四条 合伙企业的名称

第五条 合伙人姓名

第六条 出资方式、金额

第七条 合伙企业的经营场所

第八条 合伙目的

通过合伙，发挥基金管理人在股权投资领域的专业优势、丰富经验和良好的合伙企业管理能力，实现有限合伙人投资资金的收益最大化，合伙各方分享经营所得。

第九条 合伙企业的经营范围

股权投资、投资管理及投资咨询（以工商登记机关最终核准的经营范围为准）。

第十条 经营期限

本合伙企业自营业执照签发之日起成立，经营期限为营业执照签发之日起四年。经全体合伙人同意，合伙企业的经营期限可以延长，延长不超过【　】年。

第十一条　合伙人名称或姓名及其住所

合伙人名称或姓名	住　　所	合伙人性质

第十二条　合伙人出资金额、方式及期限

一、合伙人的名称或姓名、出资方式与金额。

合伙人名称或姓名	出资方式	出资额（万元）	出资比例（%）

二、各合伙人出资自本合伙企业在"××银行"设立三方监管账户后，收到执行事务合伙人缴款通知之日起【　】日内一次性缴足。

三、本合伙企业出资共计人民币【　】万元。合伙期间，各合伙人的出资、以合伙企业名义取得的收益和依法取得的其他财产，均为本合伙企业的财产。在本合伙企业清算前，合伙人不得请求分割合伙企业的财产。

四、合伙人缴纳出资后，在合伙企业存续期间，除非因约定事由或法定事由退伙，否则不得抽回其出资。

五、任何合伙人均不得将其对合伙企业的出资份额出质或设定其他他项权利。

第十三条　出资违约

有限合伙人应当按照本合伙协议的约定按期足额缴纳出资；未按期足额缴纳的，构成出资违约（经其他合伙人一致同意可根据出资违约合伙人的实际情况，予以适当减免）。

一、出资违约合伙人应向其他合伙人承担逾期出资给合伙企业和非出资违约合伙人造成的所有损失，包括但不限于合伙企业的开办费用、非出资违约合伙人已出资期间的资金成本（已缴付出资额按同期银行贷款利率计算的利息）以及因此导致合伙企业不能设立而给其他合伙人带来的所有其他损失；

二、出资违约合伙人应向非出资违约合伙人承担逾期出资违约金，违约金金额按照出资违约合伙人实际逾期出资的天数，按每天万分之【　　】乘以逾期出资的金额予以支付，该等违约金在法律允许范围内由非出资违约合伙人享有并按照实缴出资比例分配；

三、若出资违约合伙人未能在本协议第十二条规定的付款日后【　　】个月的宽限期内缴足其认缴出资额，则普通合伙人有权独立决定该出资违约合伙人无权再作为合伙人缴付出资，代表该出资违约合伙人的投资决策委员会成员（如有）应被视为自动去职；经其他合伙人一致同意，普通合伙人可以将出资违约合伙人应缴未缴的认缴出资额在其他合伙人之间按其当时的实际出资比例分配，或接纳新的合伙人履行违约合伙人的出资承诺，或相应缩减有限合伙的总认缴出资额或者按照普通合伙人认为合适的其他方式处理，并办理工商变更登记；

四、经除出资违约合伙人以外的其他合伙人一致同意可通过决议将该出资违约合伙人从合伙人中除名。对合伙人的除名决议应当书面通知被除名人。被除名人接到除名通知之日，除名生效，被除名人退伙。

第十四条　收益分配

一、收入构成

股权投资退出变现金额；股权投资的分红；银行存款利息及合伙企业存续期间所获取的其他收入。

二、成本构成

合伙企业之设立、运营、终止、解散、清算等相关的费用，具体如下。

（一）托管费

	托管费
计算方法	
支付方法	
收取方	

托管费每季度支付一次。首次托管费的支付，由合伙企业于设立之日起【　　】个工作日内支付给【　　】；后期的支付时间为上次支付日后延【　　】个月的前【　　】个工作日之内。

（二）管理费

合伙企业按季度向执行事务合伙人支付管理费，管理费从合伙企业的股息、利息收益或合伙企业资产中支出，不再另行向有限合伙人收取。

	管理费
计算方法	
支付方法	
收取方	

管理费每季度支付一次。首次管理费的支付，由合伙企业于设立之日起【　】个工作日内支付给执行事务合伙人；后期的支付时间为上次支付日后延【　】个月的前【　】个工作日之内。

（三）其他费用

包括但不限于：

1. 合伙企业管理、运营或处分过程中发生的税费和交易费用（包括公司年审银行专户余额询证费、银行专户管理费、银行划款手续费、证券开户费、证券交易手续费、证券交易印花税、合伙企业印花税、营业税金及附加等）；

2. 文件或账册的制作及印刷费用；

3. 信息披露费用；

4. 与合伙企业股权投资及退出有关的费用，包括居间费用及律师、会计师等中介费用；

5. 合伙企业登记、审查等行政性费用、租赁办公场地费用及必要的行政财务人员费用；

6. 为维护合伙企业的权利而发生的解决纠纷费用；

7. 合伙企业终止时的清算费用；

8. 由执行事务合伙人召集的会议的相关费用，包括场地费用、通讯费用、参会者的食宿费、交通费等。

其他费用按照实际发生的费用于费用发生日从合伙企业中提取并支付，列入当期费用。如有限合伙人对上述费用支出有异议，可向投资决策委员会提出，由投资决策委员会组织对上述费用进行确认，必要时可聘请审计机构进行专项审计。

三、利润分配

（一）归还本金

在合伙企业存续期间，投资项目完成投资退出后，按照本金优先归还的原则进行先期分配，具体方式如下。

1. 如第一个投资项目完成投资退出且实现收入超过（含等于）本合伙企业全部出资额，则先期归还全体合伙人的全部投资本金。

2. 如第一个投资项目完成投资退出且实现收入低于本合伙企业全部出资额，则按实缴出资比例先行归还有限合伙人全部投资本金，如有剩余再归还普通合伙人的投资本金；此后项目合伙人本金收回方式以此类推，直至全体合伙人所有投资本金全部收回为止。

3. 实现收入超过本合伙企业全部出资额部分，待合伙企业清算时按照如下约定进行最终业绩提成及净收益分配。

（二）业绩提成

业绩提成是指合伙企业的收入扣除成本、本金后的收益部分计提给普通合伙人。

（三）净收益分配

业绩提成之后，剩余净收益按各合伙人实缴出资比例进行分配。

四、收益分配形式

本合伙企业收益分配原则上采用现金方式，除以下非现金分配之特殊情形。

（一）在合伙企业清算之前，执行事务合伙人应尽其最大努力将合伙企业的投资变现，避免以非现金方式进行分配；但如根据执行事务合伙人的独立判断认为非现金分配更符合全体合伙人的利益，则经投资决策委员会同意，可以以非现金方式进行分配。

（二）非现金分配仅限于公开交易的有价证券，并以分配日前15个证券交易日内该等有价证券的平均交易价格确定其价值，合伙企业不得进行其他非现金资产的分配。普通合伙人应尽最大努力协助有限合伙人对其非现金资产进行管理，并帮助其尽早实现非现金资产的变现。

（三）合伙企业进行非现金分配时，执行事务合伙人应负责协助各合伙人办理所分配资产的转让登记手续，并协助各合伙人根据相关法律、法规履行受让该等资产所涉及的信息披露义务；接受非现金分配的有限合伙人亦可将其分配到的非现金资产委托执行事务合伙人按其指示进行处分，具体委托事宜由执行事务合伙人与有限合伙人另行协商。

五、收益派发

（一）本合伙企业的投资收益及本金须回到本合伙企业托管银行账户，按本协议约定的方式进行分配。

（二）投资收益应经会计师事务所审计确定。

（三）收益分配时所发生的银行转账或其他手续费用由合伙人自行承担。

六、税赋

本合伙企业的投资所得，由普通合伙人和有限合伙人分别缴纳各自的所得税。如法律要求由合伙企业代扣代缴的，则合伙企业根据法律规定进行代扣代缴。

本合伙企业因向合伙人分配收益而预先缴纳的有关税项和所得税，被视同收益分配的一部分，从合伙人资本账户余额中扣减。

第十五条　亏损及债务承担

一、亏损分担

本合伙企业存续期间如出现亏损，则先由普通合伙人的出资进行弥补，普通合伙人的出资不足以弥补亏损的，再由有限合伙人按照出资比例分担。

二、债务承担

合伙企业债务应先以合伙企业财产偿还。当合伙企业财产不足以清偿时，有限合伙人在认缴出资额内承担有限责任，普通合伙人承担无限连带责任。

第十六条　执行事务合伙人之条件及任命程序

一、系在中华人民共和国境内注册的机构；

二、经全体合伙人一致同意选定"×××公司"为合伙企业的执行事务合伙人。

第十七条 执行事务合伙人的除名和更换程序

一、如执行事务合伙人违反法律、法规或在管理合伙企业的过程中存在恶意、不当或重大疏失时，经全体有限合伙人一致书面决定，可将执行事务合伙人除名。

二、经全体合伙人一致同意后，合伙企业可更换执行事务合伙人。

第十八条 合伙企业的事务执行

一、本合伙企业由普通合伙人执行合伙事务，对外代表合伙企业，有限合伙人不参与企业的经营管理。执行合伙企业事务的合伙人执行事务所产生的收益归全体合伙人，所产生的亏损和民事责任由全体合伙人按照本协议约定承担。

二、经全体合伙人同意，本合伙企业推选普通合伙人"××公司"为执行事务合伙人。

三、合伙企业存续期间，执行事务合伙人委派代表×××先生负责处理合伙人事务，若更换其委派的代表，应书面通知合伙企业并办理相关的工商变更登记手续。执行事务合伙人应将其委派代表的变更情况及时通知有限合伙人。

四、执行事务合伙人应负责有限合伙业务的监督、管理和运营，其具体职责包括但不限于以下各项。

1. 执行合伙企业日常事务，管理和维持合伙企业的资产。

2. 分析并评价潜在的投资项目，参加投资项目谈判，对投资项目进行跟进式管理并制定适当的投资退出策略；对已经上市并可以退出的投资组合应按照投资决策委员会的决定或确定的原则，在符合法律和法规要求的条件下，尽快完成退出。

3. 代表合伙企业与投资目标公司的董事和高级管理人员进行联系，协助投资标的公司的发展。

4. 及时收取有限合伙投资所产生的股息、资本利得、利息及其他收益，并及时促其汇入合伙企业账户。

5. 召集合伙人会议。

6. 及时按照本协议约定和合伙人会议或投资决策委员会的决议向各合伙人分配权益。

7. 保管有限合伙所有经营和开支的档案与账簿。

8. 在每个会计季度结束后四十五（45）天内向有限合伙及各个合伙人提交基于中国通用会计准则准备的显示执行事务合伙人运营有限合伙业绩的未经审计的财务报告。

9. 向有限合伙及各个合伙人提交基于中国通用会计准则准备的有限合伙年度报告（该报告应包括经审计的损益表、资产负债表和现金流量表，以及该会计年度各合伙人在有限合伙中的资金账户变化及余额说明）。

10. 负责有限合伙的其他日常经营事项。

11. 处理本协议约定或由合伙人会议另行授权的由普通合伙人即执行事务合伙人处理的所有其他事宜。

五、为有限合伙之利益，并在本协议及合伙人会议的授权范围内，执行事务合伙人应享有处理下列事务的权利。

1. 根据本协议约定和合伙人会议决定的投资重点和经营准则执行投资政策和实现投资目标。

2. 根据投资决策委员会的决议发出向投资项目汇出现金的指令。

3. 根据投资决策委员会的决议，代表合伙企业聘请律师、会计师等维持合伙企业正常经营所需的中介人员。

4. 按照投资决策委员会的指令购买、销售或以其他方式处置合伙企业的资产。

5. 为达到本协议之目的，代表合伙企业进行谈判及履行有关合同、协议及承诺（包括签署担保书及承诺函），其内容应当符合一般商务交易惯例并符合有限合伙利益。

6. 根据合伙企业经营的需要安排购买保险。

7. 管理合伙企业对外关系，并按照本协议及合伙人会议、投资决策委员会的授权签署合同和其他法律文件。

8. 实施投资决策委员会做出的投资决策。

六、执行事务合伙人违约处理办法

执行事务合伙人应基于诚实信用原则为合伙企业谋求最大利益。若因普通合伙人的故意或重大过失行为，致使合伙企业受到重大损失，执行事务合伙人应承担赔偿责任。

第十九条　有限合伙人的权利和义务

一、有限合伙人的权利

1. 按照本协议的约定分配合伙企业的收益。

2. 按照本协议的约定委派代表担任投资决策委员会委员，并就投资委员会职权范围内的事项作出决定。

3. 对合伙企业的普通合伙人提出合理的建议。

4. 按照本协议约定的方式了解合伙企业的经营情况和投资项目的情况。

5. 听取或审阅普通合伙人的年度报告及半年度报告，并要求普通合伙人就其该等报告作出适当解释。

6. 对合伙企业的财务状况进行监督，按照本协议约定的程序查阅合伙企业财务会计账簿等财务资料，以及其他专业中介机构出具的报告或意见，获取经审计的合伙企业的财务会计报告。

7. 对其他有限合伙人拟转让的合伙企业财产份额或当本协议约定的其他情形出现时，享有优先购买权。

8. 提议召开合伙人会议，并就合伙人会议审议事项进行表决。

9. 当其在合伙企业中的利益受到损害时，向应对该等损害承担责任的合伙人主张权利或者对其提起诉讼或仲裁。

10. 法律法规和本协议约定的其他权利。

二、有限合伙人的义务

1. 有限合伙人对合伙企业的责任以其所认缴的出资额为限。

2. 按照本协议约定的条件和方式如期足额缴付出资，且保证出资来源合法。

3. 除本协议明确规定的权利和义务外，有限合伙人不得参与及干预合伙企业的正常经营管理。

4. 保密义务：有限合伙人仅将普通合伙人向其提供的一切信息资料用于合伙企业相关的事务，不得向任何第三方公开或用于与合伙企业无关的商业活动（包括但不限于与普通合伙人有利益冲突的商业事务）。普通合伙人有权以自己的名义或以合伙企业的名义对违反保密义务的有限合伙人追究法律上的责任。

5. 如有限合伙人为法人或其他组织机构，其签订本协议已按其内部决策程序作出有效决议并已获得充分授权，代表其在本协议上签字的人为其合法有效的代表；签订本协议不会导致违反其章程、对其具有法律约束效力的任何约定或其在其他协议项下的义务。

6. 除已明确披露并经普通合伙人接受的情况外，有限合伙人承诺系为自己的利益持有合伙企业的权益，该等权益之上不存在委托、信托或代持关系；有限合伙人已明确披露并经普通合伙人接受的，该等情况发生变化之前相关有限合伙人须征得普通合伙人同意。

三、有限合伙人不执行合伙事务，不得对外代表合伙企业。有限合伙人的下列行为，不视为执行合伙事务。

1. 参与决定普通合伙人入伙退伙；

2. 对企业的经营管理提出建议；

3. 参与选择承办合伙企业审计业务的会计师事务所；

4. 获取经审计的合伙企业财务会计报告；

5. 对涉及自身利益的情况，查阅合伙企业财务会计账簿等财务资料；

6. 在合伙企业中的利益受到侵害时，向有责任的合伙人主张权利或者提起诉讼；

7. 执行事务合伙人怠于行使权利时，督促其行使权利或者为了本企业的利益以自己的名义提起诉讼。

第二十条 同业竞争及利益冲突处理

一、合伙企业存续期间，普通合伙人不得优先于本合伙企业，投资于本合伙企业目标投资范围内的投资项目。

二、在本合伙企业成立之前，普通合伙人已经投资的项目，或已经签约将要投资的项目，不受上述限制；以与本合伙企业进行联合投资为目的而组建的平行基金，本合伙企业成立之前存在的投资基金，本合伙企业因被限制不能投资某项目而组建的平行基金，不被视为是竞争性基金，不受上述限制。

三、对普通合伙人投资的公司或企业，如果普通合伙人不能控制或实际控制该公司或企业的，则该公司和企业的投资行为不构成本协议下的同业竞争。

四、普通合伙人若在国内外发起成立一个或多个平行基金（其形式包括企业、公司、有限合伙企业，或私募基金，或发行信托产品等）的，普通合伙人应本着诚信的原则，向投资决策委员会充分披露投资项目及其他平行基金拟投资的详细情况；本合伙企业与其他平行基金均根据其各自的投资决策程序自行做出是否投资的决定，再由决定参与投资的企业根据各自资本规模按比例进行共同投资。

五、若合伙企业拟进行的项目投资，是普通合伙人或其关联方于合伙企业设立前已发起设立及/或管理的其他投资基金已投资的项目或管理团队个人已投资的项目时，普通合伙人应向投资决策委员会充分披露已投资情况，并应取得投资决策委员会的表决同意方可投资。

六、经投资决策委员会批准，普通合伙人可随时向其他人士（包括但不限于其关联方、其他投资基金和有限合伙人）提供参与投资的权利。

第二十一条　有限合伙人和普通合伙人相互转变程序

一、除非法律另有规定或全体合伙人达成一致同意的书面决定，有限合伙人不能转变为普通合伙人，普通合伙人亦不能转变为有限合伙人。

二、普通合伙人转变为有限合伙人，对其作为合伙企业普通合伙人期间合伙企业所产生的所有债务、义务、责任和承诺，承担无限连带责任。

三、有限合伙人转变为普通合伙人，对其作为合伙企业有限合伙人期间合伙企业所产生的所有债务、义务、责任和承诺，该有限合伙人须承担无限连带责任。

第二十二条　投资决策委员会

本合伙企业设立投资决策委员会，投资决策委员会按照本协议约定行使权利和履行义务。投资决策委员会由【　】名委员组成，其中由有限合伙人选举【　】名委员，普通合伙人委派【　】名委员。

一、投资决策委员会的决议职权范围包括：

1. 为合伙人利益，处分合伙企业的不动产；

2. 为合伙人利益，转让或者处分合伙企业的知识产权和其他财产权利；

3. 决定合伙企业资金的划转；

4. 选择确定投资项目，对执行事务合伙人提交的投资方案或投资退出方案进行审核并作出表决；

5. 就执行事务合伙人提交讨论的有限合伙人与普通合伙人之间存在利益冲突的投资事项进行审核并作出表决；

6. 表决通过合伙企业的利润分配方案；

7. 本协议约定或合伙人会议确定需要投资决策委员会决定的其他事项。

二、投资决策委员会的工作程序如下：

1. 投资决策委员会按照一人一票的方式对合伙企业的事项作出决议。除本协议另有约定外，投资决策委员会作出决议应取得超过半数的委员通过。

2. 投资决策委员会每季度召开一次会议，由执行事务合伙人负责召集和主持。执行合伙人可以提议召开临时会议。

3. 执行事务合伙人应于投资决策委员会召开会议前【　】日，将拟讨论事项的相关信息（含拟投资项目的立项报告、尽职调查报告、投资建议书等）提供给投资委员会的所有成员。

4. 投资决策委员会会议可以采取现场会议、电话会议或通讯表决方式进行；但是投资决策委员会决议必须经投资委员会参与决策程序的委员签名，并由合伙企业和普通合伙人分别保留。

5. 若投资项目与投资决策委员会委员存在利益冲突，则相关投资委员会委员应向投资委员会如实披露其利益冲突情况，并对利益冲突事项回避表决。

6. 投资决策委员会对合伙企业的事项作出决议后，由执行事务合伙人负责办理具体事务。

三、除非投资委员会根据本协议约定另行作出决议外，合伙企业不得从事以下行为：

1. 直接或间接投资于不动产或其他固定资产；

2. 对外提供贷款融资或担保；

3. 贷款或举借债务投资；

4. 直接或间接投资于上市交易的股票和企业债券（不包括投资标的公司上市后，合伙企业所持的股份）；

5. 投资于可能损害合伙企业或任何合伙人的商誉的产业、领域；

6. 法律、行政法规以及本协议禁止从事的其他事项。

第二十三条　合伙人大会

一、本合伙企业的合伙人大会由全体合伙人组成，依照本协议的规定行使职权。

二、合伙人大会分为定期会议和临时会议。定期会议于每年的第一季度召开一次。临时会议在执行事务合伙人或合计持有实缴出资额 1/3 以上的其他合伙人提议时召开。

三、合伙人大会由执行事务合伙人召集并主持。

四、执行事务合伙人应当在定期会议召开的【　】日前通知会议召开的时间、地点及审议事项；对于临时会议，则应在会议召开的【　】日前通知上述事项。

五、合伙人原则上应亲自出席合伙人大会，也可以委托代理人出席合伙人大会，代理人应当向合伙企业提交授权委托书，并在授权范围内行使权利，同时未能出席的合伙人应以传真等书面方式参与合伙人大会的表决。

六、合伙人大会由合伙人按照出资比例行使表决权，并对会议所议事项决议作成会议记录，出席会议的合伙人应在会议记录上签字。

七、年度合伙人大会讨论如下事宜：

1. 执行事务合伙人的年度工作报告；

2. 本合伙企业的投资规划报告；

3. 本合伙企业的财务状况和投资项目经营情况的报告；

4. 执行事务合伙人或投资决策委员会认为需要提请合伙人大会讨论的其他事宜。

八、合伙人大会对下列事项享有表决权：

1. 本合伙企业名称的变更；

2. 本合伙企业经营范围、主要经营场所的变更；

3. 处分合伙企业的不动产；

4. 转让或者处分合伙企业的知识产权和其他财产权利;

5. 审议通过清算报告;

6. 合伙协议的修改;

7. 合伙企业的中止或解散;

8. 在中国境内外设立合伙企业的分支机构;

9. 对合伙企业的存续期限的延长;

10. 本协议明确约定需要由全体合伙人一致同意的所有其他事项。

以上表决需经全体合伙人一致同意方可通过,除此之外事项的表决需经持有出资额比例 2/3 以上的合伙人通过。

第二十四条 合伙企业托管

一、合伙企业成立后,委托托管机构进行托管,通过托管机构对本合伙企业资产的管理和监督,以确保合伙企业资金的安全。合伙企业向托管机构支付托管费用。托管机构由执行事务合伙人选择确定。具体的托管办法和条件以合伙企业成立后与托管机构签订的托管协议为准。

二、全体合伙人应将其对本合伙企业的出资转入托管机构为本合伙企业在银行开立的账户。合伙人将其资金转入上述账户后,视为其已缴纳对本合伙企业认缴的该部分出资。

第二十五条 会计、报告

一、合伙企业的会计年度为每年的公历 1 月 1 日至 12 月 31 日止,首个会计年度为合伙企业设立之日起到当年之 12 月 31 日止。

二、执行事务合伙人应当在法定期间内维持符合有关法律规定的、反映合伙企业交易项目会计账簿并编制会计报表。在会计年度结束后三个月内以信件、传真、电子邮件或者其他方式向全体合伙人提交经审计的下列财务报表:

1. 资产负债表;

2. 损益表;

3. 现金流量表。

第二十六条 入伙与退伙

一、入伙

(一)本企业有新合伙人入伙时,须经全体合伙人同意,并依法订立书面协议。全体合伙人一致授权执行事务合伙人甄选新有限合伙人，并向全体合伙人提交有关新有限合伙人及其认缴出资额的提案。新有限合伙人须满足以下条件之一：

1. 明显有利于合伙企业投资组合的优化；

2. 能够为合伙企业带来新的投资机会；

3. 有其他全体合伙人一致认可的理由。

（二）订立书面协议时，原合伙人应向新合伙人告知本企业的经营状况和财务状况。

（三）入伙的新合伙人与原合伙人享有同等权利，承担同等责任。新入伙的普通合伙人对入伙前的合伙企业债务承担无限连带责任；新入伙的有限合伙人以其认缴的出资额为限对入伙前的合伙企业债务承担责任。

（四）合伙人的人数不得超过50人。

二、退伙

（一）有下列情形之一时，合伙人可以退伙：

1. 经全体合伙人同意退伙；

2. 发生合伙人难于继续参加合伙企业的事由；

3. 其他合伙人严重违反合伙协议约定的义务。

（二）有下列情形之一的，合伙人当然退伙：

1. 作为合伙人的自然人死亡或者被依法宣布死亡；

2. 个人丧失偿债能力；

3. 作为合伙人的法人或者其他组织依法被吊销营业执照、责令关闭、撤销，或者被宣告破产；

4. 合伙人在合伙企业中的全部财产份额被人民法院强制执行。

（三）普通合伙人在此承诺，除非本协议另有明确约定，在合伙企业持续期限届满之前，普通合伙人始终履行本协议项下的职责；在合伙企业持续期限届满之前，不要求退伙，不转让其所持有的合伙企业权益；其自身也不会采取任何行动主动解散或终止合伙企业。

第二十七条　解散和清算

一、本合伙企业有下列情形之一的，应当终止并解散：

（一）合伙期限届满，合伙人决定不再经营；

（二）全体合伙人一致决定解散；

（三）合伙企业被依法被吊销营业执照、责令关闭或者被撤销；

（四）法律、法规规定的其他原因。

二、清算

（一）本合伙企业解散后应当进行清算。清算人由执行事务合伙人担任，执行事务合伙人也可指定法律允许的其他第三人担任清算人。全体合伙人通过在此签署本协议，授权清算人为执行合伙企业解散或清算事务，代表全体及任一合伙人签署解散或清算的相关文件。

（二）合伙企业清算按照《合伙企业法》的规定执行。

（三）清算结束后，清算人应当编制清算报告，并经全体合伙人签字、盖章后，在15日内向工商登记机关报送清算报告，申请办理合伙企业注销登记。本合伙企业注销后，原普通合伙人对存续期间的债务仍应承担无限连带责任。

第二十八条 保密规定

一、本合伙企业相关的所有文件，包括但不限于合伙企业与他人签订的协议、合伙企业的项目投资计划、财务会计报告等，均属于合伙企业的机密资料。本协议各方不得擅自对外公开或者基于与执行合伙企业相关事务无关的目的使用该等文件。

二、除依法应当公开的信息或者根据司法程序的规定应当向有关机构提供的信息之外，本协议各方均不得擅自通过正式和非正式的途径向外披露合伙企业相关信息、合伙企业投资的项目情况等任何信息。上述信息在成为公开信息之前应予以保密，不得向任何第三方泄露。

第二十九条 违约责任

一、合伙人违反合伙协议的，依法承担违约责任；

二、合伙人履行合伙协议发生争议，通过协商或者调解解决，合伙人不愿通过协商、调解解决或者协商、调解不成的，可以向中国国际经济贸易仲裁委员会申请仲裁。

第三十条 其他约定

一、经协商一致，合伙人可以修改本协议或对未尽事宜进行补充；补充、修改内容与本协议不一致的，以补充、修改后的内容为准。

二、本协议一式【 】份，具有同等法律效力，合伙人各执一份，送登记机关存档一份。

三、本协议经全体合伙人签字、盖章后生效。

全体合伙人签字、盖章：

年　　月　　日

第六章 股权投资基金投资新略

如果说募资为股权投资基金带来了源头之水，那么接下来就需要有优质的投资项目作为"种子"来承接这活水浇灌。因"种子"自身资质不同，接下来或根深叶茂，长成参天大树；或旁逸斜出，终究难成栋成椽。因此，基金投资的企业"质地"如何，直接决定了基金未来的收益如何。投资环节是股权投资基金管理流程中的重要一环。

股权投资基金通过发现企业价值，并通过投资和设计获得价值提升，从而实现基金资产增值。因此，对投资项目的全方位把握是基金管理公司的专业能力、战略眼光和高效执行能力的综合体现。目前，国内股权投资基金在投资环节也大多遵守项目筛选、项目分析、项目尽职调查、项目谈判、项目投资的流程。但是由于项目来源缺乏、谈判能力不足、对项目企业掌控力度不济等种种问题，使得大多数投资公司在投资实践中很难有清晰的投资标准，实践中也难以贯彻执行统一的投资流程，当项目企业面临风险时也鲜有能力去管理风险。因此，就时常出现投资标准不一、投资流程改道、投后风险控制措施不定项设定等现象。实际上，股权投资更需要"专"和"一"，只有坚持相对唯一的投资标准来优选项目，才能够在此基础上进行对应的全方位的风险控制和风险管理，从而调动一切因素为投资项目服务，使企业家和股权投资基金建立一致的目标愿景，从而共同推动真正实现企业的价值最大化。

第一节 项目来源拓展

众所周知，投资于优质的成长性企业，是股权投资基金成功的根本。而丰富的项目资源是股权投资基金投资成功的坚实基础。在地大物博的中国，优质企业星罗棋布、层出不穷，能够快速发现、了解、接触项目，是股权投资机构最重要的核心能力之一。

一般情况下，投资机构发起设立新基金时，即应当有与募集资金规模相适应的项目储备，这是保证基金快速获得优质低成本项目，进而取得良好投资回报的关键。因此，在股权投资基金日常经营过程中，基金管理公司进行投资项目来源渠道拓展是必须和必要的。

一、项目来源分类

目前，股权投资基金管理公司的项目来源主要有以下几种渠道，见表 6 - 1。

表 6 - 1 投资项目的主要来源渠道

渠 道	内容描述	途 径
自有渠道	主动进行渠道建设，通过公司自有人员的关系网络，参加各种股权投资论坛的会议和对外公开信息的研究分析来收集信息	1. 个人网络 2. 市场分析 3. 战略合作伙伴 4. 股东
中介渠道	借助/联合相关业务伙伴（如银行、券商等）、专业机构（如律师事务所/会计师事务所）以及其他创投公司获取交易信息	1. 银行/投资银行 2. 证券公司 3. 律师事务所/会计事务所 4. 其他专业机构（如投资公司、行业协会等） 5. 地方金融上市办、高新技术园区、招商引资办公室等政府部门 6. 产权交易中心 7. 展览会、投资融资洽谈会和论坛
品牌渠道	积极建设公司在创业投资方面的品牌形象和市场知名度，建立"拉动式"的信息渠道	1. 公司网站 2. 客服中心

优秀的基金管理机构通常具有独特的项目来源渠道和广泛的企业合作关系。另外，团队成员的脉络资源也是获取优质项目的重要渠道。因此，基金经理在充分利用公司自有资源的同时，也会积极从外部渠道获取项目信息，整合内外部资源，建立多元化的项目来源渠道。

二、项目来源评价

优质的项目是基金成功的要件，而可靠的项目来源才是保证投资成功的必要保证。

成熟的股权投资基金往往拥有广泛的项目渠道，从而可以及时获取大量的项目信息，但是各种信息渠道来源提供的项目信息质量存在差异。通常，通过个人、股东、业务伙伴获得的项目信息质量较高，因此，基金经理在寻找项目过程中比较倾向于通过朋友、熟人、银行、证券公司、政府部门或会计师事务所、律师事务所等的介绍。

而参加各类展览会、各种形式的投融资专题洽谈会、论坛，以及主动联系各地方产权交易中心、招商引资办公室等这类主动性拓展项目来源形式中，项目的质量和信息不一定符合基金的投资原则，从而需要较多时间和精力进行筛选，有时候一大批项目中不一定有符合投资标准的项目，这在一定程度上不仅影响基金的管理流程效率，也会一定程度上影响股权投资基金未来的收益。

三、项目来源拓展

（一）开拓多种项目渠道

股权投资基金进行项目来源拓展的首要措施就是加强项目渠道建设。增加项目来源渠道意味着将寻找项目来源由"点"到"线"，由"线"到"面"铺开，形成项目来源网络。新的项目渠道的建成，对基金原有渠道起着重要的补充作用。常见的股权投资项目拓展渠道有以下几种。

1. 与银行、政府、中介机构、行业协会等建立合作关系

股权投资行业是知识密集型而非劳动力密集型行业。对于大多数的股权投资基金来说，借助渠道仍是主要的寻找项目来源的方式。

目前，能够提供优质项目资源的渠道大致有政府、银行、中介机构、行

业协会等。

（1）拓展银行渠道

由于每个企业从诞生开始都要不断地与银行发生联系，银行手中的优质企业资源巨大。在这方面，银行背景的股权投资基金具有先天的优势，如建银国际就是依托建设银行强大的背景。另外，与商业银行建立战略合作关系，是非银行背景的股权投资基金常常采用的策略。如2012年初，九鼎与中信银行达成战略合作关系，在募资、投资、托管多方面建立合作。

（2）拓展政府渠道

该渠道主要是与政府合作发起成立股权投资基金，或引入政府引导基金作为LP，目前后者较为普遍。近两年各地政府为扶植当地经济积极招商引资，与政府合作的基金数量明显增多。根据清科统计，2012年新成立的股权投资基金中，与政府合作或有政府投资的基金占到30%。与政府合作的优势是可以多方面利用政府在当地的资源，例如与当地金融上市办、中小企业管理处等建立联系，除寻找项目企业外，与项目企业的沟通调研也会顺畅许多；不足是基金的投资地域、行业一定程度上会受到限制。

（3）拓展会计事务所、律师事务所、券商等中介机构渠道

由于这三类中介机构作为企业的服务机构，尤其是前两类机构在企业的年度审计和经营法律变更时作为企业的服务机构，也积累了较多的客户资源。拓展这些中介机构的渠道，也是加强项目渠道建设的措施之一。尤其是针对企业成熟期的PE投资和Pre-IPo投资，拓展这些具有证券从业资格的中介机构，往往能够获得较好的投资项目，但是具备这一拓展能力的股权投资基金并不多，它要求经营基金的团队拥有良好的业内人脉关系。

（4）拓展行业协会渠道

行业协会是行业内企业的自律管理组织。通常协会内积聚了行业内的领导企业和一批成长性极好的企业。因此，与行业协会保持良好的关系，通常会为股权投资基金带来合适的项目来源，而且在项目投资后，行业协会也会为项目企业的营销推广带来一定的帮助。

另外，还有一些股权投资基金通过付费给中介渠道获取项目资源，这种合作模式需要给中介机构付费，增加成本，因此这种策略基本属于其他策略的辅助和补充。

2. 利用已投项目上下游渠道资源

这种方法通常是顺着某个优质项目的脉络分别向上游、下游延伸，顺藤摸瓜，找到产业链上的优质项目。

利用这种方法进行项目来源拓展的在产业基金中最为常见。由于是顺着产业链挖掘拓展，与其他投资基金的竞争也会减少许多。

青云创投基金是利用此方法拓展项目的一个典型机构，因为只专注投资清洁技术领域，因此，在其已投项目中，上下游有许多待挖掘的项目，并且同属清洁技术行业。另外，由于青云在清洁技术领域专注 10 年，在行业内形成了一定的声誉，许多其他的股权投资基金在投资清洁技术项目时也会参考青云的意见，这也是其项目来源之一。这种拓展策略的优势在于，新挖掘的项目与之前已投的项目有供求关系，与新项目方的沟通接触会顺畅许多。但是这种拓展方式对于股权投资基金的专业性要求较高，并不是每个股权投资基金都能够操作的。

3. 自主建设项目渠道

这主要是指股权投资基金或其管理公司在全国各地设立分支机构，派驻常驻人员，确保能够第一时间接触到当地的优质项目。

这种项目来源拓展方式要求股权投资基金或其管理公司的人员达到一定规模。在当前的主流投资机构中，九鼎是自主挖掘项目的典型机构。其具有一只庞大的项目经理团队，人数最多的时候达到 400 多人，根据 GDP 在各省的分布比例分配分支机构人员数量。除九鼎外，同创伟业、达晨创投也在近几年逐步在多个经济发达地区布局分支机构。

自主建设项目渠道的优势主要是能够先人一步发现和接触项目，在项目竞争激烈的环境下快速抢占资源。劣势则体现在分支机构设立及人员派驻成本较大，一旦当地项目资源不足，则会形成无谓的成本及资源浪费。随着一些地区的优质项目确实越来越稀缺，这类投资机构也需要根据市场环境调整布局，撤掉部分分支机构。

（二）加强基金品牌建设

戴维·阿克在《管理品牌资产》一书中认为，品牌资产是能够增加或减少一种产品或服务对于其公司或公司客户所产生的价值的一系列品牌资产

（和负债），以及品牌名称与象征。

品牌资产是股权投资基金经营过程中累积起来的核心资产之一。强势品牌已经在投资者或是企业家头脑中建立了一套关于品牌认知的知识结构，因此更容易接受品牌基金，并作出积极的反应。凯雷、黑石、KKR 和 TPG 之所以能在短时间内快速获取政策准入、太平洋保险等重大项目，除了资本实力及管理能力之外，不能不说"全球四大 PE 天王"的品牌形象为其加了不少分。

在我国，民营企业和中小企业是股权投资基金的重要投资对象，对这一细分市场而言，股权投资基金的品牌知名度会给能否获取项目投资权带来一定程度的影响。

目前我国股权投资市场上，混迹着民间资本、国字号资本、外资资本、"混血资本"。从品牌角度来说，除少数几家如凯雷、黑石等较为知名外，多数新成立的股权投资基金的市场定位尚不明晰，也还不为社会所熟知，这就要求基金管理公司从一开始就要从整体入手，在明确经营战略的基础上，界定清晰的品牌定位并加以推广。在品牌建设上，可从以下方面着手。

1. 品牌战略定位

股权投资基金的发展愿景和企业文化是其品牌定位的基础。专注于 Pre-IPo 投资的基金、特定领域的产业基金、综合化投资基金就是基金不同战略定位的体现。

2. 品牌建设策略

股权投资基金要根据自身所处的发展阶段，综合考量未来发展节奏、经营风格等要素，从"快速突围"、"精耕细作"等策略风格中做出选择，进而为品牌建设匹配相应的人力、财务等资源。

3. 品牌建设的节奏和阶段任务规划

在明确品牌建设方向的前提下，规划短期、中期、长期建设的目标，并积极地加以推进。

4. 品牌资产要素关系的处理

明确以基金品牌塑造为核心，塑造股权投资基金的整体品牌形象。可以以基金管理团队形象管理为切入点，但也应注意 CEO 形象对企业品牌形象建设的双重性。

5. 品牌建设执行

（1）基金 CI 设计

CI 即 Corporate Identity System，企业形象识别系统。CI 通过基金的理念设计与视觉设计，传达了基金或其管理公司的核心价值观或是经营理念。

（2）推广手段的选择

对基金品牌进行推广的首要原则是目标任务与经费匹配原则，根据阶段性目标，决定投入力度；二是精准原则，即面向特定的受众群体传达品牌信息；三是适用原则，只选择与品牌建设任务相匹配的手段，不论是公关、广告还是活动。

（3）媒体运用策略

在传统媒体运用上，可强化在核心财经类媒体的深度沟通。例如，股权投资业内杂志访谈、财经节目访谈、报纸发表文章等；重视在行业核心媒体上的信息曝光。在新媒体推广上，可关注互联网、3G 等新媒介形式的运用。

由于各个股权投资基金在发展战略、资金规模、市场定位、分布区域等方面差异太大，每个基金的品牌建设策略都应该是独一无二的。

（三）加强基金团队建设

对于股权投资基金，适合的人才、团队无疑是企业发展过程中最为重要的资产。因此，股权投资基金开拓项目来源的一项措施就有吸纳优秀的专业人才和人脉资源。

张明先生在其著的《觉今是而昨非：张明金融随笔集》中对于股权投资基金的人脉资源有这样的描述："但凡投资领域，总有公共关系大行其道。来自不同企业的经理们在一起喝咖啡，大家攀比炫耀的都不是基金的规模有多大，而是自己企业的关系有多强。无论在发达国家还是发展中国家，广泛的人脉资源都是投资银行拿到大单的必要条件。以凯雷为例，美国前总统老布什、美国前国务卿贝克、英国前首相梅杰、菲律宾前总统拉莫斯等人都曾担任凯雷公司的顾问，因此投资银行界戏称凯雷集团的顾问委员会为'总统俱乐部'。2006 年当凯雷收购徐工受阻后，老布什还专程赶到北京向中国政府官员游说。笔者曾经与多只在中国非常活跃的私募基金经理人交谈，他们往往都以自己与中国政府官员的密切联系为傲。"

人脉资源在股权投资基金获取项目、冲破禁入壁垒、获得优惠交易条件、促成交易和投资退出等各个方面都具有重要作用。

第二节　投资标准选择

面对大量的投资储备项目，股权投资基金需要建立相应的投资标准，来筛选出拟投资的项目。因此，如前面第四章所述，在流程优化的策略指导下，一个股权投资基金设立时即应该基本明确了投资标准。

我国目前的股权投资，通常按项目所处发展阶段来划分，主要分为天使投资、VC 投资、PE 投资、Pre-IPo 投资四大类，这四类投资又有不同的投资标准，下面分别加以说明。

一、天使投资标准选择

天使投资一般是创业企业最初形成阶段（或种子期）的主要融资方式，主要由富有个人或天使机构直接向企业进行的一次性投资。天使投资者不仅向创业企业提供资金，往往还利用其专业背景和自身资源帮助创业企业获得成功。

天使投资的主要标准如下。

1. 创业者或创业团队有热情、有头脑、有经验，能力全面、思想开放

天使投资机构通常不会投没有经验的"新手"，这样风险太高。同时希望企业的创业团队中的核心成员在相关领域有工作经验和良好的业绩，头脑灵活不偏执、容易沟通。

2. 有可供验证的产品或服务

通常，大多数天使投资机构不会凭着一纸商业计划书投资，而是希望创业团队已经开发出可供验证的产品，最好已经有一定数量的用户。有时候，如果天使机构和创业团队是多年的朋友，而且创业团队之前有非常成功的经验，天使投资人也不排除会对创意（通常称 idea）进行投资。

3. 有成长潜力和广阔的市场空间

由于天使投资承担着比普通投资更大的风险，因此常常期望比普通投资更大的回报，所以天使投资更加强调企业商业模式有"爆发式增长"的潜

力，也就是商业模式本身要有充分的可扩张性。例如互联网商业模式，只要针对的受众群够大，往往都具备良好的可扩张性；传统行业中，例如连锁经营行业，可扩张性取决于优秀的管理、运营与低资产扩张能力。能赚钱的生意很多，特别在传统行业，很多看起来很平常的生意做得好都会非常赚钱，但并不意味着有潜力做大。

4. 商业模式可行、产业链定位清晰

商业模式可行不仅指企业运营在商业模式上可以盈利，同时还要在现实中有操作可行性。另外，企业还要考虑在整个产业链当中的定位和价值。产业链定位不够清晰的企业，往往会遇到经营上的困难；如果企业处于经营的"红海"位置，那么就要求企业在模式和资源上有过人之处，能够形成竞争壁垒；如果企业处于经营的"蓝海"位置，那么就要求企业在成功的各个关键点上能够以某种形式验证。

5. 风险可以控制

风险有内部风险和外部风险。内部风险可能来自于产品、技术、团队、管理、运营、财务等方面；外部风险可能来自于竞争对手、法律政策、市场环境等方面。所有投资人都不喜欢带有"赌博"性质的投资，不希望企业的商业模式在某个关键点上有较大的不确定性，不希望企业的成功高度依赖于某些不稳定的资源。

二、VC 投资标准选择

VC（Venture Capital）投资，即风险投资，又称"创业投资"。VC 投资是典型的企业成长与科技成果转化的孵化器。该类投资是集金融服务、管理服务、市场营销服务于一体的全方位战略投资，不仅为种子期和扩展期的企业带来了发展资金，还带来了先进的创业理念和企业管理模式，帮助企业解决各类创业难题，使很多中小企业得以跨越式发展。因此，风险投资是优化现有企业生产要素组合、把科学技术转化为生产力的催化剂。

一般来说，VC 机构从以下 5 个方面评估企业是否符合他们的项目评选标准。

1. 商业计划具备可行性

VC 机构一般先评估企业的商业计划书是否合理，数据是否翔实，是否

能够按计划吸引到投资，是否能完整地说明企业的经营现状、营运规划及未来的市场及产品发展计划等。

2. 经营团队的背景与能力

无论如何审慎评估，采用何种评估方法，VC 投资本身都将是一种高风险的投资行为，投资风险依然很大。因此，很多有经验的风险投资评估机构，都把投资焦点放在创业者及经营团队上，凭借多年的评估经验，将风险企业的创业人是否具有企业家精神，以及风险企业是否具有一个团结向上的经营团队作为主要评估内容之一。

3. 市场规模大小与开发潜力

市场分析是产品、技术、财务评估的基础。任何的一个风险投资项目，都必须具有一定的市场空间基础，才能维持企业的生存与发展。

4. 产品与技术能力

VC 投资机构会详细了解该项目技术的技术来源、核心技术竞争能力、技术风险、产品功能特性、生产制造计划、周边产业配套程度、专利与知识产权、政府政策支持等方面的综合情况，因为产品及技术能力是评价风险项目能否盈利的主要依据之一。

5. 财务计划与投资收益率

VC 投资机构会评估企业过去的财务记录，以及目前的股东结构、未来财务计划的合理性、申请投资金额的合理性、回收年限与投资报酬的实现可能性等，以保证该项目具有理想的财务预期。

三、PE 投资标准选择

PE（Private Equity）投资，通常称为私募股权投资，是指创业投资后期的私募股权投资部分，即对已经形成一定规模的、并产生稳定现金流的成熟企业的权益性投资，投资形式多采用私募形式，在交易实施过程中附带考虑将来的退出机制，通常通过上市、并购或管理层回购等方式，出售持股获利。

PE 与 VC 虽然都是对上市前企业的投资，但是两者在投资阶段有很大的不同。VC 投资对象为处于创业期的中小型企业，而且多为高新技术企业；PE 着重于企业成长与扩张阶段，可以是高科技企业，也可以是传统行业。

由于 PE 投资于相对成熟的企业，因此有一套更加严格的投资标准来筛选企业。例如下面是一家 PE 机构的投资标准。

①项目是国家产业政策鼓励与具有国际比较成长优势的行业，如装备业、消费服务业、互联网产业等领域。

②细分行业前三位或具备挑战行业领袖的潜力企业，特别是垄断行业的民营企业新秀。

③企业发展战略目标清晰，专心专注，步骤明确，注重节奏，资本投向具体并注重实效，不搞产业多元化。

④在公司创业第 3~5 年出现快速成长拐点，5 年以上未见快速成长的不宜投资。

⑤管理规范，企业历史沿革清晰，产权形成清楚，业务、人员、机构要独立，3 年内不存在重大违纪违规记录，避免企业在环保、税收、用工等方面的不规范行为。有国有资本进入并参与管理过度的要谨慎；企业文化落后，慢条斯理、按部就班，派系林立，互相牵制的改制企业要谨慎；过度依赖政府与政策支持、企业家成为政治家的企业要谨慎。

⑥大股东转让股权，套现倾向明显，存在资金饥渴，又不让深入尽责调查的，只要资金不要服务，只要出价高不要服务好的要谨慎。

⑦企业家有独特魅力，首先要有从事该行业的基因，其次有清晰战略，对行业了如指掌，再次要行动敏捷，知道该怎么做就马上做，还要为人厚道，关爱员工，有社会责任感。但好出风头，虚荣心强，生活化倾向太明显，地位不突出，经营管理完全委托专业团队管理，第二代接班人没有付出学费、懂得创业艰难守业更难的道理前要谨慎。

四、Pre-IPo 投资标准选择

Pre-IPo 投资是指投资于企业上市之前，或预期企业可近期上市时的权益投资，其退出方式为上市后从公开资本市场出售股票退出。从图 6.1 爱迪斯企业生命周期示意图中可以清晰地看到 Pre-IPo 投资所处的阶段。

与投资于种子期、初创期的 VC 或 PE 投资不同，Pre-IPo 投资的投资时点在企业规模与盈收已达可上市水平时，甚至企业已经站在股市门口。Pre-IPo投资具有风险小、回收快、回报高的特点。在高盛、摩根士丹利等大规模基金投资组合中，Pre-IPo 投资也是重要组成部分。

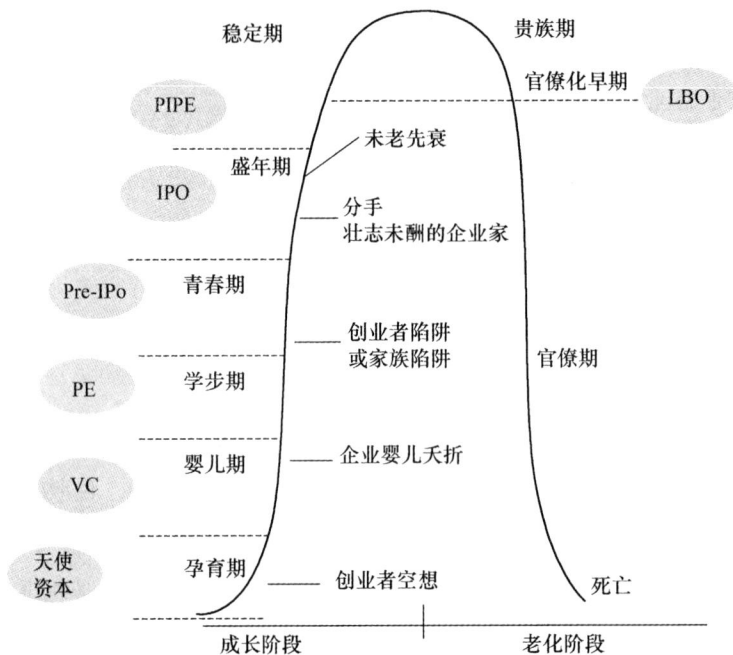

图 6.1　爱迪斯企业生命周期示意图

以下为一家公司的 Pre-IPo 的投资标准：

①巨大产业发展空间；

②细分行业龙头企业（前 3 名）；

③较强的核心竞争力；

④清晰的商业模式；

⑤优秀的管理团队；

⑥投资前一年或当年净利润不低于 2000 万元；

⑦过去三年净利润年均增长率不少于 30%；

⑧未来三年净利润年均增长率不少于 30%；

⑨各项指标符合 IPO 发行制度和规则；

⑩法律和财务方面无实质性的上市障碍。

从中可以看出，Pre-IPo 投资标准更加注重企业的成熟度和是否符合发行上市条件。Pre-IPo 投资主要通过提升所投资企业的能力和资本市场形象来提升企业价值，通过成为公众公司，成功实现企业价值重估和定价，来取得高额投资回报。通常，声誉良好的基金会提升企业的资本市场形象，这对普通投资者起到了"先吃螃蟹"的示范作用，有助于提升公开市场上投资者对企业的信心。

目前，我国在证券发行审核制度背景下，证监会审核企业时，除了对 IPO 企业信息披露、合规经营审核外，还对企业的持续性经营能力进行审核。市场也认为，通过证监会审核的企业基本上都是优秀的企业（财务造假的除外）。因此，Pre-IPo 基金投资时往往将企业是否符合发行条件、能否快速上市放在首位，而对企业的价值重视程度不够，设定投资标准时也有较明显的"短视"行为。未来随着我国发行审核制向注册制转变，证监会将对企业持续经营能力和成长性的考察放归市场，届时只有盈利能力强、成长性好的价值企业能够获得高的估值，而这就需要 Pre-IPo 基金转变经营思路，由"快准狠"转变为"稳健精进"，在投资财务指标放宽松的同时，股权投资基金战略眼光前瞻和专业价值判断等方面的个性化标准将体现在基金的投资标准里。但是作为专业的股权投资基金，坚持优中选优，并能够控制流程这一投资标准是股权投资永远不过时和有用的法则。

第三节 尽职调查

尽职调查（Due Diligence）又称谨慎性调查，是指投资人在与目标企业达成初步合作意向后，经协商一致，投资人对目标企业的一切与本次投资有关的事项进行现场调查、资料分析的一系列活动。其主要是在投资、收购、企业公开发行上市等资本运作活动时进行，因此，尽职调查通常在股权投资基金与目标企业签订《投资框架协议》后进行，很多情况下，还需要双方签订《保密协议》。

一、尽职调查的意义

尽职调查对于股权投资基金项目投资决策的意义重大，主要表现在三个方面。

首先，尽职调查能够帮助股权投资基金了解项目企业情况，尽量减少股权投资基金与拟投资项目企业之间信息不对称的问题。

其次，尽职调查结果也为合作双方奠定了合理估值及下一步深入合作的基础。

再者，尽职调查对有关的单据、文件进行调查，这本身就是一个保存和整理证据的过程，相关情况能以书面证据的方式保存下来，以备将来项目企业推进 IPO 上市或进行并购留作查询或他用。

二、参与尽职调查的人员

由于尽职调查涉及的内容繁多，对实施尽职调查人员的素质及专业性要求很高，因此，股权投资基金通常要聘请中介机构，如会计师事务所、律师事务所等协助调查，为其提供全面的专业性服务。

三、尽职调查的方式和流程

尽职调查的方式主要有"实地调查"和"数据库式调查"两种。以信息资料为线索，进行实地务实性调查为实地调查；利用企业提供信息资料完成的调查称为数据库式调查。

常见的尽职调查流程主要包括：调查机构起草并向项目企业提交尽职调查提纲、问卷或清单；项目企业根据尽职调查提纲、问卷或清单提供相关文件或作答；调查机构与项目企业相关负责人进行会谈，了解企业历史沿革、主营业务、资产、关联关系、财务、纳税、担保、诉讼等情况；调查机构走访项目企业生产经营场地、设施、进行实地考察，走访工商行政管理部门查询企业档案等；调查机构根据调查材料，进行结果梳理，发现问题并及时处理问题。

四、尽职调查的内容

尽职调查的内容主要包括企业的背景与历史、企业所在的产业，企业的生产、营销方式、盈利模式、财务资料与财务制度、研究与发展计划等各种相关问题的摸底了解。调查内容覆盖项目企业的运营、规章制度及有关契约、财务等多个方面，其中财务会计情况、经营情况和法律情况这三方面是调查重点。

（一）财务尽职调查

财务尽职调查由会计事务所项目人员负责，其内容主要在于鉴别和确定拟投资企业所提供会计报表的真实性；在一些易被忽视的方面如担保责任、应收账款质量、税收、法律诉讼等获取重要信息，避免由于信息失真造成决策失误；通过各种财务数据和比率了解项目企业的收益情况；同时对企业未来的经营业绩预测信息作出合理的判断。

1. IPO 财务尽职调查

对于拟进行 IPO 公开发行上市的企业，其财务尽职调查除了对企业基本情况的摸底，还要发现其存在的问题，如能否满足首次公开发行上市的条件，还要针对存在的问题提出规范建议。主要依据是《首次公开发行股票并上市管理办法》（针对主板及中小板）、《首次公开发行股票并在创业板上市管理暂行办法》（针对创业板）对发行条件的规定。

2. 并购财务尽职调查

在并购活动中，财务尽职调查是为企业成功地进行并购交易服务的。因此，此时还要求财务尽职调查人员运用并购理论，揭示如何进行目标公司的价值评估、如何进行并购融资和支付，并购中的会计税收问题如何处理，以及并购后如何整合，从而与其他专业人员一起为并购方提出合理的并购后整合建议。

（二）法律尽职调查

法律尽职调查是对目标公司的相关资料进行审查和法律评价，其内容主要包括查询目标公司的设立情况、存续状态以及其应承担或可能承担的具有法律性质的责任。它由一系列持续的活动组成，不仅涉及公司的信息收集，还涉及律师如何利用其专业知识去查实、分析和评价有关的信息。

1. IPO 法律尽职调查

律师的尽职调查工作主要是对拟上市公司所进行的调查和核查，并对调查及核查的结果进行分析后做出相应的专业判断。其主要内容包括：①公司的设立与存续；②公司的经营许可；③法人治理结构；④公司的财务状况；⑤公司的资产状况；⑥关联交易和同业竞争；⑦税务状况；⑧对劳动人事的尽职调查；⑨重大合同履行情况及重大债权、债务情况；⑩诉讼、仲裁或行政处罚情况；⑪公司的保险状况；⑫股本和股权。

2. 并购法律尽职调查

法律尽职调查是公司并购交易的重要环节，是起草公司并购交易文件的重要基础。通过尽职调查，律师尽最大限度地了解目标公司及股权的法律状态，发现潜在法律风险和可能增加交易成本的问题，为并购方最终的科学决策提供依据。有时，根据尽职调查所体现出的风险状况，投资方可能会重新界定价值，进行收购方案调整。

（三）经营尽职调查

经营尽职调查主要是由股权投资基金或其委托的投资顾问人员负责，主要对项目企业所处行业情况、业务经营情况、公司管理制度和治理结构、公司高管及员工、公司未来经营计划等方面做详细尽职调查。表6-2是一个典型的经营尽职调查内容构成表。

表6-2　　　　　　　　　尽职调查的对象及主要内容

调查对象	主要内容
企业实地考察	1. 核实商业计划书的真实性 2. 核实净资产、设备，审核以往史料和财务报表 3. 考察组织架构和人事档案
会见管理团队	1. 观察管理团队人员素质 2. 了解他们的经验和专长 3. 管理层成员经验和个性是否相互配合
业务伙伴和前投资者	1. 对项目企业管理者的评价 2. 建立合作和终止合作/投资的原因
潜在客户和供应商	1. 市场空间及市场占有率 2. 市场销路 3. 市场潜力的大小和增长速度 4. 原材料价格、质量和供应渠道情况
技术专家、行业专家	1. 产品性能、技术水准 2. 是否有替代技术或产品 3. 行业和技术的发展趋势 4. 验证技术的先进性、可行性、可靠性

续表

调查对象	主要内容
银行、会计师、律师、证券公司	1. 企业过去的融资、偿债和资信状况 2. 财务报表的准确性 3. 专利、案件诉讼
同类公司市场价值调查	1. 项目企业未来的价值和盈利前景 2. 投入资金所占股份
竞争对手	1. 对项目企业市场竞争力和占有率的评价 2. 对管理人员素质的评价
相关行业企业的管理层	对项目的评估

尽职调查的目的主要是：核实已收集的资料；评估投资和经营计划的时间进度；评估销售和财务预测是否符合实际；发现潜在的投资风险和经营风险。因此，在尽职调查过程中应遵循三原则：力求全面调查，不留死角；力求深入调查，打破沙锅问到底；力求客观调查，不徇私情。

五、尽职调查过程中需注意的问题

准确详尽的尽职调查是股权投资基金客观地评价项目、做好投资决策的重要前提。在实践中，尽职调查做得越细致，投入的人力、财力和时间越多，对各种可能的风险就会了解得越清楚。但是，任何一次并购的尽职调查都是有限度的，因为时间和费用的约束，不可能支持无限详尽的调查。因此，每一次尽职调查都是在约定时间、约定费用条件下，争取对企业风险和交易风险有尽可能详尽的了解或判断。由于所有目标企业都是在相对复杂的环境中经营，因此，尽职调查要做到尽可能多地了解目标企业，并且揭示投资或并购中的重大、潜在风险。但是，通过尽职调查不可能揭示企业的所有风险，这就要求尽职调查的专业人员要十分熟悉尽职调查中的关键控制点，有效率地执行尽职调查，并在实践操作中防止对可能发生的重大风险的被忽略或遗漏。

有句股权投资行业的俗语，"尽职调查肯定会有惊奇发生，并且通常都是令人不愉快的那种"。其实对于股权投资基金来说，有"惊奇"不是问题，真正的问题是这个"惊奇"有多大，以及双方如何处理这个"惊奇"。

只要股权投资基金和项目企业目标一致，在互相尊重的气氛下，尽职调查完全可以以一种非常积极的态度来完成。通过尽职调查，一方面股权投资基金提高了对项目企业的信息了解，另一方面帮助了项目企业提高了运营精确度，增加了透明度。项目企业一般也会立刻从中获益，因为尽职调查这个过程帮助了企业改进计划和运营，从而变得更大更强，为未来上市铺好了道路。这才是尽职调查的最好的情况，帮助股权投资基金和项目企业建立了一种长期的成功的合作关系和价值创造的机制。

第四节　投资估值要点

一、估值概述

投资估值，即基于尽职调查所得到的项目企业历史业绩、预期盈利能力等资料，通过科学的价值评估方法对企业价值进行评估的过程。

投资估值是股权投资基金对外投资过程中关键的一步，同时也是基金与项目企业谈判的核心，无论是项目投资还是项目退出，都需要对项目企业进行价值评估。

二、一般估值方法

根据西方经济学理论，传统的公司估值方法分为四种类型：现金流量贴现（Discounted Cash Flow，DCF）法、相对估值法、资产评估法和期权估值法。其中，在国外股权投资界较为常见的是现金流量贴现估值法、相对估值法和和期权估值法三种估值方法。下面将针对每种估值方法在股权投资中的运作进行相应分析。

（一）现金流量贴现估值法（DCF）

DCF法是通过计算目标公司未来股利或现金流折现总值来计算其现有价值，其依据的原理是资产的价值等于预期未来现金流的现值之和。

该方法一般适用于增长稳定、业务简单、现金流平稳的企业，但当对具有较高不确定性的企业进行估值预测时，就会出现较大的偏差。该方法在国外股权投资中是主流估值方法之一，且由于国内股权投资往往集中在Pre-IPo阶段，因此也更为常见。但是考虑到我国是新兴市场国家的现实，很多产业结构变动较大，大多数企业面临的行业环境和挑战都远比西方发达国家更为复杂，因此很多企业，包括这些Pre-IPo企业仍然在年度增长率和现金流等方面波动性很大。所以，单纯应用该方法会造成估值结果偏差较大，存在一定的局限性。

（二）相对估值法

相对估值法是在假设市场有效的前提下，通过行业内相似企业进行对比分析，从而评估出目前企业价值。

相对估值法的两个关键点是比率选择和相似公司选择。其中，相似公司一般都是从同一行业内，具有类似的市场环境、经营模式、公司规模的企业中选择，而较为常见的比率是市盈率（PE）。该方法的优点是计算简单，但是仅适用于周期性较弱、行业稳定性较高、可比性强的企业易于获得的行业。

而这些假设条件在现实商业环境中通常都难以获得，特别是我国由于产业结构变动性大、市场信息披露机制滞后等因素，很多行业数据和类似企业数据往往难以获取。因此，该方法在国内仅应用于对该行业存在类似上市公司、行业数据较易获得的企业进行股权投资时采纳，且估值数据也较难在最终的股权交易中直接采纳。

（三）期权估值法

期权估值法是通过期权定价模式对资产进行估值，通常应用于具有期权特征的资产。该方法兴起于对高科技企业的定价过程中，由于现金流量贴现估值法和相对估值法，在对负净现金流量且缺乏可比企业的高科技企业估值时，难以发挥作用，而期权估值方法则可以在一系列假定条件和参数情况下，对该类高风险高收益高科技企业仍能进行估值，所以解决了长期以来风险投资的估值困扰。但在我国股权投资中，由于实际对目标公司的评估中，较多的参数往往难以准确获得或估算，且国内金融市场环境有一定的独特性，更使得该方法的适用性减低。

三、天使投资估值方法

天使投资人或机构在对一个企业的价值进行评估的时候都会遵循一定的方式或方法，目前天使投资界内主要有以下七种估值方法。

（一）博克斯法

这种方法由美国人博克斯首创，是对于初创期的企业进行价值评估的方法，典型做法是对所投企业根据表 6-3 的公式来估值。

表 6-3　　　　　　　　博克斯法估值公式

序号	指标	估值
1	一个好的盈利模式	100 万元
2	一个好的创意	100 万元
3	优秀的管理团队	100 万 ~ 200 万元
4	优秀的董事会	100 万元
5	巨大的产品前景	100 万元

以上 5 项加起来，一家初创企业的价值为 100 万 ~ 600 万元。

这种方法的好处是将初创企业的价值与各种无形资产的联系清楚地展现出来，比较简单易行，通过这种方法得出的企业价值一般比较合理。

（二）三分法

三分法是指在对企业价值进行评估时，将企业的价值分成三部分，通常是创业者、管理层和投资者各 1/3，将三者加起来即得到企业价值。

（三）500 万元上限法

这种方法要求绝对不要投资一个估值超过 500 万元的初创企业。由于天使投资家投资时的企业价值与退出时的企业价值决定了天使投资家的获利，当退出时企业的价值一定的情况下，初始投资时的企业定价越高，天使投资家的收益就越低，当其超过 500 万元时，就很难获得可观的利润。

这种方法的好处在于简单明了，同时确定了一个评估的上限。

（四） 200 万～500 万元标准法

许多传统的天使投资家投资企业的价值一般为 200 万～500 万元，这是有合理性的。如果创业者对企业要价低于 200 万元，那么或者是其经验不够丰富，或者企业没有多大发展前景；如果企业要价高于 500 万元，那么由 500 万元上限法可知，天使投资家对其投资不划算。

这种方法简单易行，效果也不错。但将定价限在 200 万～500 万元，过于绝对。

（五） 市盈率法

这主要是在预测初创企业未来收益的基础上，确定一定的市盈率来评估初创企业的价值，从而确定风险投资额。市盈率就是股票价格相当于每股收益的倍数。

（六） 实现现金流贴现法

根据企业未来的现金流、收益率，算出企业的现值作为企业的评估价值。

这种方法的好处是考虑了时间与风险因素。不足之处是天使投资家需要有相应的财务知识，并且这种方法对要很晚才能产生正现金流的企业来说不够客观。

（七） 经济附加值模型

表示一个企业扣除资本成本后的资本收益，即该企业的资本收益和资本成本之间的差。站在股东的角度，一个企业只有在其资本收益超过为获取该收益所投入的资本的全部成本时，才能为企业的股东带来收益。

这种估值方法从资本成本、收益的角度来考虑企业价值，能够有效体现出天使投资家的资本权益受益，很受职业评估者的推崇。

四、VC 投资估值方法

VC 真正的实力在于投资较早期的项目，通常这类企业的价值尚未被人发现，甚至有些还处于生存的边缘，因此，VC 对企业的估值与定价是以传统定价模型为基础，同时考虑无法以货币计量的因素，通过谈判，给企业一个"适合"并尽量"合理"的估值和定价。

（一）VC常用的传统估值方法

1. PE 估值法

PE 估值法适用于非周期性的稳定盈利企业。但是，对于初创期的 IT 类企业，PE 估值法有时就显得无能为力，特别是信息业企业，其前期往往处于亏损状况。因为这些信息产品不同于传统产品，传统产品在规模经济之后存在边际成本递增、边际效益递减的情况，而信息产品存在"边际成本趋于 0，边际收益递增"的特性。

2. PEG 估值法

PEG = PE/G。其中 PE 为市盈率，G 为 Growth，即净利润的成长率。PEG 法适用于 IT 等成长性较高企业，不适用于成熟行业。

3. PS 估值法

PS 即价格营收比，PS = 总市值/营业收入 =（股价 × 总股数）/ 营业收入。

PS 估值法的适用性在于：营业收入不受公司折旧、存货、非经常性收支的影响，不易操控；营业收入相对最稳定，波动性小；不会出现负值，不会出现没有意义的情况，净利润为负亦可用。但是，公司的成本控制能力无法反映。另外，PS 会随着公司营业收入规模扩大而下降，而营业收入规模较大的公司 PS 较低。因此该指标使用范围有限，往往只作为辅助。

4. EV/EBITDA 估值法

又称企业价值倍数，是一种被广泛使用的公司估值指标，其中：

EV = 市值 +（总负债 – 总现金）= 市值 + 净负债

EBITDA = EBIT（毛利 – 营业费用 – 管理费用）+ 折旧费用 + 摊销费用

EV/EBITDA 和 PE 估值法指标的用法一样，其倍数相对于行业平均水平或历史水平较高，通常说明高估，较低说明低估，不同行业或板块有不同的估值水平。

但 EV/EBITDA 不受所得税率不同的影响，不受资本结构不同的影响，排除了折旧摊销这些非现金成本的影响，可以更准确的反映公司价值。但

EV/EBITDA 更适用于单一业务或子公司较少的公司估值，如果业务或合并子公司数量众多，需要做复杂调整，有可能会降低其准确性。

（二）VC 对企业估值时重点综合考率的因素

1. 创新型企业更易享受高估值

一般地讲，轻资产、高收益的创新型企业更受 VC 的青睐，VC 期望的是能获得超额利润的企业，这样的企业一定有自己独特的方面，无论市场、技术、管理还是运营模式。突破常规的"创新"往往是这些企业的特点，这些"创新"足以构成企业的一种核心竞争力，从而使企业异军突起。创新的模式、广阔的市场、激情的团队、诚实的企业主等，都将成为增加企业价值的因素，都将在企业股票的价格上得以体现。

2. 非资产的价值体现可能更大

价格是价值的体现，而 VC 注重的是企业的价值，全部要素综合的价值。有时，一项技术、一个创新、一个团队在 VC 心目中的估值要高于厂房、设备甚至现金流。

3. 不同阶段对应不同估值

在企业发展的不同阶段，VC 可能对其有不同的估值，在 VC 行业内部，往往根据行业的普遍认可程度，有参照地对同一类企业进行估值与定价，这也验证了企业估值的基本原则——"基本面决定价值，价值决定价格"。

在股权投资界，一些创意产业、互联网企业的价值可能无法用传统的方法进行评估，可能 VC 永远不能有别于其他实业投资而获得超额利润。而正是这种非常规的估值方法，才能找到非常规的企业，才能获得非常规的利润，这恐怕就是 VC 的魅力所在。

五、Pre-IPo 估值方法

目前，在我国 Pre-IPo 投资的估值方法主要是市盈率法。

（一）市盈率法的基本原理

市盈率法的基本原理是在预测拟投资企业收益的基础上，根据一定市盈率水平来评估拟投资企业的价值。市盈率（P/E）是股价与收益的比率。

其计算公司价值的演算过程为：

市盈率 = 参考企业价值/参考企业预期收益 = （参考企业股价 × 股本）/参考企业净利润

拟投资企业价值 = 拟投资企业预期收益 × 市盈率 = 拟投资企业预期净利润 × 市盈率

（二）运用市盈率法计算拟投资企业价值的要点

1. 预测收益

对项目企业利润的初步预测，通常是由项目企业管理层在商业计划书中做出，但这种预测是建立在通过一系列预测假设得出的企业业务计划的基础上，因此基金经理以及基金投资委员会委员通常需要对利润预测进行审核。审核的重点有两个：一是业务计划是否切合实际，二是预测假设是否合理。在审核结果的基础上，考虑企业在得到投资后所能获得的改善，对未来利润进行重新评估。

2. 确定适当的市盈率

（1）参考市盈率

由于项目企业并未上市，没有自身的市场价格，因此，只能采用比较方式，选用与项目企业具有可比性的已上市企业的市盈率或者整个行业的平均市盈率。究竟选择上述两种市盈率的哪一种作为标准市盈率，则取决于股权投资基金的实际情况和获得相关资料的难易程度。其次，要对标准市盈率进行调整，因为项目企业通常经营过程中面临具有不确定风险，所以，在考虑它的市盈率时通常要打一个折扣。

（2）历史市盈率和未来市盈率

历史市盈率法是指企业用上一年度或过去 12 个月的利润为基数对企业进行估值，其计算公式如下：

企业价值 = 企业上一年度或过去 12 个月的利润 × 市盈率倍数

未来市盈率法是指企业用下一年度或未来 12 个月的利润为基数对企业进行估值，其计算公式如下：

企业价值 = 企业下一年度或未来 12 个月的利润 × 市盈率倍数

根据公式来看，对于企业来说，如果企业盈利持续高速增长，采用未来市盈率法对企业进行估值对企业更有利。假设一只股权投资基金同意以 10 倍的市盈率对一家企业进行估值，如果该企业上一年度的净利润为 1000 万元人民币，预计下一年度的净利润为 1500 万元人民币，那么，采用历史市盈率法，该企业的估值为 1000 万元 × 10 = 1 亿元；采用未来市盈率法，该企业的估值为 1500 万元 × 10 = 1.5 亿元。如果基金同意投资 3000 万元，以历史市盈率法进行估值，基金能拿到 30% 的股份；若以未来市盈率法进行估值，基金只能拿到 20% 的股份。

（3）投资前估值和投资后估值

投资前估值：是指企业的价值不包括股权投资基金新投入的资金。

投资后估值：是指把股权投资基金新投入的资金作为企业价值的一部分。

举例说明：假设一家企业估值为 1 亿元，基金拟投入 4000 万元，如果采用投资后估值法，基金所占的股份为 4000 万/（1 亿元 + 4000 万元）= 28.57%；如果采用投资前估值法，基金所占的股份为 4000 万元/1 亿元 = 40%。由此可以看出，采用投资前估值还是投资后估值，对企业影响还是很大的，采用投资后估值对企业更有利。

（四）市盈率法的约束条件

由于历史市盈率法的估值基础是企业经营历史数据，且经过会计事务所的审计核查，所存风险较小；而未来市盈率法采用的盈利数额是建立在预测的基础上的，为降低风险，股权投资基金通常会要求在投资协议中增加一条对赌条款，对公司估值进行调整，按照公司未来实际达到的利润对公司价值和股份比例进行重新计算，股权投资基金通常会要求投资后估值 = P/E 倍数 × 下一年度实际利润。

沿用前述例子，如果企业下一年度的实际利润只有 1000 万元，企业的价值就只有 1 亿元，相应的，3000 万元/1 亿元 = 30%，投资人应该分配的股份应该是 30%，企业家需要拿出 10% 的股份来补偿投资人。

前述对赌情况是比较彻底的，有些股权投资基金看好企业未来经营，对企业高管给予鼓励时，也会相对"友善"一些，会对企业给一个保底的企业估值。依旧前面例子，假如股权投资基金要求按照公式调整估值，但是承诺估值不低于 1.2 亿元，那么如果企业的实际利润只有 1000 万元，企业的估值不是 1 亿元，而是 1.2 亿元，投资人应该获得的股份就是 3000 万/1.2 亿元 = 25%。如企业实际利润达到 1500 万元，则企业估值为 1.5 亿元，投资人股份为 3000 万元/1.5 亿元 = 20%。

（五）不同融资阶段企业估值的变化

一般来说，一个公司从初创到稳定成长期，需要三轮融资。第一轮大多是来自个人的天使投资作为公司的启动资金；第二轮投资往往会有 VC/PE 投资机构进入为产品的市场化注入资金；而最后一轮则基本是上市前的融资，来自于大型风险投资机构或私募股权投资基金。

在首轮融资中，投资人往往会尽最大可能压低企业的估值。后续融资中，如果有新的投资者想介入，已介入的基金或投资机构就会帮助企业提高企业估值，以免稀释自己的股份。

如果企业在完成首轮融资后，没有新的投资者对公司感兴趣，已介入基金就会要求企业平价或降价融资，这样，已介入基金就会以同样的投资拿到更多的股份。

当然，新基金在加入次轮融资时又会想尽办法压低企业的估值。

第五节　投资谈判

投资谈判是指谈判双方就某项投资活动所涉及的投资周期、投资方向、投资方式、投资内容与条件、投资项目的经营与管理以及投资者在投资活动中的权利、义务、责任和相互关系所进行的谈判。

股权投资基金的投资谈判，就是基金管理人或基金经理和企业家之间在股权投资基金入股企业之前进行的关于投资入股的一系列相关事项的磋商过程。通常谈判要经过几轮。

一、投资谈判的双方选择

在我国，股权投资基金投资的对象大部分为中小企业，通过股权投资，实现了企业产权和金融产权的相互选择，促进了资源的优化配置和效率提高。通常优质的企业，尤其处于成熟期的企业，可能同时会面临不同投资机构的投资意向，此时企业家应衡量更合适的一两家引入。当然，企业规模大时，可能同时引进几家，但是这也将面临更多的沟通成本，一定程度上还会影响经营效率。

因此在相互选择上，对于企业方来说，VC/PE 股权投资方有不同背景，相应也有不同的投资模式。例如，有战略投资和财务投资、有控股和不控股、有现金和股权折算投资等许多形式。战略投资，通常不仅仅为企业提供资金，还会为企业定制一系列的价值增值服务，例如企业战略制定、生产或服务流程优化管理、职业管理人员推荐、市场扩张和产业整合，涉及企业公开发行上市时，还会介绍配置专业中介、上市进程协调等，对于企业方具有极强的互补性。因此，只有具有长远眼光的企业方才能够得到这些雄厚资源，而往往这些资源比资金更加重要。

对于股权投资基金来说，优质的企业为其提供了资金保值增值的标的，而这是基金管理机构管理基金的根本追求。

二、投资谈判的关键议题

股权投资谈判的主要内容包括：战略定位、投资方式、企业估值、股权比例、经营管理权、承诺、保证与违约责任等。

（一）战略定位

虽然股权投资基金及其管理人通常不介入参股企业的日常经营，但资本市场对企业的定价原则有别于产业投资者的思维方式。尤其是专注于Pre-IPO的股权投资基金为了更快地实现企业 IPO，同时获得更高的估值，会与企业原股东就上市企业的主营业务、商业模式、上市架构等事宜进行商讨，并在投资协议中进行框架性的明确。这层谈判更多有赖于双方企业文化、投资理念的认同，通常此方面彼此认同后，后面的谈判将更容易推进。大多时候，这也是企业家最渴望得到的认识和资源，关于此方面的深度沟通，是专业的股权基金管理者击败其他入股竞争对手的有力筹码。

（二）投资方式

常见的股权投资方式包括股权转让和增资扩股。股权转让实际上是实现了企业原股东的股权套现，并没有为企业获得发展所需资金，因此多数情况下，股权投资基金入股会选择增资扩股的方式。但为了控制经营风险，股权投资基金和其管理人会提出附带经营条件的或有支付方式，即所谓的"对赌方式"。通过对赌方式，灵活使用投资的法律形式，股权投资基金可以建立适当的激励机制，并对自身利益进行保护。通常，设定或有支付方式条款时可基于的未来经营情况指标：如营业收入总额或收入增长、税后净利润总额或税后净利润的增长、现金流量情况、对股权投资基金的分红情况（大多数基金通常不做要求）以及投资收益的指标（投资回报率、净资产收益率）等。

除了附带经营条件的或有支付方式以外，境外投资者一般还愿意选择可转换债券、可转换优先股等形式，一方面可以在投资期间享受固定的投资回报，另一方面也在一定程度上确保了本金的安全。目前，国内的股权投资基金尚没有这些投资形式，随着股权投资市场的成熟，未来也将逐渐丰富投资方式和投资组合。

（三）企业价值评估

关于企业估值的谈判是投资协议达成中的关键议题。具体方式方法本章第三节已经进行了探讨，这里不再赘述。通常，股权投资基金尤其是专注于Pre-IPo的股权投资基金入股的价格是在同类上市公司通行市盈率的基础上进行折价。这一方面是考虑到未上市公司和上市公司的规模可能还存在一定的差距，另外也是考虑到未来上市时的发行市盈率大体也会与同类上市公司的交易价格相仿，而充足的折扣才能够确保股权投资基金及其投资者有足够的收益和安全空间。

（四）股权比例

通常企业出让多少股份，往往取决于大股东的意愿，大股东会综合考虑多种因素。作为控股股东，往往能够持有对公司的控制权，更多的享有子公司的战略价值。同时大股东还会考虑到企业在私募融资后到上市前这一阶段，自身发展所需要的资金量，根据企业自身的需要出让相应比例的股份。

而股权投资基金需要考虑的要素要更多一些，尤其是投资拟上市企业。首先在企业未来上市后，企业必须要出让 25% 左右的股份作为流通股，大股东届时是否还能够拥有绝对控制权；其次，这次融资距离计划的上市时间还有多久，是否在上市之前还要进行融资，如果距离上市已经很近了，企业方通常会把股份比例控制在较低的水平，例如 3% ~ 10%，或者考虑到上市后的禁售期问题，还会把股份拆细到更低的比例；第三，股权投资基金可能会要求对重大事项有控制能力，为此希望获得更有分量的股份。

因此，企业方和股权投资基金会进行以上的各方面的充分沟通和谈判，来达到各自心目中合适的股权出让比例和受让比例。

未来，我国证券发行审核制转变为注册制和多层次资本市场制度的健全，很可能使企业在各地方股权交易所、新三板、主板、创业板上市的途径增多，同时随着主板、创业板发行市盈率降低，相比近两年企业在引进股权基金投资者时"待价而沽"的现象将大大减少，股权投资基金行业的投资价格将会回归到合理水平。但是随着股权基金投资向前端转移，投资比例将会有所提高，而企业期待股权投资基金对其提供更多的增值服务，包括介绍战略合作伙伴、生产流程优化、产业链整合甚至一些重大决策等，而有资源、有背景、成功案例多的股权投资基金将更获企业的亲睐。

（五）经营管理权

掌握一定的控制权，尤其是对重大事项的否决权，对于保护股权投资基金的利益来说，是至关重要的。通常，股权投资基金会通过要求获得董事会席位，并修改公司章程，将其认为的重大事项列入需要董事会特别决议的事项中去，以确保对企业的发展方向具有有力的掌控。不过，通常股权投资基金不会对企业的日常运营进行过多的干涉，之所以要求对企业的重大事项有控制权，一方面是防止企业做出抽逃资金等违背投资协议的事情，更重要的是为了贯彻企业的长期发展战略，是企业能够始终在健康发展并且成功上市的轨道上运行。

（六）承诺、保证与违约责任

对于承诺和保证，通常股权投资基金出于投资风险防范，会对企业方尽职尽责经营企业进行约束。盈利保证是投资者给企业带上的一个"紧箍咒"，没有这个"紧箍咒"，企业宏大的发展目标和上市计划很可能会流于空谈，股权投资基金及其投资者也无法得到相应的回报。也有一些融资企业最终能够和股权投资基金达成奖励条款，在企业业绩达到一定程度或上市后股权投资基金的回报超过一定比例，股权投资基金会给予企业家现金奖励，或者像蒙牛案例中那样，通过股权安排制定较为复杂的激励机制。

违约责任是投资者和融资企业需要在协议中详细明确的事项，例如未能如期上市、上市价格低于预期、业绩没有达标等于承诺不符的事项是否属于违约，企业和投资者之间最好能够事先协商清楚，并对违约后的责任问题进行约定。

三、投资谈判的目标和技巧

由于股权投资基金作为投资方和企业作为融资方的出发点和利益不同，双方在估值和投资合同条款清单的谈判中不可避免会产生分歧。在投资谈判过程中，首要是建立双方认可的价值标准，切忌站在各自的要求上进行意志较量。谈判过程是投融资各方斗智斗勇、有进有退、有攻有守的过程。至关重要的一点要明确，从根本上，投资收益来自于双方"$1+1>2$"的价值创造，而不是来自于合作对象的让步。

在谈判技巧方面，首先要了解谈判对手，做到知己知彼，也只有这样，企业方才能找到最为适合自己的投资方，同时股权投资基金也才最有可能拿到心仪的项目企业。

其次，学会介绍自己。这点对于企业方来说尤为重要。不仅仅企业方要描述自己的业务，陈述自己的项目优势，描述未来的发展规划，从投资方角度强化自己的优势更为必要。例如说明企业在市场中的位置、技术优势、服务优势等在财务指标上的体现等。从几个关键点去定位自己的企业将能够较快地引起投资方对自己的投资进行定位，如果符合其投资标准，股权投资基金管理人自然会有进一步的深入了解。同时企业也会从投资人、投资团队、历史业绩等方面考察投资方，并且对好的投资方还会给予优惠。

再次，避免空谈目标。企业家在接触股权投资基金时，大多会大谈特谈目标，实际上诸如"中国最大"之类的目标并不重要，更重要的是企业家如何把目标分解，同时股权投资方会将企业家和企业的核心竞争力与目标实现过程相互对照，考察其可行性及风险程度。

最后，关注关键条款。在投资谈判过程中，股权投资基金和企业家反复协商的只有少数起关键作用的条款，例如估值、期权、董事会组成，以及企业家的权力和报酬等。因此，关键条款上花的时间应相应较长，对于其他条款则双方只需相互确认即可。

在投融资双方眼里，专业和高价的概念是对等的，所以通常双方相互认可了在专业化方面高人一等时，那么在双方交易过程中会比较轻松，双方都会留有让步的余地。而自古谈判双方都是互不信任的，如果能使对方多一份信任，自然交易就能多一份达成的机会。因此，谈判不仅需要技巧，有时还需要第三方顾问例如券商、会计师机构、律师机构等的"穿针引线"的协助，使投融资双方在开始阶段尽量有最基本的相互信赖。

第六节　投资流程管理

对股权投资基金的投资流程的考察是衡量其投资质量的重要环节。考察重点有四项，一是考察基金是否建立有科学的项目筛选标准，二是考察其投资决策流程是否科学，是否得到严格执行，三是考察其在投资决策前是否对投资项目开展全面、深入的尽职调查和可行性分析，四是考察其投资流程中是否对项目企业建立有真正有效的约束或激励机制来控制投资风险。一般情况下，股权投资基金的投资流程有项目初审、项目立项、签订投资框架协议、尽职调查、制作投资建议书、基金投资决策委员会审核、签订增资协议和回购协议、完成投资划款。具体阐述如下。

一、项目初审

项目初审是基金经理根据项目企业（或项目经理）提交的商业计划书，初步地评估该项目是否符合本股权投资基金的初步筛选标准、是否具有良好发展前景和增长潜力，进而评估是否存在进一步投资的可能性。

通常，基金经理在收到项目的基础资料后，根据基金的投资风格和投资方向要求，会对项目进行初步评价。股权投资基金通常都有一套自己的投资政策，包括投资规模、投资行业、投资阶段选择等。因此，在项目初审阶段，基金经理根据直觉或经验就能很快做出判断。表 6 – 4 是一个典型的项目初审标准。

表 6 – 4 　　　　　　　　×× 公司及其管理基金的项目投资标准

投资标准	符合	不符合	备注
巨大产业发展空间			
细分行业龙头企业（前 3 名）			
较强的核心竞争力			
清晰商业模式			
优秀管理团队			
投资前一年或当年净利润不低于 × 万元			
过去三年净利润年均增长率不少于 × %			
未来三年净利润年均增长率不少于 × %			
各项指标符合 IPO 发行制度和规则			
法律和财务方面无实质性的上市障碍			

对于少数通过初步评估的项目，股权投资基金将派专人对项目企业进行考察，最终确定是否进行深入接触。

二、项目立项研究

项目初审只是对项目企业的一些表面信息进行筛选，因此，基金经理需要对通过初步审查的项目企业更进一步的调查研究，此时即称对项目进行立项。

常见的立项研究，包括对企业生产技术、市场、团队、财务、法律、投资方式、退出等方面的全方位评价。通过立项，基金经理更全面地了解了项目企业的运营和未来发展前景。立项研究一般包括以下内容，见表 6 – 5。

基金经理对企业项目进行综合立项研究后，通常会对企业及其高管进行一次访谈，询问有关问题，并让企业高管就一些关键问题做一次口头介绍或讲演。基金经理将通过这次会面获取更多有关项目的信息，从而来核实商业计划书中所描述项目的主要事项，了解基金能够以何种方式、何种程度参与到企业的管理和监控当中，企业方愿意接受何种投资方式和退出途径，同时也考察企业高管的素质及其对项目成功的把握。

表 6 - 5	项目立项研究一般要点
评估项目	要　点
商业计划书研究（一般由企业提供）	1. 行业特征：目标市场是否是一个不断成长的市场 2. 产品或服务的技术开发：技术是否新颖，操作是否简易，技术开发是否可行，市场吸引力、市场可能需求、成长潜力是否够大 3. 经营目标与前景预测：分析企业历史经营业绩与未来经营情况，并做出对未来经营的评价 4. 管理团队成员的能力评估：管理构架与职责安排是否合理，对管理层关键人物的经历、职业道德与相关收入做出综合分析 5. 财务状况与盈利预测评估：对项目未来几年的资金需求、运用与流动状态做出判断，以此作为是否给予资金支持的重要依据 6. 风险管理与控制评估：识别和评价各种风险与不确定性 7. 投资收益评估：对融资规模、资金的期限结构、资金的投入方式等做出评价
技术研究	1. 技术因素评估：产品技术的历史情况；产品技术目前的水平；产品技术未来发展趋势；产品技术的理论依据和在实际生产中的可行性；产品技术的竞争力，产品技术的专利、许可证、商标等无形资产状况；产品技术在同行业所处的地位；政府对产品技术的有关政策 2. 经济因素评估：项目方案是否成本最低、效益和利润最大 3. 社会因素：是否符合国家科技政策和国家发展规划目标；是否符合劳动环境和社会环境；是否有助于人民生活水平的改善和提高
市场研究	1. 市场容量：是否有足够的市场容量 2. 市场份额：直接市场份额及相关市场份额的大小 3. 目标市场：是否定位好目标客户，目标市场规模是否庞大 4. 竞争情况：竞争对手的数量有多少，是否存在占绝对优势地位的竞争者，一般性竞争手段是什么 5. 新产品导入率：是否有替代产品 6. 市场进入障碍：是否有较高的规模经济性，是否有专利权，是否需政府审批
管理团队研究	1. 企业家素质：是否有支撑其持续奋斗的禀赋，是否熟悉所从事的行业，是否诚实正直，是否有很强的领导能力，是否懂经济、善管理、精明能干，是否具有合作精神，是否具有很强的人格魅力 2. 管理队伍的团队精神：是否已组建分工明确、合理的管理团队

续表

评估项目	要　点
管理团队研究	3. 管理队伍的年龄范围：35～50岁之间，既有丰富的实际经验，又有活跃的思想，能较快吸收新知识和新信息 4. 管理队伍的个人素质：管理队伍应包括精通每个主要部门业务的、能力很强的个人
产业价值研究	对项目的产业价值、战略前景、产业化途径等进行深入的量化研究
退出方式研究	退出依据是否可靠，最可能的退出方式及各种方式的可能性程度，合同条款中有无保护投资权益的财务条款及财务保全措施等

　　项目立项研究是股权投资基金流程管理中重要的一环，通过这一环节，将对项目所处阶段进行分类，同时对其加以可能的投资方式和退出方式的区分，进而分门别类地进行下一步跟踪管理。对于专注于 Pre-IPo 的股权投资基金来说，大多数项目在这一环节会被基金经理否掉，可能最后成功投资的项目只占立项项目的5%以内。当然，这也是专业、优质、高效运营的股权投资基金进行项目优化、投资优化、退出优化的集中体现。

三、签订《投资框架协议》

　　当基金经理对项目企业进行综合立项研究和与企业家进行访谈接触后，双方会就投资事宜达成初步意向，当双方都原则同意时，将签署《投资框架协议》。该协议通常对企业估值、投资价格、投资方式、投资金额、所占比例等事项进行初步约定。通常协议中的重要条款，例如估值调整、回购机制、反稀释条款等，通常需要一轮或几轮的投资谈判才能定下来，具体条款设定原则，详见本章第八节"（四）风险防范"。

　　《投资框架协议》是股权投资基金投资过程中为优化流程和优化投资项目而采取的一种策略性行为，是股权投资基金与企业家之间的一种投资与接纳投资的意向行为，并不是代表一定要达成投资行为，也不是最终具有法律效力的文件。详细的《投资框架协议》模板如本章后附件6-1。

四、尽职调查

　　在基金经理与企业家签订《投资框架协议》和《保密协议》后进行，

股权投资基金便可以对项目企业进行尽职调查。通常有财务、法律和经营三方面的尽职调查。

由于尽职调查在基金投资过程中扮演者"承前启后"的桥梁作用，在尽职调查之前，无论是项目企业方的推介，还是项目研究人员的立项研究，基金对项目企业的了解都只是停留在外部信息渠道层面，企业真正价值如何、有没有重大"隐形地雷"都依赖本次尽职调查揭示。通过详尽的尽职调查，为基金下一步的投资或并购交易设计及估值定价奠定了基础。因此，对尽职调查这一环节的优化和管理，是股权投资基金发现企业价值、控制投资风险的一个重要途径，是股权投资基金非常重视的一个环节。

常见的对尽职调查流程进行优化的措施有：一是聘请会计师事务所、律师事务所会同基金自身的项目经理共同进行调研；二是尽可能充分、详尽、不留死角地了解项目企业；三是要求会计师事务所和律师事务所针对调查出的企业问题出具规范建议书；四是基金对项目企业出具针对企业未来发展和IPO上市或并购的发展建议。

通过实施尽职调查，一方面提高了股权投资基金对项目企业的了解，为投资定价做好准备；另一方面也为项目企业提出了规范和未来发展建议，帮助其提高运营精确度，为其改制和上市奠定基础。这样，通过该流程的优化，一般股权投资基金会锁定项目企业，项目企业方也会真正认同引进股权投资基金给企业带来的帮助，从而双方真正建立了一种长期的成功的合作关系和价值创造的机制，为接下来投资流程的推进打下可靠基础。

典型的尽职调查清单，如本章后附件6-2。

五、撰写投资建议书

当尽职调查结束后，基金经理会安排负责该项目的项目经理以及尽职调查团队完成投资建议书的撰写。该投资建议书的内容包括项目企业的业务、财务、法律等基本情况和调查情况，也包括对该项目的价值评估、投资方案设计、投资收益预测、投资风险提示等。该投资建议书是股权投资基金最终决策是否投资该项目的重要资料。

通常，一份完整的投资建议书内容包含丰富，是股权投资基金及其管理公司执行投资流程的最终结果体现。

投资建议书模板如本章后附件6-3所示。

六、投资决策委员会审核

股权投资基金的决策机构为投资决策委员会。因此，对项目企业投资与否的决策最终通过召开股权投资基金的投资决策委员会会议确定。

股权投资基金召开投资决策委员会会议时，通常由项目经理或基金经理向各位投资决策委员会委员作拟投资项目的介绍，各委员对项目进行讨论，并提出一系列问题，基金经理或项目经理针对各委员所提问题进行答辩，最后委员进行投资表决，并书写投资意见。最终会议决议将由股权投资基金的执行事务合伙人来负责后续执行。

七、正式签订《股权增资协议》（或《股权转让协议》）

当股权投资基金决策机构投资决策委员会会议召开以后，对于同意投资的项目，将签订正式的《股权增资协议》（或《股权转让协议》）。出于保护股权投资基金的利益和控制风险需要，基金通常还会与拟投资企业签订《补充协议》，其中主要规定估值调整、业绩承诺和保证、上市事宜以及补偿条款等内容，该部分内容在《投资框架协议》中有初步规定，有时经过双方讨论谈判后会做调整，调整后的内容就在《补充协议》上进行确认。投资方与企业方签订正式协议后，基本上就宣告了对项目企业的投资成功。

八、完成投资划款和工商变更

签订正式《股权增资协议》（或《股权转让协议》）后，通常在不超过5～15个工作日，股权投资基金会计部门根据《股权增资协议》将投资款划到项目企业方指定账户。同时，项目企业方在指定的日期内完成工商变更手续，并将变更后的相关文件传真给股权投资基金。至此，基金对项目企业的投资环节宣告成功完成。

第七节 风险控制流程管理

一、基金可能面临的风险

所谓风险，就是指在一个特定的时间内和一定的环境条件下，人们所期望的目标与实际结果之间的差异程度。股权投资基金面临的风险大体上可以分为系统风险和非系统风险两大类。

（一）系统风险

所谓系统风险，是指由外部不确定因素所引发的风险，具有普遍性，任何企业都会面临，只是程度、范围、时间有所不同而已，并且无法有效地进行控制，主要是通过规避的方法来化解。系统性风险主要有如下几类。

1. 政策法规风险

指政策、法规的不健全或频繁调整与变化给股权投资基金运营所造成的始料不及的负面影响。

2. 经济波动风险

指宏观经济波动所产生的风险，诸如经济衰退、经济危机、通货膨胀、通货紧缩等导致实体企业的风险。股权基金大多数投资于成长中的中小企业，不可避免地也将面临经济波动给企业经营带来的风险。

3. 金融与资本市场风险

指金融市场的变化，如利率、汇率、资本收益率变动给股权投资带来的不利影响，以及主板、创业板和场外市场等多层次资本市场的规范程度与规模大小对股权投资基金退出的影响。

4. 社会风险

指由于社会动荡或诸如人文习俗、大众消费倾向等社会因素而引起的投资风险。社会风险通过作用于企业而影响股权投资基金。

5. 自然风险

由于自然因素的变化带来的不可抗拒的风险，比如地震、洪灾、火灾、瘟疫等突发事件。

（二）非系统风险

非系统风险是由每个企业的内部因素引发的风险，即股权投资基金和其投资的项目企业相关的不确定性因素引发的风险。非系统风险可以通过风险管理的方式得到控制或消除。

1. 技术风险

目前，我国股权投资基金主要是投资于处于成长期和成熟期的企业，在技术上的风险主要有：①技术寿命的不确定性。由于知识更新的加速和科技发展的日新月异，新技术的生命周期缩短，一项技术或产品被另一项更新的技术或产品所替代的时间是难以确定的。②企业持续创新能力的不确定性。技术创新能力的不连贯性，往往是导致项目失败的头号杀手。③产品售后服务的不确定性。产品生产出来以后，如没有完整的服务体系，仍不能完成企业持续经营的全过程。

2. 管理风险

管理风险是指由于项目企业管理者管理不当而给基金投资造成损失的风险。主要包括：①管理者素质风险。企业家作为项目企业的领导者，应具有敏锐的洞察力、高超的组织能力和行事果断的魄力，而目前我国的中小企业家很少能同时兼具这些素质。②组织结构风险。项目企业内如果没有一个合理的组织结构，没有有效的激励和约束机制，就无法使员工的潜力和创造力充分发挥出来，最终影响企业的发展。③财务风险。在企业发展过程中，所需资金不断增加。如果受各种因素的影响，企业发展的后续资金缺乏，发展就会受阻，将面临不进则退的危险。

3. 市场风险

市场风险主要是指股权投资基金市场竞争能力的不确定性引发的风险，诸如股权投资市场（如 IPO 市场、新三板市场、并购市场等）后续需求程度、基金产品的可替代性、基金产品的营销网络、基金产品的经营周期、同类基金管理公司竞争者的多寡等方面出现的不利因素，均可能导致市场风险。

4. 投资分析风险

投资分析风险是指投资工具的选择、投资规模的大小、投资项目评价与筛选、企业的资本结构等方面的不确定性因素引发的风险。由于我国企业一般在创立期缺乏有效管理，因此在对其进行上述方面的投资分析时只能借用经验和技巧来考察与处理，自然精确度要打一定折扣，从而一定程度上面临投资分析风险。

二、风险控制体系建立

（一）风险控制的目标

风险无时不有，无处不在。因此，不可避免地，股权投资基金在存续期内也要对风险进行充分的管理，尽可能把握风险发生的概率、发生时机，以及在基金管理人的主观偏好之间平衡，在降低损失的基础上，更大程度地利用风险来扩大收益。

总体来说，股权投资基金的风险控制目标有以下几个。①确保将风险控制在与总体目标相适应并可承受的范围内；②确保内外部，尤其是基金与有限合伙人之间实现真实、可靠的信息沟通；③确保基金有关规章制度和为实现经营目标而采取重大措施的贯彻执行，保障经营管理的有效性，提高经营活动的效率和效果，降低实现经营目标的不确定性；④确保基金建立针对各项重大风险发生后的危机处理计划，保护基金不因项目风险或人为失误而遭受重大损失。

（二）风险控制的原则

一般来说，股权投资基金内部风险控制应严格遵循以下原则。

1. 全面性原则

风险控制制度应覆盖基金业务的各项工作和各级人员，并渗透到决策、执行、监督、反馈等各个环节。

2. 审慎性原则

内部风险控制的核心是有效防范各种风险，基金部门组织的构成、内部管理制度的建立要以防范风险、审慎经营为出发点。

3. 独立性原则

风险控制工作应保持高度的独立性和权威性，并贯彻到业务的各具体环节。

4. 有效性原则

风险控制制度应当符合国家法律法规和监管部门的规章，具有高度的权威性，成为所有员工严格遵守的行动指南；执行风险管理制度不能存在任何例外，任何员工不得拥有超越制度或违反规章的权力。

5. 适时性原则

风险控制应随着国家法律法规、政策制度的变化，股权投资基金执行事务合伙人经营战略、经营方针、风险管理理念等内部环境的改变，以及执行事务合伙人业务的发展，及时对风险控制制度进行相应修改和完善。

6. 防火墙原则

股权投资基金与执行事务合伙人之间在业务、人员、机构、办公场所、资金、账户、经营管理等方面严格分离、相互独立，严格防范因风险传递及利益冲突给基金带来的风险。

（三）风险控制体系的构建

为了贯彻风险管理的实施，在微观上，股权投资基金会有一套风险衡量、控制和监控体系。另外，还会对所有可能影响基金业绩的风险设立责任制。表6-6是××公司所管理基金的风险控制体系。

表6-6　　　　　　　××公司所管理基金的风险控制体系

体系构成	内容描述
制度体系	1. 坚持高标准、低价格的选择投资标的 2. 与所投企业签订回购条款，保障投资安全边际
控制体系	1. 投资后为项目企业提供增值服务，促进所投企业价值最大化 2. 推进社会各方对企业的综合治理，同时对企业方有目标激励，建立系统控制的风险控制体系。除了有合伙人大会、投资决策委员会等内部监管体系来进行风险控制，同时托管银行、律师事务所、会计师事务所、券商、地方政府一起参与外部监管
文化体系	与所投企业建立企业文化高度上的一致，贯彻投资理念

（四）风险防范

股权投资基金风险防范主要有以下几种方式。

1. 投资标准化

将投资过程标准化是控制投资风险的有效手段。只有标准化，才能够快速甄别风险环节，从而采取对应的风险控制措施，来减小风险影响程度。目前在股权投资业界，投资标准化的理念已经深入人心，各个股权投资机构都会在投资流程、投资标准制定等方面进行标准化管理，但现实中，却又往往因为项目缺失、基金投资期限制等其他因素影响，致使基金经理面临"不得不抉择"，往往此时便造成了投资难以贯彻执行标准化的窘况。其实，投资标准化是一个理念，更是一种对股权投资极致的追求，在这追求极致的过程中，是对风险孜孜不倦的管理的态度，也是基金经理对投资项目管理充分与否的试金石，是衡量股权投资基金管理公司全方位专业配套能力的体现。

2. 投资制度化

前条提及，现实实践中常有建立了投资标准和投资流程，但实际执行中还有偏离标准的情况，于是将投资制度化，建立约束机制，在重大项目投资时，建立会议审议投票决定制度，来控制投资决策风险。

3. 文件标准化

建立文件标准化模板，是全面有效地评估项目企业价值的一个重要管理手段。现实实践中，每个股权投资机构都有自己的文件模板，网络上也有大量的文件模板。其实，建立文件模板需要注意的另一个重要方面是，文件模板中包含的内容不应该不齐全，也不应该为了齐全而没有思路和重点。建立与IPO上市相接轨的文件模板，对基金公司项目经理人员的综合素质要求也较高。

4. 投资低成本化

以较低的成本获得项目企业的股权，是控制投资风险的措施之一。投资低成本保证了基金的安全边际。而我国近两年，"全民PE时代"已经将股权投资行业尤其是PE行业变成了一片"红海"。投资者散户化、资金热钱化使得投资成本逐步抬高。在Pre-IPo模式下，哄抬价格的情况更是屡见不鲜。近两年来，10倍以下市盈率入股的案例已经越来越少，个别项目甚至出现了20倍入股的高价。从2012年下半年以来，股票市场行情下滑，那些以高成本投资入股的基金风险开始暴露，已经有收益倒挂的现象出现。

5. 重视估值调整条款

估值调整机制在我国常被译为"对赌协议",即在股权投资中,投融资双方达成协议,对未来的不确定情况进行约定,如果约定条件出现,投资方可以行使一种对自身有利的权利;反之,则融资方或管理层就可以行使另一种对自身有利的权利。从理论上,估值调整机制实际上是一种期权形式。估值调整机制有利于克服和缓解投资方与融资方之间信息不对称风险。

为克服这种信息不对称风险,投资者与融资者之间基于当前共同理解的信息确定一个初始方案,并根据未来一段时间的经营业绩附加条件确定双方未来权利和义务,有利于投资者控制投资风险,保护投资的安全性和收益性,约束融资方利用风险不对称的败德行为。

估值调整机制也是投资方对融资方管理层的一种激励和约束机制。对投资方来说,投资价值的实现最终需要依靠企业在经营绩效上的改善来实现。而企业绩效对于企业管理层的依赖较大,因此,需要对其进行高强度的激励与约束。估值调整机制中往往约定,会在企业绩效超出目标时给予管理层股权等形式奖励,在未达到绩效目标时给管理层以稀释股权、取消增股等负面激励,这能有效地鞭策和约束管理层付出最大努力以使得投资人价值最大化。

在实践中,我国股权调整机制主要针对财务绩效、股票发行上市方面。即若企业的收入或者净利润、EBIT 息税前净利润等指标未达标,管理层将转让规定数额的股权给投资方或增加投资方的董事会席位。在股票发行方面,投资方可能要求企业在约定的时间内上市,否则有权出售企业或者撤销对投资方管理层的委任,这将迫使管理层为上市而努力。

在国外,估值调整机制中还包括非财务绩效、赎回补偿、企业行为和管理层去向等方面。若企业完成了新的战略合作计划或取得了新的专利权,则投资方进行下一轮注资。若企业无法回购优先股,投资方在董事会将获得多数席位或提高累计股息。投资者会以转让股份的方式鼓励企业采用新技术或者再以董事会获得多数席位为要挟,要求企业重新聘用满意的 CEO。约定投资方有权根据管理层是否在职,确定是否追加投资,管理层离职后是否失去未到期的员工股等。

6. 签订回购条款

回购条款即如果被投资企业发展不理想，股权基金管理机构可以要求企业高管或者企业以一定固定利率回购所持股份的条款。在 Pre-IPo 基金下，回购条款通常设定为企业不能够在规定时期之前通过首次公开发行上市审核。

实际上，股权回购条款是保护基金资产安全的一种方式，该条款能够保障股权投资基金在被投资企业或管理团队等未实现经营承诺或其他设定条件的情况下，可以选择出售股权退出被投资企业。但一般情况下，股权投资基金投资企业是为了获得股权增值，签订回购条款的目的也是为了在客观上督促或激励被投资企业现有股东采取各种措施实现其向投资者投资时所做出的承诺。当然，同时，股权投资基金也可能承诺在一定条件下额外奖励企业管理层一定比例股份，这样既向管理团队传递了企业经营业绩考核的压力，也激励了被投资企业团队的管理能力与积极性。

7. 签订反稀释条款

反稀释条款也称反股权摊薄协议，是指在目标公司进行后续项目融资或者定向增发过程中，股权投资基金避免所持的股份贬值及份额被过分稀释而采取的措施。反稀释条款一般规定，投资者拥有企业股份的比例在将来某一特定的时期前不被减少。在这个时期之前，为保证前期投资者的利益，企业扩股行为以双方商定的价格出售给前期投资者股份，如果企业把股份以较低的价格出售给以后的投资者，前期的投资者将获得免费的股份，保证前期投资者的份额不会下降。

主张反稀释条款，可避免因目标公司进行降价融资而被严重稀释，直至被"淘汰"出局，保障了股权投资基金的股权利益及后续战略退出。同时，反稀释条款要求企业家及管理团队对商业计划负责任，并承担因为执行不力而导致的后果。

在企业进行首次公开发行上市准备过程中，已投资者可能面临以下几种可能导致稀释股权的情况，一是业务扩张，未来还有一次或多次融资，二是给企业高管人员的期权，三是其他股东可能享有的认股权，四是上市当时的稀释可能高达 25%。

8. 中介机构的确定权

股权投资基金对项目企业在拟 IPO 过程中，拥有选定为企业首次公开发行上市服务的中介机构的权利，这一权利至关重要。因为，拥有这一权利，股权投资基金便可控制或主导企业的首次公开发行上市节奏，甄选业务素质符合企业上市需求的中介机构，同时对中介机构业务进行纠错。而如果没有这一确定权，企业在上市过程中，缺乏业务素质过硬的中介机构，或与企业方、中介机构在业务处理时面临不易沟通和处理的意见，则一方面会影响企业上市的进程，另一方面也会因为时间成本而影响了股权投资基金的投资收益。

9. 上市协调组织权

股权投资基金在投资企业过程中，对企业上市协调组织权的掌握，是控制投资风险的手段之一。通过积极组织财经公关和上市协调，是股权投资基金管理投资风险，进一步排除投资收益风险因素的积极作为。因为我国首次公开发行上市采用核准制，通过发行上市审核委员会委员的投票表决来决定企业是否符合发行上市条件。每个企业经营情况不一，企业的高管在与上市审核委员会委员沟通时也存在不充分等问题，因此财经公关和上市协调变得必要，而股权投资基金利用自身的优势，可为项目企业在发行上市中把握重点难点，应对突发情况等方面给予积极支持。

10. 以增值服务参与管理权

股权投资基金能够向企业提供增值服务，是大多数企业在基金介入时的初衷，但是实践中，常常出现股权投资基金难以对企业提供切实有效的增值服务的情况，致使企业出现风险时，无法对企业风险进行管理，来降低或化解风险，致使基金难以获得较好的投资回报。例如，目前在 A 股上市审核过程中被否决的企业，在我国经济大环境不好的形势下，很可能因行业发生变化，致使经营业绩不断下滑，再加上新兴技术更新速度不断加快，如果股权投资基金再难以为企业提供质量较高的增值服务，例如开拓市场、流程优化等，很可能致使基金投资风险暴露，使基金投资蒙受一定损失。以增值服务参与企业管理是股权投资基金积极参与管理企业风险的手段。

附6-1 投资框架协议模板

公司	A 公司及其附属企业
战略投资人	×××
投资金额	¥【 】亿元人民币
投资人股权	投资人投资后，获得约【 】% 的公司股权
预计上市	预期"公司"股份最晚将于【 】年【 】月【 】日以前于中国国内证券交易所（证交所）上市（首次公开发行）
初始投资估值	完全摊薄及包含投资人投资之后的估值为【 】亿元人民币，即 2011 年预测净利润【 】万元的【 】倍。估值的依据为公司提供的盈利预测。按照业绩调整条款（见下文），初始投资估值可以向下调整
业绩调整条款和实际估值（对赌条款）	鉴于本次交易是以公司 2011 年度净利润【 】万元及包含投资人投资金额完全摊薄【 】倍市盈率为作价依据，且公司和原股东承诺公司 2012 年度净利润不低于【 】万元。公司有义务尽力实现和完成最佳的经营业绩 如果公司 2011 年度经审计的净利润低于【 】万元，且 2012 年度净利润低于【 】万元，则应以 2011 年度经审计的实际净利润为基础，按照 10 倍市盈率重新调整本次交易的初始投资估值；及以 2012 年度经审计的实际净利润为基础，按照【 】倍市盈率重新调整本次交易的初始投资估值。以二者相比较低者为准 如果标的公司 2011 年度经审计的净利润低于【 】万元，但 2012 年度净利润高于或等于【 】万元，则不予调整本次交易的初始投资估值 如果标的公司 2011 年度经审计的净利润高于【 】万元，但 2012 年度净利润低于【 】万元，则按照 2012 年净利润的 7 倍调整本次交易的初始投资估值 如果启动以上业绩调整条款，投资人有权选择： 1. 公司现有股东无偿（或以法律允许的投资人成本最低的其他方式）向投资人转让部分股权，使投资人所占的股权比例如实反映公司经调整的全面稀释投资后估值 2. 公司和现有股东退还投资人实际投资的金额与经过调整的全面稀释投资后估值的差额 上述税后利润指扣除非经常性损益以后的税后利润。公司员工股权激励成本对净利润影响应剔除在外

员工持股权	公司应建立包括高管人员在内的关键员工持股计划，相关持股计划及员工股权上市后变现时间进度等在投资人进入前由公司股东决定，应征求投资人意见
投资款项用途	公司应将此次增资所得的资金按照本次融资目的和用途使用，主要用于产品研发、营销推广及销售渠道建设等
交割条件	在公司协助完成对公司业务、财务及法律的尽职调查 公司完成双方已达成共识的法律结构重组计划，中介机构已为重组出具具备法律意义的法律报告和财务审计报告 法律意见书认为，投资的法律架构符合当地法律和其他该等交易的惯例或投资人的其他合理要求 在内容和形式上均令公司和投资人双方接受的所有有关的投资文档已完成及签署 公司无重大不利变化 基于尽职调查，被要求要满足的其他合理条件 该交易取得所有相关同意和批准，包括公司内部和其他第三方的批准、投资人的投资委员会批准、所有相关监管团体及政府部门的批准
陈述与保证	于重要的事项上，如组织及资格、财务报表、授权、执行和交割、协议有效性和可执行性、股票发行、相关监管机构所要求报告、未决诉讼、符合法律及环保规定、政府同意、税项、保险充足性、与协议及章程条款无冲突性、资本化、没有重大的不利改变等事情上，由公司所做出的惯例性的陈述与保证 投资人及公司免于对投资前的财务报表中未反映的税收和负债承担责任，公司现有股东同意承担由此所引起的全部责任 除非经投资人同意，公司现有股东不得将其在公司及子公司的股份质押或抵押给第三方
相关费用	如因公司的原因致使投资交割未能进行，则公司应承担因本项目合同起草、谈判和签约而产生的所有支出（包括法律、财务等费用） 如因投资人的原因致使投资交割未能进行，则投资人应承担因本项目合同起草、谈判和签约而产生的所有支出（包括法律、财务等费用） 如因上述原因之外的原因致使投资交割未能进行，则双方应各自承担因本项目合同起草、谈判和签约而产生的所有支出（包括法律、财务等费用）的50% 如果投资交割实际发生，则由公司承担因本项目合同起草、谈判和签约而产生的所有支出（包括法律、财务等费用）

续表

投资人股权的义务、权利及利益

董事、监事席位及董事义务	投资人有权任命【 】名董事在公司董事会，包括"投资人提名董事"在内，董事会由不超过 7 名董事组成。董事会至少每半年召开一次会议 投资人董事有义务协调其股东、所投企业等方面的资源，为企业发展提供相应支持，包括但不限于： 1. 协调其在地方卫视等传播资源方面的优势，加强企业品牌定位及传播 2. 参与公司战略及实施规划拟订，改善企业管理建议，推动企业健康有序稳步增长 3. 协助企业对重大市场开拓提供相关资源对接 4. 对公司对外投资并购、公开上市、资本市场人才引进等惯例属于投资人擅长领域提供帮助等
保护性条款（重大事项同意权）	在首次公开发行前，以下主要事项需要经公司投资人提名董事的投票确认： 1. 公司的业务范围、本质和/或业务活动重大改变 2. 并购和处置（包括购买及处置）超过 100 万元的主要资产 3. 任何关于商标专利及知识产权的购买、出售、租赁及其他处置事宜 4. 批准年度业务计划或就已批准年度业务计划做重大修改 5. 在聘任"投资人提名董事"以后，公司向银行单笔贷款额超过 200 万元或年累计 1000 万元的额外债务 6. 公司对外提供担保 7. 公司对外提供贷款 8. 对公司及子公司股东协议、备忘录和章程中条款的增补、修改或删除 9. 将改变或变更任何股东的权利、义务或责任，或稀释任何股东的所有权比例的任何诉讼 10. 股息或其他分配的宣派，及"公司"股息政策的任何改变 11. 订立任何投机性的互换、期货或期权交易 12. 提起或和解金额超过 50 万元的任何重大法律诉讼 13. 聘请及更换公司审计师 14. 批准发展计划和年度预算/业务计划 15. 公司清算或解散 16. 设立超过 100 万元的子公司、合资企业、合伙企业或对外投资 17. 扩展新的业务 18. "投资人提名董事"获聘任后，1 个以上的董事会席位的数量变化 19. 超过经批准的年度预算 10% 的资本性支出（经批准的年度预算额度外）

保护性条款（重大事项同意权）	20. 公司的上市计划，包括中介机构的聘用、上市时间、地点、价格等 21. 公司新的融资计划 22. 聘任或解聘公司总经理、副总经理或财务总监、董事会秘书等高级管理人员；采纳或修改标准雇佣合同或高管福利计划
清算权	公司进行清算时，投资人有权优先于其他股东以现金方式获得其全部投资本金。在投资者获得现金或者证券形式的投资本金后，公司所有的股东按照各自的持股比例参与剩余财产的分配
赎回权	当出现下列重大事项时，投资人有权利要求公司和/或现有股东连带性地提前回购投资人所持有的全部股份： 1. 公司于 2015 年 12 月 31 日前没有合格的首次公开发行 2. 公司现有股东出现重大个人诚信问题，尤其是公司出现投资方不知情的账外现金销售收入时 3. 如果公司对投资人股份的回购行为受法律的限制，公司现有股东则应以合法渠道筹集资金收购投资人的股份。股份回购价格按以下两者较高者确定： ①投资人按年复合投资回报率10%计算的投资本金和收益之和（包括支付给投资方税后股利） ②回购时投资人股份对应的公司评估净资产值 公司和/或公司现有股东在收到股份回购的书面通知当日起 6 个月内完成回购并付清全部金额
特别权利放弃	投资人有权按照自己判断，在股权交割之后的任何时候放弃其所持有的全部或部分特别权利和利益 若公司申请在投资人同意的证券交易市场公开上市（实现合格的 IPO），则投资人股权自动放弃回赎权、对赌等条款
一般反稀释	投资人投资后，如果公司再行增资时公司的估值低于投资人投资时的公司估值，则投资人有权从公司控股股东无偿（或以法律允许的投资人成本最低的方式）取得相应股权，或以法律允许的其他任何方式调整其股权比例，以反应公司的新估值。在该调整完成前，公司不得增资
优先认购权	公司新增资本时，投资人有权优先认购与其持股比例相当的新增资本，且购买的价格、条件不得实质高于第二轮投资人认购的价格和条件。这一权利将不适于： 1. 根据已批准的员工认购权计划、股票购买计划，或类似的福利计划或协议而做的证券发行 2. 作为公司购买或合并其他企业的对价而发行证券

续表

信息权	投资人将被提供及可以取得提供给董事会成员的财务或其他方面的所有的信息或材料。投资人将有权向公司管理层提出建议并与之进行商讨。特别地，公司将提供给投资人： 1. 每日历季度最后一日起 30 天内，提供月度合并管理账，含利润表、资产负债表和现金流量表 2. 每日历年结束后 45 天内，提供公司的年度合并管理账 3. 每日历年结束后 120 天内，提供公司的年度合并审计账 4. 每日历年/财务年度结束前至少 30 天，提供公司的年度业务计划、年度预算和预测的财务报表 在投资人收到管理账后的 30 天内，提供机会供投资人与公司就管理账进行讨论及审核，以及按照投资人要求的格式提供其他统计数据、其他交易和财务信息，以便他们被适当告知公司信息及保护其自身权益
最优惠条款	投资后，无论公司以何种方式引进新的投资者，应经投资人书面同意，并应确保新投资者的投资价格不低于本轮投资的价格。若公司在未来融资或既有融资中存在比本次投资交易更加优惠的条款（最优惠条款），则该最优惠条款自动适用于投资人
优先购买权和共同出售权	公司现有股东拟向任何第三方出售其全部或部分持有股份时，应征得投资人书面同意，投资人被赋予以下选择权： 1. 按第三方给出的相同的条款和条件优先购买拟出售股份 2. 按照第三方提出的同样条款和条件，按照投资人和卖方当时的各自持股比例共同出售股份给第三方
可转让性	投资人可在公司上市后根据中国证交所上市规则的要求在禁售期后出售全部或部分股份
服务期和竞业限制	公司是拥有其技术、业务及从事相关活动的唯一实体。公司主要管理人员、技术人员与公司签订《竞业禁止协议》，在任职期间不得从事或帮助他人从事与公司形成竞争关系的任何其他业务经营活动，在离开公司 2 年内不得在与公司经营业务相关的企业任职 未经投资人书面同意，公司现有股东不得单独设立或参与设立新的与公司业务相关联和相竞争的经营实体，管理层股东不得在其他企业兼职
保密	除当法律上要求或/和遵守相关监管机构/权威机构（视情况而定）的披露要求外，在此的任何一方同意就本协议所包含的信息保守秘密

排他性	于预期的结束日期【　】年【　】月【　】日之前，被投资方现有股东及其任何职员、董事、雇员、财务顾问、经纪人、股东或者代表公司行事的人士不得寻求对于企业有关资产或股权的收购融资计划，以及就此与投资方以外的任何其他方进行谈判。作为对应，投资方如果在投资协议签署日之前的任何时间决定不执行投资计划，应立即通知被投资方股东代表
争端解决	任何争端由中国国际经济贸易仲裁委员会仲裁解决
管辖法律	本条款清单适用于中华人民共和国法律，并依据其解释

（本页无正文，为本框架协议之各方签署页）

×××有限公司　　　　　　　　　×××有限公司

法定代表人或授权代表：　　　　　法定代表人或授权代表：

日　期：　　　　　　　　　　　　日　期：

附6－2　尽职调查提纲模板

××公司尽职调查清单

一、公司基本情况

1. 公司基本资料

（1）公司中、英文名称及其缩写，办公地址及其邮政编码，电话、传真号码，互联网网址，电子信箱等；

（2）公司营业执照；

（3）公司生产经营有关的所有政府或行业给予的许可性文件（包括企业资质证明、生产许可证、进出口特许证明等文件）。

2. 历史沿革

（1）公司设立时的有关批准文件或发起人协议、出资协议等；

（2）公司历次工商变更的《企业法人营业执照》以及工商变更登记资料；

（3）公司历次股权变更协议；

（4）公司历次注册资本调整及验资报告、评估报告；

（5）自设立以来的历次公司章程。

3. 公司控股股东与其他主要股东或实质控制人的基本情况

（1）自然人股东，包括自然人的姓名及简要背景；

（2）法人控股股东与其他主要股东或有实质控制权股东简要背景；

（3）控股股东下属分公司、子公司和参股企业、联营企业情况。如有，用方框图列示其结构关系；

（4）公司是否存在与控股股东、实际控制人及其控制的其他企业从事相同、相似业务的情况；公司与关联方的关联交易情况。

4. 公司架构

（1）公司直接或间接控股的子公司及参股公司，以及对企业财务状况和经营成果等有实质影响的其他下属公司；

（2）公司其他形态的对外投资（含任何海外投资或海外经营），包括但不限于股票、债券类有价证券投资。

5. 公司组织机构设置

公司内部管理架构，包括各主要职能部门及隶属关系。

6. 员工情况

（1）公司目前的用工方式，职工人数、教育程度、年龄分布情况；

（2）公司目前执行的员工社会保障和保险缴纳情况，公司退休等与劳动人事有关的政策及计划，公司员工福利政策情况；

（3）公司近三年是否存在劳资纠纷情况。如有，请说明。

二、公司主营业务、主要产品（或服务）情况

（1）主营业务情况：主要产品或服务的用途；主要产品的工艺流程或服务的流程；主要经营模式。

（2）行业主管部门、行业监管体制、行业主要法律法规及政策等。

（3）行业竞争格局和市场化程度、行业内的主要企业和主要企业的市场份额、进入本行业的主要障碍、市场供求状况及变动原因、行业的变动趋势及变动原因等。

（4）影响行业发展的有利和不利因素，如产业政策、技术替代、行业发展瓶颈、国际市场冲击等。

（5）行业技术水平及技术特点、行业特有的经营模式、行业的周期性、区域性或季节性特征等。

（6）所处行业与上、下游行业之间的关联性，上下游行业发展状况对本行业及其发展前景的有利和不利影响。

（7）公司在行业中的竞争地位，包括市场占有率、近三年的变化情况及未来变化趋势，主要竞争对手的简要情况等。

三、公司董事、监事、高级管理人员及核心技术人员的情况

四、公司股东大会、董事会、监事会的建立及运行情况

五、公司近三年及最近一期的财务状况、盈利能力及现金流量等情况

主要财务指标：总资产、负债、所有者权益、主营业务收入、主营业务成本、净利润等。

六、公司最近三年的纳税情况

（1）公司需要缴纳的税种和费用的资料，依法应缴纳的税种名称、税率等，包括但不限于营业税、增值税、所得税等。

（2）公司税务登记证明、公司历年完税证明和最近三年实际纳税情况说明。

（3）公司享受的税收优惠及税务部门的批准文件。

（4）公司最近三年是否受到税务部门处罚。如有，请说明并提供处罚凭证。

七、公司拥有或使用的商标、专利等知识产权以及土地使用权、房屋所有权等产权情况说明

八、公司核心竞争力、综合竞争优势的主要体现和持续盈利能力分析

九、公司未来三年的发展规划及发展目标，包括盈利目标、提高竞争能力、市场和业务开拓、募集资金运用等方面的计划

十、公司对外担保情况

是否存在对财务状况、经营成果、声誉、业务活动、未来前景等可能产生较大影响的诉讼或仲裁事项。

附6-3　投资建议书模板

投资建议书

第一章　公司基本情况

第一节　基本情况

一、公司名称

二、法定代表人

三、设立日期

四、办公地址

五、联系电话

六、互联网网址

七、公司简介

第二节　历史沿革

一、发起设立

二、整体变更

三、历次股权演变过程及目前股权结构

第三节　组织结构

一、股东

二、实际控制人

三、关联方

第四节　控股股东及实际控制人

一、公司组织结构

二、公司及关联方组织机构

第五节　公司董事、监事、高级管理人员及核心技术人员简介

一、简介

二、近三年变动情况

三、高管初步评价

第六节　员工及社保情况

第二章　业务和技术

第一节　主营业务

一、主营业务、主要产品或服务及行业归属

二、其他业务

第二节　行业基本情况

一、行业监管体制

（一）主管部门

（二）行业主要法律法规及政策

二、行业概况

（一）行业现状

（二）行业壁垒

（三）行业前景

（四）行业发展趋势

（五）企业在所处行业中的地位

三、行业影响因素

影响行业发展的有利和不利因素。

四、行业特征

（一）行业技术水平及技术特点

（二）本行业特有的经营模式

（三）行业的周期性、区域性或季节性特征

五、行业上下游

行业与上下游行业之间的关联性，上下游行业发展状况对本行业及其发展前景的影响。

第三节　公司竞争地位

一、竞争地位

（一）产品、技术、服务

（二）近三年变化情况及未来变化趋势

二、主要竞争对手

第四节　公司业务具体情况

（一）主要产品/服务及用途

（二）主要产品工艺流程、服务流程

三、业务模式

（一）采购模式

（二）生产或服务模式

（三）营销及管理模式

四、主要产品或服务的规模

（一）产能、产量、销量，或服务能力、服务量、销售收入

（二）产品或服务的主要客户

（三）销售价格的变动情况

五、原材料、能源及其供应情况

主要原材料和能源的价格变动趋势、主要原材料和能源占成本的比重。

六、质量控制情况

包括质量控制标准、质量控制措施、出现的质量纠纷等。

七、安全生产及污染治理情况

因安全生产及环境保护原因受到处罚的情况、近三年相关费用成本支出及未来支出情况，说明是否符合国家关于安全生产和环境保护的要求。

第五节　无形资产

一、主要无形资产情况

二、其他经营资源要素

（一）许可合同

（二）特许经营权

第六节　技术和研发情况

一、核心技术

二、技术储备

三、技术创新

（一）研发团队

（二）研发机制

（三）激励机制

第三章　财务情况

第一节　近三年及最近一期财务报表（资产负债表、损益表、现金流量表）

第二节　主要财务指标

一、主要财务指标情况

二、主营业务构成情况

第三节　财务比较分析

第四节　主要资产

经营使用的主要生产设备、房屋建筑物。

第五节　同业竞争与关联交易

一、同业竞争

二、关联交易

第四章　发展规划和目标

第一节　公司发展战略和经营目标

第二节　实现发展战略的措施

一、主要困难

二、解决措施

第三节　公司核心关注问题

第四节　盈利预测

未来三年的经营目标（收入、利润等）。

第五章　价值评估

第一节　投资价值分析

一、行业空间

行业政策、市场空间、销售增长。

二、商业模式

三、核心竞争力

四、管理团队

第九章　风险分析

第一节　产品或服务的市场风险

可能涉及商业周期或产品生命周期的不利影响、公司品牌优势无法有效维持或增强、市场饱和、市场分割、过度依赖单一市场或客户、市场占有率下降、缺乏稳定的市场营销渠道等。

第二节　业务模式风险

可能涉及业务模式不成熟或存在不利变化，创新模式缺乏持续性、稳定性对公司经营业绩产生不利影响，经营过度集中或分散等。

第三节　经营业绩风险

可能涉及因产品或服务价格波动、成本波动及费用控制有效性不足引致的业绩不稳定，因汇率变化引致的业绩不稳定，因依赖关联方、非经常性损益或合并财务报表范围以外的投资收益波动导致经营业绩不稳定，以及因固定资产折旧大量增加而导致的未来业绩下滑风险等。

第四节　资产质量或资产结构风险

可能涉及应收款项过大、账龄过长或其他资产周转能力较差导致的流动性风险，无形资产占净资产比例过高导致资产结构不合理的风险，主要资产减值准备计提不足的风险，主要资产价值大幅波动的风险以及对外投资的风险等。

第五节　债务风险

可能涉及现金流状况不佳或债务结构不合理导致的偿债风险、重大担保或诉讼仲裁等或有事项导致的风险等。

第六节　技术风险

可能涉及技术不成熟、技术产业化与市场化存在重大不确定性，核心技术或其他知识产权缺乏有效保护或保护期限短，缺乏核心技术或核心技术依赖他人，技术面临淘汰或被替代的风险等。

第七节　投资项目风险

可能涉及市场前景、技术保障、产业政策、环境保护、土地使用、融资安排、与他人合作等方面存在的问题，因营业规模、营业范围扩大或者业务转型而导致的管理风险、业务风险，因产能扩大而导致的产品销售风险，以及实际募集资金超过预计数额的运用风险或项目存在资金缺口的风险等。

第八节　内部管理风险

可能涉及组织模式和管理制度不完善的风险，内部控制有效性不足导致的风险，内部约束不健全的风险，因股权结构复杂或关联关系复杂引致的风险，因核心管理团队不稳定或缺乏应对业务和资产规模扩张的管理能力、缺乏及时应对市场竞争和行业发展变化的反应能力引致的风险，因管理人员或其他核心人员变动影响公司持续经营的风险等。

第九节　控制（权）风险

可能涉及控股股东或实际控制人利用控制地位损害公司利益的风险，因股权分散或实际控制人控制的股份比例较低可能导致控制权变化的风险，股东间关于股权的协议安排可能导致公司控制权变化的风险等。

第十节　行业风险

可能涉及行业前景、行业经营环境的不利变化，公司所在行业被市场接受认可程度低，产业政策、行业管理等法律、法规、政策的不利变化等。

第十一节　其他法律、法规、政策变化的风险

可能涉及财政、金融、税收、土地使用、环境保护等方面法律、法规、政策变化引致的风险。

第十二节　不可抗风险

自然灾害、安全生产、外贸环境及其他可能严重影响公司持续经营的风险因素。

第十章　结论

第七章　股权投资基金投后管理新略

随着我国资本市场的繁荣和股权投资市场的迅速发展，大部分股权投资机构都建立了完善的资金募集和投资流程，并形成了各自的风格特点。而不管投资机构的投资理念多么先进、投资策略多么高超，募、投、管、退这四大流程都是缺一不可的。纵观四大流程，募集资金和投资环节已经非常成熟，退出环节在策略上已经融合在投资交易结构设计之内，实施则更多地依赖于投资银行等金融中介机构。唯有投后管理，并没有受到足够的重视，其发展相对薄弱。

事实上，四个环节同样重要。而投后管理作为价值创造阶段，所包含的业务及内容更加丰富，已成为衡量股权投资机构核心竞争力的重要因素。许多企业，需要的不仅仅是资金，更是看中股权投资机构所带来的增值服务。

本章从投后管理的宗旨出发，分析了投后管理在不同类型股权投资机构的侧重点，着重对投后管理的增值服务进行分类和阐述。需要注意的是，投后管理增值服务所涵盖的内容十分广泛，取决于企业的综合实力。本章节所介绍的投后管理增值服务仅从常规角度对被投企业可能需要的服务进行概况性介绍，某些内容可能不适用企业的实际情况。

第一节　投后管理的宗旨

对于投资机构来说，实现战略协同、增加被投企业价值和控制投资风险是投资方进行投后管理的宗旨和目的。

一、实现战略协同

股权投资机构一旦注入资金，就成为被投企业股东之一，享有股东的权益和义务。因此股权投资方同公司创立团队在某种意义上是共同进退的。

投后管理使得股权投资基金参与到被投企业的日常经营中，投资方与企业的创立团队的利益趋向于一致，因而在对被投企业的管理上，参与管理的投资方和创立团队必须要树立统一的战略构想。

根据经济学上的手表定律，当人有两只显示不同时间的手表的时候，人们反而更加不知道准确的时间。企业的运营管理也是一样，唯有投资方与管理者共同参与管理，实现战略协同，才能避免日后出现理念、战略上的分歧和矛盾。没有投后管理，投资方与企业的创立团队就不能树立相同的战略规划、相同的发展理念，因此，投后管理是实现股权投资方与企业创立团队战略协同的基础。

目前，我国大部分投资公司对所投企业投后管理的重视程度不够，没有形成投后管理理念。事实上，投后管理是股权投资基金实现价值中必不可少的部分，投后管理的缺位，源于投资公司对被投企业的不负责任，也就谈不上与被投企业形成战略协同。

对于期望打造自身品牌与长期竞争力的私募股权投资机构而言，投后管理具有十分重要的意义和不可取代的价值。毕竟多数企业需要的并不仅仅是财务投资，更多的是需要股权投资基金能够为企业提供增值服务，而这不光是投资企业实力的体现，也是股权投资机构的价值所在。因此，投后管理不仅能增加被投企业价值，实现其战略，也能提升投资机构的实力和形象。

二、增加被投企业价值

投资机构投资被投企业的目标就是希望未来从企业中退出时获利，而只有当被投企业的价值增加时，投资机构才能从中获得利润。

增加被投企业价值，一方面需要企业自身的努力，另一方面更需要股权投资机构为企业提供增值服务，进行投后管理，最终使得被投企业价值增加，企业和投资方达到双赢。

从我国股权投资的现状来看，一般比较知名的投资机构进入企业，企业的估值在较短时间内会出现较大增长，抛除资本市场估值方案所带来的溢价因素，更多的是因为知名的投资机构往往更注重投后管理，并舍得投入更多的人力成本、时间成本对被投企业进行管理。而投资后就放任不管的投资机构往往投资收益有限甚至得不偿失，这是因为被投企业除了资金外并没有其他资源的注入，没有其他方面的改变，其价值难以得到增长。

投资方对被投企业进行投后管理可以有多种方式，包括制定发展战略、进行资产重组、协调上市事宜、推介中介机构、完善治理结构、提升管理水平、改善财务状况、帮助业务开拓、流程再造等途径。投后管理的方式多种多样，行之有效便能增加被投企业的价值。

未来我国的股权投资市场，将越来越注重投后管理的重要性，如何为企业实实在在地提供增值服务，实现风险与回报之间的良好平衡，将成为国内PE机构未来十年构筑核心竞争力、树立投资公司品牌的重要考量。

三、控制投资风险

风险对于不同的人来说是不同的，因为不同人的知识构造、信息组成是不一样的。所以，信息不对称也意味着风险不对等。

对于股权投资方来说，要完全避免投资风险是不可能的，可以做到的是减小或控制风险，这就需要投资方尽可能地掌握被投企业的状况，包括企业的业务情况、财务状况、发展方向、发展机会等，对企业的了解越多，就能使得股权机构投资方在企业出现问题的时候，及时发现、及时解决，从而来控制风险。因此，投后管理不仅是在为公司带来增值服务，也需要对公司持续关注，以此来控制风险。

放养式的投资方式永远无法第一时间获得企业的运营状况，在企业的经营出现问题和危机时，自然也无法及时地做出补救措施和危机处理，所以比进行投后管理的投资者面临着更大的风险。

第二节　投后管理的模式选择

鉴于投后管理在整个投资流程的重要性，许多投资机构正在转变投资策略，愿意在投后管理上花费更多的精力和成本，积极尝试为被投企业带来更多增值服务，这也成为衡量投资机构核心竞争力的重要因素。

一般来说，我国股权投资机构在负责项目投后管理的人员配置上可分为两种模式——项目经理负责制和专职投后管理负责制。两种模式各有利弊，投资机构对两种模式的选择主要与投资机构、被投企业的情况有关。

一、项目经理负责制模式

项目经理负责制是指投资项目负责人除负责项目的开发、筛选、调查和投资外，也负责投资完成后对被投企业的管理工作。

目前，我国股权投资市场对投后管理所采取的模式主要以项目经理负责制为主，近七成的投资机构均采用该种投后管理模式，这与我国股权投资市场发展现状密不可分。我国投资机构数目众多，有很多规模小、投资项目数量较少的投资机构，设立专门的投后管理团队意味着要花费更多的人力成本，且不用担心由于项目在各个阶段由不同人员负责所产生的沟通问题，所以将投后管理工作与开发、筛选、调查、投资纵向联系起来，依旧由投资项目负责人负责管理工作。

这一策略的优势在于项目负责人从项目初期开始接触企业，对企业情况更为了解，能够为企业做出更有针对性的咨询和建议；弊端在于随着投资项目数量的急剧增加，单个项目经理负责企业的管理和服务需求大大增加，会分散项目经理的精力，不光影响其有效整合其内外部资源给被投企业提供的增值服务，也影响了其投资工作。

二、专职投后管理负责制模式

专职投后管理负责制是指投资机构将投后管理工作分配给专门设立的投后管理团队，以便能提供系统化的增值服务。

随着机构投资项目的增多，项目经理管理项目的难度加大，近几年也有部分机构将投后管理这一职责独立出来，由专门人员负责，而投资团队更专注于项目开发。专业化的投后管理团队的建立，是投资机构发展到一定阶段，拥有足够数量的投资项目，在专业化分工基础上的客观需要。规模化运作的基金中，在基金出资人关系管理、被投项目增值服务、项目退出路径选择与设计及相关中介机构协调等层面的事务越来越多，凭借个人力量已经难以周详兼顾，建立专职的投后管理团队进行专业化操作成为现实的需要。

这一模式的优势在于投资项目负责人可以逐步淡出企业的后期培育工作，将更多的精力投入到潜力项目的挖掘开发中去，且专门的投后管理团队是分工专业化的表现，便于为企业提供更多的增值服务；劣势则在于项目在投后环节更换负责人，加大了被投企业与投资机构的磨合成本。

根据清科研究中心调研，截至 2013 年 2 月，我国有 16.1% 的投资机构已设立专职投后管理团队，如达晨、九鼎、中信产业基金等；另有 54.8% 的机构虽未设置专职投后管理团队，但在将来计划设立。如图 7.1 所示。

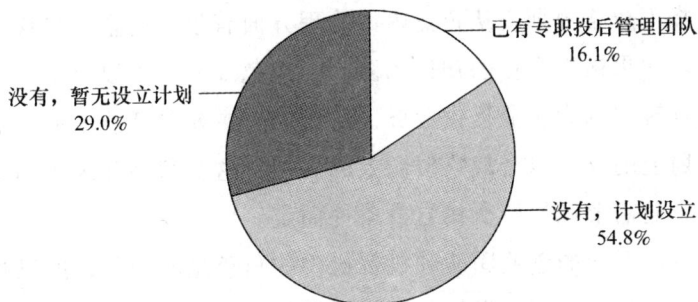

图7.1　我国股权投资机构投后管理团队设置情况

由图 7.1 可以看出，专职投后管理模式将成为我国股权投资市场未来发展的趋势。

另外，也有投资机构将两种模式相结合，采用"投资 + 投后团队"负责制，将投后管理工作根据内容分配给投资团队及专职管理团队。该种模式下，被投企业所获得的增值服务更佳，具有系统性和针对性两方面特点。

第三节　投后管理的侧重点

根据被投企业所处发展阶段的不同，投资机构对被投企业投后管理的侧重点也有所区别。

一般来说，被投企业在初创期、成长期和成熟期所对应的投资机构分别被称为天使投资、VC（venture capital）和 PE（private equity）。另外，在成熟期企业中，处于可预期近期上市这一特殊阶段的被投企业被称为 Pre-IPo 项目，是 PE 投资机构争相追逐的投资对象。下面就从天使投资、VC、PE、

Pre-IPo 四个角度分别来阐述投后管理所侧重的部分。

一、天使投后管理的侧重点

天使投资的投资对象是处于初创期的企业。这一时期的企业可能没有明确的战略规划、商业模式，在技术、渠道、管理、人员等方面可能有所欠缺，甚至可能只有一个概念，因此这个时期的企业就像呱呱坠地的婴儿，需要投资机构给予更多的帮助和支持。

天使投后管理的侧重点在于根据企业实际情况，帮助企业找准市场定位，制定或修正战略规划，从企业内部管理方面着手，使企业尽快走上正常运营的轨道。如果被投企业的初创团队已经出色地完成了以上工作，投后管理则应将重点转移到为企业提供业务上的帮助，主要包括技术或产品上的支持、营销策划上的支持以及战略资源上的支持，这些帮助和服务的数量及质量依据被投企业需要和投资机构自身条件而定。

当然，被投企业的创业团队和投资机构的角色是不同的，所以投资机构应当在投资前就与创业团队做好沟通，把握好投后管理的参与程度，不能做投了就不管的"放羊人"，也不能做事事都要干涉的企业"保姆"。

二、VC 投后管理侧重点

企业迈向成长期，意味着企业渡过了艰难的种子阶段，开始茁壮成长，也意味着企业具备日常运营的能力。这一时期投后管理的侧重点在于为企业提供充足的资金以及更多的战略资源。

因此，VC 投后管理的内容实际上是一个"如何帮助被投企业更快成长"的议题，这同股权投资基金在金融领域上的专业知识和丰富经验相关甚少，更多的是企业在产业、行业发展的专业问题，以及投资机构能为被投企业在业务开发上带来哪些关键性资源。比如，如果在投资机构掌握的社会资源里有从属于被投企业上游或下游的资源，则投资机构就有可能为被投企业带来更优质的供应商或客户；如果投资机构掌握的社会资源里有被投企业所处行业的专家或者是专业院校，则可以为被投企业提供技术支持、人才输送或者建立产学研关系；等等。

成长期的企业在发展中充满了不确定性，因此被投企业所需要的帮助五花八门，投资机构也不可能为被投企业解决所有在发展中面临的问题。被投企业也不能将所有问题都丢给投资机构，如果投资机构没有把握好自己的角色，对被投企业的所有问题照单全收，不但不能提供良好的增值服务，反而会将自己逼进死角。

三、PE 投后管理侧重点

PE 的投资对象以成熟期企业为主，这一阶段的企业经过了初创期和成长期，意味着企业的产品服务、商业模式等已经得到市场认可。因此，PE 投后管理的重点应集中在金融层面的服务和支持。

具体来讲，投资机构可以为被投企业带来的金融支持包括企业改制、寻求并购机会、寻求其他战略投资者、规范财务运作、消除法律障碍、配置中介机构、协调上市事宜等。投资机构应根据企业实际发展情况结合自身优势，为企业量身订制系统专业的金融支持。

另外，由于企业发展成熟，规模扩大可能使得企业在运营管理上面临新的问题与挑战，企业过去的管理链条可能不太适应企业当前的发展，这需要企业根据情况进行流程再造。一般来说，企业的创立团队不太容易发现企业在该方面的问题，需要股权投资基金来提醒，甚至依据经验和专业知识为企业提供流程再造的服务。

四、Pre-IPo 投后管理侧重点

Pre-IPo 的投后管理大体上与 PE 的投后管理内容相同，更要注重金融领域的支持和服务。但是与 PE 投后管理的区别是，Pre-IPo 项目的投后管理更加具有针对性、时效性、目标性。投后管理内容最重要的是在上市过程中（包括上市前的准备、股份制改造、材料申报、受理及反馈、审核过程）为企业提供咨询、顾问等相关专业化服务或配置、协调专业化机构为企业提供上述服务。

第四节　投后管理的主要内容

自私募股权投资基金与被投资方签署《投资协议》之日起，投资方的

投后管理便拉开了序幕，直到投资方最终退出被投企业，投后管理才算终止。在这期间，投资方能为被投企业提供的服务保罗万象，涵盖日常投后管理以及投后增值服务。

一、日常投后管理内容

日常投后管理主要包含以下内容。

①按照《投资协议》签订的价格认缴出资额，并负责协调及督促各方投资资金如期到位；

②出资后，投资方要监督被投资企业及时验资并出具相关证明；

③监督被投资企业修改公司章程，办理工商和税务手续；

④为了便于投后管理，增加对被投企业管理的参与度，投资方可根据实际情况与被投企业协商，输送人才担任被投企业的董事或监事；

⑤参加被投企业的股东会议；

⑥监督投资资金按照计划使用；

⑦持续跟踪被投企业的经营状况、所处产业动态和资本市场状况，按季度评估投资损益及编制《投资管理季报》，按年度评估投资损益编制《投资管理年报》；

⑧与被投资企业的中介机构（包括主承销商、会计师事务所、律师事务所）保持密切沟通，可根据被投企业需要为其推介中介机构；

⑨制定退出方案，实施退出方案，完成其他保障公司在被投资项目中利益的工作；

⑩编制《项目投资收益报告》。

二、增值服务主要内容

（一）制定战略规划

战略规划对企业未来发展的重要意义不言而喻。因此，投资机构首先要确定被投企业是否具有战略规划，被投企业的战略规划是否符合其自身情况及未来发展形势，如确实不符合，则需要投资方与企业创立团队进行沟通和磋商，就企业未来发展的各项重要问题相互交换意见，直至最终制定出符合企业未来发展路径的战略规划。

具体来讲，帮助企业制定战略规划主要分为以下五个步骤。

1. 企业现状评估和目标制定

为企业制定战略规划需要对企业的历程及现状做充分的了解，包括公司的业务情况、核心竞争力以及公司的财务状况，这些信息是为企业制定战略规划的基础。该步骤需要企业内部人员的配合，如财务状况需要财务人员的配合。根据了解到的信息，首先从财务上为企业制定未来发展目标，即进行未来盈利预测，要注意目标的可行性、合理性，然后再为企业制定远景目标，目标要合理，同时要具有前瞻性。

2. 确定战略方案选择标准

这一步骤要将公司所处行业的情况与企业自身能力评估进行进一步对比分析，可采用一些经典分析方法（如波特矩阵等），也可根据实际情况制定特有的分析模型。行业现状分析包括但不限于以下内容：市场规模、市场增长情况、产品生命周期、竞争状况、资源需要、利润率、市场进入壁垒、行业发展的有利及不利因素等。企业自身评估包括但不限于以下内容：市场份额、产品或服务优势、公司形象、管理能力、公司核心技术等。通过以上的对比分析，投资机构要帮助被投企业归结出对于企业成功的主要市场影响因素和关键的自身成功素质。

3. 找出发展机会并进行筛选

这一步骤要调动公司所掌握的资源，也需要投资机构为企业带来战略资源。通过各方面的思索和搜寻，找出企业发展的机会，明确各机会对企业业务的影响，筛选出真正适合企业发展的机会，再结合上一步骤中总结出的对企业成功的主要因素和企业自身能力，为企业制定出战略方案。

4. 确定机会并最终确定发展战略

该步骤主要对上一步骤所制订的方案进行确定，要分析上一步骤方案的可行性，主要根据行业变化因素和关键成功因素与企业目前能力之间的差距来判定方案执行的难度系数，还可根据采取战略方案后的预测业务情况与第一步骤所指定的发展目标之间的差距来判定方案的有效性。方案一旦确定可行有效，结合之前指定的战略目标，最终形成企业的战略规划。

5. 制定实施计划

战略规划一旦制定好，接下来就要制定详细的实施计划，以便公司的战略规划能够得到很好的贯彻执行。实施计划包括资源准备，并对未来发展的各阶段制定详细的实施过程。

以上是企业制定战略规划的五个步骤，在制定过程中，企业需充分掌握各种信息，并运用各种分析工具，才能保证战略规划的科学合理。制定企业发展战略所需的信息如图7.2所示，制定企业发展战略可能用到的常用分析工具如表7－1所示。

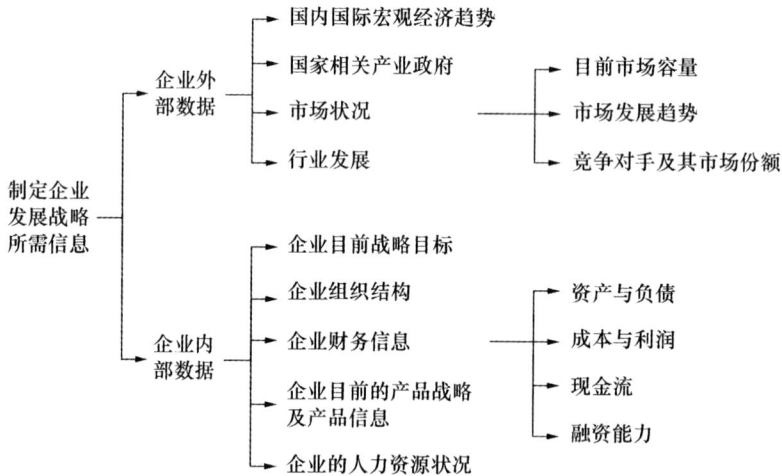

图7.2 制定企业发展战略所需信息图

表7－1 制定战略规划的常用分析工具

工具	解释	用途
差距分析	用于评估公司确立的战略目标与公司现状、竞争对手、行业平均水平等的差距	·确定扩张战略目标 ·评估战略实施的差距
SWOT分析	对被察觉的优势、劣势、机会、威胁进行全面分析	·企业评估 ·战略定位
PEST分析	关键政治（及制度）、经济、社会和形成产业变革的技术因素的综合分析	·行业/市场研究 ·确定成功的关键因素
发展驱动力	分析当前及未来行业/市场发展的主要驱动因素及其影响程度	·行业/市场研究 ·分析产品/市场机遇
五种竞争力	波特设计用于分析公司直接和未来的竞争环境的框架。五种力量是：新进入者、替代产品、供应商、购物者、竞争对手	·分析竞争环境 ·产生成功的关键因素

续表

工具	解释	用途
波特矩阵	以市场吸引力、竞争力为坐标，在行业/市场细分研究的前提下，确定业务定位	·行业/市场、细分产品定位 ·评估新的机遇 ·评价业务可能性的移动 ·确定投资需求
价值链分析	对企业内部产品生产价值和行业产品价值链各环节的全面分析	·产品利润的转移 ·判断新的竞争威胁 ·确定新利润的来源

（二）辅导企业改制

改制是企业公开发行股票并上市前的必经之路，是将原有资产、业务、机构和人员等进行重新组合，设立股份有限公司的过程。投资方注入资金后，应根据企业发展实际情况提出改制要求，并辅导企业进行改制。

1. 改制原则

企业改制应当遵循以下原则。

①有效避免同业竞争、减少和规范关联交易；

②突出公司主营业务，有利于公司形成明确的业务目标、核心竞争力和持续发展能力；

③保证股份公司和原企业均能直接面向市场、自主经营、独立承担责任的风险，兼顾企业的生存能力；

④遵循资产和负债重组的配比性和相关性的原则；

⑤建立公司治理的基础，股东大会、董事会、监事会以及管理层规范运作。

2. 改制方式

企业改制方式主要有以下几种。

（1）整体改制方式

整体改制是较为简单的改制方式，是指原企业以整体资产进行重组，并对非经营性资产不予剥离或少量剥离而改制设立新的法人实体。

（2）部分改制方式

部分改制是指将原企业以一定比例的资产和业务进行重组，设立股份有限公司。原企业（或企业集团）仍保留余下部分的经营性或非经营性资产和业务。

（3）共同改制方式

共同改制方式也称捆绑式改制方式，是指多个企业以其部分资产、业务、资金或债权，共同设立新的法人实体（股份有限公司）。

（4）整体变更方式

即先采取整体改制、部分改制、共同改制等方式对原企业进行改制，设立有限责任公司。待改制基本完成后，再依法将有限责任公司变更为股份有限公司。

3. 改制程序

改制重组的一般程序如下。

（1）改制重组准备阶段

①改制企业拟定改制目标、发展方向和业务规划。

②各中介机构进场进行尽职调查。尽职调查的主要内容包括：改制企业的历史沿革和产权构成，业务和资产结构，经营和财务情况，业务和市场规划，以及土地、房产等资产的权属情况等，为下一步制订可行的改制重组方案提供基础数据。

③在尽职调查的基础上，拟定改制重组方案，划分业务和资产范围。确定方案主要遵循改制的原则。

④上报主办单位或主管部门拟改制方案，取得同意改制的批复。

⑤明确改制基准日，完成资产评估立项工作，企业根据要求准备审计、评估工作所需财务资料。

（2）改制工作实施阶段

①各中介机构正式进场对拟改制资产（或整体资产）开展审计、评估工作。

②根据拟定的股权设置方案，落实其他发起人及出资方式。

③向工商部门办理名称预先核准，确定股份公司的名称。

④评估机构出具评估报告，向财政部门办理评估结果备案。

⑤根据债务重组方案，取得主要债权人对债务处理的书面同意。

⑥拟定国有股权管理方案，取得国资/财政部门的批复；拟定国有土地处置方案，取得土地管理部门的批复（如需）。

⑦签署发起人协议，起草《公司章程》等公司设立文件。

⑧各发起人出资到位。

⑨验资机构验资。

（3）公司申报设立阶段

①申请公司设立，取得设立公司的批准。

②召开公司创立大会。

③办理公司登记，领取《企业法人营业执照》。

（4）设立后规范阶段

①办理建账、税务登记等事项。

②原企业相关经营合同主体变更。

③资产过户，债务合同主体变更。

④落实股份公司机构设置方案，落实人员重组方案，重新签署劳动合同。

⑤股份公司建章建制及其他公司初创阶段的工作。

（三）进行资本运营

资本运营，是指对企业资本进行运筹、谋划、决策、理财和投资的业务。具体说，是对企业可以支配的各种资源和生产要素进行运筹谋划和优化配置，以实现最大限度的资本增值的目标。资本运营的客体主要是市场化的企业，其动机是追求企业利益最大化，其本质是企业产权的交易，其结果是企业产权的转移或重新划分及由此引起的企业资产控制权和剩余索取权的转移或重新划分。

资本运营是一种高层次的经营。资本运营的动因是控制权增效。所谓控制权增效，是指由于取得对公司的控制权，而使公司效率改进和价值增大的效果。正是因为资本运营可以使得公司价值增加，所以成为 PE 对被投企业实施的最重要的投后管理措施之一。而资本运作，恰恰是 PE 的拿手好戏，这是因为资本运作本身属于金融范畴，而私募股权投资机构正是出于金融领域，在资本运作上往往有着更丰富的经验，并且拥有更多的战略资源，能够有效促成资本运作。

近年来，随着我国市场经济体制改革的深入，我国企业界出现资本运作的热潮，出于指导企业资本运作实践的需要，我国理论界和企业都加强了对资本运作问题的研究和关注度。目前，我国上市公司存在着资本运营理念歪曲、产权界定模糊、忽略资本运营的长期战略意义、并购模式选择具有一定的盲目性、资本运营人才缺乏、对外资本运营较少、管理水平低下等问题，为此上市公司应该加快建立现代化企业的步伐，培训资本运营人才，提高公司质量，政府应培育资本市场、构筑资本运营平台。

1. 资本运营方式

资本运营方式可分扩张型资本运营方式和紧缩型资本运营方式，而扩张型资本运营方式又包括内部积累、追加投资以及吸纳外部资源。吸纳外部资源的资本运营方式主要有收购和兼并。企业实施收购和兼并战略时，具体可采取出资控股式、出资购买式、承担债务式、资产换股式、合并重组式、借壳上市或买壳上市式。当然，企业吸引外部资源还可通过以名带实，以实扩名式，或者资产托管的方式来获得外来的资金。

出资控股式是在实施对目标公司的收购过程中，由收购方出资购买目标公司的股权或资本并达到控股地位，以控制目标公司的生产经营。这一方式的优点是收购方不需要大量的资金，只要达到控股地位即可；缺点是企业在未来的经营中管理协调成本比较高。

出资购买式指收购方通过出资买断被兼并企业的全部资产，并承担其全部债权债务，也可以通过银行贷款和借助金融市场进行兼并，此方式也称为金融杠杆并购。这一方式的优点是：并购速度快；并购方可以较为彻底地进行并购后的资产重组以及企业文化重塑；适用于需对目标企业进行绝对控股、并购方实力强大、具有现金支付能力的企业。

承担债务式是对资债相当或资不抵债的企业，兼并方以承担债务为条件接受资产，实施企业兼并。这一方式的优点是：交易不用付现款，以未来分期付款偿还债务为条件整体接受目标企业，从而避免了并购方的现金头寸不足的困难，不会挤占运营资金，简单易行。这一并购方式适用于急于扩大生产规模、并购双方相容性强、互补性好且并购资金不宽裕的情况。

资产换股式指被兼并企业的净资产作为股金投入兼并企业，被兼并企业的所有者成为兼并企业的股东，吸收股份扩大资本规模。这一方式的优点是：并购中不涉及现金流动，避免了融资问题；常用于控股母公司将属下资产通过上市子公司"借壳上市",规避了现行市场的额度管理。

合并重组式指通过协议形式进行合并,能充分运用协议双方的技术、品牌、管理优势,实现优势互补,共同发展。其优点是:以少量资金控制多量资本,节约了控制成本;将目标企业的经营性资产剥离出来与优势企业合资,规避了目标企业历史债务的积累以及隐性负债、潜亏等财务陷阱;不足之处在于,资产重组容易受到"条块分割"的阻碍。

"借壳上市"和"买壳上市"式,即企业通过借壳或买壳,然后注入自身业务,使企业资产通过上市,实现低成本扩张。这种方式上市的速度快、操作相对简单、股份变现能力强;缺点是我国目前股市尚不规范,市场投机性过浓,股价较高,"壳"的成本比较高。

资本托管式指在企业所有权和经营权分离的基础上,将企业资产委托给经营者,通过委托方与受托方订立合同的方式,保障资本得以增值。这一方式使得受托方的经营管理才能与委托方的资产有机地结合起来,形成优势互补,委托方在不改变目前资产状况的情况下,却能够取得客观的托管收入;缺点是委托方的经营能力无法得到提高。

3. 企业生命周期不同阶段资本运作特点

企业的生命周期可分为创业期、成长期、成熟期和衰退期,不同的发展阶段,企业业务发展具有不同的重点,所适合的资本运作模式也有所区别。

创业期企业业务发展的重心在筹集资金,进行技术创新和开拓市场。企业此时由于规模比较小,融资比较困难,企业的资金来源主要靠内部积累或创业者的积蓄以及亲朋好友的借款。

在企业的成长期,市场规模迅速扩大,企业为了取得优势竞争地位必须集中资源扩大生产规模,此时企业为了突破资金的瓶颈可以采取合资控股、参股等取得投资机构的资金,也可通过兼并收购同类企业。通过"借壳上市"或"买壳上市",企业可以用较小的成本、较快的速度获取股市的资金。当然,企业为了使自己迅速成长壮大,也可通过承担债务的方式,合并具有资产互补性的企业,相互取长补短。

在成熟期,企业业务发展的重心是降低成本,同时成熟期市场的激烈竞争也使得企业开始考虑如何分散风险。在这一阶段,企业可通过一体化并购来降低产品成本,提高利润。企业为达成上述战略目标,可通过收购重组、吸收股份并购、杠杆收购、以名带实，以实扩名式、合并重组式、资产换股式、"借壳上市"和"买壳上市"式、出资购买式等资本运作方式。

衰退期的企业总体上采取紧缩型的资本运作方式，企业经营的每况愈下迫使企业通过资产重组、租赁转让、出售以及资本托管等资本运作方式将不良资产转变为现金流，为企业的东山再起积蓄力量。

资本运作和企业的业务发展有着内在的必然联系，如何根据企业业务发展的需要选择合适的资本运作方式是关乎资本运作能否成功的关键。"兵无常势，水无常形"，投资机构在对被投企业制定资本运作规划时，必须根据企业自身实际状况、经营特点和发展需要，选择合理的资本运作方式，使资本运营和产品运营协调发展。企业在选择资本运作方式时，必须以产业作支撑，以企业长远战略为导向，从而提升企业核心能力。

（四）完善治理结构

公司治理是现代公司制企业在决策、激励、监督约束方面的制度、原则，涉及利益相关者之间在权利与责任方面的分配、制衡以及效率经营与科学决策。公司治理分为广义和狭义两种。狭义的公司治理，是指所有者（主要是股东）对经营者的一种监督与制衡机制，即通过一种制度安排，来合理地配置所有者与经营者之间的权利与责任关系。广义的公司治理，是指通过一套包括正式或非正式的、内部或外部的制度或机制来协调公司与所有利益相关者之间的利益关系，以保证公司决策的科学性，从而最终维护公司各方面的利益。

目前，我国国内公司治理主要存在以下三个问题：一是董事会的功能得不到应有的发挥；二是激励与约束机制不完善；三是公司内部控制制度不够完善或不能得到有效执行。

股权投资基金帮助被投企业完善公司治理，不但要做到协调好管理者同公司大股东之间的权利、责任关系，还要协调好公司各个股东之间的利益关系，并将其形成一套切实可行、行之有效的内控制度。具体来讲，主要有以下措施。

1. 通过改善内部控制系统环境来完善公司治理结构

公司治理结构设计不仅要体现股东大会、董事会、监事会、经理层间的制衡，还必须从治理机制设计上为上述机构间的分级授权和不相容职务间的制衡提供制度保障。国家有关公司治理规范以及企业《公司章程》等有关公司治理的文件中，至少需要就企业的内部控制系统做出规范，如公司必须制定统驭所有内部管理制度的内部控制框架，将五要素构成的内部控制框架结合企业的组织结构、经营模式等具体化；赋予董事会以内部控制的核心地位，对公司内部控制系统的构建、修订、执行、监督承担法律责任；内部控制框架要充分体现企业股权结构、组织结构等公司内部治理要素的要求，实现与公司治理的有机结合。

2. 强化监事会功能，从公司治理机制设计上为内部控制的实施提供保证

部控制框架的五大要素之一是"监督与纠偏"，在"控制环境"这一要素中，也要求建立与内控相应的监督机构。在以董事会为核心的内部控制系统中，董事会下包括审计委员会在内的专业委员会的建立以及经理层下属的审计部门在对内部控制制度运行过程的监督和效果评价方面的作用越来越明显。但是，监事会对处于内部控制核心地位的董事会的监督却长期弱化。这一问题的解决有赖于监事会功能的强化，基本思路是在监事会成员中引入利益相关者，并做好独立董事与监事之间的功能区分与协调。

3. 设立完善的组织结构和权责分配体系

组织结构是企业进行其规划、执行、控制活动的框架，无此框架，管理阶层的规划、执行及控制活动将无从进行。企业设置组织结构时，应按照相互牵制、相互协调的原则，结合企业规模、业务特点等具体情况，设置职能部门并进行业务分工，以使每一项业务的全部处理过程或过程中的重要环节，不是由一个部门单独办理，而是在两个或两个以上的部门相互协调、相互制约的基础上共同完成。构建组织结构的一个重要方面，在于界定关键区域的权、责以及建立适当的沟通管道。良好的组织必须以执行工作计划为使命，并具有清晰的职位"层次顺序"、流畅的"意见沟通"管道、有效的"协调"与"合作"体系。组织机构不仅要有利于上、下级信息沟通，还要避免机构重叠过死，而且应尽量符合以最小费用取得最好效果的原则。企业应根据权、责、利相结合的原则，明确规定各职能机构的权限与责任；根据各职能机构的经营任务与特点划分岗位；根据岗位的需要安排合适的人才。

各层次主管人员不仅要行使自己的职责，而且要对下属进行有效的监督与检查，以保证各层次目标的实现。

（五）改善财务状况

1. 中小企业的财务现状

投资方可为被投企业所做的增值服务还包括改善公司的财务状况。

一般来说，如果企业已经走向成熟，则其财务体系相对完善，投资机构也无需再画蛇添足，更多的是投资后对被投企业进行财务控制。而中小企业的财务体系相对来说更为薄弱，更需要投资机构来帮助其改善。近年来，我国中小企业在财务管理上的现状主要表现为以下几方面。

（1）财务管理目标不明确

企业财务管理目标是企业经营目标在财务上的集中和概括，是企业一切理财活动的出发点和归宿。制定财务管理目标是现代企业财务管理成功的前提，对企业的财务管理工作具有指导作用。因此，企业应根据自身的实际情况和市场经济体制对企业财务管理的要求，科学合理地选择、确定财务管理目标。但是现在的中小企业，财务管理目标的设置工作开展得很不足，大部分中小企业不知道财务管理目标的用处，或设置的目标根本不适合本企业的实际情况。

（2）资金管理不善

资金短缺是中小企业最头痛的事。主要原因是由于管理不善，致使资金循环不良。不少小企业的财务管理人员搞"小金库"，多头开户，造成资金循环混乱，不仅影响了企业正常的资金周转，也为产生较大的资金漏洞提供了温床。有些企业的应收账款太多，只注重将产品销售，却不重视资金的回收，给企业生产经营带来严重困难。另外，材料采购大量采用现金交易，业务人员随意支取现金长期不结算，上级随意调动资金，"坐支"资金现象非常严重。

（3）未配置独立的财务管理机构或人员

不少中小企业根本未配置独立的财务管理机构或人员，财务人员当作"记账"员，主要负责对外提供财务与纳税报表。有些会计平时不到企业中去，月底或月初企业经营者把资料交给他们，他们根据取得的资料做账。由于取得的资料不完整，往往造成存货、资金、往来费用等不准确，账务处理简单化，不是根据经营业务逐笔登记记账凭证，而是采取汇总登记，也不按照要求设置二级明细科目。

（4）财务管理人员素质不高

中小规模企业在发展初期，人与人的关系基于血缘关系的现象非常普遍。特别在财务这一敏感部门，"忠诚度"成为用人的重要标准。所以，在小规模、低层次的私营企业，真正的财务专业人才很难留住，财务人员大多未经正规的专业培训，缺乏财务管理的能力，难以为管理高层提供有效的财务信息。

2. 改善企业财务状况的措施

投资机构在帮助被投企业改善财务状况时要注意上述问题，根据企业自身情况对被投企业的财务体系进行改善。需要说明的是，投资机构一定要同公司管理者在该问题上达成一致意见，取得管理层的尊重与支持，才能有效改善公司财务状况。一般来说，改善企业财务状况主要从以下几个方面着手。

（1）设立符合自身需要的财务管理目标

中小企业所有权和控制权的一致，使财务管理不需要像大企业一样花费许多监督和激励成本，但是拥有一个明确的财务管理目标也是势在必行的。最常见的财务管理目标有：利润的最大化、股东财富最大化、企业价值最大化。针对中小企业在财务管理方面存在的种种现状，简单地把中小企业财务管理目标确定为利润最大化或企业价值最大化是不符合实际的。笔者认为，中小企业在财务管理目标的制定问题上，可以采用一种分阶段操作，即不同阶段有不同财务管理目标的制定模式。

第一，在中小企业刚刚成立或者成立之初时，它们由于受自身规模的局限，一般难以上市筹集资金；企业形式多为合伙或独资企业，所有者大多直接从事企业经营管理，即是一种高度集权的管理模式。其关心的首要问题是企业的生存和不断提高企业利润、追求利润最大化。这是企业生存和发展的基本前提，赢利和利润最大化对中小企业生存和发展来说是第一位的，以实现企业利润最大化作为中小企业的财务管理目标更接近人们的认识，也易于被企业的经营管理者理解和接受。利润最大化虽有缺陷，但对于中小企业而言，与企业目标一致（获取利润），符合中小企业客观实际，应是中小企业在此阶段发展的首选。

第二，在中小企业不断发展壮大，处于企业发展迅猛时期时（体现在利润空间很大并且企业的运转已经非常成熟，对危机的处理能力极强——这个可以作为区别于第一阶段的标志），这时不断有新的投资者加入，而且企业的发展也需要更多的资金投入，为投资者带来丰厚的回报必定让他们对企业未来的发展充满信心，自然也会加大投资的力度。所以针对这个时期的情况，在保证企业发展不会出现短期倾向的前提下，中小企业应当把投资者（因为中小企业大多不是股份制企业，所以出资人的角色与股东类似）财富最大化作为目标，把满足投资者的需求摆在更重要的位置，为企业的长远发展募集更多的流动资金。

第三，当中小企业已经具有相当的规模，经营日趋成熟，财务制度也逐步完善时，企业价值最大化的目标就显得更为接近企业的现状。因为，从理论上看，与利润最大化相比，企业价值最大化的目标主要是根据大型企业或上市公司资本运行良好的企业为对象推导出来的，这样就能促使企业更多地发现自身的不足之处，更全面地了解整个企业的经营情况。同时，顺应时代发展的要求，最大可能地优化企业资源，避免企业的短期行为，降低资源的浪费，保持企业的良性滚动发展；在统筹企业当前利润的前提下，兼顾社会的长远利益，协调好各方面的经济利益关系，合理分配企业利润。

总之，市场经济条件下的中小企业应该从自身的实际需要和客观条件出发，正确判断企业所处的时期和最紧要的任务，选择最为实际的目标，为企业的发展铺平道路。

（2）加强对财务人员的培训

财政部门作为企业财务人员的主管部门，要通过调查研究，找出私营企业财务人员存在的薄弱环节，制定出培训的方式和内容，有针对性地解决存在的问题。也可采取企业会计互审互查方法，使他们在检查中增长知识，以达到提高财会人员业务素质之目的。同时，对中小企业中财务管理混乱的企业，应加强执法力度，对不按照《会计制度》进行会计核算的或采取不法手段偷税的，应按照《会计法》、《税法》的相关规定对企业法人予以经济处罚、行政处罚甚至刑事处罚；对相关的会计责任人员予以吊销会计证等行政处罚，触犯法律的要追究其刑事责任。

作为中小企业，自身也应该对招用的财务人员进行严格的考核，切忌任用那些有血缘关系但根本不懂财务知识的人作为财务管理负责人，对在工作中经常出错或者不负责任的财务人员要严肃处理，最好能定期请熟悉政策和业务知识的相关人员到企业指导财务工作。

（3）强化资金管理

资金管理是企业管理的核心内容。首先要合理筹集资金，考虑银行贷款利率的变动趋势，合理安排短期借款和长期借款的结构，以确保资金占用和资金成本最低；其次要合理使用资金，加强资金使用过程的控制，一方面要求财务部门与生产、流通部门合理调拨，另一方面加强对现金流出的日常监控，实行资金审批报账制度，以节约使用资金。减少资金的铺张浪费，让每一分钱都能用在企业最需要的地方。

（4）建立财务总监制度，完善财务机构设置

随着历史潮流的发展，财务和会计的职能都在扩展，财务管理部门和会计部门的职能有很大的不同，要求企业的内部管理机构的设置应符合现代企业制度的需要，企业内部部门之间应合理分工、相互制约。为适应现代企业制度要求和强化企业管理的需要，企业财务部门应从会计中分离出来，通过财务机构的二元制设置，满足建立现代企业制度的要求，从而提高企业的经济效益，适应企业发展的要求。尤其在当今企业决策失误现象较为普遍、财务造假盛行的经济生活中，彻底改变"重会计、轻财务"的格局，实行财务与会计机构分设，让其履行各自应有的职能更是时代发展的要求。

在设立财务部门的同时，财务总监制度也急需完善，权责需分明。财务总监既要抓好会计工作（包括记账、报告等），也要抓好财务工作（包括财政、筹资等）；既要做好财务会计工作（成本管理、预算管理、会计核算、会计监督等），也要做好管理会计工作（投资、融资、税务筹划和资本运营）。

企业财务管理是企业经营中的重要部分，它贯穿于企业经营的整个环节，特别是对中小企业来说，因为其本身存在更多的限制因素，发展存在更大的障碍。因此，有必要利用各种手段和方法发挥财务管理的重要作用，促进企业特别是中小企业的发展，提高企业经济效益。

（六）整合人力资源

企业是一个主体，是一个由各种生产要素按照某种方式组织起来、通过提供产品或服务创造价值的有机体。而在这个有机体中，最积极、最有创造力的生产要素是人，最复杂、最有流动性的生产要素也是人，企业间的竞争在一定程度上是人力资源的竞争，尤其是管理人员、技术人员和熟练工人。如何尽快稳定员工情绪、稳定员工队伍、整合人力资源，从而保障企业生产经营正常运作，是股权投资基金完成投资之后所要解决的重要课题。

投资机构进入企业后的人力资源整合工作（Human Resource Integration, HRI）应以被收购企业的发展战略为导向，并采用最为经济的手段实施。一般来说，整合工作前要对目前的人力情况做了解，确定是否有必要变化。

股权投资基金进入企业虽然是奔着双赢的目标去的，但出于投后管理的角度，可能会派遣人员担任公司的高层管理者，并对被投企业进行投后管理。但是，这并非一定能够得到被收购企业全体员工的理解，有些企业甚至会对股权投资基金的整合工作产生敌意。这就要求股权投资基金派出的高管必须具备超高的耐心和高超的领导艺术，才能妥善处理人员稳定问题。

1. 制定人力资源管理制度

股权投资基金需要与被投企业的高管团队密切合作。针对公司目前的人力资源情况，投资方可以帮助被投企业修改或重新构建更加科学合理的人力资源管理制度，包括薪酬制度、激励措施、绩效考核制度等。

人力资源管理制度作为人力资源管理活动的指导性文件，在拟定起草时，一定要从企业现实生产技术组织条件和管理工作的水平出发，不能脱离实际，要注重它的科学性、系统性、严密性和可行性。如果措辞不当，过于原则化，缺乏适用性，就会使制度条文流于形式，在实际管理中难以发挥作用，以至各有关责任人相互扯皮推诿，工作任务无法落实，造成人力资源管理"推而不动，停滞不前"的局面。

人力资源管理制度草案提出后，应由专家和有关人员组成的工作小组，在广泛征求各级主管和被考评人意见的基础上，对其进行深入的讨论和研究，经反复调整和修改，再上报总经理审核批准。人力资源管理制度一旦获得批准，人力资源部门应规定一个试行过渡期，使各级主管有一个逐步理解、适应和掌握的过程。在试行过程中，如遇有特殊情况或发现重大的问题，亦可以采取一些补救措施，以防止给生产经营活动带来不利的影响。

根据对我国部分企业的初步调查，目前企业单位所贯彻实施的人力资源管理制度，由于出自不同人员之手，有些是由企业的人力资源部门的专业人员起草的，有些则是由外聘的管理咨询专家设计的。实际上，企业的人力资源管理制度无论出自于谁手，其基本框架和所涉及的范围都应当是一致的或接近的，如果一项管理制度不够健全和完善，将不利于人力资源管理目标的实现。当然，成功企业的人力资源管理制度，不可能一蹴而就，需要经过不断的实践和不断的探索，总结经验教训，扬其长补其短，随着企业单位生产经营环境和条件的变化，先进的企业文化和经营理念的导入，以及技术水平、管理水平的提高，定期或不定期地做出适当的补充和修改。总之，企业人力资源管理制度的规划应当体现以下原则和要求。

（1）将员工与企业的利益紧密地结合在一起，促进员工与企业共同发展，这是企业人力资源管理制度规划的首要的基本原则

例如，某公司的《企业宣言》提出："公司与员工共同发展：我们寻求公司与每一位成员都得到发展。企业视个人的成功与公司的成功同等重要。企业的成功依赖于每一位员工的努力，而公司则为每一个体的发展提供广阔的空间。我们倡导团队精神、高度的责任感和严谨的工作作风，努力营造一个能够使每个人发挥出最大才智并获得自我发展的环境。"由此可以看出，该公司所倡导的企业文化，是将企业的战略目标与员工的期望目标、员工的职业发展有效地结合在一起，将实现企业战略目标所要求的企业环境与员工高度的责任感、严谨的工作作风有效地结合在一起，从而最大限度地发挥员工的聪明才智，促进员工的全面发展。将员工的成功与公司的发展放在同等重要的位置上，应当是企业人力资源管理制度规划首先要体现的基本原则和要求。

（2）从企业内外部环境和条件出发，建立适合企业特点的人力资源管理制度体系，使之更加充满活力

企业外部的环境是指那些对人力资源管理制度产生重要作用和影响的因素。这些影响因素包括：国家有关劳动人事法律法规法令，劳动力市场的结构以及市场劳动力供给与需求的现状，各类学校（技校、高职、大学）和教育培训机构专门人才供给的情况，劳动者择业意识和心理的变化情况，劳

动力市场各类劳动力工资水平的变动情况，企业竞争对手在人力资源方面的情况，等等。这些因素的变化将对企业人力资源管理制度规划产生必然的压力和影响。而企业的生产经营状况、生产与资金实力、管理机制和组织状况、人员整体的素质结构、企业文化氛围的营造、员工价值观与满意度等内部因素，将对人力资源管理制度规划起着关键的决定性的影响和作用。企业外部的环境和条件是外因，而企业的内部环境和条件是内因，两者的变化相辅相成，势必影响企业人力资源管理制度规划质量和水平。要做好企业的人力资源管理制度规划工作，必须重视对企业内外环境变化的分析，通过深入的研究，把握有利的因素，克服不利的因素，使人力资源管理制度充分体现和反映企业自身环境、性质和特点，注重管理制度的不断变革和创新，使企业人力资源管理活动永远充满活力。

（3）企业人力资源管理制度体系应当在学习借鉴国外先进人力资源管理理论的同时，有所创新、有所前进

近 20 年来，人力资源管理理论有了长足的进步，世界上美英等发达国家的企业管理专家、学者，深入实践，不断探索，产生了众多的新理论、新观点和新方法；这些国家的企业又都根据本企业的性质、特点进行实施，从而提出了一系列全新的人力资源管理制度模式。随着我国改革开放的进程，国外先进的现代人力资源管理的理论和方法也逐步传入中国，无论是中外合资企业，还是国有企业，目前都试图引进和采用这些先进的理论、方法和管理模式。面对这些先进的、新鲜的理论和方法，企业应持积极而慎重的态度，根据本企业的自身特征，采取稳步推进的方法，建立起适合自身情况的人力资源管理制度体系。例如，根据市场变化，确定人力资源长期、中期、短期及突发性人员供需计划；根据员工需求层次，建立相适应的激励机制；针对岗位工作性质及对人员的素质要求，进行岗位评估（工作分析）；根据市场变化和人员素质状况，有针对性地进行员工培训和开发；根据企业人员余缺，通过面试和测评，进行企业内外部招聘；为保证企业战略目标的实现，开展目标管理和人力资源考评工作；根据市场和企业状况，制定公平而有竞争力的薪酬制度。总之，企业在规划自己的人力资源管理制度时，既要学习国外先进的管理理论和方法，借鉴国外企业新型的人力资源管理模式，又要根据企业自身的特点和人力资源

管理的现状，有所创新、有所发展，建立起适合本企业特点和发展要求的新型的人力资源管理制度体系。

（4）企业人力资源管理制度规划与创新，必须在国家劳动人事法律、法规的大框架内进行

企业作为一个具有法人资格的生产经营实体，必须遵照国家颁布的各项法律、法规和规章，做一个守法户是对现代企业最基本的要求。现代人力资源管理作为企业在激烈市场竞争中克敌制胜的法宝，也更应当从管理制度上，在进人、用人、管人等各个环节中严格遵守和落实国家相关的法律法规规章的要求。这是因为企业人力资源管理制度和政策涉及员工的切身利益，最具敏感性，如果处理不当，轻则产生劳动纠纷，出现劳动争议，重则发生矛盾冲突，直接影响企业正常的生产经营活动，甚至待工停产，给企业和员工的切身利益带来极大的伤害。企业在进行人力资源管理制度规划时，为了在国家法律法规框架内进行，还应注意以下两点。

第一，学习理解国家法规时，要注意区分"可以"与"必须"的差异。"可以"表示许可或能够。从法律角度上说，它是任意性规范，既是可以，又是不可以。"必须"表示事理和情理上的必要。从法律角度上说，它是强制性规范，规定得十分明确具体，不得以任何方式加以变更。由此可看出，"可以"和"必须"在程度上的要求是不同的。

第二，国家法律法规明确说明了"应该做什么，应该怎么做"的，企业在制定人力资源管理制度时，也必须写明应该"做什么和如何去做"；而国家没有说明"应该做什么或应该怎么做"时，企业可以大胆地去做。反之，国家法律法规明确说明了"不应该做什么，不应该怎么做"的，企业千万不能去做；而没有说明"不应该做什么或不应该怎么做"时，企业可以大胆去做。

（5）企业人力资源管理制度规划必须与企业集体劳动合同保持协调一致

企业集体劳动合同是企业行政领导（一般是正副总经理）和员工代表（一般是工会正副主席）共同签署的，它是经过多轮协商谈判的产物，它明确了员工和企业双方各自的权利和义务，是调整劳动关系的一个十分重要的组成部分。同时，它也是经过了必要的法定程序，即由会员代表讨论通过和

政府劳动行政部门批准的。所以，企业人力资源管理制度规划，不仅要注意与外部法律法规保持一致性，同时也必须与企业集体劳动合同的精神和原则协调一致。当规划制定时，遇到与集体劳动合同具体条款不一致的，也可以通过与工会协商来解决。取得工会的谅解和支持是企业人力资源管理制度规划必须和必要的。

（6）必须重视管理制度信息的采集、沟通与处理，保持企业人力资源管理制度规划的动态性

在企业中不同部门、不同层次、不同岗位的员工与企业的利益构成了一个统一体，如果企业兴旺发达，员工的工资福利待遇，乃至个人的职业生涯发展就有了保障。否则，员工的工资福利水平不但会降低，甚至会失去工作岗位，这是员工与企业之间建立劳动关系的根据所在，也是两者之间所具有的共同利益和相互依赖之处。但是，企业不同部门、层次、岗位的员工之间又有着不同的利益和需求，并由此产生不同的心理状态，对人力资源管理制度的方方面面抱有不同的期望值。因此，企业人力资源部门要通过各种渠道收集有关员工的信息（如情绪、意愿、反映、要求等），并进行定期分析研究，讨论这些信息的内容和来源，以及问题产生的原因。针对这些信息，提出"应该做什么，为什么做，如何做，在哪里做，什么时候做"的具体对策和建议，并适时对人力资源管理制度进行必要的调整和修改。只有保持管理制度的相对动态性，才能充分发挥人力资源管理制度的积极作用和导向功能。

2. 有效实施

人力资源制度一旦制定，要严格实施。整顿纪律，提升士气，使每个员工都能理解企业的发展目标及自身使命，保持良好的精神面貌。

新制度、新理念的接受需要一个过程。在这个阶段中，股权投资基金要与公司管理层达成一致意见，并积极推动公司人力资源整合工作的进展，确保指定的人力资源制度能够有效实施。

3. 组织人才招聘

如果被投企业出现人员不够或缺少专业技术型人才的问题，投资方可以组织人才招聘，利用社会关系资源、网上招聘、笔试面试等多种途径为被投企业招揽人才。一般来说，投资机构往往对被投企业的 CFO 任职要求较高，

可能会根据企业发展需要，为企业推荐一位 CFO。另外，在日常管理事务中，企业与股权投资基金接触较多的是董事会秘书，投资基金也可根据被投企业需要，为企业推荐一名董事会秘书。

需要注意的是，在进行公司人力资源的整合上，无论是制定相关制度还是为企业招聘人才、引进人才等，都需要密切联系公司文化，与公司理念相符合；还要注意公司内部利益关系的调整等。在这方面，股权投资基金要与被投企业管理层进行持续深入的交流和接触，并达成一致，才可方便后续工作的展开。

（七）提升管理水平

股权投资基金根据企业管理水平的高低，可在提升管理方面提供相应的帮助和服务。

企业管理是广义的概念，是对企业的生产经营活动进行计划、组织、指挥、协调和控制等一系列职能的总称。股权投资基金提升被投企业的管理工作，具体而言，可以从以下方面着手。

1. 构建科学合理的管理体系

企业管理可以衍生出各个管理分支：人力资源管理、行政管理、财务管理、研发管理、生产管理、采购管理、营销管理等，而这些分支又可统称为企业资源管理（SaaS）。通常的公司会按照这些专门的业务分支设置职能部门，所以股权投资基金无需重新划分被投企业的管理部门，构建新体系，而是对企业的管理结构进行审慎的考量与筹划，对不合理或不顺应公司发展需求的地方进行修改和完善。

企业管理规范制度是提升企业管理水平的基础，也是对各个管理分支进行约束的准则，管理规范制度的科学性关系到企业各业务部门的运转效率及成本，因此要对企业管理中的各项制度的科学性进行推敲。企业管理规范制度应当遵循以下原则。

（1）坚持实事求是的原则

企业需要制定什么规范、达到何种水平，应当根据企业的实际情况来决定，制定出的管理规范又应当在实践中经过试点或试验，证明它确实符合客观规律和本厂的实际情况，确实能取得良好效果，才能组织实施。

（2）坚持领导和群众相结合的原则

管理规范是要全体员工来执行的，必须反映群众的集体意志。管理规范的制定必须有领导总结群众的时间经验，充分听取员工的意见，这样才能扎根于群众之中，为广大群众自觉遵循执行。

（3）坚持系统、全面、统一的原则

系统指各项管理规范要配套，达到整体优化。全面指凡涉及经营管理活动全过程的各项工作、各个岗位，都要有相应的管理规范，做到有章可循。统一指各项管理规范应当相互协调，服从统一的领导意志的共同目标。

（4）坚持职务、责任、权限、利益相一致的原则

职务是前提，责任是核心，权限是条件，利益是动力，四者缺一不可，必须相互一致。

（5）坚持繁简适度、通俗易懂的原则

管理规范应当规定得详尽明确，有关项目不能有遗漏和含糊之处，指标、要求尽可能的定量化。并且，行文要做到简单明了、通俗易懂，使执行者易于理解和掌握。

2. 改进企业财务管理

改进企业财务管理从以下几方面着手。

（1）适应网络经济的新需求，实现网络化财务管理，注重财务分析

在企业内部，应尽量加大网络化硬件投资力度和引进先进的网络化财务管理和财务管理决策支持系统，使财务人员从繁重的数字运算中走出来，把大部分时间和精力放在实地调查和财务分析上，以适应快速发展的管理需要。在企业外部，通过网络与银行建立良好的关系，全面提升资金的运作水平，在网络经济条件下，通过网络与银行建立良好的关系，可以利用银行的一些服务资源，争取融资，投资于有吸引力的新产品形成竞争优势，全面提升资金的运作水平。

（2）创新财务制度，加强财务控制力

财务制度创新是利益相关者之间为达到利益协调与合作的目的而对财务合约做出的重新安排。财务的制度创新体系主要包括财务治理与财务控制两个方面的创新。财务治理作为公司治理的一部分，实质上是业主主导型的治理结构。财务治理应当兼顾利益相关者的利益，并让关键性资源所有者参与

财务治理。关键性资源所有者参与治理也是激励约束机制的一种创新体现，可以大大激励关键性资源所有者专用性投资的积极性，从而为企业的可持续发展投入专业化资源。

（3）加强管理会计

管理会计适应企业内部管理的需要，运用好能为公司运营节省成本。另外，要不断完善企业统计制度，能够反映企业在某一时点上的现状，也能反映企业在特定时期的动态，能反映企业的规模，也能反映企业的速度、效益。

3. 建立、健全内部控制制度

（1）优化企业内部控制环境

内部控制环境包括管理者的管理、经营、组织结构、授予权力等方面的能力以及员工的道德观和诚实性等。控制环境是一个单位氛围的主要构成因素。在中小企业中，员工首先要对管理者树立内部控制理念，员工是否具有内部控制理念是内部控制是否能发挥有效作用的关键，而且管理者对内部控制的重视程度也影响到内控工作的实施。除此之外，在中小企业中应该加强人力资源方面的投资，提高员工的素质，并在企业中建立积极向上的、具有企业特色的中小企业文化。只有把这些方面的工作做好了，才能有效地开展企业内部控制，并发挥其应有的作用。

（2）做好企业内控的监督

目前中小企业内控的监督可以分为内部监督与外部监督。对于内部监督，首先就是要建立企业内部审计部门，并且保证内部审计机制的公正性和独立性。中小企业在依据自身的实际情况建立审计部门的同时，也不能忽视外部监督，即对政府和社会进行监督。对外的监督是为了更好地对企业内部控制工作进行监督。通过外部监督和内部监督同时进行的方式，中小企业的内部控制应该会取得相对有效的成绩。

（3）优化企业整体思想

优化企业整体思想，意识中小企业的内部控制之所以出现各种问题，很大程度与企业集体人员的思想意识低下有关。作为后起力量的中小企业的发展还相对落后，而企业中不管是领导者还是基层职员，其集体意识还是落后于其他的企业和单位，这就要求中小企业重视企业内所有人员的思想意识教育。这就需要对相关人员进行思想的再教育，培养企业员工的企业责任心和使命感，向企业领导传输最新管理理念。最后在企业中必需权责分明，不属于自己的权利就一定不用，属于自己的责任就一定不能推脱，只有这样在思想上对内部控制重视起来，内控制度才能在企业中发挥其应有的作用。

4. 帮助企业引入新元素，加强管理

根据企业发展的实际情况，要求并帮助被投企业引入 ERP（Enterprise Resource Planning，即企业资源计划管理系统）管理系统，是对企业的资源进行有计划的管理，通过对资源的合理调配和使用，发挥其最大的效用，减少资源占用成本。ERP 的引入，能帮助企业由传统的职能式管理转变为流程型管理，能实现企业内部的相互监督和相互促进，企业各项业务活动实现无缝连接。保证每个员工都自觉发挥最大的潜能去工作，提高了企业业务处理效率。另外，为了提升工作人员的办公效率，也可以根据企业实际情况引入 OA 系统，将业务电子化、流程化，更有助于提升企业运营效率，优化业务管理模式。

根据企业业务发展情况，要求并帮助企业取得质量认证资格（如 ISO9000 标准）。质量认证资格是企业质量体系符合国际标准的证明，是产品质量信得过的证明，是产品进入国际市场的通行证。企业通过质量认证，利于企业改善和优化内部管理环境，提高管理效率、提升人员素质、促进企业产品技术改进，增强企业在外部环境的综合竞争能力。

（八）实施流程再造

流程再造理论，也被称为业务流程重组，是 20 世纪 90 年代由美国麻省理工学院（MIT）的计算机教授迈克尔·哈默和 CSC 管理顾问公司董事长钱皮提出的，本书第四章已经提到过，在此不作赘述。

流程再造的本质是指从根本上重新而彻底地去分析与设计企业程序，并管理相关的企业变革，以追求绩效，并使企业达到戏剧性的成长。企业再造的重点在于选定对企业经营极为重要的几项企业程序加以重新规划，以求其提高营运之效果。其目的是为了在成本、品质、对外服务和时效上达到重大改进。

作为私募股权投资机构，募、投、管、退四大流程连贯有效地运行，将提升公司的运作效率，降低公司管理成本。而被投企业同样需要实施流程再造来提升自身竞争力。投资方理应在此方面给予企业相应的帮助和支持。

企业流程重组的内容，本书第四章也有介绍。在此主要总结制定流程重组计划的出发点和侧重点。

企业流程重组主要从五方面出发：①以全流程的观点来取代个别部门或个别活动的观点，强调全流程的绩效表现取代个别部门或个别活动的绩效，打破功能部门本位主义的思考方式，因此将鼓励各功能别部门的成员互相合作，共同追求流程的绩效，也就是顾客重视的价值。②强调顾客附加功能，因此促使流程中没有附加价值的活动减少，让功能别成员专注于增加附加价值的活动。③强调重新思考流程的目的，使各流程的方向和经营策略方向更密切配合。④强调运用信息工具的重要性，以自动化、电子化来取代人工操作。⑤重视逆向思考，以外部顾客的观点取代内部作业面方便的观点来设计任务。

（九）整合产业链条

对于投资机构来说，对被投企业的产业链分析不可忽视，因为产业链能够直接影响被投企业的运营及发展。对被投企业产业链的整合，往往可以直接地增加被投企业的竞争力，提升被投企业价值。因此，帮助被投企业整合产业链条至关重要。

1. 产业链定义

产业链是社会分工造成的一种社会生产组织方式。亚当·斯密的《国富论》中就指出工业生产是一系列基于分工的迂回生产的链条，这是产业链最初的表述。贝恩提出了著名的产业组织 SCP 理论（市场结构、企业行为和市场绩效），为当代产业链研究提供了理论分析基础。产业链是随着社会生产的不断发展，自发产生的一种客观存在的生产组织方式，其存在的合理性也得到理论研究的支持：在市场环境不确定的情况下，企业为了获得专属资产会产生额外的交易费用，通过产业链的方式能够有效地控制和降低这类交易费用。但是产业链并非越长越好，产业链的不断延伸会带来协调成本和丧失对产业链上节点企业的激励作用，从而降低产业链效率。因此，产业链始终面临"动态平衡"问题的困扰，产业链所属企业之间需要不断优化整合，从而发挥产业链协同效应，促进产业链的分工、优化和发展。

2. 产业链构成

产业链的本质是描述具有某种内在联系的企业群结构，它是相关产业组织形成的一种功能性网链结构。产业链理论表述了产业的关联程度，这种关联关系主要体现了五大内涵：①产业链是满足需求程度的表达；②产业链是产品价值传递的表达；③产业链是资源加工深度的表达；④产业链是主导核心技术的表达；⑤产业链是产业地理空间布局的表达。基于这一定义，以上5种产业链的重要内涵可以分别被称之为供需链、价值链、产品链、技术链和空间链（见表7-2）。

表7-2 产业链各个子维度及其含义

产业链的子维度	含 义
供需链	描述企业之间满足彼此供应和需求的契约关系
价值链	从原料到产品或服务的价值传递和增值过程，强调价值的增值及分配
产品链	从原料到交付产品或服务的物理性能或功能完成过程，是产品功能形成和资源加工深度的表达
技术链	产业链的主导核心技术
空间链	产业链的地理究竟布局特性，强调产业空间分布

（1）供需链

产业链描述了相同产业内不同企业间的关联程度，这种关联程度本质上是一种企业之间供应和需求的结构关系——供需链。产业链上下游企业之间的供需关系形成了供需链——上游企业向下游企业输送产品和服务，下游企业和上游企业之间存在大量的信息、物质交换。伴随着产业链上的企业之间分工协作紧密程度的增加，产业链上的企业之间的联系还可以通过产权关联、准市场关联等契约方式满足供需关系。

（2）价值链

产业链的导向是产品价值的创造和传递，反映了从原材料到消费品的价值增值过程。产业链是由社会分工导致的，在市场交易机制的作用下，产业链组织不断发生变化。随着产业内分工不断向纵深发展，传统产业内不同类型的价值创造活动逐步由一个企业为主分离为多个企业的活动。产业链背后所蕴藏的价值创造的结构形式，代表了产业链的价值属性。在通常情况下，产业链上的价值分布是不均匀的、非静态的；产业链内部不同的组成关系也会影响价值链的分布。产业内具有垄断地位的企业和产业链上的"链主"企业，通常能获得较高的价值体现。

（3）产品链

产业链反映了由自然资源到消费品的生产加工过程，产业链上的每一个企业都需要完善产品的使用功能。产业链是由产业中间产品生产企业或配套企业组成的产业链条。产业链上的企业既可以由一个上游企业同时向下游节点的多家企业提供配套产品，也可以由处在同一节点上的几家上游企业同时向下游的同一家企业提供配套产品。从功能角度来看，产业链上游企业到下游企业是产品或服务功能不断加强的顺序过程。

（4）技术链

每个产业要存在和发展，都需要主导技术，这些主导技术是最终形成产品或服务的支撑环节。因此从技术角度来看，技术链是产业链的重要特性之一。产业的主导技术和产业本身之间是互动发展的关系，技术的创新可以促进产业的发展，产业的发展也会推动技术进步。而同时需要注意的一个现象是，随着知识管理在各个领域的兴起，从知识的视角探讨产业链的研究也越来越多。知识链能够归结为技术链的范畴，最主要的原因之一是显性知识最终要表现为技术这种形式；而对应的隐性知识由于难以描述，主要蕴含在具体行为中，在产业链的概念中难以清晰表述。

（5）空间链

空间链表现了产业链在不同地理空间上的分布特性。从当前产业链发展看，发达的产业链都会在空间布局上表现为在某一地区的"扎堆"现象，即产业集群。通过对产业链空间分布状况的研究，提供一种产业链升级的思路。优化产业链的空间分布是产业链研究的重要内容。

综上所述，产业链的概念反映了供需链、价值链、产品链、技术链和空间链的五位一体。这五个维度也相互影响、相互制约，揭示了产业链最重要的特性：供需链是产业链存在的前提；产业链形成的关键是价值链的衔接；产业链提供相似的产品或服务；产业链的主导技术是推动产业链重构的重要因素之一；发达的产业链在空间分布上会表现为产业集聚。

3. 产业链整合的促发因素

从社会分工的角度看，产业链整合是对产业分工生产方式的重新组织。产业链整合现象的产生，必然受到以下四个方面因素的影响：生产要素、技术创新、产业管制和相关产业及支持性产业的发展。

生产要素属于产业最上游的竞争条件，与竞争关系联系最紧密的生产要素包括人力资源、自然资源、知识资源、资本资源和基础设施。每一种产业的特性决定了其对各种生产要素的不同依赖程度。例如，信息产业的发展对人力资源和知识资源的依赖尤为严重，而传统的农产品加工业对自然资源的依赖性更强。由生产要素导致产业链整合的典型案例，是20世纪90年代我国长三角地区和珠三角地区对低端制造产业的整合，以低成本的人力资源承接全球范围内的制造业，形成了中国"世界工厂"的称誉，改变了低端制造产业的价值链、供需链和空间链。

产业管制和技术创新属于外生因素。关键性的技术创新会引发产业变革，政府可以通过政策管制限制或促进产业发展。例如，汽车制造业的流水线生产技术引发了汽车的大规模普及，改变了汽车产业链的价值分配，从而使汽车成功走进了普通人家；信息存储领域闪存技术的发明，替代了磁存储介质的产品，从而引发了音频和视频存储产业链的整合。

相关产业及支持产业体现为从上游产业到下游产业的扩散和产业之间的支撑，健全而具有竞争力的相关产业更易于推动主导产业的发展和整合。因为一个产业的生产要素和主导技术具有扩散效应，可以促使相关产业受益。其中最具代表性的相关产业就是电子信息产业，它促使物流、现代服务业和制造业在近20年内发生了翻天覆地的变化。

从四个因素与投资机构、被投企业之间的关系来看，四大要素与被投企业间的关系更为密切，但是被投企业往往限于"只缘身在此山中"的迷茫中，找不到合适的促发因素，投资机构要运用其丰富的运作经验结合公司的实际状况帮助企业找到整合产业链的促发因素。具体来讲，投资机构可以利用丰富的社会资源向被投企业供需链上端寻找是否可以替换的生产要素，也可以积极向下游寻找更有需求、更稳固的客户。总之，积极发动、努力寻找促发因素是帮助被投企业整合产业链的关键。

4. 产业链整合的关键点

产业链描述了从原材料到产品的企业网链结构，它的整合方式分为纵向一体化、横向一体化和产业链融合。产业链纵向一体化是指产业链上的企业向产业上游或下游延伸，最终改变产业链上企业的协同程度；产业横向一体化是指两个并行的产业链之间发生了关联关系；产业融合是指产业边界发生了扩张或收缩，甚至是产生了新的产业链。相比较产业纵向一体化和横向一体化，产业融合这种产业链整合方式往往是由于重大技术创新或政府放松政策管制而造成的产业链重大变革，甚至可能创造新的供求关系、价值分配模式和产业主导技术。例如，信息产业和娱乐业融合产生的网络游戏、信息通信产业和贸易产业融合而产生的电子商务等，都极大地推动了新兴产业的发展。

无论是哪种整合方式，都将对产业链的各维度带来变化。具体表现如表7－3。

表 7－3　　　　　　　　**产业链各维度整合方式及关键点**

产业链维度 ＼ 产业链整合方式	纵向一体化	横向一体化	产业链融合	整合关链点
供需链	改变上下游企业之间的契约关系	改变并行企业之间的契约关系	改变上下游和并行企业契约关系	供需双方契约关系的调整
价值链	获得更多附加价值	获得规模经济	追求附加价值和规模经济	产业利润率的合理分布
产品链	拓展了资源的加工深度	互补产品的加工能力	资源加工深度和互补品生产能力	产品标准、功能
技术练	产业主导技术的上下游延伸	某类技术应用向相关产业渗透	技术的创新及应用	技术标准
空间链	趋向于产业聚焦	趋向于产业聚焦	趋向于产业聚集	产业分布地理半径

（1）供需链整合反映了信息服务业企业之间的契约关系

企业之间存在三种典型的契约关系：市场交易关系、产权关联关系和准市场关系。市场交易关系表现为产业链上的企业之间通过市场交易的方式满足彼此供需，交易双方的企业通过市场获得原材料和实现产品销售；产权关联关系表现为产业链上的相关企业通过并购、持股的方式形成合作机制；准市场关系表现为企业之间通过非产权关系和非市场关系形成的较为稳定的业务联系，包括上下游企业之间形成的长期合作历史、企业为应对产业竞争环境改变而形成的一种战略联盟关系等。供需链重构表现为产业链上的企业通过三种不同的契约关系，支持不同的产业链协同。随着产业链上企业之间协同程度的提高，供需链通常由市场交易关系转变为产权关联关系或准市场关系。比较典型的如钢铁行业，国际大型钢铁企业都努力和上游原材料企业形成产权关联或准市场关联，从而稳定原材料供给。供需链整合的关键是企业契约方式的转变。纵向一体化方式可以改变产业链上下游企业之间的市场交易关系，横向一体化可以改变两个并行产业之间的关联关系，而产业融合则可重新划分产业的市场和业务，重组上下游和并行产业之间的关联关系。

（2）价值链整合强调了产业链上的价值分布关系

产业链上的每一环节，企业都应该能够获取利润，否则产业链就不会存在。产业链价值分配体现了价值增值的作用。但产业链上的利润分配并不平均，在产业链上具有强势地位的链主企业能够获得超过平均利润率的收益，而在产业链上处于从属地位的企业，则只能获得较低的收益。产业链价值整合的关键是产业利润率的恰当分布。当产业链上某企业利润过低，往往会导致该节点企业的退出，因此相关联的产业链企业就需要通过简化产业链或者让利等互惠形式，保障价值传递的合理分布。根据"微笑曲线"的描述，在较为成熟的制造型产业链上，产业链上游的研究和设计环节以及下游的品牌行销环节的附加价值较高，而制造环节的附加价值较低。产业链纵向一体化是企业追求现有产品更多附加价值的活动；横向一体化则是企业扩大产品生产规模，获得规模经济的活动；产业融合是企业追求附加价值和规模经济的综合行为。价值链的价值分布受技术链、供需链、产品链逻辑构成的影响，产业链上核心技术的拥有方、市场较稀缺产品的供应企业和产品功能形成过程中的主导方都是获得价值较高的企业。

（3）产品链整合显示了产业链最终产品和服务的使用功能不断成型的过程

产业链把提供不同产品和服务的中间形态企业整合在一起，以形成提供完整产品和服务功能的网链结构。产品链整合的关键点是产品与服务标准、产品功能等要素的耦合。产业链上下游企业只有共享统一的产品标准和质量标准，才能生产出最终的合格产品。产业链纵向一体化提高了产品链加工深度，产业链横向一体化提高了企业生产关联产品功能的能力，而产业融合则既提高了产品功能的加工深度，又增强了相似产品的生产能力。

（4）技术链强调了产业对核心技术的掌握和开发情况

每个产业的形成都有其主导性的核心技术。例如，信息产业通讯标准就是通讯服务的主导标准，它会影响上游通讯设备和下游通讯终端的研发。我国电信业 3G 发展正在面临的一个难题，就是在已经确定通讯协议的情况下，上游设备和下游手机的技术研发链还不完善，导致整个产业发展缓慢。技术链整合的关键点是技术的衔接，即扩散。产业链的发展必然伴随着核心技术的扩散和转播，只有技术在产业链上下游的应用才能推动整个产业链的发展。产业链纵向一体化是产业主导技术的上下游延伸和衔接，产业链横向一体化是某类技术应用向相关产业的渗透，产业融合则是创新型技术的突破。

（5）空间链整合强调了产业链的空间分布特性

产业布局和产业配套半径等重要指标反映了空间链的这一特性。由于产品生产或服务提供的物理空间限制，因此常规情况下的产业链应尽可能地靠近原料供应商、半成品生产商和终端消费市场。不论是产业链的横向一体化、纵向一体化，还是产业融合，产业链空间分布维度都强调产业上下游企业都有在同一个地理空间内聚集的趋势。这样有利于形成产业链企业密切合作、灵活机动的协同机制。

（十）业务开拓

公司的发展在核心上是其所进行的业务的运营和发展。而投资机构帮助被投企业进行业务开拓既是资源、理念的注入，也是从根本上提升被投企业竞争力、提高其业绩的措施。

企业进行业务开拓，主要遵循以下步骤。

1. 信息搜集整理

业务开拓不能盲目，信息的搜集整理是业务开拓规划合理性的保证。制定业务开拓规划需要以下信息。

（1）企业的业务开展情况，竞争对手的业务开展情况

知己知彼，方能百战百胜。既然是业务开拓，首先要从业务情况开始，自身的业务情况与竞争对手的业务情况都是重要的分析指标。自身的业务情况包括公司的核心业务是什么，其市场占有率如何，该项业务在行业中的竞争地位，该项业务的经济运行周期，与该项业务相关的衍生业务有哪些，公司从事该项业务的各种财务指标和该项业务在行业内的平均指标（如营收、净利润、毛利率等），衍生业务实施的可行性与必要性，公司非主营业务的情况等等。竞争对手的业务开展情况除了以上内容，还包括竞争对手开展了哪些自身没有涉及的业务，其业务与核心业务的关系如何。

（2）企业的重要供应商信息及重要客户档案

这是对企业产业链信息的罗列，将以上信息分类归总，其分类标准可以有以下方面：供应商、客户与企业合作的频率、金额、方式，供应商、客户与企业合作失败的频率、次数、原因分析，相同原材料在不同供应商之间的差异，客户的偏好分析等。

（3）企业所掌握拥有的资源

该类信息涵盖非常宽广，一切资源均可搜集掌握，如企业掌握的技术、管理者的人际关系、企业与学校、科研机构的关系等。

以上信息的搜集可以是投资机构帮助搜集，也可以是被投企业按照投资方的建议主动搜集。

2. 制定业务拓展规划

根据上一步骤所搜集到的零散庞杂的信息数据，企业需要进行筛选、整理、归集和推理。筛选是指根据公司未来发展战略以及自身实际情况，将与企业不相关、影响小、虚假的信息过滤掉。整理主要是将以上信息进行分类和归集。

做好以上工作后，企业要根据有效信息并结合自身发展情况进行思考，思考要围绕以下几个问题：①根据企业自身掌握的条件，企业能够对核心业务进行怎样的改变，这种改变能为企业带来什么影响。②企业还可以通过哪些渠道来加大核心业务的业务量，所付出的成本与收益状况如何。③公司目前的业务构成是否合理，是否需要减少或扩大某一业务的比例，或者干脆摒弃某一业务而增加另一新业务。

通过对这些问题的思考和分析，企业要制定业务发展规划，主要三点。

（1）公司的业务构成情况

这里的业务构成情况是指根据推理分析后所制定的合理的业务构成情况，已经将对公司未来发展不利的业务摒弃掉或增设了新的业务等。

（2）各项业务的预期发展目标

这里的发展目标不仅包括各项业务在一定时间内发展的财务指标，还包括对公司的品牌、社会资源等方面所造成的影响。

（3）具体措施

具体措施主要围绕企业如何运用现有资源拓展业务和企业如何挖掘新资源的议题展开，根据公司业务实际发展情况具体问题具体分析。

规划制定后要按照一定周期根据新情况加以调整修改，以保证规划的合理性。一般来说，规划由被投企业自身人员制定比较合适，投资机构更多的是要提供合理的建议。

3. 规划实施

规划制定后要严格执行。企业管理者要发动全公司来配合业务开拓规划。投资机构也可以利用自身战略资源来帮助被投企业进行业务开拓，这样的帮助更为直接有效。

在具体实施的过程中，股权基金投资方主要从两个战略层面入手：一是要运用和结合自身经验与市场情况帮助企业的业务、产品、服务迈向新领域，这需要股权基金拥有前瞻的眼光和开阔的思维；二是要将股权投资基金所拥有的能与被投企业产业链、价值链有关联的资源整合起来，并运用恰当、合适的方式帮助企业协同发展。

（十一）配置中介机构

企业走向成熟期，改制、重组、上市等各项资本运作都离不开金融中介机构。专业高效的中介机构使得企业获得更为优秀的金融服务，因此有必要对中介机构多加对比，进行严格筛选。投资机构身处金融领域，往往比被投企业更加了解各家金融中介机构的特点，也往往比被投企业拥有更多的金融资源。因此，为被投企业配置中介机构也是投资方投后管理的重要内容之一。

在为企业选择中介机构时，共性的标准主要是关注各个中介机构的业务资格、执业能力、执业经验和执业质量、所在行业的地位、项目专业团队、声誉情况等。以下是各类中介机构选择标准中要重点关注的地方。

1. 保荐人、主承销商的选择标准

应具有证监会规定的承销、保荐资格。

承销能力：主要是关注主承销商的承销经验、承销网络、主承销商与投资者的合作关系等。

定价能力：指主承销商对发行定价的研发能力，定价合理性。

组织能力：指主承销商组织承销团的经验和能力、公关宣传和媒体推介能力。

承销业绩：主承销商的承销业绩也是很好的参考因素。

具备擅长的方面和领域，比如一家农业企业上市更倾向于选择曾经成功保荐过其他农业企业的证券公司。

2. 律师事务所的选择标准

专业性：在2002年底以后，律师的证券从业资格取消，凡是律师均可从事证券法律业务，但是在选择律师事务所时，要看其是否具有证券从业的专业经验和服务团队。

沟通协调能力：律师事务所及其律师能较好地与相关部门及其他中介机构进行沟通与配合。

项目团队：除了律师所的规模外，还要考察律师团队特别是主办律师的经验、水平等因素。

3. 会计事务所的选择标准

资格：审计机构应当具有证券从业资格。

项目团队：负责审计的项目团队应有一定比例的、具有改制上市经验的注册会计师，而且具有一定的稳定性。

经验：审计机构应当具有丰富的改制上市审计经验。

4. 土地、资产评估机构的选择标准

资质：资产评估应选择具有证券从业资格的资产评估机构；土地评估应选择具有土地评估资格的评估机构承担。

项目团队：负责评估的项目团队应有一定比例的、具有改制上市经验的注册评估师，而且具有一定的稳定性。

经验：评估机构应当具有丰富的改制上市评估经验。

5. 财务顾问的选择标准

经验：主持改制上市项目的经验。

沟通和协调能力：包括与企业、各中介机构的协调，与有关政府部门特别是证券监管机构的协调。

风险控制水平：对改制上市项目能够针对性地建立科学合理的风险控制制度，有效控制风险。

一般来说，股权投资基金方身处金融领域，在过往的项目中都会积累一些长期合作的中介资源，并对各中介机构的优劣有较为清晰的了解。因此，推介中介机构对股权投资基金来说并不是难事，但是需要注意的是，选择的时候一定要与被投企业达成一致，并优先选择行业排名靠前的中介机构。比如，选择会计师事务所时可参照由中国注册会计师协会发表的历年《会计师事务所综合评价前百家信息》，选择保荐机构、主承销商时可参照由中国证券业协会发布的历年《证券公司投行业务排名》，在这些由权威机构发表的排名中，能够获得前列的排名意味着拥有更强的资质和专业能力，也能提供更好更专业的服务。

（十二）　协调上市事宜

上市，是投资者投资企业最理想的退出方式。广义的上市协调工作包括：全面协调、运作企业上市的各项工作，协调和促进企业与专业机构的整体工作，完成企业的全部融资和上市程序。

上市协调人的作用至关重要，直接关系着企业的上市进程是否顺利，同时，合格的上市协调人会为企业节省上市成本。由投资方来担任企业的上市协调人非常合适。首先，投资方股权投资后，也是公司股东之一，代表着公司的利益，担任上市协调工作必定尽职尽责；其次，上市协调需要金融领域的专业知识，与投资方所处行业领域一致；另外，上市协调还可能动用各种金融资源，股权投资机构身处金融领域，掌握的金融资源更丰富。

本章前面介绍过的辅导企业改制、完善治理结构、配置中介机构等增值服务内容，也包含在上市协调工作内容里，这里不再重复。

此外，股权投资基金还可为被投企业选择并推介财经公关。财经公关，主要从企业递交材料、发审委审核阶段一直到股票上市前为企业提供包括舆论引导、危机处理、信息披露、路演公关以及上市酒会等各项工作。自2012年2月起，拟上市公司预披露时间从原来的提前5天改为提前30天，引起大量媒体对拟上市公司的关注。一些媒体通过对拟上市公司一些敏感或负面信息的报道，甚至大肆渲染，影响投资者对公司的看法，证监会也通常要求保荐券商对拟上市公司敏感媒体报道信息进行核查及解释。若负面信息过多，将对公司的上市产生了一些不必要的负面影响，甚至影响公司的发行进程。因此，很多拟上市公司都通过引入财经公关公司的方式，通过与媒体提前沟通，让媒体了解公司，从而减少不必要的负面报道，营造公司良好的舆情环境，协助保荐券商和企业更好地推动IPO进程。

财经公关能为企业赢得良好的舆论环境，树立良好的公众形象，并间接影响发行进程，因此股权投资基金要为被投企业选择专业有经验的财经公关，并且制定好时机，同时与财经公关的协调磋商等工作也是至关重要的，关系到财经公关未来的服务质量。

另外，有实力的股权投资基金还可聘请专业人士对企业上市进行模拟审核，有助于企业熟悉上市流程、了解和解决自身存在的问题，从而提高上市几率。

（十三）塑造企业文化

企业文化是企业在长期实践中，在不断解决生存和发展问题的过程中，逐渐形成的企业最高目标以及全体员工所共同认可和遵循的价值观、道德观及行为规范的总和。正如泰伦斯·狄尔（Terrence E. Deal）与艾伦·甘乃迪（AllanA. Kennedy）于《企业文化》一书中提出的："企业文化是企业上下一致共同遵循的价值体系，一种员工都清楚的行为准则。"

投资机构进入企业后要确定企业文化对其发展是否具备积极的因素，如不具备，投资人可帮助企业创立团队塑造企业文化。一般来说，塑造企业文化需要经历如下程序。

1. 动员宣传，使企业员工认识到企业文化的重要性

首先，使员工对企业文化及其作用有共同的理解。可以通过讲座、媒

体、参观的方式统一大家的认识；其次，明确企业文化建设的目的。目的不同，企业文化建设的要求就不一样；有的是塑造企业高品位形象；有的是改变企业现存的不良风气；还有的是为了打造一支具有强大凝聚力和战斗力的员工队伍。

2. 梳理文化理念

由于企业文化的核心是共有的价值观，因此，在员工对企业文化大致有所了解以后，就可以着手企业文化理念的梳理。它包括：先聘请专家对高层进行访谈，然后通过问卷或座谈或访谈，讨论或专家引导等形式缩小员工认识上的差异，形成理念初稿，再围绕基本理念，明确企业的经营理念、管理理念和公共关系理念。这个过程可能需要反复多次。

3. 文化理念的宣传贯彻和落实

短期宣传可以通过召开企业文化宣传专题会议、优秀员工引导其他员工、板报、组织案例讨论、树榜样等形式进行；长期宣传可以通过印刷企业文化宣传手册，达到人手一份，要求员工反复学习。企业文化不是企业门面的装饰品，而是指导员工行动的指南，因此还必须要求付诸行动，使企业的行为与理念保持一致。

第五节 持续关注

股权投资基金向被投企业注资后，即成为被投企业的股东之一。投资基金与企业的创立团队的目标趋向一致，都是为了企业能够改善经营管理、提升股东价值。但是，双方的发展理念仍是不同的，基金投资方的目标更为短期，投资的目标是在合适的时机退出，从中赚取利润，而企业经营者的目标相对更为长远，希望企业长期发展。因此，在企业随后的运营中，难免出现企业控制人的行动与股权投资方的预期不一致的地方，可能从客观上和长远目标来看，企业创立团队的策略对企业发展更为有利，但是并不一定符合投资方预期推出的利益。因此，双方之间就企业如何发展应该进行充分的沟通协调。而股权投资机构在投资后要对企业的运营管理进行持续关注。

一、持续关注的方法

持续关注主要有通过管理参与、参加董事会会议、审阅财务报表、保持好各项记录等多种方式。

（一）管理参与

在投资机构投资之前，投资方必须就企业日后经营管理的参与程度与企业控制人达成一致。绝大多数私募股权基金方都会一定程度地积极参与企业的管理，有的甚至还想在基金管理公司内部设置专门的部门进行持续监督。通过管理参与企业的日常运营决策，是最直接有效的持续关注的方法，不仅能够最直观真实地了解公司发展动态，同时还能为企业的发展献计献策，将投资机构的理念贯彻到被投企业的运营中。

（二）参加董事会会议

企业应该定期召开董事会讨论企业的经营管理问题，在会议上投资方可以与公司管理层讨论企业经营管理中的重要事项。对于管理会议，企业应当提前为会议做好相应的准备工作。企业管理层应该制定投资人会议日程，管理层的所有人员都应参与会议，投资方也可以同管理层的人员单独接触，并且就公司发展问题对管理层的人员进行提问。

通过会议，投资方应对企业近期的财务情况进行了解。在早期投资中，创业企业家应该以现金对账单说明投资方投入的资金流向。如果企业管理层进行了任何市场调研或者客户调查，这些研究调查的结果应该向投资方通报。投资方也应主动向企业家问询企业所获得的市场竞争和商业活动的新消息。投资方需要清楚企业做了哪些资本性支出，对于企业任何订单的重大变化，企业管理层应该在会议中向投资方汇报。虽然投资方并不希望被大量的统计数据湮没，但是对企业最新动向的信息把握越准确，投资的风险就越可控。

（三）审阅财务报表

财务报表汇总了公司过去的业绩情况，是评价公司经营成果的重要指标。正因为财务报表的重要性，所以许多股权投资机构会要求企业提供财务报表。通过对财务报表的审阅，投资方可以轻易掌握企业的经营状况，并能够以此为基础对企业未来的经营业绩进行推算预测。值得注意的是，投资方应该对财务报表的及时性和准确性着重注意，迟到的财务报表、被进行过"调整、装饰"的报表无法反映企业的真实经营情况。

（四）保持好记录

投资方的投资记录是把握企业和行业最新动向的信息和加深企业理解的关键，必须保证以下信息被准确记录下来。

1. 财务记录文档

被投企业呈送的各种定期和不定期的财务报表及相关审计报告都应妥善保管，这些财务数据和信息是了解企业经营的关键，保存得当便于投资方随时掌握和研究企业的经营成果。

2. 董事会文档

各种重大会议的文档记录包含了企业重大事项决策的过程和内容，应该妥善保管，以便日后查询。

3. 基础法律文件档案

法律文件是股权投资基金每项投资的"圣经"，应当妥善保管，此外，与这些文件相互印证的所有证券、企业章程、附章以及投资企业作为其中一方的相关文件，还有担保、授权信托、有条件转让的契约、抵押的文件等所有相关法律文件都应当妥善保存，并且这些文件都应该进行装订并制作目录索引，便于日后查阅。

二、持续关注的主要问题

股权投资方应该对企业可能出现的各种问题保持警惕，这是控制投资风险的重要途径。由于对企业过度关注可能会招致被投企业团队的敌对情绪，所以有些投资机构放弃了对企业的持续关注，并对企业经营中所出现的问题置之不理。这种做法不能够有效掌握被投企业动态，一旦被投企业的经营状况出现问题，投资方的收益将会受损，因此这种做法会为投资过程带来风险。

基金投资方应当努力寻求与企业管理层的友好合作，在合理适度的情况下掌握企业运营状况，一旦企业出现预警问题，投资方能够随时做出对策。通常来说，预警问题的信号包括如下几点。

1. 价格和市场份额的变化

公司收入下降是明显的预警信号，或者公司收入没有下降但市场份额却减少了。无论是以上哪种情况大幅下降，情况都不容乐观，可能意味着公司的业务情况发生了变化；此外，产品或服务迅速降价，可能由于企业产品滞销、产品本身有瑕疵或者产品定位有问题。价格及市场份额的变化在每个行业都会发生，企业管理层和投资方需要快速查明变化的原因，并能够制定策略来应对这些变化。

2. 新技术和新工艺

新技术和新工艺可能会改变企业在行业中的竞争地位和市场份额。企业管理层必须能够察觉这些变化并确定它们是否会对企业的竞争地位和市场份额产生影响。股权投资基金必须知道企业能否迅速地应对这些变化并维持其市场地位。每次出现技术变革时，企业管理层和股权投资基金必须迅速做出决策来应对这个新挑战。

3. 公司资源减少

如果企业的资源有明显减少，则是一个重要的预警信号。比如客户关系恶化、供应商关系恶化、合作方终止合同等。企业的资源是企业赖以生存的基础，资源减少将对企业的日常运营产生重大的影响，所以，对于资源减少的预警信号，私募股权投资方应该有所警觉。

4. 经营业绩出现亏损

如果财务报表上显示亏损，那么股权投资基金必须要关注。当然，亏损可能是暂时现象，但股权投资基金必须迅速确认该亏损是否为暂时现象，不能够轻易相信企业管理层所做短期内扭亏为盈的承诺。确保私募股权基金投资方跟企业家一起深入探讨这个问题，以确定企业管理层作出短期内扭亏为盈承诺的依据。股权基金投资自己来调查财务报表，会使私募股权基金投资方对问题有更好的理解。

5. 财务报表报送延迟

企业延迟报送财务报表以及其他材料，对股权基金投资来说，这经常意味着企业运营状况不佳。财务报表的延迟通常是因为企业出现了坏消息。如果财务报表延迟，股权基金投资一定要联系该企业的负责人并查找原因。

6. 草率的财务报表

如果股权投资方遇到企业呈送的财务报表有不准确的现象，或者财务报表内容不够严谨，则该份财务报表所反映的内容被认定为不可靠信息。投资方应当要求企业呈送准确的财务报表，并就有分歧和争议的地方与企业沟通。

7. 资产负债表的重大改变

如果资产负债表的各项指标有失衡的地方，如企业应付账款比起以往会计年度大幅增加，则股权投资方应当引起重视，有理由怀疑企业是否资金周转出现困难。

8. 会计方法的变更

会计方法的变更，也是对投资方的预警信号。如对折旧计提的变动、对收入确认方法的变动以及存货计价方法的改动，都有可能是企业在操纵，因此对这些会计方法的改变，投资方要予以警惕。

9. 财务数据的重大调整

财务数据在年终出现重大调整，可能意味着管理层经营不善。如果企业必须要冲销大量存货或者不愿意将一些费用资本化，对损益表的影响非常大。这是企业运营发生异常的预警信号，投资方应该给与足够重视。

10. 销售订单的重大改变

投资方应该特别关注企业的销售订单情况，而不仅仅关注财务报表。任何订单的重大变化，都需要管理层给予合理的解释。订单减少意味着企业在市场方面有一些问题，订单的增加也可能会带来生产及运输上的问题。要关注订单状况，因为它意味着企业必须修改生产时间来满足客户的需要，且订单最终将影响销售，订单的增加也意味着企业必须扩大生产能力来满足客户的需要。因此，投资方需要关注这些情况的变化。

11. 存货变化

存货的数目可以给投资方提供有关企业现状的线索。如果企业的存货周转率低于行业中的其他企业，这意味着该企业产品在市场上没有竞争力。而如果企业产品出现脱销，则说明企业生产跟不上发展的步伐。任何存货记录的失实，都表明企业在管理方面存在漏洞和疏忽。合理的管理和记录的系统是一个好企业的基石。记录上面的重大改变，可能意味着生产和存货管理不善，存货的变化最终将反映到损益表上并给企业造成损失。

12. 管理层成员重大变动

稳定的管理层是持续经营的基本条件，当管理层成员重大变动的时候，就容易出现问题。缺乏稳定的管理层是企业向投资者、雇员以及债务人所发出的企业运营异常的预警信号。股权基金投资方必须查明一个管理层成员是因为合理的理由被解雇，还是管理层成员另谋出路。如果可能，最好跟管理层成员进行面对面的交流，查明离开的真正原因。

13. 无法联系到企业负责人

当投资方经常无法联系到企业负责人，则是企业运营异常的预警信号；另一个预警信号是企业负责人不能够定时组织召开董事会。

14. 拖延付款

如果企业管理层在支付可转债或银行债务时拖延付款，显然是现金流紧张的表现。当股权基金投资方发现这些早期的预警信号时，确保投资方能参与企业经营并解决潜在问题。

15. 员工变动频繁

管好企业的人力资源是企业管理层的责任，也是管理能力的体现。如果公司员工频繁跳槽，流动性过大，则一方面说明公司的人力资源制度有问题，另一方面也说明管理层缺乏对人事管理的能力。

16. 重大意外事故

公司出现重大意外事故，如失窃、失火等，则需要引起股权投资方足够的重视和警惕。如果确实出乎意外，则代表公司内控制度出现了问题。有时候，企业负责人很可能用无法解释的存货重大失窃事件来掩盖资产损失的真正原因，特别是保险企业不负责赔偿的失窃，则通常意味着企业负责人不愿意保险企业插手调查。

17. 更换办公地址

当企业经营者决定更换办公地点时，基金投资方需要明确搬离的原因。将业务更换城市对一些企业来说可能是危险的变动，可能会导致企业失去工人、技术人员、客户以及合作伙伴，甚至有可能让业务停滞。所以投资人必须洞悉经营者搬离的意图，并共同就此问题进行研讨。

18. 公司管理者打理其他生意

如果企业的管理者另辟蹊径，去打理其他生意，则基金投资方应当有解决的方式，或者劝其打消这个主意，或者更换管理者。因为管理者一心二用，同时经营两个企业是非常困难的事情，可能会对企业利益造成损害。

第八章 股权投资基金退出新略

第一节 选择退出方式

退出是投资流程中最后的环节，也是价值实现的环节。一般而言，退出方式主要有公开发行上市、并购、转让、管理层回购、清算等，选择哪种退出方式要依据企业发展情况而定。

本章节从介绍各种退出方式开始，以 IPO、并购为重点分析了股权投基金在退出时点的把握，最后对股权投资基金退出方式的未来趋势进行了展望。

一、首次公开发行

首次公开发行（Initial Public Offerings，IPO），简要说就是企业通过证券交易所公开向投资者发行股票募集用于企业发展资金的过程。

在理论研究上，首次公开发行是股权投资基金最理想的退出方式，是指被投资企业成长到一定程度时，通过在证券市场首次公开发行股票，将私人权益转换成公共股权，在上市后的一段时间内，股权基金经理人逐步出售手中股票，实现资本回收和增值。从发行市场角度看，我国国内公开发行上市可分为主板、中小板和创业板，分别为我国不同类型的企业所服务。如我国的创业板市场，是专门为中小高新技术企业或快速成长的企业而设立的证券融资市场。以发行地点划分，可以分为国内证券市场上市和境外上市。

1992 年，哈佛大学 Bygrave 教授和 Timmons 教授研究发现，在全球范围内股权投资基金的退出方式中，以 IPO 方式带来的价值最大，收益最高，投资回报率往往大幅超出预期。通过上市，股权投资机构所占有的股权份额会被市场分散稀释，企业创立团队对企业的控制权会加强，而上市后的股权激励作用又会促使企业家更好地为企业的发展出谋划策，极大程度地避免了企业家和投资者的道德风险。因此，内部激励效果最优，股权投资企业发展前期所需资本较少，但在中后期，对资本的需求量越来越大，同时资本的边际效应也越来越大，企业内部积累、银行贷款乃至其他私募股权资本的投入都无法满足此时企业的资金"胃口"。而公开上市为企业解决了未来很长一段时间内的资金问题，大量资金流入可增强企业资金的流动性，从财务管理的角度起到杠杆作用。同时首次公开上市的成功，往往伴随着投入资本多倍的回报，这在资本市场上会被当作佳话流传，对股权投资机构知名度的提升效果难以估量，十分巨大。同时，在"神话"作用的宣传下，上市企业的知名度也会提高，从而带动企业在资本市场的表现，而股权投资机构在下次募集过程中也有了更多的无形资本。因此，公开上市无论对企业还是对股权投资基金来说，都是一种双赢。

作为一种退出方式，除了收益上的考虑，还要考虑退出的时间成本。我国内地上市时间从申报材料到公开发行上市，时间最长在 1 年半以上；而中国企业赴境外上市，除了要遵守当地规定，还必须经过中国政府监管部门的批准。就境外证券市场上市的时间和速度来说，新加坡最快 6 个月左右，美国、中国香港在 6~9 个月之间。

（一）中国境内上市

由于中国资本市场包括法律、制度、市场、中介服务在内的大环境尚未成熟，并且由于中国股票市场的市盈率相对较高，导致 IPO 成为股权投资基金投资者退出的第一选择，甚至有一定数量的股权投资公司将其作为唯一的获利渠道。我国股权基金从其在国内兴起到现在，甚至至少在未来 10 年，IPO 退出方式都一直会是我国股权退出的主要方式。

以 2012 年为例，在选择上市的退出地点方面，2012 年成功实现 IPO 的具有股权投资背景的企业绝大多数都选择在 A 股市场上市，其中，2009 年10 月在深交所开设的创业板仍然是投资机构境内退出的第一选择。根据清科研究中心数据统计，2012 年共有 177 笔退出案例中有 124 笔为 IPO 方式退出，占总退出比重的 70%。其中，深圳创业板以 48 笔退出，平均退出回报 4.31 倍，位居榜首；深圳中小企业板以 34 笔退出，3.53 倍的平均退出回报位居第二。

从退出收益来看，选择以 IPO 方式退出有着明显的优势；而从细分地点来看，深圳创业板自 2006 年至今平均超过 5 倍的退出回报率即使纵观全球资本市场也能名列前茅。我国 A 股市场的高溢价性已成为吸引 PE 公司在 IPO 退出时将地点选择境内的主要原因。

（二）境外上市

境外上市有多种方式，具体来讲主要有以下几种。

1. 境外直接上市

境外直接上市是指直接以拟上市国内公司的名义向国外证券主管部门申请发行的登记注册，并发行股票或其他衍生金融工具，向当地证券交易所申请挂牌上市交易。即通常所称的 H 股〔中国企业在香港联合交易所（HKSE）发行股票并上市〕、N 股〔中国企业在纽约证券交易所（NYSE）发行股票并上市〕、S 股（中国企业在新加坡交易所发行股票并上市）等。

2. 境外间接上市

境外间接上市主要有两种形式：造壳上市和买壳上市。其本质都是通过将国内资产注入壳公司的方式，达到将国内资产上市的目的。壳公司可以是已上市公司，也可以是拟上市公司。通过这两种方式，可以避开股市所在地法律和规定对外来公司严格苛刻的条件和限制，又可化解因不同会计制度和法律制度的差异而带来的诸多不便。因此，海外借壳上市已成为我国企业充分利用海外壳资源达到间接上市融资的一种有效途径和方式。由于直接上市程序繁复，成本高、时间长，所以目前许多国内企业为了避开国内复杂的审批程序，选择了或拟选择以间接方式在境外上市。境外间接上市的好处是成本较低，花费的时间较短，可以避开国内复杂的审批程序。但有三大问题要妥善处理：向中国证监会报材料备案；壳公司对国内资产的控股比例问题；选择适当的上市时机。

3. 其他境外上市方式

中国企业在境外上市通常多采用直接上市与间接上市两大类，但也有少数公司采用存托凭证和可转换债券上市。这两种上市方式通常是企业已在境外上市、意图再次融资时采用的方式。

存托凭证（Depositary Receipt，DR）是指在一国证券市场流通的、代表外国公司有价证券的可转让凭证。

可转换债券（Convertible Bond）是公司发行的一种债券，它准许证券持有人在债务条款中规定的未来某段时间内将这些债券转换成发行公司一定数量的普通股股票。这也可以成为一种境内公司海外上市的一种途径。

二、并购

兼并（Merger）和收购（Acquisition），英文简称 M&A，一般称为并购。企业并购活动是在一定的财产权利制度和企业制度条件下进行的，在企业并购过程中，企业的股东通过出让所拥有的对企业的股权而获得相应的收益，另一权利主体则通过付出一定代价而获得这部分股权。企业并购的过程实质上是企业股权所有人变更的过程。

（一）并购的种类

按照被并购对象所在行业，并购分为横向并购、纵向并购和混合并购。

按照并购的动因，并购可分为五种：①规模型并购，通过扩大规模，减少生产成本和销售费用；②功能型并购，通过并购提高市场占有率，扩大市场份额；③组合型并购，通过并购实现多元化经营，减少风险；④产业型并购，通过并购实现生产经营一体化，扩大整体利润；⑤成就型并购，通过并购实现企业家的成就欲。

按照并购后被并一方的法律状态，并购分为三种类型：①新设法人型，即并购双方都解散后成立一个新的法人；②吸收型，即其中一个法人解散而为另一个法人所吸收；③控股型，即并购双方都不解散，但一方为另一方所控股。

（二）并购的程序

企业并购种类繁多，动机错综复杂，其过程也变幻莫测，但是，按照并购所经历的过程来划分，并购一般要经历以下几个阶段。

1. 并购决策

鉴于企业并购的复杂性以及可能面对的失败风险，企业在实施并购策略前，须根据企业行业状况、发展阶段、资产负债情况、经营状况和发展战略等诸多方面进行并购需求分析、确定并购目标的框架特征、选择并购方向和方式、安排收购资金以及对并购后企业的政治、社会、经济、文化和生产经营做出客观的分析与评估。

2. 并购目标的确定

根据资产质量、规模和产品品牌、经营管理、技术水平、人力资源状况、经济区位等考核指标，结合本企业的综合状况对目标公司群进行定性和定量的综合比较分析，按照投入最小、收益最大的原则确定最适合自身发展的并购目标。

3. 并购准备

确定并购目标后，须在聘请的财务顾问、律师事务所等中介机构的协助下，与目标公司的主要股东、上级主管部门、当地政府等各个层面就交易转让的条件、价格、方式、程序、目的等进行沟通和谈判，并在达成初步共识的基础上，签署转让意向性的文件。

4. 并购实施

在结束商业谈判并支付一定的保证金后，并购须聘请资产评估机构、会计师事务所等中介机构协助对目标公司进行全面的尽职调查，以审查前期所获信息的真实程度，并尽可能发现可能存在的潜在问题。随后，如无重大变化，即与目标企业或其相关主体签署正式的转让合同，在履行应负义务后，视需要派人进驻目标企业，并着手办理股权的过户事宜。

5. 并购整合

对于企业而言，仅仅实现对目标企业的组织并购是远远不够的，还需要对被购企业的治理结构、经营管理、资产负债、人力资源、企业文化等所有企业要素进行进一步的整合，最终形成双方的完全融合，并产生预期的效益，才是最重要的，才算真正实现了并购的目标。

三、转让

股权转让是指私募股权基金所持有的公司股权向投资企业之外的第三方

进行出售，进而获利退出的过程。在美国和欧洲的私募股权基金中，通过把企业出售给第三方实现退出的项目数量是通过上市实现退出的 3 倍。

这种退出方式有两种形式：一是把企业出售给另一公司，二是把企业出售给另外的投资者。出售给另一个公司是指把整个企业出售给另一个公司，当售出的股份具有企业控制权的时候称之为并购。

股权投资基金还可以将企业股份出售给另外的投资者，可能是其他的股权基金。因为股权基金在投资对象上有所限制，比如专注于第一轮投资的股权基金可能等不到企业上市，于是大多在企业后续融资过程中逐渐退出，将所持有的股权转让给后续的投资者。有时候，有些新的投资者愿意向股权基金支付比较有诱惑力的价格购买他们在企业持有的股本。这种交易之所以能够发生，是因为企业家希望签订一份新的合作协议，而新的投资者也愿意通过购买股权基金的股本成为企业家的合作者。通常，这个新的投资者是大公司或其他股权基金，因为找到愿意购买股权基金手中持有的股票并真正想长期持有这些股票的被动投资者是很困难的。大公司之所以愿意购买股权基金在中小企业持有的股票，是想将来进一步购买整个企业或对企业进行控股。由于大公司在市场销售及产品开发方面拥有丰富的经验，与股权基金相比，它可能成为中小企业更好的合作者。

一些股权投资基金之所以可能购买另一股权投资基金持有的中小企业的股票，是因为不同股权基金的投资阶段偏好不同，有些股权基金把投资重点放在中小企业发展的早期阶段，而有些股权基金则专门对企业的后期阶段进行投资。这样，那些从事早期阶段投资的股权基金就可以在企业业务发展到一定阶段后，将其所持有的股权出售给那些进行后期阶段投资的私募股权基金。

日益提高的 IPO 成本和并购需要的业绩改善，促使转让出售方式成为 PE 退出的另一个主要通道。如果被投企业不具备独立的生存发展能力，则指望通过被其他公司收购而实现退出的想法通常是行不通的。投资方需要通过一系列增值服务，增加被投企业的价值并吸引更多投资机构，以便于增加转让退出的成功率。

对于被投企业来说，投资者通过转让的方式退出意味着被投企业增加了新股东，而新股东意味着可能会带来新资源，使得被投企业获得更好地发展机会。对于股权投资者来说，以转让方式退出，其转让价格主要是通过商务谈判以协议方式确定，其价格往往低于 IPO 及并购价格，但是可以很快使得投资方将投资本金及收益变现，使得投资周期缩短，并让股权投资者在退出时机选择上有更大弹性。

四、管理层回购

管理层回购（Management Buy-outs，MBO）是指公司的管理层购买本公司的股份，从而改变本公司股权结构、控制权结构，使得企业的原经营者变成了企业的所有者的一种收购行为。MBO 在降低代理成本、激励内部人员、改善企业管理积极性、改善企业经营状况等方面具有重要的意义。而且，MBO 也是很重要的股权投资基金退出项目企业的途径。MBO 属于并购的一种特殊形式。

在实际操作中，管理层可能会先设立一家新公司，并以企业的名义来收购目标公司。通过管理层回购，他们的身份也由单一的经营者角色变为所有者与经营者合一的双重身份。在很多情况下，MBO 主要通过借贷融资来完成，管理层回购后的财务结构由优先债、次级债与股权三者构成，所以目标公司的管理者需要具有比较高的资本运作能力。首先，融资方案必须满足贷款者的要求，其次也必须为权益持有人带来预期的价值，同时这种借贷具有一定的融资风险。

MBO 的形式也在不断变化，实践中还存在另外两种 MBO 形式：一是由目标公司管理者与外来投资者或并购专家组成投资集团来实施收购，使得MBO 更容易获得成功；二是管理者收购与员工持股计划或职工控股收购相结合，通过向目标公司所有员工发售企业的股权，进行股权融资，享受相应的税收优惠，降低收购成本。

（一）判断企业是否适合实施 MBO

并非所有企业都适用于实施 MBO 计划。要判断企业是否适合进行MBO，一般可以通过以下几个方面的因素考察。

1. 管理层资格

在企业的发展历程中，企业的管理者是否对企业的发展做出过巨大的贡献，是否在全体员工中具备很高的威望，得到大家的信任。

2. 公司股本结构

同较大的股本规模相比较，规模较小、股权分散的企业更容易完成 MBO，这样的股本结构更容易完成 MBO。

3. 企业财务状况基本良好，资产规模适中

财务状况良好、经营现金流稳定、资产总量较小，这样的公司在实施 MBO 时相对不会遇到障碍，进行得更顺利。

4. 企业的核心竞争力

企业具备核心竞争力，且在行业内具备一定的影响力，更能吸引管理者购买公司股份。

（二）MBO 的收购主体资格

在 MBO 中，目标企业的收购主体必须是该企业的管理者，管理者收购中收购主体是否符合法律要求是收购行为有效性的关键。任何管理者在进行 MBO 之前都必须首先考虑，自己是否符合 MBO 收购主体资格的法律要求。在我国，管理层收购中的收购者必须是原企业的从业人员，主要为原企业的高级管理人员；同时，收购的管理者不属于那些我国法律、法规禁止进行商业营利活动的人员。按照国家工商总局《企业法人的法定代表人审批条件和登记管理暂行规定》，国家公务员、军人、审判机关、检察机关在职干部等特殊人员禁止从事商业营利活动。如果这些特殊身份人员在特殊身份消失之前，利用直接或间接的渠道收购了企业，则这种收购是无效的。

另外，根据我国《公司法》和国家工商总局《企业法人的法定代表人审批条件和登记管理暂行规定》，对于在原企业被吊销营业执照的法定代表人，自吊销执照之日起 3 年内；因管理不善，企业被依法撤销或宣告破产的企业负有主要责任的法定代表人在 3 年内；刑满释放人员、劳教人员在期满和解除劳教 3 年内；被司法机关立案调查的人员，都不能作为 MBO 的主体。

在实践中，在管理者收购过程中，某些管理者因为某些原因不愿公开自己的收购者身份，想用亲戚朋友的名义来实施收购，而管理者又通过委托协议等形式与亲友约定，收购的资金实际是由管理者所提供，而由管理者作为收购企业的实际控制者。然而，中国现行法律并不保护这种隐名收购的行

为。企业收购完成后，收购者必须经工商变更手续后才能真正成为企业股东，没有经过工商登记记载为股东的自然人、法人，不能以企业股东的身份对企业主张股东权利。在隐名收购的情况下，如名义收购者和实际收购者发生企业权属方面的法律纠纷，法律将保护名义收购者的权利。

（三）MBO 实施的主要步骤

一般的，MBO 大致可分为以下几个步骤：确定目标、实施准备、方案策划及方案实施。

1. 确定目标

实施 MBO 的首要步骤是要判断收购目标是否适合进行 MBO，收购者是否具备主体资格，并为 MBO 进行可行性分析和评估。因为由 PE 退出所实施 MBO 计划，所以可以省略确认股份是否同意转让的步骤，直接明确经营层是否愿意接手 PE 退出转让的股权。在 PE 退出的实际过程中，很多 MBO 是依赖于前期 PE 投资时订立的协议中的附加条款所启动的，这在本书投资环节中有涉及。MBO 的出让方与受让方达成一致意见后要征询企业的主管部门的意见，得到肯定答复后，方可以启动 MBO 的操作。

2. 实施准备

实施准备步骤的主要工作在于组建收购主体，安排中介机构入场进行尽职调查，如果需要，PE 及管理层还会寻找其他战略投资者共同完成对目标公司的收购。管理层在这一阶段需要确定收购的基本方式——是靠自有资金来完成，还是采用信托方式募集基金。在实践中，一些 MBO 案例中经常省略该步骤，因为无论是要转让的 PE 还是公司管理层对公司的发展运营情况，都非常熟悉，无需安排中介机构尽职调查，况且很多 MBO 都是在投资时基本确立了收购的价格。

3. 方案策划

成功的 MBO 取决于良好的并购方案设计，包括对组建收购主体、协调参与各方的工作进度、选择战略投资者、收购融资安排等问题的分析与计划。方案的制订要由参与 MBO 的 PE 退出方与管理层收购方共同制订实施方案，如有必要还需要中介机构的协助，双方在该步骤中要对收购的价格、方式及附加条款等核心问题达成一致，还要去制订收购的进程安排。方案制订要科学、合理。

4. 方案实施

方案制订完成后，要按照确定的进程实施。实施的成果表现即双方签订《股权转让协议》，同时还会签署《委托管理协议》，规定在股权转让事项的审批期间，被转让股份委托收购方代行使股东权利。因为是由 PE 退出推动的 MBO，所以一般不涉及国有股转让的问题，如有涉及，相关协议还需要经过政府主管部门的审批。如果目标是上市公司，还需要按照法律规定进行相应公告，披露股权转让的相关信息，同时向当地证监局和证监会报备相关材料。

五、清算

清算是股权投资基金在经营不善或者其他原因不能继续进行运营时选择退出的最终方式，可能是因为企业最终无法上市，或者管理人与基金份额持有人之间的利益相冲突等。清算是指企业存续终止并解散时，清算义务主体组织清算组依法对企业的资产与债务进行清理、评估、处理、分配，使得与其他主体之间的权利义务归于消灭的法律行为。

一般而言，清算可分为普通清算和破产清算两种。普通清算是指公司自愿解散后，由公司股东或股东大会确定的人员组成清算组织，以法定程序自行进行清算。一般是出现因公司章程规定的营业期限届满或者公司章程规定的解散事由出现，公司因国家授权投资的机构或者国家授权的部门决定解散等，都适用于普通清算。而破产清算是指处理经济上破产时债务如何清偿的一种法律制度，即在债务人丧失清偿能力时，由法院强制执行其全部财产，公平清偿全体债权人的法律制度。

具体而言，清算工作的内容和程序如下。

1. 进入清算程序

依据《公司法》及公司章程召开股东大会，对公司清算作出决议。企业由此正式进入清算程序。

2. 成立清算组

企业进入清算程序后，自股东会决议清算之日起 15 日内成立清算组并在指定报刊上进行清算公告。

3. 清算组成立前的准备工作

指定清算组人员，刻制清算组图章，进行内部分工。

4. 清算过程

清算组成立以后，公司应将全部财产及账簿交由清算组接管，由其开始进行清算活动。具体包括：①接管公司；②清理公司财产；③接管公司债务；④设立清算账户；⑤通知或公告债权人申报债权进行债权登记；⑥处理与清算有关的公司未了结的业务，收取公司债权；⑦参与公司的诉讼活动；⑧处理公司财产；⑨清偿债务；⑩编制资产负债表和财产清单；⑪制订清算方案；⑫确认并实施清算方案；⑬提交清算报告；⑭办理注销登记；⑮追加分配。

六、其他

（一）新三板市场

2006 年 1 月 23 日，中关村科技园区非上市股份有限公司股份转让系统（即"新三板"）正式推出。新三板市场由中国证监会、科技部批准设立，是专门为国家级高新技术园区的高科技公司服务的股份交易平台，目前已开放了北京、天津、上海、武汉四个试点园区，正逐步向全国中小高科技企业放开。

新三板是我国建设多层次资本市场的重要一环。经过 7 年发展，截至 2013 年 5 月 28 日，新三板市场共有 212 家挂牌公司，总股本 58.19 亿股。2013 年 1 月，新三板由原来的深证证券交所代办股份转让系统搬至全国中小企业股份转让系统运行。2 月 2 日，证监会发布《全国中小企业股份转让系统有限责任公司管理暂行办法》，明确了全国股份转让系统的基本监管框架，并将"做市服务"正式写入券商业务范围。

同主板市场相比，新三板的交易及融资情况都不容乐观，主要是缘于新三板市场缺乏切实有效的交易制度，而根据证监会发布的《全国中小企业股份转让系统有限责任公司管理暂行办法》，一旦做市商制度落实，新三板将迎来质的变化。事实上，目前新三板市场已经成为众多股权投资基金退出时所选择的对象，一方面挂牌新三板相对主板而言更加快速灵活，另一方面 IPO 审核暂停也将一部分目光转移到了新三板上。

（二）北京金融资产交易所

2010 年 11 月 13 日，北京金融资产交易所（以下简称北金所）发布《北京金融资产交易所私募股权交易规则》，国内首个地方性金融资产交易平台启动。

北京金融资产交易所将在私募股权投资领域为创投企业与私募基金提供基金募集、项目融资、股权转让、基金份额转让以及投资退出等全方位服务，以求提升市场的效率和流动性，拓展股权投资基金非公开上市退出渠道。目前，北金所已经建设好自己的封闭会员制交易系统，各家股权投资基金都是系统的端口，在封闭系统中能进行信息的互换交流和项目的沟通。

北金所股权投资基金一级市场交易平台对于北京地区股权投资市场乃至全国范围内股权投资市场的健康发展具有示范作用，相信将成为股权投资基金除 IPO、并购和股权转让之外的另一种退出选择。

（三）股权投资基金二级市场

股权投资基金二级市场是指从已经存在的基金投资人手中购买相应的股权权益或是从股权基金管理人手中购买股权基金中部分或所有的投资组合。

一个基金往往有存续期限制，但在基金到期时，鉴于 LP 的要求，基金必须退出，在这其中难免会有一些没有成熟到上市或者并购的项目，这时需要一个投资人再花几年的时间继续陪着这个企业去成长。不少基金会选择转让剩余的项目给接盘基金，由接盘基金继续持有项目。

股权投资基金二级市场的转让是一种非传统方式，在欧美国家来说这是占比很大的退出方式，在欧洲已达到 60%，在美国也有 40%～50%，但在中国的比例非常小，这跟 PE 整个行业的发展过程是相似的。根据 Preqin2012 年全球 LP 投资展望调查，有 19% 的 LP 认为股权投资基金二级市场现阶段为最佳投资机会，16% 的 LP 认为在 2012 年之后依然为较好的投资机会。整体来看，LP 认为股权投资基金二级市场投资机会要高于 VC 基金、大中型并购基金和成长基金等。

北京、天津两地金融资产交易所自 2011 年底前后推出了针对股权基金的二级市场交易平台，股权投资基金可以选择在交易所挂牌转让股份，也可以寻找潜在并购对象。据天津金交所总经理丁化美向《中国证券报》记者介绍，"交易所推出 PE 股权受转让平台业务以来，以创投项目信息对接为依托，不仅成为 LP 的资产转让市场，也渐渐成为 GP 的融资平台。截至 2011 年底，该业务共融资项目 1027 个，融资总额 310 亿元"。

尽管 PE 二级市场对于 PE 机构专业化运作、进行长期价值投资助益良多，但尚未引起那些长期青睐 IPO 退出方式的 PE 人士的重视。

另外，目前国内股权投资基金二级市场的卖方动机存在"两端化"，多是出于解决流动性和对基金回报的两极需求，而着眼于资产配置和战略布局、积极的资产组合管理投资机会较少。这与国内股权投资整个行业发展处于初期阶段有关，股权投资二级市场交易生态圈尚未形成，即使有交易案例也处于碎片化状态，统一的市场环境与市场规则尚未建立。

第二节　选择退出时机

一、尽量选择价格高点

作为上市公司重要的战略投资者，股权投资基金的退出牵一发而动全身，往往会影响短期股价及外界对公司成长性的预期，因而股权投资基金在退出环节非常谨慎。

减持的时机对单个投资项目的业绩影响非常大。比如一个 5000 万元投资成本的项目，在通过 IPO 后，经过二级市场的估值定价，其股权可能达到几亿元甚至十几亿元。经过解禁期后，如果能够在股价较高的时点减持，收益将十分可观，如果在二级市场震荡，最终股价跌 10% 甚至更多再卖，少赚的钱可能和单笔投资项目金额不相上下。因此，退出时机决定着股权投资基金的收益。

大部分股权投资机构都通过大宗交易的方式减持所持解禁流通股，越来越多的二级市场接盘者直接找到股权投资机构，希望能够帮助他们接盘从二级市场退出的交易。从大宗交易退出的这种交易中，一般能拿到 5 个点左右的折扣，动辄上亿元的单子就显得吸引力十足。

注重资金效率的创投机构，则希望能够更快收回资金以返还投资人，或寻找其他合适的投资机会；因此，一些股权投资基金定下了严格的减持原则，比如有些投资机构在投资项目上市并渡过解禁期后，会第一时间退出，以免受到二级市场的影响使得收益缩水；也有一些投资机构会根据自身资产情况、基金的到期时间以及投资标的成长性来决定，可以在解禁期后首先卖出一定比例的股权进行其他投资，余下股权根据被投公司成长性而定。无论投资机构如何选择，在可预知的时间范围内，都想以尽量高的价位来退出，尽可能高的退出价位意味着更多的收益和回报。上面仅以 IPO 退出方式分析投资机构的退出时机，而尽量选择价格高点这一准则基本适用于任何方式，无论是并购还是回购等方式，越高的价格意味着越多的收益。

二、考虑退出的时间成本

除了尽量选择价格高位，时间成本也是股权投资基金所考虑的重要因素。

众所周知，IPO 退出方式在各种投资退出方式中最受投资机构的青睐，主要是由于其高额的资本收益以及对投资机构声誉的提高，但是相对地，选择 IPO 也意味着更多的时间成本。IPO 准备工作繁琐，程序复杂，需要耗费大量的时间和资源，而且持续周期特别长。目前，我国证监会已经于 2012 年 10 月份停止了 IPO 的审核程序，且持续了近一年时间。大量有着上市需求的企业至今仍徘徊在 A 股市场外等待着 IPO 开闸的信号。

需求量持续增加、IPO 审核暂停更加延长了股权投资机构的投资周期，如果股权投资基金面临到期，而企业成功上市又遥遥无期，则更加加重了投资机构的风险。一般来说，企业 IPO 需要经过改制设立、上市辅导、制作材料、发行核准、发行上市几个步骤，即使忽视前面的步骤，单独从企业申报材料到成功上市，也是非常漫长的时间周期，根据企业资质的差异，一般来说在一年到几年时间不等。而即使企业成功上市，投资机构要退出还要面临限售期。

投资机构选择以并购方式退出，其投资周期通常会大幅小于 IPO 方式，具体根据并购方式不同而有所区别。被上市公司收购，从某种程度上也实现了企业上市的愿望，且往往能带来较高收益，相应的时间周期也比较长。投资机构为被投企业选择上市公司为并购对象，即通过上市公司定向增发实现退出。

表 8 - 1　　2011 年 11 月 ~ 2012 年 11 月我国 A 股定向增发时间周期统计

30 个数据	董事会到股东会（天）	股东会到证监会批文日（天）	收到批文到发行（天）	合计从董事会预案到发行（天）
平均	26	199	39	264
最快案例	15	67	7	91
最长案例	107	342	182	423

通过对 2011 年 11 月至 2012 年 11 月一年的数据统计，从董事会预案至发行当天，定向增发时间的平均周期不到一年，且最短仅为 91 天。整个周期中，从股东会到证监会下批文的时间最为漫长，平均超过了半年时间，但比起之前，审批时间已经缩短了很多。定向增发审批速度正逐渐加快。而相对短的时间周期则让企业的风险和负担减小，提高了资金的使用效率。

因此企业选择退出方式时，除了较高的价格，较短的时间周期也是不可忽视的。各种退出方式，并没有绝对的好坏，综合收益与时间，根据被投企业的自身条件，选择更适合股权投资基金模式的退出方式和退出时点才是明智的。

值得注意的是，在未来的一段时间里，我国新股发行制度将迎来变革，由审核制向注册制转变。对于股权投资基金来说，其影响深远，上市节奏将大幅缩短股权投资基金的投资周期，进而提升资金效率，届时，股权投资基金在选择退出时点上将更加游刃有余。

第三节　基金退出方式发展趋势

一、流程优化管理对退出方式的影响

本书第四章已经提到过流程优化管理的理论及操作，股权投资机构通过市场反馈及成本价值分析，对企业各种经营流程进行重新思考和优化，甚至对必要环节进行再设计，这一过程便是企业的流程优化。

流程优化的目的是彻底消除传统管理模式所带来的高额成本与效率低下，提高企业的盈利能力，最终实现利润最大化。这就决定了流程优化的成果将通过企业的经营业绩来体现。而私募股权投资的经营业绩则要从退出环节来体现，无论投资机构在募集环节筹集了多少资金，在投资环节投资了多好的项目，最终能获得收益还是在于退出环节。因此，流程优化的宗旨体现在退出环节里，而退出环节正是企业流程优化成果的试金石。

前文已有阐述，流程优化是基于企业的价值链所展开的。因此，在流程优化的设计中，企业的投资思路是基于理想的退出收益及方式而向之前的环节逆推，在保证投资收益的前提下，思考要为什么样的企业带来什么样的服务，并采用什么样的价格进入。这种保障收益追溯因果的投资理念在流程的各个环节都务必进行价值、成本上的分析与考量，并经过决策将流程优化渗透到企业的整个投资流程中，使得整个投资流程更有效率。因此流程优化管理，更能保障私募股权投资的退出收益，更为重要的是，这种优化的理念使得私募股权基金在一开始进入企业时便捋顺和明确了整个投资流程。

北京正达联合投资有限公司正是以流程优化理论服务于投资理念，并贯彻在整个投资流程中。公司 2010 年 3 月投资沈阳荣科科技股份有限公司，以流程优化理论指导投资流程，从退出逆推管理、投资和募集，并基于价值链方向为荣科科技提供了更适应企业发展的投后管理增值服务。荣科科技在 2012 年 2 月 8 日成功在创业板上市并发行 1700 万股，该投资案例获得由国家发改委举办并评选的 2012 年度优秀创业投资项目金奖（最高奖）。

另外，流程优化再造便于投资机构更好地选择退出方式和时点。退出方式及时点将成为投资机构决策中的最后环节及技术难点。退出方式的选择要根据被投企业的发展情况、市场情况，结合投资机构自身情况（如基金运营的期限、收益率的考虑）等等。而退出时点的选择更是一直以来的技术难题，流程优化再造提升了公司价值链的核心地位，并且有效的流程优化便于对各种退出方案进行价值分析，从而更好地帮助投资机构作出理性判断。

目前，许多投资机构在达到一定规模时都已经针对自身运营状况进行或计划进行流程再造，流程优化再造将投资机构基于价值链的业务链条从众多烦琐复杂的环节中抽离开来，使得投资流程更有效率，投资业绩更优秀。在未来的发展中，流程优化再造将成为越来越多投资机构增强自身竞争力的必然选择。

二、IPO 是目前主流退出方式

根据清科研究中心《2012 年 PE 行业年终报告》，2012 年共有 177 笔退出案例，共涉及企业 126 家。从退出方式分析，177 笔退出包括 IPO 方式退出 124 笔，涉及企业 73 家，股权转让退出 30 笔，并购退出 9 笔，管理层收购退出 8 笔，股东回购退出 6 笔。

从 IPO 退出的市场分布来看，深圳创业板以 48 笔退出位居榜首，深圳中小企业板以 34 笔退出位居第二。境外退出情况依旧不乐观，虽然 YY 语音成功赴美上市打破数月来寒冰，但其退出基金的平均回报仅为 0.54。而境外退出市场 IPO 最多的香港主板的平均回报也仅为 1.13，徘徊在保本水平。此外香港创业板退出一笔，回报倍数 1.71，法兰克福交易所有 3 笔退出（见表 8 - 2、图 8.1）。

表 8 - 2　　　　　　2006 ~ 2012 年我国 PE 公司 IPO 退出回报率

时　间	2006 年	2007 年	2008 年	2009 年	2010 年	2011 年	2012 年
IPO 退出账面回报率（倍）	9.32	6.53	4.11	11.4	8.04	7.22	4.38

资料来源：根据投资中国数据库整理。

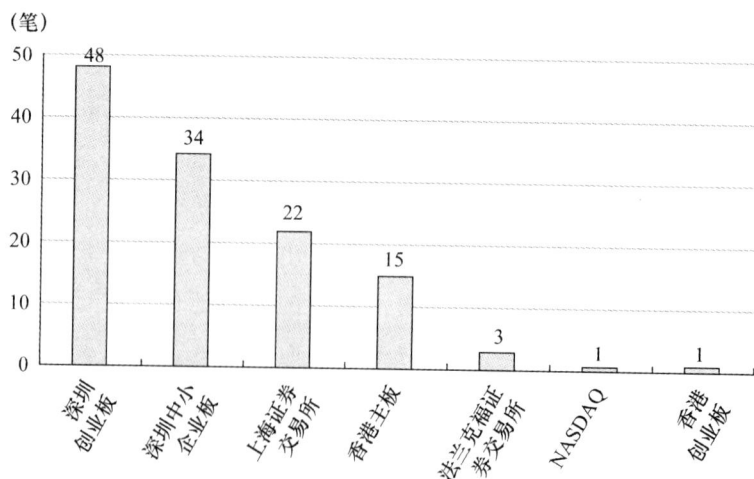

图 8.1　2012 年中国私募股权投资 IPO 退出市场分布

据统计数据显示，2012 年 5 月共有 20 家中国企业在境内外资本市场完成 IPO，合计融资约 21.71 亿美元。与去年同期相比，融资规模大幅下降 70.6%。

从投资回报率来看，尽管自 2009 年以来，IPO 退出账面回报率逐年下降，但毫无疑问仍然是各种退出方式收益之首。尽管证监会在 2012 年 11 月份暂停了 IPO 审核，大大延长了选择以 IPO 退出的私募股权投资基金的投资流程，但高回报率的 IPO 退出方式依然是大部分股权投资基金所青睐的方式。

根据投资中国数据库统计数据显示（仅以并购、二次收购、IPO 三种方式为标准），自 2006～2010 年，采用 IPO 退出方式案例平均占比 43.528%，说明在我国私募股权投资市场，IPO 一直是主流的退出方式。尽管 IPO 审核目前仍处于暂停状态，但这并非常态，发行审核制度的正常运行是资本市场运转的前提。因此，在可预见的未来，拥有着高回报率优势的 IPO 退出方式仍将长期占据私募股权投资基金退出中的主流位置（见表 8－3）。

表 8－3　　　　2006～2010 年我国私募股权基金主要退出方式占比统计

时　　间	并购占比	二次收购占比	IPO 占比
2006 年	35.29%	21.18%	43.53%
2007 年	24.83%	17.93%	57.24%
2008 年	43.81%	23.81%	32.38%
2009 年	51.33%	16.00%	32.67%
2010 年	14.55%	33.64%	51.82%

根据投资中国数据库整理。

三、并购退出是未来发展的趋势

目前，并购重组已经被提到了国家战略的高度。在宏观经济发展上希望通过并购重组实现经济转型、产业升级；在产业层面上希望通过并购重组实现产业整合、结构优化，消化过剩产能；在企业的层面希望通过并购重组能够实现企业快速成长，提升竞争力。

如今的 A 股市场每年有 300 多家新股上市，而准备上市的企业则多达 3 万家，参照这一发行节奏，经过 100 年才能够消化现在的存量需求。尽管 IPO 退出依旧是股权投资基金所采取的主流退出渠道，但所处的市场环境与以往相比则有很大区别。随着监管部门新股发行制度市场化改革的持续深化，拟 IPO 企业高价发行得到极大抑制，股权投资基金通过 IPO 退出所获投资回报正逐步收窄；与此同时，内地企业海外上市境遇更不容乐观，在欧债危机的阴云下，国外 IPO 市场持续低迷，加之中概股轮番遭遇做空，中国企业海外上市面临极大挑战。在此背景下，股权投资基金此前所依赖的"IPO 退出"正面临严峻考验，相关退出案例数量降幅明显。而 2012 年 10 月，证监会暂停了 IPO 审核的举措，无疑让备受考验的 IPO 退出方式雪上加霜，等于给众多股权投资机构所期待的 IPO 退出方式上了一把锁。至此，并购退出的魅力才更清晰地显露在众多基金面前。

并购渠道的扩展，并购退出业务的开展，可以让股权投资机构获取较为确定性的收益，所付出的时间成本也相对较少。这正是并购退出方式日渐兴起的原因之一。

近年来，我国进入经济转型、产业升级的重要战略调整与发展时期，产业整合步伐不断加快，并购市场日渐活跃，整体上呈现飞速发展。根据数据显示，自 2008 年至今，中国企业并购案例数与并购金额屡创新高。其中，2011 年，中国的并购市场在中国经济的强劲发展和产业整合加速的大环境下，实现火爆增长，并购活跃度和并购金额创下四年来的历史新高，其中仅中国企业当年就完成 1019 起并购交易，披露金额的 906 起并购交易总金额达到 507.14 亿美元，与 2010 年完成的 528 起案例相比，同比增长高达 93.0%，并购金额同比增长 61.2%。2012 年以来，全球经济衰退，中国经济增长明显放缓，中国企业并购交易市场的案例数量与金额均呈现小幅回落。2013 年前三季度，中国企业并购案例为 718 起，较 2012 年同期活跃度小幅升高 6.2%，但是并购总额已然超过 2012 年全年水平，这主要是因为中海油并购加拿大油砂运营商尼克森企业（Nexen Inc.）、双汇收购全球最大猪肉加工商史密斯·菲尔德两笔巨额交易，极大幅度地拉高了前三季度整体水平。

伴随着我国并购市场的逐年活跃，具有资金、规模等先天并购优势的上市企业并购热情也在不断升温，且一直充当着我国企业海内外并购的主力军。自 2009 年起，上市企业并购案例数在中国企业整体并购数量中的占比持续增加，2012 年，中国上市企业并购案例数虽较 2011 年有所回落，仅有 640 起，但是在中国企业并购整体水平中占比攀至 67.2%，为 2009 年以来最高水平。2013 年前三季度中国企业完成的 718 起并购案例中，上市企业就完成 480 起，占比也高达 66.9%。并购金额方面，2013 年前三季度上市企业并购总额因多笔巨额交易而高达 391.65 亿美元，大幅超越历年整体水平，在中国企业并购整体规模中占比也因此达到 81.1% 的极高比重。上市企业并购的推动力如此强劲，也是基于外延并购可以支撑高增长高估值，企业需要通过外延式并购来实现当期利润的爆发，以支撑高估值，高估值之下，上市企业通过并购来实现高速增长变得更加容易（见图 8.2、图 8.3）。

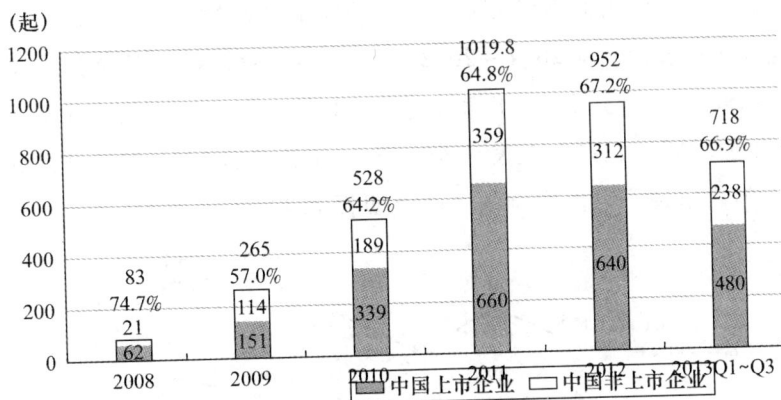

图 8.2　2008～2013 前三季度中国上市企业并购发展趋势（按案例数）

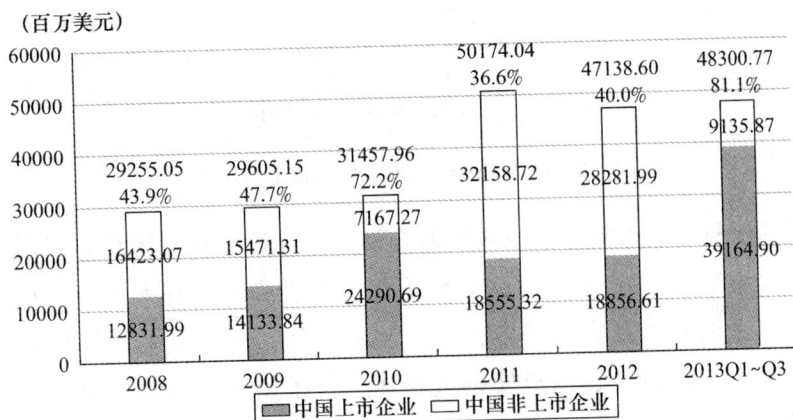

图 8.3　2008～2013 前三季度中国上市企业并购发展趋势（按并购金额）

我国上市企业并购取得的进步与近些年来国家的政策支持是分不开的，证监会对推进上市公司并购重组不遗余力，未来还将继续出台促进并购重组的相关措施。它将包括以下几个方面：一是深化行政审批体制改革，通过修改相关规则，减少并购重组的行政许可事项，简化相关程序，提高监管透明度。2013 年实施的审核分道制就是加快上市公司并购审核的重要举措。二是丰富金融支持措施，探索引入定向可转债、优先股等支付工具。支持并购重组财务顾问通过适当方式，以股权或者债权的方式提供过桥融资，支持企业并购。同时鼓励发展并购基金，拓宽并购融资的渠道。三是研究建立全国中小企业股份转让系统挂牌公司并购重组机制，形成覆盖各种类型公司的、有利于运用各种市场化工具促进企业并购重组的基础性制度安排。

从退出方面来看，从 2004～2012 年上半年，股权投资基金的年度退出案例数已从 90 笔上升到 2010 年巅峰时的 600 笔，完成了"翻了几番"的飞跃。近 9 年的时间里，只有在发生全球性金融危机的 2008 年和遭遇转型瓶颈的 2011 年才出现了退出案例的下降（见图 8.4）。

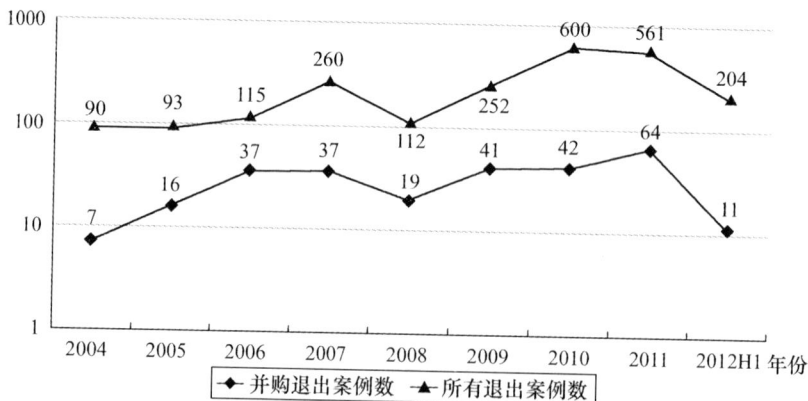

图 8.4　2004～2012H1 VC/PE 并购退出情况比较

如图 8.4 所示，近年来股权投资基金退出案例的数量有增长有回落，而作为其中较为重要的退出方式，"并购退出"的发展却没有太大的亮点。它的发展与 V 股权投资基金市场整体退出趋势相似，从长期来看均呈上升趋势；2007 年、2010 两年，退出案例数整体呈现了超强的增长，而并购退出却几无增量，并导致了其在全部退出方式中占比的下降。

与海外成熟市场相比，国内股权投资基金市场的"并购退出"仍然处于发展的初级阶段，这也是由我国资本市场发展程度决定的。但是，我们可以看到并购的数量及规模较以往相比已经有了重大提高，尤其在 IPO 暂停审核期间，并购重组已经成为不少上市公司拓展新机遇的重要途径。

在可预见的未来，我国资本市场机制必将逐步完善。参照全球证券市场的新股发行制度，我们可以大胆推测，新股发行将迎来制度性变革，由审核制向注册制转变。在注册制下，监管部门仅对发行企业进行形式审查，确保发行人披露的信息准确、全面、及时，不对其投资价值和持续盈利能力进行判断，审核程序简化，发行效率更高。届时，监管机构将淡化行政干预角色，从实施"管理决策"职能向"监督指导"职能转变。

同时带来变革的还有我国 A 股上市的门槛降低以及估值机制的调整。注册制度必然带来上市门槛的降低，从而导致大量符合上市条件的企业涌向我国 A 股市场，这是我国证券市场进一步市场化的重要举措，将对现有的估值定价机制形成冲击。A 股市场的估值水平经过调整后将真正准确地贴近价值，回归理性。这将有助于缩小我国 A 股一级市场与二级市场的价差。

上市门槛的降低必将吸引中国股权投资基金继续选择 IPO 退出方式，因此 IPO 仍将成为股权投资基金的主流退出方式。而另一方面，IPO 高回报率缩水将使得并购退出方式的灵活性与收益的确定性进一步展露出来，届时并购退出方式必将迎来属于它的春天。

第九章 股权投资基金案例分析

第一节 募集资金案例
——同创艾格成功募集成立农业食品私募股权基金

同创艾格（天津）股权投资基金合伙企业（有限合伙）是由深圳同创伟业资产管理有限公司、同创伟业（天津）股权投资基金合伙企业（有限合伙）和艾格（天津）股权投资基金管理有限公司共同管理的私募股权基金，主要投资于农业食品及相关产业。其中，深圳同创伟业资产管理有限公司和同创伟业（天津）股权投资基金合伙企业（有限合伙）股东背景均为深圳市同创伟业创业投资有限公司；艾格（天津）股权投资基金管理有限公司股东背景为北京东方艾格农业咨询有限公司。

同创伟业成立于2000年6月26日，是国内第一批专业从事创业投资、股权投资的企业，是国内运作时间最长的本土品牌专业创投机构之一。

北京东方艾格农业咨询公司（以下简称"东方艾格"）是目前国内农业食品领域服务范围最广的咨询机构，涵盖农业及食品领域50余个子行业，致力于为国内外知名及高成长企业提供一站式专业咨询服务，帮助他们发现和创造商业价值。2011年7月6日，经过近3个月的基金募资，同创艾格（天津）股权投资基金合伙企业（有限合伙）顺利完成了1.5亿元的募资工作，正式成立。

一、案例介绍

（一）基金设计

2011 年，同创伟业与东方艾格针对当时的市场状况敏锐地观察到农业食品未来的发展机会，一致认为中国农业食品行业拥有前所未有的投资机会。

首先，由传统农业向现代农业过渡的制度性变革带来的农业产业的增值空间将远远大于其他行业；其次，由于我国人口众多、农业市场规模大，人均自然资源稀缺，庞大的食物需求以及工业化、城市化进程进一步加剧了农业食品资源的稀缺性；再者，国家政策加大对农业的扶持力度，农业补贴和支农支出快速增加；最后，在政策、需求、资本、劳动力几方面因素的推动下，农业产业已进入"加速转型期"，具有改善盈利能力的空间。

基于双方的以上思路，同创伟业与东方艾格希望通过合作设立股权投资基金，将彼此的优势互补，对生物科技、规模化种植养殖、食品加工、农资、农产品生产及流通、现代农业服务业、特殊资源类等企业进行股权投资。

另外，在基金设立前，东方艾格已储备了大量的相关行业项目资源。东方艾格凭借着 15 年的行业经验，与政府、协会、学院、国内外企业、金融及投资机构建立了良好的紧密关系，其独有的庞大数据库为未来基金投资储备了丰富的项目资源。这些项目资源来源于众多的细分行业，包括某生鲜食品连锁企业、某高端油品公司、某野猪肉养殖销售企业、某快餐食品企业、某婴幼儿奶粉企业、某茶叶企业等，这些企业都具备了相当的规模，平均销售收入过亿元。

在准备工作落实以后，同创伟业与东方艾格开始讨论基金的设计方案。在反复的沟通讨论之后，双方决定以多 GP 的形式成立同创艾格（天津）股权投资基金合伙企业（有限合伙）（以下简称"同创艾格"）。经过研究讨论，同创艾格的基金总体方案设计如下：基金规模为 1.5 亿元人民币，最低认购起点为 100 万元；投资期限为 2 年，存续期为 5＋2 年，由深圳同创伟业资产管理公司、同创伟业（天津）股权投资基金合伙企业（有限合伙）、艾格（天津）股权投资基金管理有限公司以及同创伟业管理合伙人唐忠诚担任普通合伙人；基金缴纳采取全额缴足方式一次性付清，基金选择中国银行上海分行作为其托管银行。

经过普通合伙人反复讨论，同创艾格拟定了主要的投资策略，他们将主要考察行业内前景良好、处于成长期的目标企业，进行引导性投资；另外，也可适当采用联投或跟投策略，主要联投或跟投的对象为国内领先的农业产业基金及知名大型基金等。在所投企业规模上，同创艾格也拟定了严格的投资标准，单个投资项目投资前估值不得低于 5000 万元人民币，设立时间不低于 12 个月，所投企业应该已经实现盈利。在投资资金的规模上，同创艾格决定对单个企业的投资不得超过基金总额的 15%，单个项目所占股权比例不得超过被投资企业股权的 20%。在投资阶段方面，同创艾格将主要投资于未上市的成长性企业，所投企业主要为成长期、扩张期和成熟期未上市阶段（Pre-IPo）的大农业泛食品类企业。

同创伟业与东方艾格意识到如何保护投资者的权益是成功募资的关键因素，因此他们通过在基金收益分成、投资人保护条款以及基金费用的合理设置来锁定投资者收益，降低其风险。

基金收益分成方面，每个投资项目在达到可退出条件时即安排投资退出并分配收益，以实现收益。基金收益在扣除基金费用和基金投资人（LP）收回本金后，基金投资人（LP）按超额投资收益的 80% 提取收益，GP 分得超额投资收益的 20%，4 个 GP 平均分配所获收益。其中，基金投资人（LP）按年化 8% 的收益率优先提取回报。

投资人保护条款的设立是防范风险的关键因素。同创艾格主要通过以下条款来保护投资人：①普通合伙人承担无限责任。四个联合普通合伙人（CO-GP）对合伙企业承担无限连带责任，有限合伙人以其认缴的出资额为限对合伙企业承担有限责任。②重大事项由合伙人协商确定。合伙人大会是基金的最高权力机构，基金重大事项由全体合伙人协商决定。③基金份额转让和退出。在合伙企业存续期间，合伙人可以依法转让基金份额。④信息披露。四个联合普通合伙人（CO-GP）定期向有限合伙人披露经审计的基金财务会计报告。⑤关联交易限制。非经合伙人大会同意，不得投资与同创伟业、东方艾格、投资决策委员会成员或者董事会成员存在利益关联的项目。⑥债务禁止。基金不得对外借款，不得对外提供担保。

基金费用方面，同创艾格也从投资者利益角度出发，进行了合理的设置。基金主要费用包括基金管理费用、银行托管费用和其他运营费用。在基金管理费用的设置上，主要包括筹备期费用与管理期费用。其中，基金筹备期费用不超过基金总规模的 1%，管理期费用按每年基金认缴出资额的 2% 提取。银行托管费用的设置上，由中国银行上海分行担任托管银行，按每年不超过托管总金额 0.1% 的费用率由托管银行提取。另外，其他运营费用，包括律师费、审计费、公证费、评估费、工商登记及清算费用等，按国家规定及行业惯例列支。

（二）募资路演

在基金方案设计完成之后，2011 年 4 月，同创艾格开始了资金募集工作，向特定机构和客户通过路演来募集资金。基金的托管银行中国银行上海分行为基金提供了大量的客户资源，包括机构投资者与个人投资者，为基金的快速顺利募集创造了便利的条件。

在募资路演过程中，同创艾格除了向投资者介绍基金方案外，更多地将基金的专业背景、为企业带来的增值服务、基金管理人背景及历史业绩作为其向潜在投资者推荐的亮点。

首先，同创艾格在农业食品专业研究领域具有突出的行业地位，拥有多年的行业经验、广泛的行业影响力、高水准的研究团队以及对全产业链的深刻理解。其次，同创艾格的管理团队具有丰富的投资管理经验，投资成功率以及回报率在行业中领先；第三，同创艾格拥有广泛的项目资源，与各涉农政府部门保持着良好的关系，能够及时与各大行业协会进行信息互换，与大型产业机构联系紧密并定期举办各类行业会议。

在增值服务方面，同创艾格将主要围绕所投企业的资本运作服务和运营管理服务展开。资本运作服务方面，基金将在上市前根据实际情况为所投企业提供优化资本结构、引入战略投资者、进行兼并重组等服务；在运营管理服务方面，基金将服务重点放在改善公司治理、参与董事会工作、团队建设、人事财务管理支持、战略及运营管理、专项咨询服务等方面。

以上关于基金核心竞争力的介绍使投资者更加清楚地了解基金的实力，增强了投资者对基金的信心，使募资活动更加顺利地进行。

（三）基金设立

2011 年 7 月 6 日，经过近 3 个月的基金募资，同创艾格（天津）股权投资基金合伙企业（有限合伙）顺利完成了 1.5 亿元的募资工作，正式成立。

二、案例分析

（一）投资行业定位准确

该基金在设计上将投资领域确定为农业食品行业，这在我国属于"朝阳行业"，具有广阔的发展前景，为基金获得良好的业绩奠定了基础。

（二）丰富的储备项目吸引 LP

基金在投资项目前便储备了丰富的项目资源，这在基金募集时能够更好地吸引 LP。

（三）托管银行拓宽了募资渠道

在基金托管方面，同创艾格选择中国银行上海分行作为合作伙伴，使其在募资时拓展了高质量的客户资源。

（四）多 GP 实现优势互补

同创艾格由具有丰富股权投资基金管理经验的同创伟业与具有强大行业研究能力的东方艾格强强联合，保证了基金的优质项目和规范管理运营，双方优势得到互补。

（五）保护性条款缺乏亮点

基金对投资者的保护条款完全依据《合伙企业法》以及行业惯例制定，缺乏亮点。基金可结合农业食品产业制定一些独特的投资标准来进一步减小风险，如投资细分产业前三名等。

（六）分成比例无新意

基金退出后的收益分成比例也是遵循国内行业惯例。如采用国外较流行的分段计提方式或累进制方式，更有利于激励基金管理者，实现业绩的提升。

（七）基金抓住募集期迅速完成募资

同创艾格在 2011 年上半年开始募集时正值股权投资市场的需求旺盛期，2011 年下半年开始，股权投资市场的募集逐渐进入萧条期。同创艾格准确地抓住了基金募集的绝佳时机，顺利完成了募集。

第二节 投资项目案例
——汇睿资本投资永辉超市

永辉超市创办于 2001 年，是一家以经营生鲜农产品为主，日用百货、服装鞋帽为辅的商业零售企业。公司的经营模式被国务院七部委誉为中国"农改超"推广的典范，亦是国内首批将生鲜农产品引进现代超市的流通和农业产业化企业之一。公司以生鲜农产品作为自身的特色，凭借强大的生鲜产品经营管理能力，在生鲜产品获得快速周转、较高盈利的同时吸引大量客流量，从而带动服装、日用品等其他产品的销售。公司位居 2011 年中国连锁百强企业前 20 名、中国快速消费品连锁百强前 8 名。

2007 年 6 月和 2008 年 9 月，汇睿资本先后向永辉超市增资 4000 万美元和 3500 万美元，合计占永辉超市上市前 24% 的股份。

2010 年 12 月 15 日，永辉超市登陆上证交易所。截至 2012 年底，汇睿资本投资永辉超市的总收益为 37.81 亿元，与其投资成本 5.29 亿元相比，投资收益率已超 6 倍。

一、案例介绍

（一）投资过程

福建永辉超市创立于 2001 年，主营业务为超市的连锁经营。当时福建超市零售业群雄逐鹿，沃尔玛、麦德龙、好又多等零售巨头纷纷来到福州，刚刚起步的永辉超市处境艰难。然而，永辉超市董事长张轩松发现，这些巨头虽然优势明显，但是在生鲜经营上却普遍力不从心。于是张轩松调整商品结构，创造性地将农产品引入现代超市，并以生鲜为主营业务，将单店生鲜经营面积调整到 40% ~ 50%，以差异化在同一个商圈中同巨头们进行错位竞争。农改超成为永辉超市最具决定意义的创新之举。

公司通过农改超的创新经营模式巩固了其在福建地区的地位之后，开始开辟新的商业版图——进军重庆，这是公司跨区域扩张的关键一步。在重庆，永辉仍专注于民生超市的定位，强化和社区的联系，门店选址都位于人流高的居民区。传统大卖场在跨区域经营过程中，很大程度上受制于当地日用品及百货经销商的制约，致使扩张效率较慢。差异化竞争的永辉超市，生鲜统采比例高，价格优势明显，门店培育期明显低于行业平均水平，很快在重庆稳固了市场。

永辉超市凭借着以生鲜品类食品为主的经营模式，经过了近 5 年的发展，到 2006 年已经成为福州市的地方龙头企业，并荣获 2006 年中国快速消费品连锁百强的第 36 位，营业额突破 40 亿元人民币。

此时，已具备一定规模的永辉超市希望继续扩张公司在国内的市场，这需要大量的资金支持，永辉超市决定引入股权投资机构。永辉超市认为，引入投资机构不单单是引入其资金，更重要的是希望股权投资机构能够给企业带来有价值的增值服务。基于这个出发点，在与众多股权投资机构接触后，汇睿资本有限公司凭借着其对行业的理解、对企业的长期跟踪以及未来承诺的增值服务吸引了永辉超市的目光，永辉超市逐渐锁定汇睿资本有限公司（以下简称"汇睿资本"）作为其投资方。

汇睿资本有限公司前身为汇丰直接投资（亚洲）有限公司，于 1989 年在香港成立，主营私募股权投资业务。截至 2012 年，汇睿资本共投资了超过 140 家公司，金额超过 24 亿美元。汇睿资本十分重视对于行业和项目的风险评估，始终坚持做战略投资者，与项目投资公司成为长期合作伙伴，共同策划扩展业务，力争理想的投资回报。汇睿资本始终关注着中国的消费领域市场，其资深合伙人、大中华地区主管沈敬武更是长期关注快速消费品、连锁业态、医疗健康等子行业。

汇睿资本在细分的消费领域拥有一套严谨的项目筛选标准，被投企业应该符合以下要求：行业领导者；所处行业拥有巨大的市场潜力；增长速度及利润率优于行业平均值；具备可持续盈利能力；拥有明确的行业进入门槛竞争优势（品牌优势、成本优势、渠道优势、技术优势等）；具备社会责任（能够提供优质产品与服务、环保达标）；具备优秀、资深并能与国际投资者合作的管理团队；有强烈的上市欲望；具备一定的经营规模（净利润超过1亿元人民币）；具有较高的成长性（净利润年增长率＞50％）。

汇睿资本在与永辉超市进行初步接触之后，开始对福建永辉超市有限公司进行立项研究。经过详细的立项分析，汇睿资本认为永辉超市符合公司的投资标准。

首先，永辉超市拥有独特的商业模式，即生鲜模式。永辉生鲜模式的精髓是源头采购和自主经营。传统上，超市生鲜的渠道路线是：产地——采购商——批发商——超市采购员，永辉的源头采购省略了中间两个环节，由超市采购员直接到产地采购，不仅降低了采购成本，而且可以控制货源。无缝式的对接也实现了农户和超市的双赢，从而保证了价格优势。另外，永辉采取自建和投资等方式，建立起自营和合作的农业基地，并且建立起远程采购体系，从而深入到商品流通的整个链条。上游的这种规模化生产，保证了商品的优质低价，且产销机制灵活，同时也能降低生产风险和资金压力。另外，永辉超市还把全国各地的名优特农产品引进超市，满足了消费者的多样性需求。在中游，永辉建立起仓储及冷链物流中心，有效降低了流通成本，并且提高了农产品新鲜度。下游则向食品加工延伸，建立食品加工中心，降低成本的同时有效保证了食品安全。永辉的生鲜模式，从根本上提高了产品的价格竞争力和超市的吸引力，不仅保证了自身的高复制性，而且极富竞争力，使竞争对手难以轻易复制。

此外，永辉超市的管理团队具备了消费连锁类企业的各种优势。对于消费连锁类企业，对其团队的要求是丰富的从业经历和跨行业经验，而对其专业背景和社会资源要求不高。但这类企业往往对内部管理、对团队的勤奋程度有高标准的要求。结合其盈利模式看，虽然模式上表现出来的特点是可复制和快速扩张的能力，但这种扩张的能力建立在其内部严格而精细的管理上。可以说，管理水平决定了这类模式的成败，其发展的核心在于内部管理水平。因此，对于这类企业，评判管理团队的关键在于其对所从事业务的理解和内部管理的能力、内部管理流程的规范性、工作作风的严格细致程度。而永辉超市的管理团队均符合这些标准。

除了管理团队符合投资标准外，经过深入的调查研究，汇睿资本认为，当前永辉超市的主要挑战是其发展仅局限于福州及重庆等局部地域，超市内外的环境老化，且主营业务以生鲜为主，其他需求量大的日用品供给较弱，服装区的产品跟不上时尚等。但是这些不足没有影响汇睿资本的投资热情，因为他们已经对永辉的未来发展路径有了清晰的规划，并有信心通过投资后的增值服务，来进一步实践永辉超市的发展蓝图。

经过汇睿资本严谨的尽职调查后，投资谈判一蹴而就。2007 年 6 月，汇睿资本（以民生超市有限公司的名义）向永辉超市投资 4000 万美元（按当时汇率计算，约合 28971 万元人民币），占永辉超市股权比例的 20%。至此，汇睿资本完成了对永辉超市的第一轮投资。

汇睿资本对永辉超市的投资并未止步。到 2008 年，永辉超市在重庆已经跻身同行业前三，跨区域经营已经成功，初步具备可快速复制的潜质，而且随着汇睿资本对永辉超市管理团队了解的加深，汇睿资本认为其投资风险在降低，所以愿意进行第二轮投资，并且给予更高的投资价格。沈敬武为此做出一份报告，对永辉超市的未来发展提出了一些建议。

但是，此时由于永辉超市发展迅速，并不缺乏资金，董事长张轩松对沈敬武表示，希望引入其他内资背景的投资机构或者直接 IPO，但是这并没有打消沈敬武对永辉超市二次增资的念头，并进行了第二次、第三次的建议，对永辉超市的发展和汇睿资本所带来的增值服务做出了更细致的描述。此时随着国内银根缩紧，国外金融危机魅影初现，国内其他投资机构都对永辉超市望而却步。而汇睿资本一如既往的坚定。终于，张轩松决定接受汇睿资本的第二轮增资。2008 年 9 月 16 日，恰逢雷曼兄弟倒闭当天，汇睿资本（以民生超市有限公司的名义）与永辉超市正式签订第二轮增资协议，投资 3500 万美元（按当时汇率计算，约合 24000 万元人民币），此轮投资市盈率接近当年净利润的 20 倍。

2009 年 6 月 5 日，永辉超市完成股改，汇睿资本共持有永辉超市股份 157900000 股，占永辉超市股权比例的 24%。

（二）投后管理

在完成第一轮投资至永辉超市最终上市前，汇睿资本在投后管理上下足工夫，提供了丰富的增值服务。

首先，汇睿资本为永辉超市引进了世界领先的策略顾问，协助企业加快重庆市内的扩张步伐，引入贝恩资本、安永、韬睿惠悦，他们分别给永辉超市带来营运标准、财务系统、绩效考核机制方面的建议，推动永辉超市在健康的轨道上高速成长，使企业在相当短的时间内，成为重庆市规模最大的超市之一。同时，汇睿协助企业在永辉的新拓展省市（北京、安徽等地）进行详尽的市场调查，及时跟踪新开店的业务能力，并给出了具体建议。

其次，在加强企业长期核心竞争力上，汇睿资本协助企业建立了清晰并具有执行能力的企业使命、经营理念和核心价值观，引进了国际领先的广告公司，协助企业策划其品牌形象及门店内部设计，设立现代化人力资源架构，进行全方位的人力资源管理体系建设与优化。

最后，在提升运营效率方面，汇睿资本协助企业建立了营运标准及标杆管理部门，为企业实现精细化经营及标准化扩张奠定了稳定的基础。协助企业就顾客满意度、市场潜力及竞争对手进行了深入分析，并设立了员工激励计划，推动了员工对企业的投入与贡献。

经过一系列的增值服务，到2009年，永辉超市从专卖生鲜食品的本地超市，成长为以生鲜食品为主，日用品、服装为辅的具有核心竞争力的全国性龙头综合连锁超市，共有156家直营连锁门店，总经营面积达100万平方米，并于2009年新开门店45家，远高于同行业每年20家的平均水平。

（三）成功上市，陆续退出

2010年12月15日，凭借着领先的行业地位和优秀的经营业绩，永辉超市水到渠成般地登陆上证交易所。

永辉超市汇睿资本并没有急于在解禁后及时退出，而希望能够进一步帮助永辉超市继续提升其价值，将其打造成中国的沃尔玛。

汇睿资本仅在2012年5月通过大宗交易分三次售出了其持有的永辉超市股份31500000股，平均交易价格约为14.00元/股，交易金额约为4.41亿元。截至2012年底，永辉超市市值达到202.93亿元，汇睿资本持有其16.46%股权，市值约为33.40亿元，汇睿资本投资永辉超市的总收益为37.81亿元，与其投资成本5.29亿元相比，投资收益率已超6倍。

二、案例分析

（一）股权投资不仅是财务投资，更是战略投资

股权投资在投资企业时，双方沟通的重点除了资金以外，更重要的是双方对企业的理解和未来发展规划能否达成一致，企业在引入投资者时，往往也更偏好于能为企业带来增值服务的股权投资机构。汇睿资本凭借其战略眼光得到了永辉超市的信任，使投资顺利完成。

（二）永辉超市独特的商业模式创新是吸引投资者的关键因素

永辉超市凭借着"生鲜超市"打造全产业链这一商业模式，使其在与其他大卖场的竞争中具有独特的竞争优势，这也是汇睿资本看中永辉超市的关键因素。

（三）企业团队与投资机构的良好配合促进企业快速成长

汇睿资本在投资后对永辉超市的商业模式进行了进一步的标准化并复制到全国，永辉超市的管理团队具有优秀地执行力和主动性，很好地进行了配合，使这一商业模式变得更加规范和可持续，促进了企业业绩的快速增长。

（四）第二轮增资体现了投资机构的关键作用

在融资环境发生变化、众多投资机构裹足不前之时，汇睿资本在市场资金紧张的情况下坚决地对永辉超市进行了第二轮增资，使得永辉超市的扩张成为可能，起到了关键性的作用。

（五）IPO 时间设计存在缺陷

永辉超市在第一轮增资后，基本已经符合 IPO 标准，但他们由于种种原因没有及时申报，错过了上市的绝佳时机，在 IPO 时间上存在缺陷。如果第二轮增资无法顺利进行，则会对永辉超市的发展带来巨大的影响。

（六）对于优质项目可延长退出时间

汇睿资本在永辉超市上市后，并未在解禁期满时迅速退出，而是希望继

续挖掘并提升公司价值。随着注册制的逐步推进，一级市场与二级市场的价差将会拉近，股权投资基金通过上市退出的收益率会受到一定影响，所以如果投资方看好公司的未来发展，可以在解禁后继续持有公司股票，并通过持续的增值服务实现公司价值的进一步增值。

第三节　投后管理案例
——正达联合投资荣科科技

荣科科技股份有限公司（以下简称"荣科科技"）成立于 2005 年 11 月，作为 IT 服务领域最具投资价值与发展潜力的上市企业之一，是具有领先优势的重点行业应用系统与 IT 服务提供商，主营业务为数据中心集成与运维服务，社保、医疗、卫生与政府行业应用系统以及金融外包服务。

2010 年 3 月，北京正达联合投资有限公司（以下简称"正达联合"）以 1500 万元投资沈阳荣科科技股份有限公司。正达联合坚持做战略投资者，在投资后为荣科科技提供了大量的增值服务，包括治理优化、财务改善、流程再造、管理提升、市场扩张、产业整合、战略制定、人力资源、企业改制、配置中介、上市协调等，使荣科科技迅速成长。

2012 年 2 月 16 日，荣科科技在深圳证券交易所创业板上市，证券代码为 300290。随着荣科科技的上市，正达联合账面收益率达到 6.02 倍（截至 2013 年 3 月 17 日），成为其投资案例中的经典。

一、案例介绍

（一）投资过程

荣科科技股份有限公司成立于 2005 年 11 月，是 IT 服务领域最具投资价值与发展潜力的上市企业之一。

荣科科技属于科技创业型企业，自成立以来，主要针对金融、社保、医疗、电力、电信、交通运输及政府部门用户等重点行业用户提供数据中心集成建设与运营维护服务。同时，公司通过与客户的长期合作，不断深入了解客户的需求，主要面向社保、医疗行业用户，提供行业信息化解决方案的高层次 IT 服务。几年下来，慢慢将服务专注于三个领域：数据中心集成建设与运营维护的第三方服务、重点行业信息化解决方案以及金融 IT 外包服务。荣科科技所提供的 IT 服务围绕重点行业用户不同层次的 IT 需求，融合公司丰富的 IT 服务经验、软件开发能力和系统集成能力，构成了一个有机整体。

2010 年，成绩突出的荣科科技被沈阳市政府列入上市公司后备名单，荣科科技自身也表达了强烈的上市愿望。通过多种渠道的推荐，荣科科技主动联系具有丰富资源和专业团队的北京正达联合投资有限公司为增资对象，希望利用正达联合的丰富经验和资源帮助荣科科技上市。

北京正达联合投资有限公司（以下简称"正达联合"）是一家集策略投资和基金管理为一体的综合型投资公司，公司专注于 Pre-IPo 投资，行业覆盖先进装备制造业、环保产业、电子产业、IT 产业、电信共用设施产业、新能源产业、现代农业等。目前公司管理 3 只公司型投资基金、5 只合伙型投资基金、2 只契约型投资基金及 1 只慈善基金，并入选为中国投资协会股权与创业投资专业委员会副会长单位。2012 年 5 月，公司著作的《中国股权投资基金发展新论》获国家社会科学课题奖，并正式出版发行。2012 年 8 月 3 日，公司获得由国家发改委举办并评选的 2012 年度优秀创业投资项目金奖（最高奖）。2012 年 12 月 6 日，清科集团发布 2012 年度中国创业投资暨私募股权投资评选结果，公司荣获 2012 年度中国私募股权投资基金 50 强称号。

荣科科技董事长付永全主动找到正达联合总裁赵岗，在双方第一次见面时向赵岗介绍了行业的基本情况、公司的发展历程和现状以及对上市的渴望，赵岗基于自己对 IT 行业的敏锐判断以及对企业的初步了解，当即与荣科科技达成初步投资意向。

正达联合拥有一套严谨的投资标准。首先判断企业是否具备上市条件，其次看企业所处行业。这主要包括六个方面：行业发展空间是否足够大；商业模式是否清晰，主要考察公司定位、业务系统、关键资源和能力、盈利模式、自由现金流结构以及企业价值等方面；是否具备核心竞争力；团队是否敬业、诚信、规范；是否存在实质性上市障碍；财务指标方面，最近三年营业收入增长率不低于 30%，资产负债率不超过 50%，行业市盈率不低于 30 倍，投资市盈率不高于 10 倍等。

经过详细的立项研究，正达联合认为荣科科技符合公司的投资标准，具备投资价值。

首先，荣科科技所属行业增长潜力大。正达联合总裁赵岗认为，目前中国面临产业结构升级和经济结构调整，这其中很大一部分要得益于信息化，所以作为软件产业和集成电路产业的重要组成部分之一，IT 服务业面临着更为广阔的成长空间，使得未来高成长有了保障。

其次，荣科科技在政府庇佑下核心优势大。荣科科技位于沈阳，正是国家"振兴东北"战略实施的重点地区，而且，公司所属的 IT 服务业为国家重点扶持的新兴战略行业。国家先后出台了一系列政策措施鼓励 IT 服务产业发展壮大，从财税政策、投融资政策、人才政策、知识产权政策、市场政策等各个方面给予了优惠条件。正达联合在对荣科科技的尽职调查过程中发现，荣科科技在各种政策护航下有着持续的技术和服务创新能力以及客户资源的优势。

在技术和服务方面，荣科科技在注重"以客户和市场需求为导向"建设研发创新体系的同时，也持续地进行技术成果的转化，同东北大学、辽宁大学、沈阳航空航天大学、沈阳计算机技术研究所等高校及科研院所建立了长期稳定的合作关系，以保持和提高企业的技术创新能力。除了在技术上推陈出新，荣科科技在服务内容和服务模式上也坚持不断创新。在传统的数据中心服务基础上，自主研发的绿色智能监控系统很好地满足客户节能减排、先发预警等要求，大大提高了服务效率。另外，针对金融行业复杂的信息化需求，公司以先进的外包服务模式介入该行业，为金融机构提供专业化、系统化的 IT 服务，响应金融机构全方位的 IT 需求。金融 IT 外包服务方面的运营外包模式已经确立并将成为公司未来重要的利润增长点。公司凭借多年来在金融、社保、医疗、电信、电力、交通运输等行业和政府机构等信息化重点应用领域的实践经验积累，能根据客户的行业特点和业务模式，结合国内外先进的 IT 服务经验和技术，快速分析客户的需求，形成解决方案并加以研发与实施；公司能够持续跟踪并及时发现客户的潜在需求，向客户提供持续性的技术支持和服务；公司具备较为全面的技术服务能力，可以针对重点行业客户提供规划、研发、集成、运维等一体化的 IT 服务，实现客户信息化需求与 IT 服务的有效衔接。

客户资源方面，经过多年 IT 服务行业的经营，荣科科技在数据中心第三方服务、重点行业信息化解决方案及金融 IT 外包服务等领域中积累了丰富的行业运营经验。公司始终将客户放在公司发展战略的首位，并通过提供高质量、不断增值的服务逐步获得了客户的认可，客户规模稳步扩大，在东北地区内树立了明显的品牌优势。自 2005 年进入 IT 服务市场以来，新的客户逐年增加，服务市场份额逐渐扩大，公司在多年发展过程中积累了一大批信息化重点领域的优质客户，主要覆盖在金融、社保医疗、电信、电力等行业以及政府部门，如浦发银行沈阳分行、营口银行、黑龙江省农信社、辽宁省农信社、中国联通辽宁省分公司、中国电信辽宁省分公司、辽宁省电力和辽宁省人保厅等，与这些客户建立了长期稳定的战略合作关系。同时公司与优质客户的合作也有力地推动了公司技术水平的不断提高和服务手段的不断改进，保障了业务的持续稳定发展。

正达联合总裁赵岗在与荣科科技接触过程中发现，荣科科技整个团队的思路清晰，其负责人是计算机系毕业，曾任美国惠普东北地区总裁，从事该行业已有多年，在荣科科技的创业期便有一支十分专业化的团队。与此同时，公司以战略管理为核心，不断培养和引进高素质的高级职业管理人才，逐渐形成了专业化、职业化的管理团队。

自 2010 年 1 月接触项目以来，经历两个月缜密的尽职调查后，正达联合秉承快速、谨慎、果敢、精准的投资风格，于 2010 年 3 月以 1500 万元投资成为荣科科技第三大股东，投资价格为 2.94 元/股，共持有荣科科技 510 万股。

（二）投后管理

投资完成后，正达联合根据荣科科技自身优势，为荣科科技提供了一系列的专业增值服务。正达联合总裁赵岗表示："事实上，被我们看上的公司一般都不缺钱，这个时候拼的不是资金，而是投资公司的核心竞争力。我们的核心竞争力体现在它可以给企业带来资源和金融服务。我们的工作人员都有多年的投行工作经验，可以帮所投的拟上市公司进行整体上市辅导，帮助它们培养董事长秘书和财务总监。"荣科科技腾飞由此开始。在正达联合投资荣科科技后，从战略层面、人才培养和积累、内部资源进行整合和引荐、企业管理咨询、上市辅导等多个方面为荣科科技提供了帮助。

正达联合对荣科科技的增值服务主要体现在提供战略层面上的帮助，双方在战略规划方面进行过多次深入探讨。荣科科技在制定发展战略时，获得了正达联合战略和管理方面专家的大量咨询和指导，同时派出正达联合基金总监王卫华作为荣科科技的监事，使荣科科技的管理层能从更高的高度来审视企业的发展战略。当时荣科科技主要专注于东北地区的市场，一直想向全国范围扩张。但正达联合总裁赵岗凭借多年的投行经验，觉得扩张会涉及很多财务、法律问题，由于其复杂性不利于 IPO 过会，所以建议扩张在上市后进行。正达联合在交流过程中不断地引导荣科科技，最终公司决定暂时仍以东北地区为主营业务重点，待上市后再开始在全国范围内布局。

由于正达联合的团队都是投行出身，对企业 IPO 申请、过会到上市有着丰富的经验，所以在投资后马上着手为荣科科技选择好的中介机构。当时刚刚受到沈阳证监局表扬的平安证券自然进入赵岗的视线，于是他找到平安证券沈阳分公司的相关负责人，对项目进行了相互交流。过程中，双方就项目的价值挖掘、改制、亮点突出等方面进行了沟通，并达成一致意见，最终，正达联合确定平安证券作为荣科科技上市的中介机构。

在和律师事务所、会计师事务所交流过程中，正达联合发现荣科科技在法律方面基本无上市障碍，主要在财务上存在一些需解决的问题。荣科科技虽然不是家族式经营，但是董事长付永全是 IT 行业出身，对公司治理的财务方面做得不尽完善，在财务核算方面存在缺陷，所以在财务管理方面，正达联合为荣科科技引进了高层次的财务管理人员，使公司在财务管理的专业性和规范性方面得到了本质的提高。

荣科科技最初是由总经理付永全和几个朋友共同创建的，并均作为管理层人员管理经营着荣科科技，其中一些成员以投资人的身份入股荣科科技。正达联合入股之后，为了健全荣科科技的内部经营管理机制，协助荣科科技建立了明确的股东会、董事会、监事会和以公司总经理为代表的管理层职责分工，建立了群体决策机制，使法人治理机构得到了进一步完善。正达联合同时也派出代表出任荣科科技的董事会成员，在一定程度上起到监督作用，再加上公司股东会的规范运转，使得荣科科技的内部结构发挥了其应有的作用。股权投资基金的进入，很大程度上改善了荣科科技治理结构上存在的问题。

在荣科科技申请 IPO 上市的过程中，正达联合参加了 4 次荣科科技上市准备工作中介机构协调会，并参加了荣科科技辅导培训会，对荣科科技高级管理人员进行了为期一周的培训，参与审定招股说明书申报稿，对招股说明书提出修改意见后提交申报；在荣科科技申报材料后，证监会提出了 49 条反馈意见，正达联合立即组织反馈意见的协调工作，指导并聘请前届发审委委员中的 3 人组织了 2 次发审会模拟，最终帮助荣科科技顺利过会。

（三）顺利登陆创业板，获得退出保障

2012 年 2 月 8 日，荣科科技成功在创业板上市并发行 1700 万股，发行价 11.11 元/股，发行市盈率为 23.15 倍，募集资金数量为 16248.08 万元，正达联合账面收益达到 6.02 倍（截至 2013 年 3 月 17 日）。

2012 年 8 月 3 日，在由国家发改委举办并评选的 2012 年度优秀创业投资项目活动中，正达联合凭借着对荣科科技的成功投资以及丰富的投后管理，获得了 2012 年度优秀创业投资项目金奖（最高奖）。

二、案例分析

（一）股权投资基金应关注行业及相关政策走向

正达联合在投资荣科科技时，把握住了 IT 数据行业的发展趋势和政策走向，并超前地捕捉到第三方数据中心和外包服务的发展前景，在荣科科技规模尚小、并未完全符合公司投资标准的情况下，果断进行了投资，最终从中受益。

（二）基金管理人为企业提供了投行专业增值服务

正达联合在投资荣科科技后，利用自身的投行专业优势为企业提供了全方位的增值服务，主要包括：对中介机构的选聘和配备（管理人及实际工作人员）；股改开始后的全方位咨询（改制前股本设计、融资方案、拟写招股说明书、一系列准备会等）；对中介机构的纠错（帮助企业识别、帮助中介机构提高水平等）；发审会前的模拟培训工作等。通过这些增值服务，为荣科科技成功上市奠定了坚实的基础。

（三）基金管理人为企业提供了行业规划和业务拓展方面的增值服务

正达联合结合荣科科技所处行业的发展趋势以及证监会要求，在行业规划和业务拓展方面提供了战略性建议，保证了荣科科技的迅速发展。

（四）项目时间流程控制得当

正达联合从 2010 年 3 月投资荣科科技，到 2011 年 10 月荣科科技顺利过会，只用了短短一年半的时间，创造了股权投资行业迅速上市的一个经典案例。投资和退出的时间控制精准、合理得当。

（五）项目投资回报率高

截至 2013 年 9 月 30 日，正达联合所持有的荣科科技股份（包含部分已出售股份）的市值达到 15330.6 万元，相比投资金额 1500 万元，股份价值增值为 9.22 倍，获得了巨大的投资收益，高于 2012 年股权投资基金行业退出平均回报率 4.38 倍。

第四节　国内上市案例
——苏州国发投资海陆重工

苏州海陆重工股份有限公司前身为张家港海陆锅炉有限公司，2007 年 4 月 23 日，张家港海陆锅炉有限公司整体变更设立苏州海陆重工股份有限公司。公司是国内一流的节能环保设备的专业设计制造企业，主要产品为余热锅炉系列产品、核承压设备、大型及特种材质压力容器的设计和制造。公司生产的余热锅炉广泛运用于钢铁、有色、建材、石化、化工、造纸、电力等行业。公司生产的大型容器广泛运用于煤化工、石化等行业。公司产品出口美国、日本、韩国、加拿大、澳大利亚、南非等国家和地区。公司是江苏省高新技术企业、苏州百强民营企业。

苏州国发于 2007 年 3 月 15 日成功完成对张家港海陆锅炉有限公司的投资工作，以增资方式出资 672 万元，占股 3%。

2008 年 6 月 25 日，海陆重工在深圳证券交易所发行股票并成功上市交易。2010 年 4 月 26 日，苏州国发锁定期解除，并迅速完成了退出，苏州国发所持股票市值达到 6998.81 万元，投资回报率达到 9.41 倍。

一、案例介绍

（一）投资过程

张家港海陆锅炉有限公司（以下简称"海陆锅炉"）是国内一流的节能环保设备的专业设计制造企业，主营业务为余热锅炉及其配套产品、核承压设备的设计、制造与销售，是国内制造船用锅炉和余热锅炉的骨干企业之一，产品达到了国际先进和国内领先水平。

海陆锅炉把产品定位在余热锅炉上，这是从海陆锅炉的设备、核心技术的拥有情况结合国家的产业政策而作出的选择。海陆锅炉注重研究废热、余热利用，并结合环境保护研发新技术，在技术研发基础上不断地推出各种余热锅炉新型产品，始终坚持每年有 1~2 只新产品进入市场的目标。

到 2006 年底，"海陆"品牌产品为造船、石油、化肥、化工、矿山、冶金、造纸印染、玻璃、制酸、制碱、粮油、有色金属和道路交通等行业服务，用户遍及全国各地达 500 多家，并出口到美国、欧洲、日本、非洲、中东和东南亚国家和地区。

就在海陆锅炉迅速发展的时候，他们收到了苏州国发创新资本的投资意向。

苏州国发是深圳市创新投资集团在国内建立的第一只政府引导基金，也是集团公司管理的第一只公司制创业投资基金，规模为 3 亿元人民币。基金管理公司的主体是苏州国发创新资本投资有限公司。

苏州国发始终致力于遵循金融逻辑，充分发挥核心竞争能力实现资源跨时间、跨区域、跨行业、跨部门的高效整合配置，做到推动经济发展和商业盈利双目标的和谐统一，拥有一套完整的企业筛选标准，主要包括：①企业具备传统优势，并有能力通过技术创新、转换机制、技术、管理升级等战略蜕变成为国内行业龙头；②具备国际竞争力，具有国际比较优势，并能够抓住国内扩大内需和资本市场发展的双重机遇，实施企业品牌经营、资本经营；③属于现代创新型制造企业，对实现技术创新、工艺集成、商业模式和管理模式变革而释放出巨大发展潜能的现代创新型制造企业有强烈的兴趣；④重点投资高附加值环节，抓住高新技术高附加值的关键环节，主动投资新能源、新材料、信息产业、新医药、节能环保等新兴产业；⑤实施产业链投资，通过加大实施产业链投资，积累产业经验并发挥股权投资的优势，推动关联企业间的交易互惠、资源共享，实现共同成长的广泛合作；⑥坚持价值投资，挖掘企业潜在价值，关注企业成长性和长期持续经营能力；⑦企业应符合上市要求，公司严格按照主板（或中小板、创业板）上市的要求进行规范，不存在重大上市障碍。

基于以上投资标准，苏州国发通过层层筛选，从众多的项目中锁定了海陆锅炉，开始关注该企业的发展动向，与海陆锅炉进行了初步的接触。

苏州国发的投资团队经过对该行业的研究以及对公司的追踪考察，认为海陆锅炉所处行业具备美好的发展前景和政策扶持，公司具备核心竞争力。

首先，公司在余热锅炉行业具备核心竞争力。海陆锅炉在资质、资金和技术上与其他企业相比都拥有一定的优势：海陆锅炉是当时国内获得一级锅炉生产制造资质的 27 家企业之一，并率先获得核电站设备制造许可证；干熄焦余热锅炉项目当时只有杭锅与海陆公司能批量生产，其他企业很难涉足；其核电反应堆内构件的建造合同就是凭借其优秀的技术实力从上海锅炉厂手中竞争过来的。近些年来，海陆余热锅炉品种居全国第一、总量全国第二，特别是干熄焦余热锅炉的市场占有率达到 100%，船用锅炉产品的市场占有率达 45%，低温容器的市场占有率达 60%，炼钢转炉烟道余热锅炉的市场占有率达 70% 以上。此外，用于造纸行业的碱回收炉、硫酸行业的硫磺制酸余热锅炉、有色冶炼行业的新技术余热锅炉和联合循环余热锅炉快速进入市场，居国内领先水平。

其次，余热锅炉是朝阳行业，市场拓展空间大，具备出口增长潜力。当前能源价格高企，余热锅炉可以提高能源利用率和环保的特性，加之国家的环保节能政策，使得余热锅炉的应用非常广泛，未来成长潜力巨大。此外，公司产品出口性价比高，同类国外产品价格至少是其 3 倍，国外尤其是欧美的余热锅炉普遍进入更新换代阶段，需求旺盛，随着行业劳动力向我国转移，我国余热锅炉海外市场具有巨大的发展潜力。

再者，国家产业政策有利于余热锅炉企业的发展。在节能、环保政策的大力推动下，余热锅炉的需求迅猛增长，市场容量巨大。随着以煤炭为主的能源价格上涨趋势确定，余热锅炉的应用领域不断扩大。燃气轮机循环发电机组增长迅速，发展前景极为广阔。余热锅炉是燃气轮机循环发电的重要设备，燃气轮机发电的高速发展必然带动燃气轮机余热锅炉的高速发展。在国家"十一五"规划中，环保产业、循环经济和可再生能源利用是发展重点，为此国家将会完善相关的配套政策，大力扶持这些产业的发展。当地政府也对海陆锅炉项目十分支持，从政策、税收、解决土地等方面都给予公司很多优惠。此外，一直困扰海陆锅炉的土地产权问题也得到解决，张家港市政府承诺为其老厂区土地补偿1.2亿元。

基于以上分析，苏州国发投委会一致认为海陆锅炉符合其投资标准，开始与海陆锅炉进行进一步的沟通交流，希望能够完成投资。在与海陆锅炉的深入接触过程中，苏州国发始终围绕着能够为企业提供的增值服务与公司的股东和管理层沟通投资理念，从战略高度规划企业未来发展方向，最终双方达成了投资共识。

经海陆锅炉董事会决议，同意引入苏州国发创新资本投资有限公司。苏州国发于2007年3月15日成功完成对张家港海陆锅炉有限公司的投资工作，以增资方式出资672万元，占股3%，按照海路锅炉2006年的净利润4024.96万元计算，此次投资市盈率约为5.57倍。

（二）投后管理

在增资扩股项目完成之后，苏州海陆重工股份有限公司与作为战略投资者的苏州国发迅速地实现了资源的聚合。

张家港海陆锅炉有限公司于2007年4月20日完成了股份制改造，并正式更名为苏州海陆重工股份有限公司。此后，海陆重工逐步完善公司的治理结构，规范公司的日常运作，加强内部管理和风险控制，为公司后续发展打下坚实的基础；同时，公司通过采用多元化的激励方式来稳定和吸引优秀人才，从而更有效地促进公司的发展。海陆重工所募集的资金主要运用于主营业务的扩张：一是解决产能瓶颈，巩固和扩大公司现有优势产品（干熄焦余热锅炉、氧气转炉余热锅炉、有色冶金余热锅炉）的市场份额；二是通过建设研发中心，一方面在引进、消化、吸收国外先进产品后，实现公司的自主创新，实现产品的升级换代，以利于拓展国内外市场，另一方面由单一制造向自主设计迈进，逐步实施从设备制造商向成套产品的设计、制造总包商的战略转型。

另外，随着苏州国发等战略投资者的加入，进一步提升了公司的知名度，促进了市场良性发展。苏州国发在基金管理、项目管理方面有相当的经验可供借鉴，国发集团直接控股苏州商业银行、东吴证券、苏州信托这三家金融机构，其金融背景决定了苏州国发创新资本对资本市场的熟悉程度，而与东吴证券研究所和投行部的良好沟通也保证其能及时获得承销等方面的信息，以利于为企业提供合适的增值服务。除此之外，苏州国发对地方企业文化的熟悉，也在其对海陆重工的增值服务中发挥了积极作用。

这次投资充分发挥了政府创业投资引导基金的示范效应和放大功能，不仅支持了企业自主创新，而且推动了产业资本和金融资本的结合，促进了产业结构的加快升级。

（三）成功登陆中小板，实现退出

通过一年多的共同努力，苏州海陆重工股份有限公司终于 2008 年 6 月 25 日在深圳证券交易所中小板成功发行股票并上市交易。以上市日发行价计算，苏州国发所持股票市值为 2604.5 万元。

2010 年 4 月 26 日，苏州国发锁定期解除，并迅速完成了退出，由于二级市场在这一年多的时间里的强劲表现以及海陆重工自身业绩的增长，苏州国发所持股票市值在这期间增加了 168.72%，所持股票市值达到 6998.81 万元，投资回报率达到 9.41 倍。

二、案例分析

（一）项目投资市盈率低

苏州国发在海陆重工取得优秀业绩并即将上市前，以 5.57 倍如此低的市盈率增资入股，使其未来收益获得了保障。

（二）投资时机准确

苏州国发选择在海陆重工处于业绩爆发期的时候增资，是投资成功的关键因素。在苏州国发投资后，海陆重工 2007 年净利润为 7007 万元，比 2006 年增长了 74%，使苏州国发的股权得到了巨大的增值。

（三）退出时机恰当

苏州国发解禁时，恰逢 A 股市场与公司本身在二级市场估值的一个高点，苏州国发及时完成了退出，避免了因在 2010 年 4 月以来二级市场连续下挫带来的收益损失（A 股上证指数从 2010 年 4 月 1 日的 3146.42 点，一度下跌至 2010 年 7 月 2 日的 2319.74 点）。

（四）投资分散，未形成规模效益

此次投资后苏州国发占海陆重工的股权比例为 3%，投资金额也较少，错失了更高额的退出回报。股权投资机构在强烈看好某行业时，应适当集中投资标的，以形成规模效益，不宜过度分散。

第五节　境外上市案例
——红杉资本投资网秦

北京网秦天下科技有限公司（原名为网秦移动有限公司，以下简称"网秦"）创立于 2005 年，于 2011 年 5 月 5 日登陆美国纽交所，是中国领先的移动互联网整合服务商。公司拥有近 100 项具有自主知识产权的移动信息安全相关专利和核心技术，产品覆盖个人移动安全、家庭移动安全、企业移动安全和手机游戏平台。

2007 年 6 月，红杉资本决定联合金沙江创投，向网秦投资 300 万美元。2010 年 11 月 12 日，红杉资本联合联创策源、金沙江创投等，向网秦投资 1410 万美元。

网秦于 2011 年 5 月 5 日登陆美国纽交所纳斯达克，成功上市。以红杉资本为代表的网秦主要投资方获利近 4 倍。

一、案例介绍

（一）投资过程

2005 年 10 月，网秦移动有限公司成立。网秦的诞生地是在一个废弃的幼儿园，这和 Apple、Google、微软、HP 创业之初的车库、地下室有着异曲同工之妙。然而，手机病毒很长一段时间里被人讥笑是无中生有。但是公司董事长林宇始终强烈看好移动互联网和智能手机的发展前景，他看中的是全球45亿手机用户这一庞大数额，这远远超过了全球10亿台电脑用户的数量。但在2005年时，iPhone尚未面世，谷歌的Android系统更无从说起，智能手机还处在初步发展期。手机病毒很多人都没听说过，而手机杀毒软件，在很多业内人士看来只不过是屠龙术罢了。这使得公司的主营业务发展乏力。

在成立后的大半年时间里，林宇和创业伙伴很快就花光了手中的钱。研发的投入是巨大的，10万元启动资金显得有点微不足道。2006年8月，林宇得到了一个天使投资人的100万元投资，渡过了危机。那两年，公司至少有三四次随时准备关门的困境，好几个月都没有给员工发工资，好在公司员工对这份事业充满理想，每个人都不离不弃，同甘共苦。仅仅几个月后，网秦再次遭遇资金危机，万幸的是，当时信息产业部电子发展基金提供的100万元解了燃眉之急。

此时，技术出身的林宇意识到，网秦要想摆脱现在的困难局面，必须要主动寻找股权投资机构。由于此前从未接触过股权投资行业，林宇只好通过网络搜索，收集了所有能收集到的股权投资的联系方式，然后给他们群发邮件，介绍企业的技术和规划，去说服各家股权投资机构。大约一个月后，IDG的一个投资经理给林宇回了一封邮件，并约定见面。这是林宇在风险投资领域遇到的第一个人。之后，林宇把国内外知名的风险投资负责人都见了一遍，共计30多家。林宇在约见投资者时，始终坚持看好手机安全服务领域的前景，并没有因为投资者的各种建议而动摇。

在其他投资机构都对成长期的网秦表示疑虑时，红杉资本中国基金（以下简称"红杉资本"）却对网秦产生了浓厚的兴趣。他们被林宇和网秦团队在手机安全领域中技术探索的坚持所打动，决定对网秦以及移动安全行业进行深入的分析。

红杉资本中国基金管理约20亿美元的海外基金和近40亿元人民币的国内基金，用于投资中国的高成长企业。红杉中国的合伙人及投资团队兼备国际经济发展视野和本土创业企业经验。

红杉资本具有一整套完善的投资标准，主要包括：投资科技/传媒、消费品/服务、医疗健康、新能源/环保/先进制造等新兴行业；企业应属于高质量、快速增长的公司；企业具备可持续发展能力，具有清晰的目的、巨大的市场、充足的客户、创新性思考、团队 DNA、敏捷、节俭；重点投资处于早期或成长期的公司等。

由于网秦当时还处于发展期，产品的下游需求少而且不稳定，销售、资金和人员都比较有限，红杉资本的投委会对此进行了激烈的讨论。在进行了尽职调查和一系列研究之后，红杉资本终于发现了网秦的巨大潜力。

首先，红杉资本强烈看好未来移动互联网安全行业的巨大空间。网秦的产品，不仅仅针对的是手机病毒，而是手机的安全，是为了让更多的用户享受到手机安全服务。所谓手机安全，即从手机用户角度可能感受到的安全威胁，或者说是以"人"为本的安全需求。对此，网秦针对手机安全需求做了一个著名的金字塔定义模型，手机安全的需求可以分为：最基础性的需求（手机功能安全可信，用户的手机中不能有病毒、木马、窃听软件、流氓软件等），反骚扰的需求（清除垃圾信息和骚扰电话），隐私保护的需求（未来手机将成为人们新的信息中心，通讯录、照片、短信甚至是工作数据都会存储在手机上，手机也将成为人们新的隐私中心）。之所以是金字塔，因为需求层面越高，人群数量可能减少，但对于安全服务的质量需求在提高。此外，网秦提供多种手机安全服务，不同的用户可根据自身需求选择最适用于自己的产品。红杉资本认为，随着移动互联网的发展，会有更多的手机安全问题和需求产生，手机安全行业存在巨大的行业空间。

其次，网秦拥有清晰、独创性的商业模式：基础服务免费＋增值服务收费。区别于当时大多数应用软件通过广告实现盈利，网秦认为从用户角度出发，杀毒软件应该完全在后台解决，这实际上是免打扰，帮助用户省心的一个服务，安全（至少手机杀毒服务）不具备用户时间，所以这就意味着很难转换成广告，依靠广告赚钱这条路行不通。经过反复讨论和思考后，网秦决定：基础性的一些安全和管理服务实行免费；特殊需求，或者能够为用户创造更多价值的服务可以考虑单独收费。网秦的收费体系由此确定，如杀毒服务是免费的，但是病毒库的更新是付费的，而且门槛很低，可以一次付两元，也可以包月。其他管理服务也同理而论，这就要求网秦须要定义好服务，区分出有付费意愿，并且付得起钱的群体的需求。根据网秦定义的手机安全需求金字塔模型，不同的用户对手机安全的需求层面不一样。所以，网秦在基础安全防护上，提供的大多是免费的产品和服务，而对于杀毒和一些个性化的隐私保护服务，网秦也为这些用户提供了更好的用户体验和更高品质的收费服务。通过运营数据和客户反馈，付费客户对网秦的收费服务具有很高的满意度和认可度，这证明了对用户有价值的安全服务收费模式是成功的。

再者，管理团队拥有坚定的信念和专业背景。林宇在约见投资者的时候，始终坚持看好手机安全服务领域的前景，始终坚持在手机安全领域中的技术探索，并没有因为投资者的各种建议而动摇，仍然坚持自己的创业理念，最终打动了红杉资本，坚定了其投资的决心。

经过 16 个月的考察后，2007 年 6 月，红杉资本决定联合金沙江创投，向网秦投资 300 万美元。

随着网秦的商业模式逐渐成熟，经营规模不断扩大，2010 年 11 月 12 日，红杉资本联合联创策源、金沙江创投等，向网秦投资 1410 万美元。靠着这些"雪中送炭"的资金，网秦基本上摆脱了生存困境，并开始在技术和市场上发力。

（三）投后管理

随着红杉资本等股权投资的进入，使网秦在各方面的实力得到了进一步的提升。网秦得到的不仅仅是资金方面的变化，更重要的是改变了企业的视野半径。红杉资本希望能够培养公司管理层独立经营的能力，对市场、营销、战略等方面能够作出正确的判断，并建议公司一定在最需要花钱的地方放入最合适的资源。在红杉资本的启发与帮助下，网秦管理团队制定了"点卡模式、嵌入模式"等发展战略。

1. 点卡模式

林宇和团队受网游点卡模式的启发，开始考虑通过出售点卡提供服务。因为看到自己的用户来自全球，于是在 eBay 网上做了一个尝试，虽然初期收入不多，但是随着时间的推移，有越来越多的客户开始购买点卡，最终完成了这一从产品到商品的转变，证明了用户确有此需求。

2. 嵌入模式

红杉资本在投资网秦之后，不断地与网秦管理团队交流沟通，最终摸索出嵌入模式这条道路。商业模式必须跟产业链有紧密的合作，运营商、手机厂商、手机渠道、互联网公司都必须是深度整合，这样才能够在最大范围内获得用户。网秦在发展初期就是靠论坛里的口碑传播积累用户，但那样发展的速度非常慢。真正让网秦的发展提速的，是网秦利用各种关系，在付出极大努力之后，成为诺基亚的白金合作伙伴。与诺基亚售后外包公司的合作是网秦与诺基亚真正意义上的合作。到 2007 年，网秦在中国有超过 100 万的用户。这是 Symbian 上唯一单一应用用户超过 100 万的应用软件。背靠大树好乘凉。通过努力，网秦成为诺基亚的白金合作伙伴。手机安全软件直接预装在诺基亚智能手机里，如果用户不想付费，可以使用其基础业务。如果想使用增值业务，就可以通过点击软件，直接付费给电信运营商。网秦 2007 年跟诺基亚的合作只有几万台手机，到 2008 年手机数量就达到了百万级。而在手机款式上，网秦与诺基亚合作的数量从 2008 年的两款增加至 2010 年超过 10 款。

通过这种捆绑的合作模式，网秦快速提高了市场占有率。在与诺基亚的合作中尝到甜头后，网秦深刻理解了"嵌入式策略"的重要性，后来他们又先后与中国移动、三星、索爱等重量级的公司成了战略合作伙伴。据统计，截至 2010 年第一季度，网秦的用户达到 4300 万。

（四）成功退出

在网秦经营稳定、上市时机成熟时，网秦与红杉资本等投资方通过讨论决定在纽交所上市。最终，网秦于 2011 年 5 月 5 日登陆美国纽交所纳斯达克，成功上市。

按其开盘价 11.5 美元计算，网秦总市值达到 5.2 亿美元。不过，网秦在上市开盘后两分钟即跌破发行价。但以红杉资本为代表的网秦主要投资方仍可获利近 4 倍。

二、案例分析

（一）初创型企业应选择创投机构相匹配

创投机构与 Pre-IPo 机构相比，判断企业的标准有一些差异，网秦在需要资金时寻找创投机构进行融资，与公司的发展阶段相匹配，双方在投资前后能够进行更好的沟通。

（二）上市地点选择正确

首先，2011 年，美国市场比较认可中国概念股，因此在美国上市，与在国内创业板上市相比，企业能获得更高的估值，进而能获得更多的融资。

其次，纳斯达克上市条件相对灵活、宽松。网秦等 IT 企业无法满足国内的上市条件，而纳斯达克门槛相对更低一些，其更看重的是上市公司的成长性。国内创业板在硬性财务指标上要求相对更高些，制约这些企业 A 股上市。但随着注册制的逐步推进，相信未来 A 股市场将放宽上市公司的财务标准，大批互联网企业将会有机会登陆 A 股市场。

（三）项目所处行业空间巨大

在投资项目时，行业巨大的发展空间是创投机构考察项目的关键因素。网秦所处的移动互联网安全行业具有巨大的行业前景，这也是其吸引红杉资本的关键因素。

（四）关注核心竞争力

成功的创投企业往往诞生于一些新兴行业，创投机构在投资创投项目时，主要考察其核心竞争力以及成为新兴行业领军者的潜力。红杉资本对网秦在移动互联网安全领域成为领军者充满信心，也是最终投资的因素之一。

（五）关注商业模式的创新

网秦凭借其独特的商业模式：基础服务免费＋增值服务收费以及点卡模式、嵌入模式等获得了成功，商业模式的成功与否是创投企业以及创投机构成功的关键。

第六节　并购退出案例
——荣之联并购车网互联

北京车网互联科技股份有限公司（以下简称"车网互联"）是一家以移动

互联网领域的多年积累和丰富的行业资源为基础的车载信息服务平台运营商，也是国内最早进入车联网领域的国家高新技术企业。经过多年的蓬勃发展，已拥有多项发明专利和软件著作权，现已成为拥有丰富资源的车联网综合产品与服务运营商。

2010 年 5 月，上海翊辉投资管理有限公司（以下简称"翊辉投资"）对车网互联的前身北京车灵通科技发展有限公司（以下简称"车灵通"）进行投资，翊辉投资持有车网互联 60% 的股权，投资金额为 861.81 万元。

2013 年 10 月，荣之联（002642）向车网互联股东翊辉投资等非公开发行股份购买车网互联 100% 股权的事项通过了中国证监会上市公司并购重组委员会的审核，翊辉投资所持有的车网互联市值增值为 37500.00 万元，此次投资的增值率达到 42.55 倍。

一、案例介绍

（一）投资过程

2007 年 4 月 25 日，车网互联前身北京车灵通科技发展有限公司经中关村科技园区海淀园管理委员会海园发（2007）367 号批复批准成立，由 CarSmart Corporation（以下简称"CARSMART"）出资组建，注册资本为 210 万美元（折合人民币 1436.36 万元），出资方式为货币。

车灵通成立后，便开始致力于车载信息服务平台的建设。公司利用在车网互联聚合无线通讯、移动互联网、云计算等技术上的优势，将物联网、位置服务和智能交通进行完美结合，为车辆信息服务（TSP）市场提供开放式服务平台和行业全面解决方案。车灵通通过与移动运营商和整车厂商的紧密合作，深入挖掘用户需求，实现车联网产业链整合，集合行业资源，形成互利多赢的商业模式，共同打造开放、共享、可持续发展、具有自主标准和知识产权的车辆信息服务平台，为城市交通、整车厂商、汽车后市场企业客户和个人用户提供专业的软硬件产品和优越的车联网综合运营支撑平台服务。

2010 年，正处于成长期的车灵通受到了翊辉投资的关注，通过对汽车行业、车载信息服务平台以及车灵通公司的详细分析和尽职调查，翊辉投资认为，车网互联具备核心竞争力，公司所处车联网行业拥有巨大的成长空间，符合公司投资标准。

首先，从行业发展角度分析，当时车载电子信息系统及车联网行业虽然在国外已经日趋成熟，但在国内还刚刚步入成长阶段。在国外，综合性的汽车电子解决方案已具备一定市场规模，装配车型从高端车已经延伸至中端车型；而在国内，各主要配备汽车电子综合解决方案的产品才开始推广，装配车型正在向中级车型拓展。据权威机构统计，2009 年全球车载电子及相关行业的产业规模为 319 亿美元，预计到 2013 年这一数字将会翻倍，加之国内消费市场对汽车需求量的与日俱增，车载电子及车联网行业在我国拥有巨大的发展空间。

其次，从产业政策角度分析，2006 年 1 月，《国家中长期科学和技术发展规划纲要（2006～2020 年)》提出将重点开发综合交通运输信息平台和信息资源共享技术、现代物流技术、城市交通管理系统、汽车智能技术和新一代空中交通管理系统。2006 年 8 月出台的《信息产业科技发展"十一五"规划和 2020 年中长期规划纲要》提出，将重点发展卫星导航地面系统及接收机、用户终端、导航、测控基础性电子产品系列；并提出将重点开发综合交通信息系统建立和系统整合技术、运载工具定位技术与智能导航技术。2006 年 10 月，《国家"十一五"科学技术发展规划》正式颁布，该规划提出将发展以中文为主的多语言信息处理技术、国家重要信息系统集成关键技术、空间信息处理和应用技术及多模兼容导航定位终端。2008 年电信行业重组，颁布了关于 3G 的不对称管制政策，这给车载电子产业链中的网络运营商发展提供了政策上的机遇与限制。这些政策成为车联网行业发展的坚实后盾。

再者，从公司核心竞争力角度分析，车灵通具有差异化的商业模式。车灵通首先将市场划分为个人应用领域市场和行业应用领域市场。在个人应用领域市场，车灵通采用 B2B2C（Business to Business to Customer，即企业通过企业间接向消费者提供产品和服务）的商业模式，即以整车厂商、汽车销售公司等企业客户作为目标客户，把终端类产品作为其市场营销的附属品。在行业应用领域市场，车联网通过寻找合作伙伴，依靠自有业务平台的广泛适用性优势以及终端产品的设计先进性优势，为行业大客户提供满足其特定需求的整体解决方案。车灵通为行业客户提供的解决方案基于两种方式，即直接向最终用户提供解决方案和通过业务集成商向客户提供解决方案。

通过以上分析以及详尽的尽职调查，翊辉投资最终决定投资车灵通。2010 年 5 月，经车灵通股东会决议通过，车灵通股东 CARSMART 与翊辉投资签署了股权转让协议，将其持有的 100% 车灵通的股权中 60% 转让给上海翊辉投资管理有限公司，转让出资的对价为 126 万美元（折合人民币861. 8148 万元）。

（二）投后管理

随着翊辉投资入股车灵通并持有其 60% 的股权，其拥有了公司的决策权，使得其对车灵通的投后管理工作能够更加顺利的开展。

公司首先制定了在 A 股 IPO 上市的目标并积极开展各项工作。在 2010 年 8 月完成了第二轮增资后，公司于 2011 年 4 月整体变更设立股份有限公司，并将名称变更为北京车网互联科技股份有限公司。

在股份制改革完成以后，公司在原有产品和商业模式的基础上积极实践，推出了"一个平台，三类终端"。一个平台是指自主研发的 Carsmart 移动资源管理平台，该平台采用面向服务的架构，划分为核心平台和综合应用层。三类终端是指车辆追踪设备（Tracker 终端）、车联网智能终端（iPND 终端）和车辆自动诊断终端设备（iOBD 终端）。

在客户推广方面，公司在 2010 ~ 2012 年开拓了一批核心客户，包括广汽本田、东风本田、黑河红河谷汽车测试中心和上海一嗨租车等。

在技术研发方面，车网互联通过长期实践中的研发积累，在服务、平台、车载信息终端方面拥有 6 项核心技术，其中大多技术均已成熟，已形成产品及服务供用户使用，并逐步获得用户认可。

经过翊辉投资丰富而细致的投后管理，车网互联的盈利能力每年上一个台阶。公司 2010 年、2011 年和 2012 年的主营业务收入分别为 6655. 72 万元、9411. 59 万元及 1.058 亿元，对应期间净利润分别为 2779. 88 万元、3986. 396 万元、4395. 95 万元，实现了快速增长。

（三）IPO 受阻，翊辉投资通过并购退出

2012 年起，车网互联开始进入上市的冲刺阶段，在上市材料准备充分后，车网互联加入了 IPO 的排队大军之中。但随着 2012 年 9 月 IPO 暂停，

并且暂停时间一再延长，翊辉投资逐渐转变思路，开始积极谋求其他退出途径。此时，上市公司荣之联正希望通过收购一家车联网企业完善公司的产业布局。荣之联之前的主营业务是围绕大中型企事业单位的数据中心提供系统集成及相关技术服务，在"十二五"规划大力发展物联网的背景下，公司希望通过收购一家车联网相关行业的公司，实现公司在远程资源管理方面的物联网技术和产品与其在云计算、大数据方面的技术和产品的结合，进一步扩大下游市场空间，在实现优势协同效应的同时，确立在物联网行业的领先地位。通过多方沟通，车网互联与荣之联越走越近。

最终，翊辉投资与车网互联在综合考虑了荣之联的收购价格以及 IPO 开闸遥遥无期的现状之后，决定接受北京荣之联科技股份有限公司提出的收购请求，走"曲线上市"之路。车网互联于 2013 年 4 月 3 日终止首次公开发行股票申请。2013 年 6 月，荣之联发布公告，拟向翊辉投资发行 41390728 股股份，价格为 9.06 元/股，购买其持有的车网互联 50% 股权，对应价格为 37500.00 万元。在等待证监会上市公司并购重组委员会的审核过程中，车网互联和荣之联已快速启动了多个领域的合作项目，包括合作参与建设智慧城市，建设区域性物联网平台；合作建设卫生部全国医疗服务价格体系监测与研究网络、医疗服务新支付制度改革医院信息系统建设；利用卫星数据处理面向行业的增值服务以及打造基于位置服务的云计算平台等方面，业务互补效应初步显现。

2013 年 10 月 24 日，荣之联发布公告，公司发行股份购买资产暨重大资产重组事项获得无条件审核通过。至此，荣之联收购车网互联基本尘埃落定，翊辉投资得以在解禁后通过并购形式退出。增资方案执行后，翊辉投资持有的荣之联股票的市值将达到 37500.00 万元，相比其 861.81 万元的投资成本，退出收益达到了 42.55 倍。

二、案例分析

（一）并购退出将逐渐成为股权投资基金的主要退出渠道

目前，我国大部分行业的集中度都较低，从未来趋势看，并购市场具有广阔的空间。同时，对于因市场状况不好而上市受阻的企业而言，被其他企业并购也正逐步成为股权投资基金实现退出的选择之一。而从目前中国股权投资基金行业发展趋势来看，并购也正成为越来越重要的退出方式。并购相比于 IPO 更加灵活，退出时间相对较短，并且对企业的发展规模、财务业绩连续表现、企业类型等方面无特别限制，且在二级市场低迷时期，并购退出具有一定优势。此外，中国证监会正在逐步发挥其高效平台作用，促进企业的并购重组，且开始实行审核分道制，加大对企业并购重组的支持力度。所以，并购退出将在未来逐渐成为我国除 IPO 之外的主要退出渠道。

（二）股权投资基金应保证合伙人获得收益

由于基金存在着时间限制，所以在 IPO 暂停的情况下，股权投资基金需要采取灵活多变的方式通过多种渠道退出。翊辉投资本着对 LP 负责的原则，通过并购退出实现了投资回报，也极大地缓解了 GP 和 LP 的压力。

（三）产业的并购高峰期推动了企业间的并购

目前，车联网乃至移动互联网及相关行业正处于争夺未来市场份额和入口的关键时期，同时也是并购事件发生的高潮期。买卖双方的共赢是并购的主要目标，翊辉投资与车网互联在上市受阻的情况下，抓住此次并购时机，实现了车网互联与荣之联的优势互补。

（四）投资比例大，投后管理顺利开展

翊辉投资此次投资车网互联的比例较大，投资后占车网互联股权的60％，掌握了企业的控制权，这为翊辉投资开展投后管理铺平了道路。

（五）投资时机合适，退出回报率高

翊辉投资由于看准了行业前景，在合适的时机以较低价格对车联网进行了投资，伴随着行业和企业的快速成长，即使在并购退出的情况下仍然获得了高达 42.55 倍的退出收益。

第十章　股权投资基金的法律框架

　　股权投资基金在我国境内的深入拓展对金融资源配置、金融安全、市场稳定和投资者收益都将产生较大的影响，大力发展股权投资基金对于完善资本市场体系、优化经济金融结构具有重要意义。当然，与国外股权投资基金相比，股权投资基金在我国发展时间还较短，相关配套法律、法规有限及其自身制度设计和业务操作流程的固有特点使得股权投资基金也存在一定的潜在风险。因此，本章首先从分析英美股权投资基金的立法及法律监管着手，然后对比分析我国目前在股权投资基金募、投、管、退等各个阶段的立法及法律监管方面存在的问题与不足，并提出相应的改进措施，进而促进股权投资基金未来能够稳健发展。

第一节　股权投资基金法律法规现状

一、美国与英国股权投资基金的法律环境

（一）美国股权投资基金的法律监管体系

1. 美国股权投资基金的立法

　　美国是现代市场经济发展最为成熟的国家。从股权投资基金在美国的发展历程来看，该国高度重视通过加强立法来实现对股权投资基金的全面监管。从 1933～2010 年，美国先后颁布了《证券法》、《证券交易法》、《中小企业投资法》、《投资公司法》、《投资顾问法》、《证券市场促进法》、《证券市场促进法》、《金融服务与市场法》、《华尔街改革和消费者保护法》等一

系列专门性法律，对股权投资基金的发展进行法律规制。通过立法，美国确立了股权投资基金的准入条件，把注册豁免机制作为监管的重要依据。

2008 年金融危机之后，世界各国政府普遍认识到基金包括股权投资基金缺乏监管隐含的巨大风险。美国奥巴马政府于 2010 年 6 月批准了自大萧条以来最具颠覆性的金融监管改革法案——《多德弗兰克法案》。该法案的第四部分被称为《2010 年基金投资顾问注册法案》（以下简称《注册法案》），其对于对冲基金和股权基金作出了更加严格的规范，体现如下：第一，严格了注册制度，即要求基金向 SEC 注册；第二，明确了信息报告制度，扩大投资顾问的披露信息；第三，客户账户托管制度，该法案就客户账户托管进行了强制性规定，为保障客户资产的安全，法规要求基金管理人应当通过托管方式，并通过独立会计师的确认。该法案还授权 SEC 就托管作出进一步的规定。《注册法案》的规定补充并完善了前述《1933 年证券法》、《1934 年证券交易法》、《1940 年投资公司法》、《1940 年投资顾问法》等四大法律对基金监管规定的欠缺和漏洞之处。

2. 美国股权投资基金的法律监管

美国建立了行业监管与专业机关（证券交易委员会）监管相结合的官民共管体系。在该体系中，为了充分发挥民间组织的自律作用，在美国政府的主导下，成立了注册会计师协会、全美创业投资协会等全国性的民间专业监管组织，鼓励这些组织对股权投资基金的发起、场外交易、信息是否正常披露、是否存在欺诈、是否存在恶意操控等违法行为进行全方位监督。为了彻底解决股权投资基金发展的后顾之忧，美国的《中小企业投资法》明确了股权投资基金的法律地位，鼓励各地方政府努力扩大股权投资基金的规模，从而为中小企业的发展提供急需的资金援助，该制度的确立极大地促进了股权投资基金在全国的发展。此外，美国的《投资顾问法》对股权投资基金管理人的资格、职责和注册条件等进行了详尽地规范，该法严厉禁止没有相应资质的公民、法人从事相关业务，并明确从业人员负有正常进行信息披露的义务，这些法律规定有效地保护了投资者的合法权益，刺激了各种投资者投资股权投资基金的热情。

3. 美国股权投资基金结构的法律分析

美国股权投资基金主要以公司或有限合伙的方式组成并运营，其中，有限合伙制被认为是更有优势的一种组织方式。有限合伙制是一种传统的企业组织形式，19世纪初，美国有些州就已经制订了有限合伙法，但当时各州对有限合伙的限制十分严格，这种严格的态度通过一系列判例得到了转变，有限合伙逐渐得到广泛承认。为了减少各州立法的差异和矛盾而导致的法律冲突，美国"统一州法全国委员会"于1916年完成《统一有限合伙法》的编撰并供各州参考采纳。其后，美国统一州法全国委员会又分别于1976年、1985年、2001年起草了新的《统一有限合伙法》，将《统一有限合伙法》与《统一合伙法》区分开来，并将有限合伙与有限责任公司（LLC）等相似概念区别开来。通过这一编撰活动，有限合伙的概念和有关制度得到了明确和统一。有限合伙型股权投资基金正是建立在这一制度基础之上，并充分利用和发挥了该制度的优势。

有限合伙型股权投资基金由有限合伙人（Limited Partner，LP）和普通合伙人（General Partner，GP）组成，其集合资金的方式包括基金制和承诺制两种。基金制由投资者在加入基金时交纳其全部出资；承诺制不需在加入时交纳全部出资，投资者只需承诺一定的份额，在找到合适的投资项目时再交纳出资即可。

股权投资基金往往由基金管理人出资一定比例，成为拥有绝对控制权的GP。在股权投资基金的运作中，GP负责寻找投资机会并做投资决定，可以说股权投资基金运作的成败与GP的能力密切相关。LP则主要是养老基金、金融投资机构以及富有的个人投资者，他们投资到股权投资基金中的原因在于直接投资私人企业对于他们而言存在很大的困难，直接投资需要对目标企业有全面而细致的了解，这是普通投资者所难以完成的，另外，普通投资者也缺乏足够的人力资源和经验对投资后的企业进行深度监控，而当其参与到股权投资基金中来，则有专业的投资团队作为GP为其寻找投资机会、进行投资并赚取高额的投资回报。有限合伙制的结构，使有限合伙人的投资资金在能够得到专家管理的同时也避免了承担无限责任的风险。

综上所述，有限合伙制在法律结构关系上体现的合理性在于：一方面，有限合伙人由于不参加管理，处于弱势地位，因此只负有限责任；另一方面，普通合伙人参加管理经营，在操作过程中具有主动性，因此承担无限责任。有限合伙的这种设计，合理地协调了有限合伙人和普通合伙人的权利和义务。此外，有限合伙制在出资方式及收入结构安排上也体现出其合理性，有限合伙人出资额通常可占到 99%，收益占 70% ~ 80%，而普通合伙人出资额仅占 1%，收益却占到 20% 甚至更高。因此，通过普通合伙人的专业技能与有限合伙人的资金的结合，便使得双方的利益与责任紧密联系，从而有效促进股权投资基金的高效运营。

4. 美国股权投资基金的税收法律制度

美国税法上的一些规定也对股权投资基金的结构和运作发生重要影响。大部分在美国设立的股权投资基金出于税收方面的考虑都采取有限合伙型或有限责任公司（LLC）型。选择这种结构也能够确保基金上没有多个层次的税收负担，只需从投资者层面缴纳所得税，相对于其他企业形式而言，减轻了税收负担。

从税收问题的考虑上，可以把股权投资基金中的主要投资者分为非美国投资者、美国应税投资者、美国免税实体和外国政府。不同类别的投资者须承担不同的税负，投资者从合理避税的角度来讲，也要考虑确定收益所归属的类型。

非美国投资者除非可适用优惠税率条约，否则都应对来源于美国的被动性收入按 30% 的税率纳税。被动性收入包括股息、租金、版税等。非美国投资者通常无需因出售美国股票或证券而承担纳税义务，除非该项收入实质上是来源于贸易或商事交易（ECI），或有条约规定，该收入来源于投资者在美国设立的常设机构，或来源于处置在美国的不动产收益。非美国投资者通常无需填报被动性收入，但需填报处置不动产收益和贸易或商事行为收入。因此，除了降低被动性收益的代扣所得税外，非美国投资者投资于美国股权投资基金主要考虑避免来源于贸易或商事行为的收入。

美国应税投资者通常是持有高额净资产的个人或公司。美国个人长期资本收益（持有超过 1 年的资产）的最高税率为 20%，短期资本收益和普通所得的最高税率为 38.6%。因此，美国的个人投资者主要考虑的问题是使收益性质归入长期资本收益而不是普通所得。

依据美国法应纳税的投资者通常都寻求在美国管辖权以外的低税率地区进行投资，因此股权投资基金常常被设立为离岸实体，如在开曼群岛、百慕大等地设立。这种地点的选择会导致另一个敏感的问题，即个人投资者要避免适用外国个人控股公司（Foreign Personal Holding Company，FPHC）规定，适用该规定可能使收入形成投资者的影子收入，导致投资者承担税负。针对这一问题，通常的策略是，美国个人投资者通过设立美国或离岸"平行"机构（在税收上不被认为是个人投资者）进行投资。而美国公司的普通所得和资产收益一般适用相同的累进税率（最高35%），因此，美国公司可能比美国个人更少地关注从基金获得的收入的性质。

关于美国免税实体（如养老金计划、慈善团体和大学）向股权投资基金投资的主要税收问题是避免无关的商事交易应税所得（Unrelated Business Taxable Income，UBTI）。若是基金合伙人的该种实体发生了 UBTI，该实体将需对其从基金的 UBTI 中分配的所得，按其组织结构依公司或信托的税率纳税。在这方面，免税实体主要关注以下几种收入：①对营业合伙的投资收入；②无关的债务融资收入；③服务费；④某些保险收入。

当基金投资于一个被视为合伙或其他税负转由合伙人缴纳的公司，而该被投资对象开展了与免税实体职责无关的贸易或商业活动，则会产生 UBTI。在这种情况下，免税实体对该目标公司的收益份额即为 UBTI. GP 或基金管理人若因向基金的投资组合公司实施管理、提供咨询或类似服务而收取费用，则可能被视为参与了贸易或商事活动，该费用则为 UBTI。

（二）英国股权投资基金的法律监管体系

英国是世界上最早实践股权投资基金的国家。英国在 19 世纪 60 年代就设立了"海外、殖民地政府信托基金"，该基金就是股权投资基金的雏形。英国按照"行业协会监管为主、政府监管为辅"的原则来构建股权投资基金的监管体系。在这种全国性的监管体系中，各种具体规范由行业协会负责制定并具体组织实施，政府监管部门只是在必要时提供支持。行业协会的监管侧重于股权投资基金的管理企业，负责管理基金的企业必须在行业协会的定期检查和不定期抽查中达标。行业协会制定的标准分为普通商业标准、审慎规范标准和高级示范标准。当行业协会进行检查时，基金管理企业必须使自己的企业等级与行业协会的规定相符，否则就会被吊销牌照。英国早期的监管强调投资者的自律，它既没有制定专门的监管法律去规范资本市场，也没有成立专门的监管机构去管理具体交易，而是完全依靠以"会员准入制"

为基础的行业自律来实现对股权投资基金的全面监管。随着股权投资基金的不断发展和壮大，英国开始重视立法监管的作用，并努力实现立法监管与行业监管的有机结合。

英国的《金融服务及市场法》规定了股权投资基金管理人的具体职责和相应的法律责任，对投资企业的义务也分别用总体、细节和商务三种不同的规范加以明确。

2007年戴维·沃克为英国政府起草了《股权投资信息披露和透明度指引》。该草案虽不具备强制性，但代表了英国监管当局对未来股权投资监管的态度。按照该指引，大型股权基金公司及其风险投资成员公司需要进一步披露信息，股权基金公司应确保对有限合伙人的报告符合统一的格式规范，便于其监测、报告和估值现有投资。此外，股权基金公司还需要在保密基础上向英国创业投资协会提交上一年度的相关数据，包括基金募集数额、按交易价值计算的兼并和处置额、专业顾问费和其他与设立、管理基金有关的服务费等。

英国以"行业协会监管为主、政府监管为辅"为原则构建的监管体系，符合其本国股权投资基金发展的特点和规律，在特定的历史条件下促进了英国股权投资基金的快速发展。

二、中国股权投资基金的法律环境

（一）中国股权投资基金的立法现状

随着我国市场经济的不断发展和完善，股权投资基金在我国也进入了一个飞速发展的阶段，并且已经成为世界上最具活力的、新兴的资本投资市场。2005年证监会提出并推行的上市公司股权分置改革以及2009年创业板的推出，不断将我国股权投资基金的发展推向前所未有的高潮。

截至目前，我国尚无一部专门针对股权投资基金的法律法规。从现行有效的法律法规来看，与股权投资基金相关的主要有以下几种。

1. 修订后的《公司法》和《证券法》

《公司法》是公司制股权投资基金建立和运营的主要法律依据，《证券法》则规范着股权投资基金的退出渠道。2005年《公司法》和《证券法》同步修订，修订后的《公司法》规定设立股份有限公司，可以以200人以下为发起人并大幅度降低了设立有限责任公司和股份有限公司的标准；减低了工业产权、非专利技术出资比例要求；对注册资本分期到位做出新的规定，取消公司对外投资的一般性限制。而修订后的《证券法》降低了上市公司资本规模要求，对盈利性不作硬性要求。

《证券法》将进行新一轮的修改。全国人大已经把《证券法》的修改列入了立法规划的第一类项目，也就是条件比较成熟、本届人大需要完成的项目。根据业界的共识来看，本次《证券法》的修改将可能重点考虑以下几方面。

在修改的原则上主要考虑：一是以公众投资者利益保护为价值取向为原则；二是以有效激发市场活力为原则；三是以行为统一监管为原则。

在对投资者保护方面主要考虑建立以下几方面制度：一是研究建立证券市场的公益诉讼制度；二是研究建立和解金赔偿制度；三是研究建立监管机构责令购回制度；四是研究建立承诺违约强制履约制度；五是研究建立侵权行为人主动补偿投资者的制度。

在有效激发市场活力方面主要考虑：一是营造机会公平的市场环境；二是明确公平一致的市场规则；三是健全严格的保护和制裁规则。

在监管方面主要考虑：相同性质的产品、业务活动应遵循统一的监管规则和要求，并接受统一的主体监管，确实落实以行为统一监管的原则。

因此，未来《证券法》的修订必将对资本市场的规范运营和投资者的保护等方面产生积极的影响。

2.《中华人民共和国合伙企业法》

2006 年 8 月 27 日全国人大对《中华人民共和国合伙企业法》进行了修订，并于 2007 年 6 月生效，为有限合伙制股权基金的发展提供了法律框架。与股权基金有关的修改主要集中在三个方面：一是增加了有限合伙人和有限责任合伙的规定，有限合伙企业的合伙人一般不得超过 50 人；二是允许法人或者其他组织作为合伙人；三是明确了合伙企业所得税的征收原则，合伙企业的所得税由合伙人分别缴纳。

3.《关于外国投资者并购境内企业的规定》

2005 年底，凯雷提出收购徐工机械 85% 股权，而徐工机械一直被认为是国内机械装备企业的龙头企业。2006 年 8 月 8 日，商务部联合六部委发布了《关于外国投资者并购境内企业的规定》，加强了对涉及外资并购行业龙头企业或重点行业的监管和审查力度，并严格限制境内企业以红筹方式赴海外上市。境外上市企业必须在设立 SPV（Special Purpose Vehicle，特殊目的公司）审核批准后一年之内完成资金接收和回流的全过程。红筹上市的审批权限由先前的市区级政府集中到了商务部。

该法于 2009 年 6 月 22 日由商务部令 2009 年第 6 号的决定修订，并实施。

4. 《创业投资企业管理暂行办法》

2005 年 11 月，国家发展与改革委员会、科技部等十部委联合颁布了《创业投资企业管理暂行办法》，旨在促进创业投资企业发展，规范其投资运作，鼓励其投资中小企业特别是中小高新技术企业。

5. 《新兴产业创投计划参股创业投资基金管理暂行办法》

为加快新兴产业创投计划实施，加强资金管理，根据《中华人民共和国促进科技成果转化法》、《国务院关于加快培育和发展战略性新兴产业的决定》（国发〔2010〕32 号）、《国务院办公厅转发发展改革委等部门关于促进自主创新成果产业化若干政策的通知》（国办发〔2008〕128 号）精神，财政部、国家发展改革委制定了《新兴产业创投计划参股创业投资基金管理暂行办法》（以下简称《办法》）。《办法》规定，新设立创业投资基金，申请中央财政资金出资的，应符合以下条件：①主要发起人（合伙人，下同）、参股基金管理机构、托管银行已基本确定，并草签发起人协议、参股基金章程（合伙协议，下同）、委托管理协议、资金托管协议；其他出资人（合伙人，下同）已落实，并保证资金按约定及时足额到位。②每只参股基金募集资金总额不低于 2.5 亿元人民币；主要发起人的注册资本或净资产不低于 5000 万元人民币；地方政府出资额不低于 5000 万元人民币；除中央财政和地方政府外的其他出资人出资额合计不低于 1.5 亿元人民币，其中除参股基金管理机构外的单个出资人出资额不低于 1000 万元人民币；除政府出资人外的其他出资人数量一般多于 3 个（含），不超过 15 个（含）。③参股基金管理机构应对参股基金认缴出资、具体出资比例在参股基金章程中约定。④创业投资基金应在设立 6 个月内按照《创业投资企业管理暂行办法》的规定进行备案。

申请中央财政资金对现有创业投资基金进行增资的，除需符合新设立创业投资基金条件外，还应满足以下条件：①创业投资基金已按有关法律法规设立，并开始投资运作，设立时间不超过 12 个月。②创业投资基金全体出资人首期出资或首期认缴出资已经到位，且不低于注册资本或承诺出资额的20%。③创业投资基金全体出资人同意中央财政资金入股（入伙），且增资价格按不高于发行价格和中国人民银行公布的同期活期存款利息之和协商确定（存款利息按最后一个出资人的实际资金到位时间与中央财政资金增资到位时间差，以及同期存款利率计算）。④创业投资基金已按照或在增资 6 个月内按照《创业投资企业管理暂行办法》的规定进行备案。

除以上法律、法规外，《信托法》、《信托公司集合资金信托计划管理办法》、《中华人民共和国中小企业促进法》、《外商投资创业投资企业管理规定》、《商业银行法》、《保险法》等相关法律、法规均不同程度的对股权基金在中国的运营产生影响。

（二）中国股权投资基金的法律监管问题

1. 股权投资基金相关立法滞后，法律地位模糊

我国目前还没有专门规范和监管股权投资基金的法律规范，相关法律规定如《公司法》、《证券法》、《合伙企业法》以及《信托法》等，为股权投资基金采取公司制、有限合伙制或信托制的组织形式提供了依据，对股权投资基金的设立法律依据留有余地，但基本上都没有明确其合法地位。2001年 6 月中国人民银行公布的《信托投资公司资金信托管理暂行办法》和《信托投资公司管理办法》、2003 年 1 月对外经贸部等五部委联合发布的《外商投资创业投资企业管理规定》、2005 年 11 月国家发改委等十部委联合发布的《创业投资企业管理暂行办法》、2007 年 1 月银监会发布的《信托公司集合资金信托计划管理办法》及《信托公司私人股权投资信托业务操作指引》等，分别对相应类型的股权投资基金作出规定，但因政出多门且效力位阶较低，往往达不到理想的效果。

在缺乏具体法律规范的情况下，合法和非法集资的界限往往难以把握，人们对行为后果的预期不明，可能导致其自认为正常的经营行为却被认定为非法集资而入罪，而实践中借集资之名行诈骗之实的也确实不乏其人，导致

投资者损失巨大，甚至会引发影响社会稳定的群体事件。在缺乏明确法律规范的情况下，基金募集人一旦经营失败则面临可能入罪的风险，而投资者的利益也面临无法得到法律保障的风险，对我国股权投资基金的健康发展极为不利。

2. 监管机构混乱，监管效力低下

目前，除依《创业投资企业管理暂行办法》、《外商投资创业投资企业管理规定》规定以创业投资形式存在的股权投资基金外，其他大量的股权投资基金根本没有监管部门对其设立、运作予以监管。实践中，一些试点地区的地方政府纷纷出台地方性法规政策，以各种优惠政策吸引股权投资基金落户本地，并规定分别由地方发改委、商委、金融办、财政局、税务局、工商局等多部门对股权投资基金共同监管。显然，由于管理层对股权投资基金的监管思路仍不明确，任由各地自行确定监管机构，导致实践中多头监管大行其道，而多头监管很可能是涉及权力的谁都想管，涉及责任的谁也不管，不仅不能起到监管的初衷，也必然导致其效力低下。

3. 监管目标不明，不利于保护投资者

目前，理论界和实务界对股权投资基金是否需要监管仍然存有争论。主张不需监管观点的学者认为，股权投资基金的关键功能在于保障融资便利，其投资者应为具有风险识别能力和风险承受能力的富人或机构投资者，因此，不需要特别予以保护。但是，持该观点的学者忽视的事实是，在股权投资基金发达的欧美国家，对股权投资基金亦有其严格的监管制度。即使是采取宽松监管态度的美国，在其《证券法》、《投资公司法》等法律管辖之下，具有健全的股权投资基金制度和投资者保护制度，其股权投资基金的投资者被严格限定在具有风险识别能力和风险承受能力的富有个人和专业的机构投资者范围内。根据欧洲创业投资协会 1998～2002 年对欧洲股权投资基金募集资金来源的结构分析，银行类大约占 24%，保险公司大约占 12%，养老基金大约占 22%，基金的基金占 9%。而我国大型社保基金介入股权投资基金较晚，且对其投资额度也有严格的限制。自 2008 年后我国也逐步放宽了对券商、保险等金融机构对股权投资的准入限制，但目前仍属试点，加之该类金融机构还受到信贷规模、流程控制等规范的限制，目前还不能大量投资于股权投资基金。因此，我国股权投资基金的资金来源受限，资金募集比较困难，基金募集人往往采取种种与私下募集规则明显不符甚至违反现行规定的方式筹集资金，如通过大量群发短信、随意电话邀约、召开研讨会、虚假历史业绩宣传、汇集多人资金于一人账户投资等方式，吸收大量并不具有风险识别能力和风险承受能力的个人投资者参与股权投资，以致投资纠纷甚至群体事件频发。

因此，只有在通过各种监管法律规则将股权投资基金的募资对象限定在具有风险识别能力和风险承受能力的特定投资者范畴内，避免将该等高风险投资的风险扩散至一般投资者从而引发系统性风险，才能谈及放任资金募集人与投资者之间通过投资契约自由处分双方权利义务，以维护融资便利。显然，投资者保护应是监管的首要目标。

4. 监管内容不明，基金设立与运作均不规范

由于监管法律规范的缺乏，目前管理层对股权投资基金的监管对象与监管内容并无定论。在缺乏有效监管的环境下，股权投资基金不受约束的无序发展带来的必然是投资者利益损失与金融市场秩序的混乱。发达国家股权投资基金监管制度的假设前提是进入股权投资市场的基金投资者与基金发起人、基金管理人都是适格的主体，资金募集方式严格限制为私下投放，因而股权投资基金与基金管理人可得到法律的豁免注册，因为这是具有丰富的投资经验和风险承担能力的少数人之间的游戏，并不涉及社会公众的利益。因此，法律会设置严格的投资者主体准入制度、投资者人数限制、发行方法和禁止广告制度，控制风险向社会公众传播，保护中小投资者，维护金融市场的稳定。

我国目前除信托制股权投资基金外还没有建立合格投资者制度，由于资金募集存在困难，一些基金发起人在设立基金时往往无视投资者是否具备投资经验和风险识别能力，违规公开宣传，违规设定保底条款，运作基金时不向投资者披露基金运营情况，分配时侵犯投资者的权益，甚至部分基金管理人并不具备足够的管理大量股权投资资产的能力和资质，随意决策，造成投资者资产的巨大损失。因此，明确基金投资者、基金管理人以及基金设立与管理运作规范并将之纳入监管内容，是立法部门当前亟待解决的首要问题。

第二节　股权投资基金设立与募资相关的法律法规

一、股权投资基金设立与募资过程中的法律重点

（一）股权投资基金设立过程中的法律问题

目前，股权投资基金的组织形式主要有公司制、合伙制、信托制三种。无论是国外还是从国内，合伙制（即有限合伙形式）是被广泛采用的一种组织形式。根据我国现行有效的《公司法》、《合伙企业法》、《信托法》等相关法律法规，在股权投资基金设立阶段应重点关注以下法律问题。

1. 工商申请登记的限制性规定

①公司制管理型企业"北京"作为行政区划允许在商号与行业用语之间使用。合伙型企业"北京"作为行政区划必须放在商号和行业用语前面。

②管理型企业名称核定为：北京×××（股权）投资基金管理有限公司或北京××投资基金管理中心（有限合伙）。

③注册资金（出资数额）不低于3000万元，全部为货币形式出资，设立时实收资金（实际缴付的出资额）不低于3000万元。

④单个投资者的投资数额不低于100万元（有限合伙企业中的普通合伙人不在本限制条款内）。

⑤至少3名高管具备股权投资基金管理运作经验或相关业务经验。

⑥管理型企业的经营范围核定为：非证券业务的投资管理、咨询。

管理型企业均可申请从事上述经营范围以外的其他经营项目，但不得从事：发放贷款；公开交易证券类投资或金融衍生品交易；以公开方式募集资金；对除被投资企业以外的注册。

2. 人数的法律限制

（1）公司制

有限责任公司由50人以下股东出资设立，股份有限责任公司应当由2人以上200人以下为发起人，其中须有过半数的发起人在中国境内有住所。国有企业改建为股份有限责任公司的，应当采取募集设立方式。

（2）合伙制

有限合伙企业由 2 人以上 50 人以下合伙人设立；但是，法律另有规定的除外。有限合伙企业至少应当有 1 个普通合伙人。

（3）信托制

单个信托计划的自然人人数不得超过 50 人，合格的机构投资者数量不受限制。

3. 名称使用的限制

（1）公司制

股权投资基金在名称的使用上，公司制的与普通企业注册登记的区别不大，即按申请的相应的责任形式表明"有限责任公司"或"股份有限公司"即可。

（2）合伙制

合伙制的股权投资基金则必须表明"有限合伙"的责任形式。

4. 对国有企业的限制

《合伙企业法》第三条规定，国有独资公司、国有企业、上市公司以及公益性的事业单位、社会团体不得成为普通合伙人。上述规定限制了国有企业成为普通合伙人，也即不能担任合伙企业执行事务合伙人，在采用合伙制的股权投资企业中国有企业在法律上无法成为合伙企业的控制人，这在一定程度上限制了国有企业投资参与股权投资基金。目前，对上述限制性规定的解决方案有以下几种。

①设立公司制股权投资基金，承受双重征税负担。

②参股设立股权投资基金管理公司，与作为普通合伙人股权投资管理公司共同设立股权投资企业。实践中，有的国有企业为控制股权投资基金，通过协议/章程的特别约定控制股权投资基金管理公司，该种架构模式存在该参股管理公司也被认定为国有企业的风险。

③通过与国有企业职工签订特别协议，由该职工作为普通合伙人设立公司，国有企业（或设立全资/控股管理公司）作为管理人或有限合伙人，参与股权投资企业，并通过合伙协议特别条款将管理效益分成（一般为收益的20%）约定由管理人或有限合伙发起人享有。该种模式可能会因基金架构特殊在募集资金时遇到困难。

④通过协议控制某个非国有企业作为普通合伙人，其他操作方式与上述③相同。该种模式的风险主要来自协议控制在发生纠纷时的控制协议是否真正能够得到执行。

因此，对于国有企业，投资设立股权投资企业时须注意相关限制性规定，并在设计基金架构时予以充分考虑。

（二）股权投资基金募资过程中的法律问题

1. 警惕"非法集资的红线"

根据《最高人民法院关于审理非法集资刑事案件具体应用法律若干问题的解释》的规定，非法集资的构成条件主要有以下四条，违反其中之一的话，就会被认为踩了非法集资的红线。

①未经有关部门依法批准或者借用合法经营的形式吸收资金；

②通过媒体、推介会、传单、手机短信等途径向社会公开宣传；

③承诺在一定期限内以货币、实物、股权等方式还本付息或者给付回报；

④向社会公众即社会不特定对象吸收资金。

2. 募资的合规性

为避免陷入"非法集资"的境地，因此基金在设立及运营时应严格遵循以下几点。

（1）向特定对象募集资金

如何界定特定对象目前法律无明确规定，但一方面投资人数应符合法律规定，如以有限合伙企业募资的，投资人数不得超过50人；另一方面，投资人应当具有相应的风险承受能力，具体表现为对单个投资人的最低投资数额进行限制，如自然人投资者投资数额不得低于100万元等。

（2）非公开宣传

不得以广告宣传，为了合法且兼顾效率，在严格遵守其他几点的前提下，可通过小范围、参加人数不超过投资人数上限的推荐会形式进行路演，随后筛选特定投资者或与个别投资者面谈。

（3）不承诺保底收益或最低收益

承诺固定收益的一种表现形式是保本付息，是否签订了保本付息条款是是否构成非法集资的主要认定标准。另外其形式也不限于货币，承诺给予固定的实物、股权等也可被认为承诺固定收益。

（4）合法、合规使用募集资金

如果出现基金募集后被用于挥霍导致无法返还、抽逃募资款、转移募资款、携带募资款藏匿、伪造投资失败、用于违法犯罪活动等，都将会涉嫌集资诈骗。此外，募集新基金来偿还老基金的本金和收益，也会涉及非法集资问题。

此外，在资金募集的时候，股权投资基金还应注意向投资者充分提示投资风险，披露相关信息，同时也要严禁代持股投资者的加入。代持股是指一名投资人为了达到最低出资标准，集合多个投资人的资金参与。否则一旦超过投资者人数限制，就容易涉嫌向不特定对象募集资金，从而导致非法集资的可能。

二、股权投资基金设立与募资过程中的法律依据

目前，股权投资基金在设立与募资阶段应主要以如下法律法规为依据。

①《中华人民共和国公司法》，全国人大常委会 2005 年 10 月 27 日修订，2006 年 1 月 1 日施行。该法为设立创投公司的基本依据之一，同时也是股权投资人参与被投资企业管理、行使股东权利的依据。

②《中华人民共和国合伙企业法》，全国人大常委会 2006 年 8 月 27 日通过修订，2007 年 6 月 1 日施行。该法为设立合伙制股权基金的法律依据。该法参考股权基金设立的国际惯例，特别制定了有限合伙的企业形式。

③《中华人民共和国公司登记管理条例》，国务院于 2005 年 12 月 18 日发布关于修改《中华人民共和国公司登记管理条例》的决定，并于 2006 年 1 月 1 日正式实施。该办法是关于有限责任公司和股份有限公司设立、变更、终止的相关规定。

④《中华人民共和国合伙企业登记管理办法》，国务院于 2007 年 5 月 9 日发布修改《中华人民共和国合伙企业登记管理办法》的决定，并于 2007 年 6 月 1 日正式实施。该办法是关于合伙企业的设立、变更、注销的相关规定。

⑤《外商投资创业投资企业管理规定》，原对外贸易经济合作部于 2002

年 10 月 31 日通过，2003 年 3 月 1 日施行。为鼓励外国公司、企业和其他经济组织或个人（以下简称外国投资者）来华从事创业投资，外资创投企业先于内资获得法律承认。该法规定了外资创投企业从设立出资、组织机构到经营管理的方方面面。

⑥《创业投资企业管理暂行办法》，2005 年 9 月 7 日国务院批准，2005年 11 月 15 日国家发改委、科技部、财政部、商务部、中国人民银行、国家税务总局、国家工商行政管理总局、中国银监会、中国证监会、国家外汇管理局联合发布，自 2006 年 3 月 1 日起施行。该法规主要针对内资创投企业，外商投资的创投企业如果符合有关条件，可以享受该法提供的政策扶持，主要是指有关税收优惠政策。

⑦《科技型中小企业创业投资引导基金管理暂行办法》（财企〔2007〕128 号），财政部科技部发布，自 2007 年 7 月 6 日起施行。本办法为政府引导基金的设立依据，明确了引导基金的资金来源、引导方式、支持对象以及监管方式。

⑧《信托公司集合资金信托计划管理办法》，银监会发布，自 2007 年 3月 1 日起施行。该办法为设立信托制股权基金的法律依据，按照该部法规，信托公司可以将两个以上委托人交付的资金进行集中管理、运用或处分。

⑨《信托公司私人股权投资信托业务操作指引》，中国银监会发布，自 2008 年 6 月 25 日起施行。该业务操作指引对于信托制股权基金的设立进行了详细约定，包括对信托公司的要求、对咨询顾问的要求等。

⑩《关于创业投资引导基金规范设立与运作的指导意见》，发改委、财政部、商务部联合发布，于 2008 年 10 月 18 日起施行。该指导意见明确了引导基金的四类资金来源、三种运作方式以及引导基金受托管理机构的要求。

⑪《外国企业或者个人在中国境内设立合伙企业管理办法》，国务院发布，自 2010 年 3 月 1 日起施行。该办法作为《合伙企业法》的配套法规，允许外国企业或者个人在中国境内设立合伙企业。

⑫《外商投资合伙企业登记管理规定》，国家工商行政管理总局局务会审议通过，自 2010 年 3 月 1 日起施行。该规定进一步明确了外商投资合伙企业的注册流程。

除了上述各项法律法规外，股权投资基金在设立与募资阶段还应遵守《中华人民共和国刑法》及其历次修正案和《最高人民法院关于审理非法集资刑事案件具体应用法律若干问题的解释》等相关司法解释，谨防逾越"非法集资的红线"，构成违法犯罪。

第三节　股权投资基金投资相关的法律法规

一、股权投资基金投资阶段的法律重点

（一）增资扩股与股权转让的法律规制

股权投资基金设立并完成资金募集以后，最为核心的工作便是选择目标企业进行投资。当前，股权投资基金对目标企业通常是通过增资扩股或股权转让的方式来完成对目标企业的投资。整个投资流程包括前期项目初审、项目立项研究、签订投资框架协议直至最后签订股权转让协议或增资协议并完成投资划款，整个投资阶段的工作即告完成。对于投资流程各步骤的具体内容，本章就不再详述，本书第六章已作了详细的分析。

在整个投资过程中涉及的主要法律文件有《尽职调查报告》、《投资合作框架协议》、《增资扩股协议》或《股权转让协议》等相关法律文件。其中，《尽职调查报告》通常是由第三方即律师事务所来完成，又因《投资合作框架协议》通常是意向性的文件，对合同双方不具有法律约束效力，因此在该阶段《增资扩股协议》或《股权转让协议》则是关系投资方与目标企业之间权利义务的核心文件。在投资实务中，投资方选择何种方式对目标企业进行投资则是依据目标企业的不同而作出选择。

1. 增资扩股

（1）增资扩股之方式

常见的增资扩股方式主要有以下几种，可以混合使用。

①以公司未分配利润、公积金转增注册资本。依据《公司法》第167条之规定，公司税后利润首先必须用于弥补亏损和提取法定公积金（提取比例为10%，公司法定公积金累计额超过公司注册资本50%的，可以不再提取），有剩余的，方可在股东之间进行分配。分配公司利润时，经股东会决

议，可将之直接转增注册资本，增加股东的出资额。依据《公司法》第169条之规定，增加公司资本是公积金的用途之一。需要注意的是，法定公积金转为注册资本时，所留存的该项公积金不得少于转增前公司注册资本的25%。

②公司原股东增加出资。公司股东还可以依据《公司法》第27条的规定，将货币或者其他非货币财产作价投入公司，直接增加公司的注册资本。需要注意的是，作为出资的非货币财产应当评估作价，核实财产，不得高估或者低估作价；作为出资的货币应当存入公司所设银行账户，作为出资的非货币财产应当依法办理其财产权的转移手续（详见《公司法》第28条）。

③新股东投资入股。增资扩股时，战略投资者可以通过投资入股的方式成为公司的新股东。新股东投资入股的价格，一般根据公司净资产与注册资本之比确定，溢价部分应当计入资本公积。

（2）增资扩股之程序

《公司法》规定的增资扩股程序如下。

①董事会制订增资扩股方案。一般而言，增资扩股方案应当对增资扩股的目的、方式、增资数额、程序、负责人等作出说明或安排，经董事会表决通过后即可提交股东会审议。

②股东会审议增资扩股方案，作出是否进行增资扩股的决议。对于有限责任公司，股东会作出增加注册资本的决议，需经代表2/3以上表决权的股东通过（详见《公司法》第44条）；对于股份有限公司，股东大会作出增加注册资本的决议，需经出席会议的股东所持表决权的2/3以上通过（详见《公司法》第104条）。

③国有独资公司增加注册资本的，由董事会或履行出资人职责的机构决定（详见《企业国有资产法》第31、32条）。

④涉及以未分配利润和法定公积金转增注册资本的，在股东会通过增资扩股决议后，还应聘请注册会计师事务所对转增时点的公司财务报表进行审计，确定公司在该时点的财务状况，以此作为转增注册资之依据。

⑤国有独资或控股公司进行增扩股，还需报经国资部门批准；金融企业进行增资扩股，还需报经相应的金融监管部门批准；外商投资企业增资扩股，还需报经原审批部门批准。

⑥缴纳出资关于股东出资方式及其限制，缴纳出资的规定散见于《公司法》第27、28，83~89条，这里不再赘述。需要注意的是，股份有限公司采取募集方式进行增资扩股的，应当同依法设立的证券公司签订承销协议，由其承销；股款亦不能自行收取，应当同银行签订代收股款的协议，由银行负责代收。

以公积金、未分配利润转增注册资本的，如果公司章程没有特殊规定，有限责任公司应当按照股东实缴的出资比例（详见《公司法》第35条）、股份有限公司应当按照股东持有的股份比例（详见《公司法》第167条）增加股东的注册资本。需要注意的是，由于股份有限公司全部资本被分成等额股份，所以股份有限公司以公积金和未分配利润转增注册资本时，有可能会遇到股东所持股份按比例分配的股利不足1股。有两种处理方法可供选择，一是将不足1股的股票股利改为现金股利，用现金支付；二是股东相互转让，凑为整股。

⑦验资。对此，《公司法》第29条明确规定："股东缴纳出资后，必须经依法设立的验资机构验资并出具证明。"验资的目的是验证公司注册资本的变更事宜是否符合法定程序，注册资本的增加是否真实，相关的会计处理是否正确。

⑧召开股东会增选董事、监事，修改章程；召开董事会，改组公司管理层。验资结束后，公司即应召开股东会，增选董事、监事，修改章程；然后召开新一届董事会，对公司管理层进行改组。最后，公司根据股东会决议，对股东名册进行相应修改，向新股东签发出资证明书。

⑨履行工商变更登记手续。首先到工商部门办理注册资本变更登记手续及新选董事、监事的备案手续；然后凭工商部门出具的工商变更受理单到质量监督管理部门换发组织机构代码证，到银行、税务部门办理相应的变更手续。

（3）增资扩股过程中需要注意的问题

①以未分配利润转增注册资本的，转增比例不可过高。要留有余地，否则转增后公司账面上的业绩（主要是利润率）会受到影响，这对于公司的长远发展是不利的。不仅如此，用于转增的未分配利润应当扣除截至转增时点的应提未提折旧和应纳未纳税收，需要在会计上进行相应的计提和账务调

整。如果转增比例过高，一旦涉及较大数额的折旧及纳税调整，验资时有可能通不过；这样就需要重新调整增资扩股方案，不仅影响增资扩股的进程，而且有可能对公司信誉产生不良影响。

②以上市为目的进行增资扩股的，需要注意的一些问题。《首次公开发行股票并上市管理办法》（证监会令第 32 号）第 9 条规定："发行人自股份有限公司成立后，持续经营时间应当在 3 年以上，但经国务院批准的除外。有限责任公司按原账面净资产值折股整体变更为股份有限公司的，持续经营时间可以从有限责任公司成立之日起计算。"第 12 条规定："发行人最近 3 年内主营业务和董事、高级管理人员没有发生重大变化，实际控制人没有发生变更。"依照上述规定，以上市为目的进行增资扩股的，公司实际控制人不能发生变更，管理层不能有重大变化，主营业务不能发生重大变化，以免影响公司上市进程。

③以公积金转增注册资本需要注意的问题。以公积金转增注册资本，公积金种类不同，转增比例也不同。

第一，以法定公积金转增注册资本的，依照《公司法》第 169 条规定，"法定公积金转为注册资本时，所留存的该项公积金不得少于转增前公司注册资本的 25%"，换言之，法定公积金最高转增比例为 75%。

第二，以资本公积金转增注册资本的，情形略显复杂，需要根据公司所执行的会计制度作具体分析。现行会计制度包括《企业会计准则》（财政部令第 33 号）、《企业会计制度》（财会［2000］25 号）等。财政部（详见财会［2006］3 号文）鼓励除非上市公司执行新会计准则（即财政部令第 33 号，下同），并规定执行新会计准则的公司，"不再执行现行准则（即财政部令第 5 号）、《企业会计制度》"。因此存在两种情况：一种情况是拟进行增资扩股的公司仍然执行《企业会计制度》。《企业会计制度》明确规定资本公积各准备项目（包括接受捐赠非现金资产准备、股权投资准备和关联交易差价）形成的资本公积金不得转增注册资本，那么公司在将公积金转增为注册资本时，不能将全部资本公积都转增为注册资本，需要扣除不能转增的准备项目。另一种情况是拟进行增资扩股的公司已经改为执行新的会计准则。在新会计准则中资本公积核算内容发生了很大变化，在其项下仅设置两个明细科目：资本（或股本）溢价和其他资本公积。从财政部制定的《企业会计准则——应用指南》规定的核算内容中可以看出，"资本公积——资本（或股本）溢价"项下的资金属于准资本性质，可以直接转增注册资本；但从新会计准则及其《应用指南》中看不出"资本公积——其他资本公积"中哪些项目可以直接转增资本，哪些项目不能直接转增资本。虽然财政部明确规定执行新会计准则的公司不再执行《企业会计制度》，但为稳妥起见，在制定增资扩股方案时，仍然应当遵循《企业会计制度》的立法精神，剔除"资本公积——其他资本公积"中来源于《企业会计制度》规定的不得直接转增注册资本的项目；或者事先咨询负责验资的会计师事务所和工商部门，以免给验资或工商变更登记带来麻烦。

第三，以任意公积金转增注册资本的，《公司法》、《企业会计制度》和新会计准则均未规定任意公积金的转增比例，因此任意公积金可以全额转增注册资本。

④增资扩股过程中的纳税问题。增资扩股过程中还有可能涉及缴税问题。一是以未分配利润转增注册资本的，用于转增的未分配利润应当扣除截至转增时点应纳未纳的税收金额，因为公司很可能没有按期缴纳税款，或者缴税日期晚于转增日期，则在增资扩股时首先需要扣除相应的税款。二是依照国家税务总局《征收个人所得税若干问题的规定》（国税发〔1994〕89号，国家税务总局公告2011年第46号修订，2011年9月1日起实施）和《关于股份制企业转增股本和派发红股征免个人所得税的通知》（国税发〔1997〕198号），以未分配利润和任意公积金转增注册资本，属于股息、红利性质的分配，对自然人股东取得的转增资本数额，应作为个人所得征税（法人股东无需缴税）。国税发〔1997〕198号文同时规定，股份制企业用资本公积金转增股本不属于股息、红利性质的分配，对个人取得的转增股本数额，不作为个人所得，不征收个人所得税。很多个人股东未必了解上述规定，所以最好在增资扩股方案中予以说明。

2. 股权转让的限制

（1）非上市公司的股权转让的限制

有限责任公司：对于股权转让的限制分为股权对内转让（即股东之间转让股权）的限制和股权对外转让的限制两方面。

①股权的对内转让。股权对内转让的限制主要表现在因股权转让导致股

东人数为一人的限制及股东之间股权平等的限制。

导致股东人数为一人的股权转让。新修订的《公司法》规定了一人有限公司，新《公司法》于 2006 年 1 月 1 日生效后，只要因股权转让而导致的一人有限公司符合《公司法》的规定（如一人有限责任公司的注册资本最低限额为人民币 10 万元。股东应当一次足额缴纳公司章程规定的出资额。一个自然人只能投资设立一个一人有限责任公司。该一人有限责任公司不能投资设立新的一人有限责任公司。一人有限责任公司应当在公司登记中注明自然人独资或者法人独资，并在公司营业执照中载明等），则导致股东人数为一人的股权转让也合法有效。

股东权的平等保护，即多个有限责任公司股东同时主张受让股权时，是否允许这些股东平等地按持股比例受让股权，以保持公司原有股份控制权的平衡。新《公司法》对此未做规定，但允许股东在公司章程中自行规定。

②股权的对外转让。股东对股东以外的第三方转让股权主要受到三方面的限制：其他股东的同意、股东有优先购买权、强制买卖协议。

我国现行《公司法》的规定是："股东向股东以外的人转让出资时，必须经全体股东过半数同意；不同意转让的股东应当购买该转让的出资，如果不购买该转让的出资，视为同意转让。经股东同意转让的出资，在同等条件下，其他股东对该出资有优先购买权。"

我国现行《公司法》关于股权优先购买权的规定存在一定的缺陷，主要表现在：关于股权转让方股东的通知义务及公司其他股东答复的期限没有详细规定；对过半数以上的其他股东不同意对外转让股权时，这些股东如何购买拟转让的股权没有具体的程序性规定；对于拟转让股权的股东违反上述限制性规定而订立的股权转让合同的效力没有作出明确的规定；对于其他股东主张行使部分优先购买权时如何处理没有作出规定；股东优先购买权的限制应属于授权性的法定限制，应赋予有限责任公司股东有权在公司章程中另行规定股权转让的规则。

新《公司法》第七十二条第二款规定：股东向股东以外的人转让股权，应当经其他股东过半数同意。股东应就其股权转让事项书面通知其他股东征求同意，其他股东自接到书面通知之日起满 30 日未答复的，视为同意转让。其他股东半数以上不同意转让的，不同意的股东应当购买该转让的股权；不购买的，视为同意转让。经股东同意转让的股权，在同等条件下，其他股东有优先购买权。两个以上股东主张行使优先购买权的，协商确定各自的购买比例；协商不成的，按照转让时各自的出资比例行使优先购买权。

（2）国有独资公司股权转让的限制

国有独资公司的股权转让又被称为产权转让，国有独资公司股权转让及其他公司国有股份的转让都应进行股权价格评估，以评估价格作为股权转让的价格依据，同时在股权转让之前应征得国有资产管理局等政府主管部门的审批同意。

（3）外商投资企业股权转让的限制

外商投资企业的股权转让应办理外经贸主管部门的审批手续，股权转让协议从批准之日起生效。

外国投资者协议购买境内非外商投资企业的股东的股权使该境内公司变更设立为外商投资企业的，构成我国《关于外国投资者并购境内企业的规定》中所称的股权并购，这种情况下，还要受到该规定的限制。

外国投资者并购境内企业设立外商投资企业，外国投资者应自外商投资企业营业执照颁发之日起 3 个月内向转让股权的股东，或出售资产的境内企业支付全部对价。对特殊情况需要延长者，经审批机关批准后，应自外商投资企业营业执照颁发之日起 6 个月内支付全部对价的 60% 以上，1 年内付清全部对价，并按实际缴付的出资比例分配收益。

外国投资者认购境内公司增资，有限责任公司和以发起方式设立的境内股份有限公司的股东应当在公司申请外商投资企业营业执照时缴付不低于 20% 的新增注册资本，其余部分的出资时间应符合《公司法》、有关外商投资的法律和《公司登记管理条例》的规定。其他法律和行政法规另有规定的，从其规定。股份有限公司为增加注册资本发行新股时，股东认购新股，依照设立股份有限公司缴纳股款的有关规定执行。

外国投资者资产并购的，投资者应在拟设立的外商投资企业合同、章程中规定出资期限。设立外商投资企业，并通过该企业协议购买境内企业资产且运营该资产的，对与资产对价等额部分的出资，投资者应在本条第一款规定的对价支付期限内缴付；其余部分的出资应符合设立外商投资企业出资的相关规定。

外国投资者并购境内企业设立外商投资企业，如果外国投资者出资比例低于企业注册资本25%，投资者以现金出资的，应自外商投资企业营业执照颁发之日起3个月内缴清；投资者以实物、工业产权等出资的，应自外商投资企业营业执照颁发之日起6个月内缴清。

（4）上市公司股权转让的限制

上市公司的股权转让在新《公司法》中被称为股份转让，分为记名股票的转让和无记名股票的转让。对于上市公司的股权转让，公司不得在法定限制之外设定意定限制。上市公司股权转让的限制主要表现在对发起人、董事、监事、经理持股转让权的限制、禁止内幕交易、对收购上市公司设定法定限制以及股权分置改革中非流通股股东上市挂牌交易转让股份的限制。

新《公司法》第一百四十二条规定："发起人持有的本公司股份，自公司成立之日起一年内不得转让。公司公开发行股份前已发行的股份，自公司股票在证券交易所上市交易之日起一年内不得转让。公司董事、监事、高级管理人员应当向公司申报所持有的本公司的股份及其变动情况，在任职期间每年转让的股份不得超过其所持有本公司股份总数的百分之二十五；所持本公司股份自公司股票上市交易之日起一年内不得转让。上述人员离职后半年内，不得转让其所持有的本公司股份。公司章程可以对公司董事、监事、高级管理人员转让其所持有的本公司股份作出其他限制性规定。"

3. 对赌条款之法律效力分析

（1）国外对赌条款之法律效力分析

股权投资机构和创始股东或管理层的着眼点和关注点往往不同，再加上目标企业所处的不同行业和不同周期阶段，对赌条款内容往往随具体情况而变化。但归纳起来，国外常用的对赌条款，无论是形式上还是内容上，都要比目前国内灵活和多样化。

外国股权投资基金经过30多年的发展，在对赌条款的应用上早已不限于股权这一唯一筹码，同时赌的对象也超出了传统的经营业绩。具体说来，主要有以下几个方面。

①在财务绩效方面，通常会规定如企业完成净收入指标，则投资方进行第二轮注资；如企业收入未达标，则管理层转让规定数额的股权给投资方；或者企业资产净值未达标的，则投资方有权增加相应的董事会席位。这个是

最早也最常见的对赌条款内容，其核心是用股权赌业绩，后来发展到投资方增加董事会席位，借以加强对董事会的控制。

②在非财务绩效方面，通常会规定如企业的市场份额增长到约定的目标，则管理层可获期权认购权；或如企业完成了新的战略合作和或取得了新的专利权，则投资方进行第二轮注资。以期权认购为筹码，与管理层对赌市场，客观上降低了委托代理成本，有效嫁接了对管理层的激励共容机制。同时以新战略或新专利作为二次注资的前提条件，可有效地控制市场风险。

③在赎回补偿方面，一般规定若企业无法回购优先股的，则投资方在董事会获多数席位或者累计股息将被提高；或者若企业无法以现金方式进行分红的，则必须以股票形式进行分红。在企业赎回不能的情形下，必须对投资方进行补偿，补偿的方式要么让出董事会控制权，要么提高累计股息。

④在企业行为方面，一般规定若企业无法在一定时期内聘请信任的CEO，则投资方在董事会获多数席位；或者若企业销售部或市场部采用了新的技术，则投资方转让规定数额的股权给管理层。这属于典型的用股权激励来达到企业采用新技术迅速发展的目的，无论对企业自身来说，还是对投资方，都是双赢策略。

⑤在股票发行方面，投资方可能要求企业在约定的时间内上市，否则有权出售其持有的股份，或者在企业成功获得其他投资，且股价达到一定水平的情况下，则投资方对企业管理层的委任状失效。股权投资基金作为投资方，一般不参与企业的经营管理，但会对管理层进行委任。如约定的目标到达，管理层能力和信任度也有目共睹，这时撤销委任也有利于其进行转售事宜。

⑥在管理层方面，投资方往往会要求管理层在职，如管理层被解雇，则失去未到期的员工股；如管理层在职，则投资方可进行第二轮追加投资。这个重点体现了股权投资基金投资的一个重要特色，即"投资就是投人"，现有的管理层在职或不在职，对企业本身的影响是很大的。

（2）国内对赌条款之法律效力分析

目前，股权投资中的"对赌协议"在中国尚缺乏明确的成文法规范，投资双方应在中国的法律框架下设计相关条款，如简单套用欧美市场的操作方式，容易"水土不服"。股权投资中，很多合同包括"对赌条款"直接从国外移植本土，在中国相对严格的金融管制和司法制度下，潜藏许多风险。

中国股权投资"对赌协议"第一案的最终审理结果，为对赌协议在国内的效力问题提供了一定的依据。

2007年10月，"海富投资"作为投资方与目标公司"甘肃世恒"及其股东"香港迪亚"签订《增资协议书》，约定了对赌条款。2008年，投资双方发生补偿纠纷，"海富投资"将"甘肃世恒"告上了法庭。一审、二审判决投资方"海富投资"败诉（即对赌协议被判无效），最终于2012年11月，最高人民法院判决，撤销甘肃高院对此案的二审判决，"迪亚公司"向"海富投资"支付协议补偿款19982095元。最高法院的判决否认了股东与公司之间损害公司及公司债权人利益的对赌条款的法律效力，但认可了股东与股东之间对赌条款的合法有效性，维护了投资者合法利益。因此，最高人民法院对国内首例股权投资"对赌协议"的再审裁决在一定范围内对"对赌协议"的效力予以了认可。

综上所述，从我国首例股权投资"对赌协议"效力案件看，对赌双方基于契约自由原则达成的真实意思表示，对双方具有约束力，应认定其合法有效。但违反我国强制性法律、行政法规的除外。

对于股权投资的投资方来说，"对赌条款"中对于投资方的投资权益的保障条款最好是由原股东来履行，在投资方与公司的关系中不要设立投资保本或收益的保底约定。也就是说，如协议中约定的条件没有实现，承担赔偿义务的人应该是原股东，公司并不承担赔偿义务；作为公司股东的投资方，与公司之间的权利义务仍应按照《公司法》的相关规定予以规制。

二、股权投资基金投资阶段的法律依据

在股权基金投资阶段除了以《公司法》、《合同法》等法律法规为依据，还需注意遵守以下法律法规的相关规定。

①《外商投资企业投资者股权变更的若干规定》，对外贸易经济合作部、国家工商行政管理局联合颁布，自1997年5月28日起施行。该规定是外资收购境内企业外资股权（外转外）的法律依据。

②《关于外国投资者并购境内企业的规定》，商务部、国务院国有资产监督管理委员会、国家税务总局、工商行政管理总局、证监会、国家外汇管

理局，自 2006 年 9 月 8 日施行（又称 10 号文）。该规定是外资收购境内企业股权（内转外）的法律依据，10 号文成为以红筹模式进行境外上市的阻碍。

③《上市公司收购管理办法》，证监会发布，2006 年 5 月 17 日通过，2006 年 9 月 1 日施行。该办法是股权投资基金投资上市公司的法律依据。

④《外国投资者对上市公司战略投资管理办法》，商务部、证监会、国家税务总局、国家工商总局、国家外汇局五部委联合发布，自 2005 年 12 月 31 日发布，自发布之日起 30 日后施行。

另外，还有《中华人民共和国企业国有资产法》（2008 年 10 月 28 日第十一届全国人民代表大会常务委员会第五次会议通过）、《企业国有资产监督管理暂行条例》（2003 年 5 月 13 日国务院第 8 次常务会议讨论通过，2011 年 1 月 8 日修订）、《关于进一步规范国有企业改制工作的实施意见》（国办发〔2005〕60 号）。这三项是关于国有企业增长扩股的法律依据。

第四节　股权投资基金投后管理相关的法律法规

一、股权投资基金投后管理阶段的法律重点

改制重组、结构治理是对公司包括组织形式、资产、运营等整体或部分变更的一系列法律活动的过程。公司改制重组、结构治理是否成功直接关系到未来公司 IPO 的成功与否。

（一）公司改制重组

企业改制重组是涉及企业命运和前途的大事，如果处理得当，企业将会得到一次新生和飞跃，拓展到新的领域；一旦处理失当，就会让企业雪上加霜，走上死胡同。所以对于企业改制重组，一定要慎重，要制定出详细的计划和规则，对困难要做充分的估计和预测。对于企业改制重组涉及的 6 项内容内容是：业务重组、资产重组、债务重组、股权重组、人员重组和管理体制重组。在企业改制重组过程中牵扯的问题要务必重视。

1. 业务重组

对于改制后的公司，首先，主业（即公司的主营业务）必须明确，必须具有良好市场前景和强劲的发展潜力。而且公司主营业务收入应该占公司总收入比例的 70% 以上，利润率也是这个比例。还有考虑将与主营业务无关且拖累公司发展的业务剥离出来。在主营业务的确定上，除了考虑公司的经营现状外，还要将眼光放长远，为公司企业的未来多多考虑。

2. 资产重组

资产重组应遵循的原则是资产划分与业务划分相匹配、资产与负债相匹配、净资产规模与股本结构相匹配、净资产规模与业绩相匹配。按照重组方案，对进入重组后公司的资产以原企业的报表数为基础，进行相应的资产划分。凡能明确某项资产的使用部门，如果该部门划归重组后公司，则相应的资产（主要指固定资产）也划入重组后公司，否则划归改制后存续的其他主体。凡能明确与某类经济业务相关的资产，如该项业务属于重组后公司，则相应资产也投入重组后公司，否则划归改制重组后存续的其他主体。依据重组后公司和集团公司的资产分别独立运作的要求，对集团公司的非生产经营性资产进行剥离。由于此类资产不会产生利润，会增大资产规模，减少资产利润率，降低资产营运质量，因此应予以剥离。当然，对剥离出来的非经营性资产要明确管理单位，充分考虑社会的承受能力等因素。同时，应规范重组后公司与其主要股东和各个关联企业之间的关系，避免同业竞争，减少关联交易，并确认已存在的关联交易的合理性，以切实维护投资者的合法权益。

3. 债务重组

债务划分应遵循的原则是：控股股东与重组后公司双方合理分担，并尽可能保证同一银行账户资金的独立完整性；保证重组后公司的资产负债比例合理（不得高于 70%），为以后的发展打下良好基础；与进入重组后公司的资产和机构相关的债务一并划入重组后公司；应付工资、应付福利费按进入重组后公司的职工人数比例进行划分；正在进行及潜在的诉讼和第三者索赔，所形成的负债由控股股东承担；债务处理的方式和程序符合法律规定，不得损害原债权人的利益。按照重组方案对进入重组后公司的资产以原企业的报表数为基础，进行相应的债务划分。凡能明确为取得某项资产而产生的负债，若该项资产划入重组后公司，其负债也一并划入，否则划归改制重组后其他主体。

4. 股权重组

股权重组的目的是促使公司重组后产权清晰，权责明确。具体来说，就是要做到产权关系明晰化，产权主体人格化，产权结构多元化。要设计公司科学合理的股权结构，应考虑以下几个方面的因素：保证股权结构必要的稳定性；最大限度地提高资本的运作效率；根据公司的实际需要作出灵活安排；增强公司股本的后续扩张能力。

5. 人员重组

重组中人员与机构或业务是紧密相连的。重组后公司与控股股东都必须有符合所设置机构所需人员，在原相关机构的人员中进行合理的分配；对公司新设置的机构所需人员，尽量在控股股东或发起人股东的职工中选择调配；依据公司和集团公司的人员相互独立的原则，董事、经理等高级管理人员严禁双重任职；财务人员不能在关联公司中兼职；股份公司的劳动、人事及工资管理与股东单位分离。

6. 管理体制

重组后公司应制定严格的管理标准，具备高质量的管理团队和高效、完善的管理系统，同时建立健全公司法人治理结构，形成有效的制衡、约束机制。

（二）公司结构治理

1. 我国公司法人治理结构的三个层次

（1）股东（大）会

股东（大）会是由全体股东组成的公司的最高权力机构，行使所有者对公司的最终控制权。公司的其他机构如董事会、监事会以及公司经理所行使的职权，都直接或间接来自于或派生于股东（大）会。

（2）董事会和监事会

董事会是由董事组成的公司业务执行和经营决策机构。董事会主要执行股东（大）会的决议，负责公司的重大经营决策和管理，即对内管理公司事务，对外代表公司进行活动，对股东（大）会负责并向其报告工作。董事会的职权有 10 项，董事长是公司的法定代表人，是公司管理的最高负责人。监事会是由股东代表和职工代表组成的公司监督机构。监事会监督的对象主要是董事会和经理的业务活动，其内容既包括对一般业务的监督，也包括对财会事务的监督。监事会不参与公司业务决策和具体管理，对外也不能代表公司。

（3）经理

经理是由董事会聘任的辅助董事会执行公司业务、进行日常经营管理的人员。经理是董事会的助理机关，主要是在董事会授权范围内进行工作，向董事会负责。经理对外拥有代理权，在授权范围内，经理可以公司的名义对外进行活动。

2. 公司治理结构的现实问题

从以上我国《公司法》对公司治理结构的规定来看，其目的也是为了使公司内部机构之间权责分明，相互制约，调节所有者、经营者和职工之间的关系，使形成既保障资产所有者的利益，又赋予经营者充分的自由权的机制。但在现实的执行中，又存在着一系列的问题，主要有如下几点。

（1）权力机构职能虚化，三会职权分工欠科学

我国《公司法》将股东（大）会规定为权力机构，由其选举和更换董事，董事和监事会从属于股东（大）会，对股东（大）会负责。但在实践中，股东（大）会往往只是具有民主管理的象征意义和最高权力形式意义，公司的实际权力操纵在董事长控制的董事会和经营管理者手中，股东大会不过是为了符合法定程序而设立的机构而已。特别是在国有企业改造股份制企业中，股权方面国有股一股独大，使得政府凭借大股东身份指派的董事会成为凌驾于股东会之上的权力机构。

其次，我国《公司法》没有规定股东（大）会有效召开的法定人数，对于普通决议和特别决议所需的股东表决权数均规定是"出席会议的股东所持表决权数"，而不受代表比例的限制。《公司法》虽然规定临时股东（大）会召开的情形和召开时间，但未规定股东的自行召集权，对董事会滥用权力、违法召开临时股东大会时应承担什么样的责任未作规定，而且有关股东行使临时股东（大）会召集请求权的持股要件过苛。《公司法》只规定"股东出席股东大会，所持每一股份有一表决权"，却缺乏对中小股东行使权利

的程序保障。

可见，《公司法》对股东（大）会避免"流于形式"几乎没有任何贡献。同时，《公司法》对监事会职权的规定，对董事、经理等公司经营管理人员的监督，只具体列举了几条，过分简略，且缺乏应有的程序保障。对监事会的监督检查的方式、程序未作规定，对发现问题如何制止、纠正未作说明，对造成的损害如何救济，以及监事会怠职如何处理，追究责任等都语言不详。我国《公司法》规定监事会可以提议召集股东（大）会，但是否召集则由董事会决定，监事会这一权力形同虚设，在国有股中，董事会、监事会都是国有股东指定的人员，监事会是有名无实。

另外，立法上对股东（大）会和董事会的职权划分也存在问题：《公司法》第 103 条第 1 款规定股东大会职权之一"决定公司的经营方针和投资计划"，在第 112 条第 3 款中规定董事会职权包括了"决定公司的经营计划和投资方案"，这两款职权应该说是重叠的；另外，对股东（大）会、董事会、监事会的职权范围都是以列举的方式规定了多少项职权，都作了不科学地限制，如对董事会规定了 10 项职权，这显然是挂一漏万的，如果董事会行使明示条款之外的职权，便缺少法律依据，因此，就有可能将董事会置于为难境地。

（2）经理层职权过大，董事责任淡化

《公司法》第 119 条规定股份公司设经理，并对经理的 8 项职权进行了细致列举。这是存在问题的。在规范的公司治理结构中，经理属于经营管理人员，经营管理人员履行职责的内容取决于董事会的授权，而不应由法律加以规定。经理职权的法定化将导致经理层过大，造成董事职权的弱化，这是对董事会权力的倡导。另外，在我国一些法律中虽对董事的权利义务作了相应的刑事责任规定，但现实中董事的责任意识依然淡薄，特别是国企向上市公司转变过渡中的公司治理结构中，首先董事的提名独立性差，都是地方政府负责，董事会开会之前先征求大股东、地方政府意见，重大决定也是根据他们的意见决定，董事会没有独立性，形同虚设；其次关联交易众多，纵观我国上市公司从募集资金投资、配股到销售等都牵涉关联交易。

（3）董事长兼任总经理，专权管理现象普遍存在

《公司法》第 113 条第 2 款规定，法定代表人由董事长一人担任。而董

事长可以兼任公司经理。这一制度规定使得董事会权力、公司经营管理权力集于法定代表人于一身，这种规定容易形成个人专权，因此可能侵占公司财产和利益，损害股东利益。如前所言，董事会的权力容易被经理层侵夺，这样董事长总经理一人兼任，董事长就可以集董事会权力和总经理权力于一身，并且有《公司法》第120条规定，"公司董事会可以授权董事长行使董事会的部分职权"，这加强了董事长的权力。

（4）有些规定缺乏操作性和可行性

《公司法》的许多规定在实践中很难操作，如《公司法》规定的设立监事会，但却未规定监事该专职还是兼职，如何领取报酬，另外监事的主要职能是财务监督和业务监督，这就要求监事人必须是财务和业务高手，增加了监事设立的难度。又如《公司法》对公司高层管理人员的民事侵权行为规定了"利益归人权"（61条）、"职务违法赔偿制"（63条），却未明确主张民事索赔权的主体。还有，《公司法》有关股东对有瑕疵的股东（大）会决议寻求法律救济的权利规定得过于宽泛，且未对股东行使诉讼权利的条件和程序做出具体、明确的规定，也缺乏可操作性。实际上，大多数投资者均不知该如何采取民事救济措施，从有关法律条文上也找不到明确的依据。

如此规定缺乏可诉性。如《公司法》第54条和第126条均规定监事会或监事的职权包括"当董事和经理的行为损害公司利益时，要求董事和经理予以归还"，却未规定纠正和制止上述行为的请求方式，更未规定诉讼方式，也未明确监事会或监事相应的起诉权。又如前述第63条的"职务违法赔偿制"，既未规定追究责任主体，也未规定追究时的具体法律程序，更没有规定上述人员拒绝赔偿时可以请求法院判令赔偿，同时《公司法》也没有赋予股东代位诉讼提起权或股东代表诉讼提起权。这些都使得法律对公司缺乏有效的规制。

3. 完善公司治理结构

市场经济是法制经济，法制在市场经济发展的过程中起着不可替代的作用，针对公司治理实践中出现的众多问题，应在法律规定上不断地加以完善，并应特别注意以下几方面的问题。

（1）设立股东切实行使股东权的相应规则，确保股东的平等待遇，保护股东权利，保障股东（大）会作为公司最高权力机构的法律地位

①必须明确规定出席股东（大）会的法定人数，以及未达到法定人数的补救措施。纵观各国《公司法》，都要求股东参加股东（大）会，其目的都是为了使股东参与公司的经营管理。为了保护股东利益，防止少数股东滥用权力损害其他股东利益，应该确立出席股东（大）会的法定人数，及未达法定人数该如何补救。

②明确区分股东和董事会的职权，两会职权规定的混乱，使股东（大）会的职权在实际执行中难以实行。由此，不妨缩减股东（大）会的职权，将其限定在减免部分董事、审批监事报酬、审议利润分配方案、增减资、合并、分立、终止、修改章程等方面，将有关经营管理方面的权力转移给董事会。这将使股东（大）会和董事会的权力明确界定，有利于实践中更好地履行股东（大）会职权。

③拆分国有大股东的股份，改变公司一股独大的局面，使股权配置上趋向平衡，形成公司控制权的分配和较大股东之间的相互制约。

④降低限制股东行使临时股东（大）会、召集请求权的持股要件，并赋予股东在董事会无理拒绝召开的起诉权。

（2）改善董事会结构，完善董事会、经理的职能及制约措施

①加强中小股东在董事会中的权力。目前实践中，董事会构成不合理，缺少反映中小股东利益的董事。《公司法》虽然规定独立董事制度的强制性安排，对于制约大股东习以为常的关联交易，强化大股东、董事对公司和中小股东的诚信义务发挥了正面的作用，但却不能切实地保护中小股东的权益，因为独立董事不是中小股东参与选举的结果，他们绝不可能是中小股东的代表，他们为法律工作而不是为中小股东服务。因此，可以把一定比例的董事席位强制性地留给中小股东，或者是建立限制表决权行使制度和累积投票制度。如果强制性规定公司的 2 名董事只能由持股低于 5% 或 3% 或 1% 以下的中小股东选举产生，那么对中小股东参与公司的管理活动有了吸引力，他们会利用征集投票权的方式展开工作，选举有了竞争，中小股东会在公司中有自己真正的代表人，这样真正地调动了投资者的积极性去管理自己的事务。

若建立限制表决权的行使制度和累积投票制度，可以防止大股东操作股东（大）会，损害中小股东利益。股东在选举董事和监事时的累积投票权，

使中小股东有可能选出自己的董事和监事。

②明确规定董事会及其成员的具体权利、义务和责任。将通过董事会职权而实现的集体权利，董事的权利具体化，并进一步细化董事的忠实义务和管理义务。《公司法》还要考虑到现实不足，应充分扩大董事会的职权范围，对董事会的职权不再做封闭的列举式规定，改由公司章程规定。经理层的职权应由董事会根据公司章程予以确定，而不应由《公司法》来强行规定，因为每个公司的经营是不同的。

③进一步明确董事长和总经理的职权划分。在公司治理过程中，董事长兼任总经理可能导致专权，损害股东利益。有人主张法律规定两职不得兼任，但在实践调查中，两职兼任的公司业绩一般较两职分开的公司的经营业绩好。因此，对于两职兼任，只要相应的制约机制健全，也是可以防止专权的。

（3）健全监事会制度，强化监事会的权力职能

对监事任职的业务资格方面，应明确规定必须具备经营、财务会计、法律等方面的业务能力。彻底改变监事会集体负责制度，明确监事的个人独立工作性质，突出监事的个人操守、职权和责任，并规定监事滥用权力的责任。在法律制度上强化监事会的监督权的方式、程序、保障手段等。可将部分董事的提名权交给监事会，由监事会决定会计师事务所的聘任或解聘，以及财务报告由董事会编制，由监事会审核并由监事会提交股东大会，应规定监事会对公司有代表权（起诉侵犯公司利益的董事及股东）、公司临时股东大会的召集权、公司财务状况和决策活动调查权。限制控股股东对监事的提名权，由控股股东提名选出的监事不得超过监事总数的1/3。

（4）加强法律的操作性和可诉性

完善股东对有瑕疵股东（大）会的法律救济途径，赋予股东就有瑕疵的股东（大）会决议、董事会决议提起撤销之诉、无效确认之诉和损害赔偿之诉的权利。明确规定股东和投资者诉讼寻求救济的条件程序。明确规定股东代表诉讼或代位诉讼的权利，即明确规定当公司怠于或拒绝通过诉讼追究公司机关成员责任及实现其他权利时，具备法定资格的股东为了公司的利益可以依据法定程序代公司提出诉讼的权利。明确规定各种应主张索赔权的主体。

总之,《公司法》规则只能立足于现实的经济活动,放在其存在和发展的根基上。我们在制定法律制度时,只有充分总结经验教训,认真考虑当前企业所处的状况,尽可能地完善,以减少法律漏洞,使公司法制度能够适应实践中的企业活动,更好地为市场经济服务。

(三) 公司 IPO 前注意的法律问题

1. 主营业务突出,有完整的业务体系,具有独立经营能力

通过改制重组完善和突出主营业务 (应占公司营业收入的 80% 左右),将盈利能力强的业务纳入上市范围,将非主营业务或者盈利能力不强的业务剥离,从而减少净资产、增强净资产收益率,进而提高公司盈利能力。通过资产重组还应形成完整独立的产、供、销体系,避免同业竞争及关联交易,同时还要做到主体的“五个独立”:资产完整独立、人员独立、业务独立、财务独立、机构独立。

2. 高管人员不能发生重大变化

《首次公开发行股票并上市管理办法》要求发行人近三年的高级管理人员无重大变更。发行人高级管理人员在上市前发生变动可能预示着公司的盈利能力下滑、经营风险增大或者逃避责任等不利情形的存在或者对未来的发展及战略实施产生重大影响。

3. 股权关系清晰,不存在法律障碍、不存在股权纠纷隐患,不存在委托持股、信托持股、工会持股情形

4. 避免存在关联交易及同业竞争的情形

上市规则对此有明确要求,亦是审核重点。现实中拟上市公司大多都存在一定的关联交易和同业竞争。对于关联交易,拟上市公司在重组过程中应重点把握其比重及公允性;对于同业竞争,虽然持股 5% 以下的股东可以不予披露,但证监会相关人士也强调了:持股 5% 以下的股东与拟上市公司同行业竞争的情形也应当避免。上市规则要求明确了拟上市公司关联交易的限制。

5. 税务及环保问题

包括重组产生的税务及重组前企业应缴或欠缴的税款,通过改制重组应将原企业应缴欠缴税款补交齐全完整,因为是否合法纳税也是上市审核的重点考察项。

在整个审核过程中，环保问题是上市审核中唯一"一票否决"的审核项。而现实中，该问题往往是较为容易被遗忘的事项，尤其是成熟型老企业。所以拟上市公司在重组阶段也应当对该事项尤为注意。

6. 操作频率低、少、简为好

企业上市是一项烦琐复杂的系统工程，而上市前的企业改制则是企业上市工作的重要基础和关键之一。如果说设立或改制为股份有限公司是企业进入资本市场的第一道门槛，那么上市前改制重组是否规范则是进入资本市场重要的通行证。

二、股权投资基金投后管理阶段的法律依据

①《中华人民共和国公司法》，全国人大常委会 2005 年 10 月 27 日修订，2006 年 1 月 1 日施行。

②《中华人民共和国证券法》，全国人大常委会 2005 年 10 月 27 日通过，2006 年 1 月 1 日施行。

③《首次公开发行股票并上市管理办法》，2006 年 5 月 17 日证监会通过，2006 年 5 月 18 日施行。

④《证券发行与承销管理办法》，2012 年 5 月 18 日修订。

⑤《上海证券交易所股票上市规则》，2012 年修订。

⑥《上市公司股东及其一致行动人增持股份行为指引》，2012 年 4 月 18 日修订。

⑦《上海证券交易所上市公司董事会秘书管理办法》，2011 年 4 月 15 修订。

⑧《上海证券交易所上市公司关联交易实施指引》，2011 年 3 月 4 日发布。

⑨《上海证券交易所上市公司控股股东、实际控制人行为指引》，2010 年 7 月 26 日发布。

⑩《上市公司收购管理办法》，2009 年 1 月 23 日发布。

⑪《深圳证券交易所主板上市公司规范运作指引》，2010 年 7 月 28 日发布。

⑫《深圳证券交易所中小企业板上市公司规范运作指引》，2010 年 7 月 28 日发布。

⑬《深圳证券交易所创业板股票上市规则》，2012 年修订。

⑭《深圳证券交易所创业板上市公司规范运作指引》，2009 年 10 月 15 日发布。

第五节　股权投资基金退出相关的法律法规

一、股权投资基金退出阶段的法律重点

（一）股权投资基金推出的方式

股权投资基金投资企业后，通过企业股权升值后退出实现收益，如本书第八章所述，目前退出方式主要有：IPO 上市、并购、管理层回购和股权转让。本章对各种推出方式不再详述。

国内目前主要的退出渠道是 IPO 上市，这也是收益最理想的退出方式，资本市场的资本溢价功能会给投资带来优越的回报。并购主要是同行业内企业间的收购等行为，是产业链整合的过程，是大规模资本投资后退出的常用渠道。管理层回购是收益最不理想的一种方式，仅相当于以赚取一个高于同期储蓄的固定年化收益。

主要的 IPO 退出渠道有：①主板市场：经过股权分置改革，主板市场解决了制度性障碍。②中小企业板：自 2004 年 6 月由深交所推出以来，发展迅速。③创业板：上市门槛低于目前的主板和中小板，可以为更多的企业提供上市融资的渠道。④场外交易市场：随着代办股份转让系统试点园区的扩大，以及证监会非上市公众公司监督办公室的成立，使场外交易市场有望成为交易最活跃的退出渠道。

（二）股权投资基金退出存在的问题

股权投资产业发达的国家，其退出渠道一定是多元化的，可选择的退出方式较多，则退出机制越有效，对股权投资产业的发展越能起到很好的推动作用。目前，我国股权投资基金退出存在以下方面的问题。

1. 退出方式偏重 IPO，退出路径"单一"

IPO 在股权投资基金退出中占绝对的比重，并购等方式只是很小的一部分，呈现出某种程度的单一性。过分依赖 IPO 的退出路径，使股权投资基金的退出机制存在很大的不确定性，使其与宏观经济市场的状况过度联动，而且限制了其他退出路径的发展，有很大的局限性。

2. 退出路径不顺畅

（1）与退出机制相关的法律不完善

与股权投资基金退出机制相关的法律主要有《公司法》、《证券法》、《破产法》、《股票发行与交易管理暂行条例》、《国务院关于股份有限公司境外募集股份及上市的特别规定》等，但这些法规对股权投资基金的运行机制并无根本性的反映，甚至某些方面的法律规定不利于股权投资基金的退出。以 IPO 为例，法律设置较高的门槛，让退出成为障碍。

第一，公司股本限制。《证券法》第 50 条规定，股份有限公司申请股票上市，公司股本总额不少于人民币 3000 万元，并且公开发行的股份达到公司股份总数的 25% 以上；公司股本总额超过人民币 4 亿元的，公开发行股份的比例为 10% 以上。2008 年新修订的《深圳证券交易所股票上市规则》规定公司上市股本总额不少于人民币 5000 万元。

第二，公司成立期限限制。《证券法》第 13 条规定，公司公开发行新股，应当满足最近三年财务会计文件无虚假记载，无其他重大违法行为的条件。《深圳证券交易所股票上市规则》也规定，公司最近三年无重大违法行为，财务会计报告无虚假记载。这就意味着要求上市企业有 3 年成立期限。这对于成立时间不长的具有较好发展潜力的中小型高新技术企业上市交易，则是一个阻碍因素。

第三，股份自由转让的限制。《公司法》第 142 条规定，公司董事、监事、高级管理人员所持本公司股份自公司股票上市交易之日起一年内不得转让。上述人员离职后半年内，不得转让其所持有的本公司股份。此外，公司章程可以对公司董事、监事、高级管理人员转让其所持有的本公司股份作出其他限制性规定。

第四，大额股份转让的限制。根据《证券法》相关规定，通过证券交易所的证券交易，投资者持有或者通过协议、其他安排与他人共同持有一个上市公司已发行的股份达到5%时，应当在该事实发生之日起3日内，向国务院证券监督管理机构、证券交易所作出书面报告，通知该上市公司，并予公告；在上述期限内，不得再行买卖该上市公司的股票。并且其所持该上市公司已发行的股份比例每增加或者减少5%，都应当进行报告和公告。在投资者持有已发行的股份达到30%时，继续进行收购的，应当依法向该上市公司所有股东发出收购上市公司全部或者部分股份的要约。《上市公司收购管理办法》对此也作了类似的规定。

第五，上市公司的收购程序复杂，不利于被投资企业在境内买壳上市。当创业企业试图收购上市公司来实现买壳上市时，根据上述《证券法》关于收购到达一定份额要进行报告的规定，创业企业要履行烦琐的程序。另外，《上市公司收购管理办法》对此也作了类似的规定。此外，需要花费较长时间来制造壳资源，从而延长了企业上市的时间，不能迅速退出。

（2）中小板和创业板市场不成熟

我国的中小企业板和创业板市场不成熟，不能完成我国证券市场多层次化建设以及解决中小企业"融资难"的使命。创业板市场2009年刚刚起步，步入正轨仍需时间。而且，此中存在的经营风险、被操纵风险和投资者盲目投资风险等问题不容小觑，加之我国多层次资本市场体系发展不成熟，管理上尚待完善。

（3）海外上市困难重重

绕道海外市场上市的费用持续增加并十分昂贵，作为承销商的投资银行一般索取投资总额5%～10%的佣金，为我国投资海外上市又设置了不小的障碍。

综上所述，目前在股权投资基金退出的问题上，一方面由于退出方式偏重IPO，所以退出路径"单一"。另一方面，由于我国股票发行制度一直采取严格核准制，所以股权投资基金退出存在很大的不确定性。除此之外，由于与股权投资基金退出相关的法律法规并不完善、中小板和创业板市场不成熟等问题的存在，在一定程度上也阻碍其顺利退出。

我国经济与世界经济逐步接轨的同时，股票发行制度也将会由核准制逐步转向注册制。股票发行制度的转变，不但将推动《公司法》、《证券法》等相关法律法规的进一步完善，同时也将会对股权投资基金的退出产生积极的影响。

二、股权投资基金退出阶段的法律依据

在股权投资基金退出阶段，主要以下法律法规为依据。

①《中华人民共和国证券法》，全国人大常委会 2005 年 10 月 27 日通过，2006 年 1 月 1 日施行。该法为股权投资基金通过被投资企业上市退出的基本依据。

②《首次公开发行股票并上市管理办法》，2006 年 5 月 17 日证监会通过，2006 年 5 月 18 日施行。该办法具体规定了被投资企业如何完成首次公开发行股票并上市。

③《中华人民共和国企业破产法》，全国人大常委会 2006 年 8 月 27 日通过，2007 年 6 月 1 日施行。该法对于被投资企业法人不能清偿到期债务，并且资不抵债或者明显缺乏清偿能力的，债务人自身及债权人均可以向人民法院提出破产清算。

④《最高人民法院关于使用〈中华人民共和国公司法〉若干问题的规定（二）》，最高人民法院审判委员会 2008 年 5 月 5 日通过，2008 年 5 月 19 日施行。该司法解释规定了，若投资项目不成功，股权投资基金可根据上面两部法规选择清算退出。

⑤《关于印发〈国家外汇管理局关于境内居民通过境外特殊目的公司融资及返程投资外汇管理有关问题的通知〉操作规程的通知》（汇综发〔2007〕106 号）。该通知规定了，如果缺失必要的登记程序，境内企业不得对特殊目的公司支付利润、转股、减资、现行回收投资、清算所得以及股东贷款本息，违者按照逃汇行为予以处理。

⑥《关于促进创业投资企业发展有关税收政策的通知》，财政部、国家税务总局，自 2007 年 6 月 1 日起施行。该通知与《创业投资企业管理暂行办法》和《外商投资创业投资企业管理规定》法规配套，规定有关税收优惠的具体实施细则。主要是对部分符合条件的创投企业，允许其按对中小高新技术企业投资额的 70% 抵扣应纳税所得额。

第六节　股权投资基金的未来立法与监管的构想

从英美等发达国家对股权投资基金的立法及监管以及我国股权投资基金的发展现状来看，借鉴国外股权投资基金的发展经验，中西结合是完善我国股权投资基金监管的合理选择。要想从根本上消除我国股权投资基金发展面临的各种障碍，必须重点抓好立法、监管、市场准入等各方面工作，才能有效确保我国股权投资基金未来的稳健发展。

一、完善股权投资基金立法体系，增强专项立法

立法部门要加强立法工作，及时更新与股权投资基金监管相关的法律、法规。要预防集资诈骗，拓宽股权投资基金的定向募集资金的渠道，用法律界定养老基金、捐赠基金、银行控股公司、个人投资者、投资银行和商业银行等都可以投资于股权投资基金。从美国、英国不断完善股权投资基金监管的实践来看，这两个国家都高度重视监管的立法完善，并根据股权投资基金发展的新情况及时更新本国相关监管法律，努力使本国股权投资基金监管法律的规定能适应客观情况的新发展。鉴于我国与股权投资基金有关的规定散见于各种法律、法规和规章之中，根据股权投资基金在我国的发展现状，建议立法部门颁布一部专门的"股权投资基金监管法"，以专项立法的形式明确股权投资基金的性质、监管部门监管的方式、监管的组织体系、监管者的权利和义务、投资者的资质要求、基金管理者的职责、投资者与政府之间的关系等重大法律问题。美国的监管实践经验表明，将股权投资基金纳入专门法规范的范畴，可以充分实现股权投资基金监管法律规范的体系化。当然，除了制定专门的基本法之外，还可以仿效美国的《投资顾问法》出台中国的"股权投资基金监管实施细则"，将股权投资基金监管的原则、运营者的注册条件、资产托管规程等目前在我国现行法律、法规和规章中没有明确的内容纳入细则的范畴。此外，拟制定的"股权投资基金监管法"除了明确股权投资基金的准入条件、退出机制、税率确定等内容之外，还要重点明确相关知识产权的保护。从英国和美国的监管实践经验来看，从立法上加强对与股权投资基金运营相关的知识产权的保护，可以根除投资者的顾虑，刺激

科技创新型企业的大量出现。事实上，科技创新型企业数量的多少决定了股权投资基金的发展程度。为此，拟制定的"股权投资基金监管实施细则"应明确股权投资基金运营过程中哪些内容涉及知识产权的保护、应如何保护、监管部门与其他知识产权保护部门职权的划分等内容。

二、建立有效的股权投资基金监管体系，增强监管实效

监管部门要结合监管实践不断创新监管体系，使我国股权投资基金的监管体系能迅速适应股权投资基金发展过程中遇到的新情况。法律行为制度的本质是私法自治，它是实现私法自治的工具。从国外的实践经验来看，美国按照"证券管理机关为主、行业自律组织为辅"的原则来构建监管体系；英国按照"行业协会监管为主、政府监管为辅的"的原则，通过"会员准入制"来构建监管体系。从这两个国家监管体系建立的背景来看，它们都是在以下三大条件都同时具备的前提下才逐步确立现行的监管体系。这三大条件：一是大多数投资者都经历过金融资本市场起伏的严酷考验，属于相对成熟的投资群体；二是有良好的法治环境，投资者、运营者和专业人员大都重视遵守职业道德，诚信是金融资本市场的共同法则；三是长期的努力，培养了良好的市场环境，参与市场竞争的主体大都能自觉遵守游戏规则。反观我国，就目前股权投资基金发展的外部环境来说，诚信在资本市场和商业往来中已经属于稀缺资源，良好的法治环境仍然在不断地努力之中，金融资本市场的参与者只顾眼前利益、不顾长远规划的短视现象绝非个例。为此，如果照搬美国、英国的监管经验，很可能出现严重的"水土不服"现象。应该改良英国的做法，按照以"民间组织负责监管，政府购买民间组织提供的服务"为原则来构建我国股权投资基金的监管体系。该原则也符合我国正在构建的"小政府，大社会"的新型治国模式的要求。在新的监管体系下，政府通过宏观调控，培养和造就一批专业性较强的民间监管组织。这些组织不一定是行业组织，只要它们热心于金融资本市场的监管工作，能够按照合同的约定完成监管任务，政府就可以委托它们完成相应的监管工作，并通过购买这些组织提供的监管服务来实现监管职能。这种新型的操作模式不仅符合时代的潮流，还能为政府节约行政成本。此外，新的监管体系应当是一个开放性的体系。在该体系中，可以考虑在中央设立一个专门的管理机关，按照

行政架构直至地方区、县一级分别建立相应的分管机关。要让这些分管机关充分发动群众，成立相应的民间监管组织，并引导这些组织向专业性监管组织过渡，从而培养一大批能完成监管任务但又属于完全民间性质的监管综合人才。

三、建立、健全股权投资基金市场准入机制

在市场准入方面，要不断完善股权投资基金在金融资本市场的准入条件、退出机制和信息披露制度，充分发挥民间行业协会的作用。过去股权投资大多集中在互联网等高科技项目上，如今越来越多的股权投资基金意识到，在我国，传统行业的市场机会似乎更大。从美国、英国的经验来看，在股权投资基金发展的初级阶段，传统行业通常发展缓慢，不宜设定过高的市场准入条件，主要是由于条件过高会限制国内资本的投入并导致国外资本大量涌入，直接冲击国内市场。为了鼓励国内民间资本的投资，监管部门在审查投资企业注册、备案时，应当降低门槛，规定只要符合一般性条件就应准予注册或备案，但对于金融资本市场的准入条件（基金管理企业和管理人才的准入条件）则不宜过低。从美国的经验来看，适当提高股权投资基金管理人的准入条件有助于实现基金管理队伍的高效化和专业化。为此，可以考虑建立股权投资基金管理人信用评级制度，利用该制度来规范管理市场。当然，健康的股权投资基金市场还需要完善的退出机制。目前我国的基金产权交易市场还没有实现层次化，退出机制并不健全，影响了投资者的投资积极性。监管部门应加强管理，尽量提高投资市场的社会透明度，培养投资市场的诚信意识。多层次的基金产权交易市场体系应包括场内主板交易市场、场外自由交易市场、次版交易市场，这种层次分明的交易市场可以方便不同资质的投资企业根据自己的经营情况及时做出调整。退出机制的完善应从信息披露制度的完善开始，需披露的信息主要包括除商业秘密之外与投资者决策和资金安全有关的一切信息，信息的披露应采取定期与不定期相结合的方式进行。可以参考公开募集证券投资基金的强制披露内容，设定股权投资基金的法定披露内容。此外，如果能将诚信与违规惩戒以立法的形式纳入股权投资基金的运营管理规范之中，再辅之以行业自治自律，不仅能促进整个社会参与监管的积极性，还能有效节约行政成本，减少金融资本市场的风险。

参考文献

英文文献

［1］Steven N. Kaplan, Antoinette Schoar. Private Equity Performance：Returns, Persistence, and Capital Flows. *The Journal of Finance*. 2005，8.

［2］Chris Higson, Rüdiger Stucke. The Performance of Private Equity. *Business economics-Investment and Finance*. 2012，3.

［3］Jay R. Ritter. Initial Public Offerings VC-backed IPO Statistics Through 2012. *Cordell Professor of Finance*. 2013，1.

［4］Ray Rothrock, Josh Green. NVCA Yearbook 2013. THOMPSON REUTERS. 2013.

中文文献

［1］迈克尔·波特. 竞争优势. 北京：华夏出版社，2003

［2］J·佩帕德，P·罗兰. 业务流程再造精要. 北京：中信出版社，2003

［3］叶有明. 股权投资基金运作——PE 价值创造的流程. 上海：复旦大学出版社，2012

［4］隋平，赵方方. 私募股权投资基金业务操作指引. 北京：法律出版社，2012

［5］朱忠明，赵岗. 中国股权投资基金发展新论. 北京：中国发展出版社，2012

［6］王田苗，胡耀光. 基于价值链的企业流程再造与信息集成. 北京：清华大学出版社，2002

［7］温静. 我国企业实施业务流程重组的关键成功因素分析. 科技与管理，2005（5）

［8］石变珍. 业务流程重组的关键因素探索. 统计与决策，2005（5）

［9］孔杰. 国际 PE 基金监管的实践与中国的选择. 国际经济评论，2008（6）

［10］黄嵩. PE 监管新规本末倒置. 南方都市报，2013.04

［11］陈骁敦、陈漾. A 股上市公司有限合伙制私募股权投资基金股东信息披露法律研究. 投资与合作，2012（8）

［12］蒋悦炜．我国私募股权投资的定价方法研究．价格理论与实践，2011

［13］蒂姆·科勒，马克·戈德哈特，戴维·威赛尔斯．价值评估：公司价值的衡量与管理（第四版）．
　　　北京：电子工业出版社，2007

［14］常忠义．中国私募股权投资中的估值问题研究．中国科技大学，2008

［15］何梦杰，汪进．中国私募股权投资估值困境的产生机理及解决思路．学术月刊，2009（5）

［16］张吉国．国际商务谈判．济南：山东人民出版社，2010

［17］陈岩．国际商务谈判学．北京：中国纺织出版社，2010

［18］成思危．创投中国：优秀创投案例（2）．北京：中国经济出版社，2013

［19］胡芳日．2010 年中国风险投资年鉴．北京：民主与建设出版社，2010

［20］彭丁带．美国风险投资法律制度研究．北京：北京大学出版社，2005

［21］姚琦．中美私募股权投资基金法律浅析．西部法学评论，2010

［22］中国人民大学财政金融学院．基金监管：国际调整与我国的制度选择．中国金融，2009（23）

［23］张荣琴．发挥产权市场平台作用，拓宽股权融资渠道．产权导刊，2008

［24］汤翔．美国股权基金发展的启示．市场周刊·理论研究，2008

［25］迟颖．法律行为之精髓——私法自治．河北法学，2011

［26］樊志刚，赵新杰．全球基金的发展趋势及在中国的前景．金融论坛，2007（10）

［27］伍华林．论企业业务发展与资本运作方式的相互关系．商业时代，2007

［28］佚名．企业如何加强建立健全的内部控制制度．中国审计网，2013

［29］徐华．企业财务管理目标辨析．财经界（学术版），2010（7）

［30］孟向军．加强中小型企业财务管理．科技信息，2009（18）

［31］佚名．企业人力资源供给与需求的平衡分析

［32］佚名．ERP 管理理念与现代企业信息化．2011

［33］郑大庆，张赞，于俊府．产业链整合理论探讨．科技进步与对策，2011

［34］钱苹，张帏．我国创业投资的回报率及其影响因素．经济研究，2007

［35］倪正东，孙力强．中国创业投资退出回报及其影响因素研究．中国软科学，2008

［36］清科研究中心．2012 年 PE 行业年终报告．2012

［37］清科研究中心．2013 年中国 VC/PE 机构增值服务专题研究报告．2013

［38］张明，《觉今是而昨非：张明金融随笔集》．北京：中国金融出版社，2009

［39］刘军．私募股权投资基金品牌建设必要性与策略分析中央财经大学 2009 级 MBA P2 班

［40］戴维·阿克（David A. Aaker）．管理品牌资产．北京：机械工业出版社，2012

［41］余嘉明，刘洁．估值调整机制 PE 投资中的激励与约束工具．财经视线，2010（35）

［42］佚名．同创艾格农业食品基金路演文件，2011